JN415995

처음 시작하는 웹 개발

바이브 코딩으로 배우는 풀스택 만들기

이희찬 지음

길벗캠퍼스

이희찬(Lee, Heechan) | umpa@mjc.ac.kr

현재 명지전문대학교 AI게임소프트웨어학과에서 인공지능, 가상현실, 게임 이론을 가르치고 있다. 성균관대학교 KDT AI 헬스케어 과정, 연세대학교 의과대학 Healthcare 해커톤 과정, 두산로보틱스 부트캠프 1 · 2기에서 파이썬, 이미지 프로세싱, 자율주행을 가르쳤다. 고용노동부 지원 멋쟁이사자에서 클라우드 서버 네트워크 기반 게임 개발, 심화 과정을 지도했다. 가천대학교 GRRC 인공지능연구센터에서 헬스케어 시스템 연구 활동을 했다. 연성대학교, 동서울대학교 게임콘텐츠과, 순천향대학교, 원광대학교에서 게임엔진 개발 방법론과 생성형 AI를 가르쳤으며, 다수의 공공기관(SBA/GBSA)에서 재직자 전문가 과정을 지도했다.

주요 연구 분야

교육을 위한 AI 튜터링 연구 및 모델 개발, 가상현실 공간에서의 휴먼 AI 연구, AI 기반 개인 맞춤형 헬스케어 시스템 연구

처음 시작하는 웹 개발

바이브 코딩으로 배우는 풀스택 만들기

Full-Stack Web Development with Vibe Coding for Beginners

초판 1쇄 발행 • 2025년 12월 31일 | **지은이** • 이희찬 | **발행인** • 이종원 | **발행처** • (주)도서출판 길벗 | **브랜드** • 길벗캠퍼스
출판사 등록일 • 1990년 12월 24일 | **주소** • 서울시 마포구 월드컵로 10길 56(서교동) | **대표 전화** • 02)332-0931 | **팩스** • 02)323-0586
홈페이지 • www.gilbut.co.kr | **이메일** • gilbut@gilbut.co.kr
기획 및 책임편집 • 신유진(backdoosan@gilbut.co.kr) | **표지·본문 디자인** • 강은경 | **제작** • 이준호, 이진혁
마케팅 • 박성용(psy1010@gilbut.co.kr) | **유통혁신** • 한준희 | **영업관리** • 김명자 | **독자지원** • 윤정아
편집진행 • 앤미디어 | **전산편집** • 앤미디어 | **CTP 출력 및 인쇄** • 예림인쇄 | **제본** • 예림인쇄

ISBN 979-11-407-1655-5 93000(길벗 도서번호 060168)
정가 26,000원

Agentic AI 시대, 모두를 위한 바이브 코딩

프로그래밍이 어렵다고만 생각했던 적이 있는가? 디자인 감각이 부족해 웹 페이지 만들기가 막막했는가? 컴퓨터 관련 전공자가 아니라서 코딩은 나와 먼 이야기라고 생각했는가? 이 책은 바로 그런 생각에 도전하기 위해 집필되었다.

2024년, 우리는 LLM 모델들의 코드 생성 가능성을 목격했다. 그리고 2025년 현재, 이 책에서는 'MCP와 바이브 코딩'을 활용하여 웹 페이지의 뼈대와 디자인을 빠르게 구축하고, AI 이미지 생성 도구 '스티치(Stitch)'의 기초 사용법을 익혀 프로젝트에 필요한 템플릿을 직접 생성한다.

이후 현대 웹 개발의 핵심 기술인 Node.js와 자바스크립트(JavaScript), 데이터베이스(MariaDB)를 배워 동적인 웹 애플리케이션을 완성하는 실용적인 여정을 안내한다. 챕터별로 구현 방법에 필요한 이론 설명과 함께 실제 손으로 코드를 작성하고 AI로 이미지를 생성하며 결과를 눈으로 확인하는 경험을 직접 만들고 느껴보자.

쉬운 예제부터 시작해 계산기, 투두리스트, 일기장, 게임 등 구체적인 미니 프로젝트를 완성하고, 이를 바탕으로 점진적으로 더 복잡한 프로젝트를 해결해 나가는 과정을 통해, 프로그래밍에 대한 자신감을 얻고 나아가 자신만의 아이디어를 현실로 만들어내는 즐거움을 느낄 것이다.

각 프로젝트에서는 UI 설계, CSS 스타일링, 자바스크립트 로직 구현을 종합적으로 적용하는 경험을 제공한다.

이 책은 학교 수업 기준 15주 차 커리큘럼을 고려해 총 15장으로 구성되어 있으며, 매주 새로운 개념을 배우고 구체적인 목표를 가진 미니 프로젝트를 수행한다. 특히 8장과 13~15장에는 지금까지 배운 내용을 종합하여 더 큰 규모의 프로젝트를 완성하고 평가받는 기회를 얻는다. 이 과정을 통해 학습한 내용을 확실히 내 것으로 만들고, 실제 문제 해결 능력을 키운다.

'바이브 코딩 입문'이라는 주제로 시작되지만, 궁극적으로는 'Agentic AI 코딩 여정'에 든든한 동반자가 되어, 디지털 자동화 시대에 필요한 새로운 역량을 기르는 데 실질적인 도움이 되기를 진심으로 바란다.

이희찬

목차

※ 2025년 11월 기준, 제미나이 3.0 프로는 유료 사용자에게 우선 제공됩니다. 본 책의 과정은 2.5 플래시나 2.5 프로로도 구현할 수 있습니다.

베타테스터의 글

김민서(상명대학교 생명공학 재학)

베타테스터로 바이브 코딩을 먼저 읽어볼 기회를 얻었습니다. 그동안 '바이브 코딩'이라는 말을 자주 접했지만, 막상 어떤 개념이고 실제로 어떻게 활용할 수 있는지는 잘 알지 못했습니다. 그래서 이 책을 통해 정리된 내용을 접할 수 있기를 기대했습니다.

이 책은 단순한 개념 설명에 그치지 않고, 실제 개발 과정을 바이브 코딩으로 단계별로 풀어줍니다. 특히 제가 잘 몰랐던 API 연결 부분을 새롭게 이해할 수 있어 인상 깊었습니다. 구성도 체계적이고 흐름이 자연스러워 따라가기 수월했고, 클라인 AI를 활용하여 초보자도 비용 부담 없이 직접 체험하며 쉽게 접근할 수 있도록 안내한 부분이 특히 눈에 띄었습니다.

게다가 연습문제까지 마련되어 있어 단순히 읽고 끝나는 것이 아니라 직접 실습하며 배울 수 있었던 점도 좋았습니다. 이 책은 전반적으로 코딩을 어렵게 느끼는 분들에게 친근하게 다가갈 수 있는 든든한 길잡이가 될 것으로 생각합니다.

김윤영(서울시립대학교 생명과학과 졸업)

웹 개발이 처음인 비전공자이지만, 이 책을 통해 웹 개발의 전체 구조를 이해하고 단계별로 프롬프트를 작성하는 방법을 익힐 수 있었습니다. 또한 단순히 따라 하는 것을 넘어, 학습 보조자로 AI를 활용할 수 있었습니다.

'바이브 코딩'은 단순히 "AI야, ○○○해줘!"가 아닙니다. 생성형 AI의 결과물은 사용자가 얼마나 논리적으로 설계하고 체계적으로 지시하느냐에 따라 크게 달라지기 때문에, AI를 어떻게 활용하느냐가 매우 중요합니다. 이러한 점에서 이 책은 단순한 웹 개발 입문서를 넘어, AI를 통해 사고하고 문제를 해결하는 힘을 길러주는 실질적인 가이드라고 생각합니다.

이 책이 강조하듯 AI를 '코드를 대신 작성해 주는 조수', '거침없이 질문할 수 있는 선생님', '결과물을 함께 검토해 주는 동료'로 적극 활용한다면, 이 책의 진가를 200% 느낄 것입니다. 생성형 AI의 가능성을 직접 체감하고 그 잠재력을 스스로 확장하고 싶은 모든 분께 이 책을 진심으로 추천합니다.

이 책의 베타테스터로 참여하면서 클라인 AI를 활용한 바이브 코딩의 가능성을 직접 체험할 수 있었습니다. 일반적으로 개발은 어렵고 진입 장벽이 높다고 생각하기 마련인데, 이 책은 기초 지식이 부족하더라도 자연스럽게 웹사이트를 만들 수 있도록 이끌어 주었습니다.
특히 프론트엔드와 백엔드를 아우르는 풀스택 개발 과정을 실제 예제를 따라가며 체험하다 보니, 마치 친절한 튜토리얼을 진행하는 듯 쉽고 재미있게 배울 수 있었습니다. 무엇보다 복잡한 코드를 직접 배우지 않고도 AI에게 지시하듯 개발을 진행할 수 있다는 점이 무척 신선했습니다.
이 과정을 통해 웹 개발은 더 이상 전문가만의 영역이 아니라는 사실을 실감했고, 아이디어만 있다면 누구나 AI의 도움으로 자신만의 멋진 웹 서비스를 만들 수 있다는 희망을 얻었습니다. 이 책이 앞으로 많은 독자에게 '처음 시작하는 개발의 두려움'을 넘어설 수 있는 든든한 길잡이가 되기를 기대합니다.

최희선(아주대학교 생명과학과 졸업 예정)

김다빈(연세대학교 사회과학대학 재학)

책을 따라하면서 단순히 코드만 나열하는 책이 아니라, 프로그래밍 세계가 어떻게 연결되고 움직이는지를 흐름 있게 보여주는 길잡이 같은 책이라는 생각이 들었습니다.
특히 피그마(Figma), MariaDB처럼 생소했던 프로그램들이 왜 필요하고 어떻게 이어지는지 잘 설명되어 있습니다. 설치 방법도 세세하게 안내되어 있어 초보자나 비전공자도 길을 잃지 않고 따라할 수 있습니다.
프로그램들을 다루고 실습하면서 각각을 익히고, 후반부에 이들이 연결되면서 성취감을 느낄 수 있었습니다. 단순 학습을 넘어 직접 하나의 페이지를 만들었다는 쾌감이 남습니다. 무엇보다 비전공자인 저도 AI와 VS 코드를 활용해 웹 페이지를 직접 구현할 수 있다는 사실이 흥미로웠습니다. 책 속 연습문제들도 사고력과 창의력을 발전시키는 데 도움이 됐습니다.
'어떻게 하면 더 좋은 페이지를 만들 수 있을지'에 대한 힌트를 주는 책으로, 프로그래밍을 전혀 모르는 분들이나 '나도 할 수 있을까?' 하는 망설임이 있으신 분들에게 적극 추천하고 싶은 책입니다.

학습 목표

비전공자도 웹 프로그램 개발의 전체 구조를 이해하고, 직접 웹 프로젝트를 기획 · 수행할 수 있는 기초 역량을 습득한다.

핵심 역량

- HTML, CSS, 자바스크립트(JavaScript) 기본 및 프론트엔드 구성
- Node.js 백엔드 서버 구축 및 API 개발
- MariaDB 데이터베이스 관리
- AI 이미지 생성 도구(Stable Diffusion, 스테이블 디퓨전) 활용
- 바이브 코딩(VS Code+Cline AI) 환경 활용

주차/장	주제	핵심 내용	프로젝트/실습
1	바이브 코딩과 웹 개발 세상 만나기	• 프로그래밍 기본 개념 • 웹 개발(프론트/백엔드) 이해 • VS 코드 설치 및 환경 설정	개발 환경 구축
2	첫 바이브 코딩 시작하기	• VS 코드 확장 프로그램 • Cline AI 설치 및 활용 • HTML 기초 개념	Hello World 웹 페이지
3	웹 페이지 구조화 및 CSS 기초	• HTML 태그 활용 • CSS 기초(색상, 폰트, 레이아웃)	구조화된 웹 페이지
4	피그마 MCP 활용 디자인	• 피그마 소개 • MCP 개념 • 디자인 템플릿 웹 이식	포트폴리오 홈페이지
5	디자인 AI 적용 및 정적 페이지	• UI 설계 • 스티치(Stitch) 이미지 생성 • 피그마 MCP 연결	미니 프로젝트 1: 개인 프로필 소개 페이지
6	웹 인터랙션 기초(자바스크립트)	• 자바스크립트 역할 • DOM 조작 • 이벤트 처리	버튼 클릭 인터랙션
7	DBMS 이해 및 MariaDB	• 데이터 영속성 • RDBMS 개념(테이블, PK, FK) • 기본 SQL(DDL, DML)	SQL 실습
8	중간 프로젝트 평가	• DB 테이블 설계 • 인터랙티브 기능 통합 • 종합 능력 평가	중간 프로젝트: DB 설계+완성도 높은 페이지

주차/장	주제	핵심 내용	프로젝트/실습
9	Node.js 소개 및 JS 심화	• Node.js 특징 • Express.js 프레임워크 • 비동기 처리(async/await)	기본 웹 서버 구축
10	계산기 만들기	• PRD 이해 • Client-side JS 로직 • Node.js/Express 서버	미니 프로젝트 2: 웹 계산기(서버 연동)
11	Todo List (Part 1 – 백엔드)	• RESTful API 설계 • CRUD 구현 • DB 연동(mysql2)	미니 프로젝트 3-1: Todo List Backend API
12	Todo List (Part 2 – 프론트엔드)	• fetch API 사용 • 동적 UI 렌더링 • 풀스택 연동	미니 프로젝트 3-2: Todo List Full-Stack
13	나만의 일기장 앱	• 제미나이-CLI 활용 • CRUD 종합 복습 • 풀스택 통합 개발	미니 프로젝트 4: 일기장 앱(풀스택)
14	오목 게임	• 게임 상태와 데이터 구조 관리 능력 향상 • 승리 조건 판정 알고리즘 설계 및 구현 • 동적 UI 생성과 이벤트 처리 효율화	미니 프로젝트 5: 오목 게임
15	미니 SNS	• 사용자 인증과 세션 관리 구현 능력 향상 • 복잡한 데이터 관계 설계와 고급 SQL 활용 • 비동기 통신과 프로젝트 아키텍처 설계 역량 강화	미니 프로젝트 6: 미니 SNS

실습 파일 안내

책 내용을 따라할 수 있는 실습 예제 및 완성 파일은 길벗 홈페이지를 통해서도 제공된다. 길벗 출판사 홈페이지(www.gilbut.co.kr) 검색란에 '바이브 코딩', '풀스택'을 검색 → 해당 도서 자료실의 '실습예제' 항목 → 실습에 필요한 예제 소스를 다운받는다.

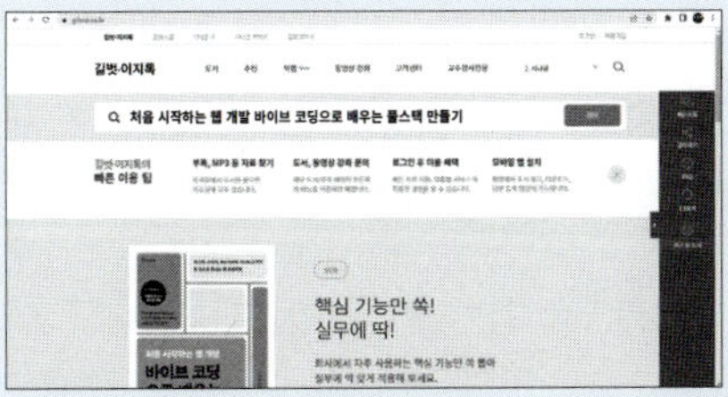

본 교재의 학습을 원활하게 진행하기 위해 프로젝트 파일을 공유한다.

- **GitHub 저장소**
  github.com/fstone-dev/gen_coding/blob/main/README.md

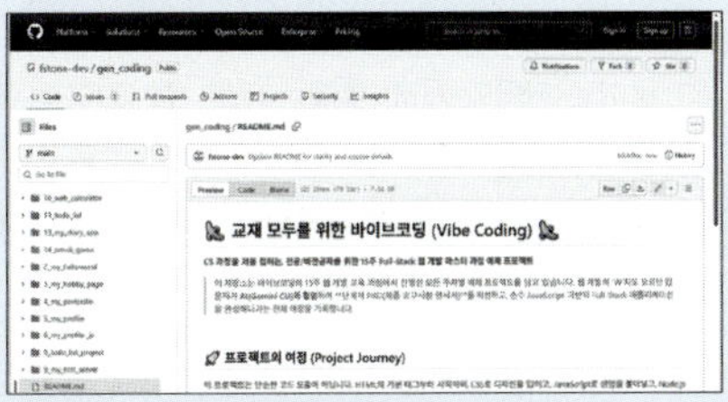

1 장

바이브 코딩으로 시작하는 웹 개발

학 습 목 표

1. 프로그래밍의 기본 개념을 이해하고, 웹 프로그램 개발이 무엇인지 파악한다.
2. 웹 개발의 주요 영역인 프론트엔드와 백엔드의 역할 및 개발 방식을 이해한다.
3. 바이브 코딩의 개념, 특징, 그리고 웹 UI/구조 생성 도구로서의 장점을 알아본다.
4. 바이브 코딩을 통해 웹 개발 전반에 빠르게 접근할 수 있음을 인지한다.
5. 기본 개발 도구인 VS 코드를 설치하고 기본 화면 구성 및 사용법을 익힌다.

1.1 프로그래밍이란?

'프로그래밍' 또는 '코딩'이라는 단어를 들으면 어떤 생각이 드는가? 어렵고 복잡한 명령어의 나열, 혹은 특정 전공자들만 할 수 있는 전문 분야라고 생각할 수도 있다. 하지만 프로그래밍의 본질은 생각보다 우리 일상과 훨씬 가까운 곳에 있다.

프로그래밍이란, 쉽게 말해 컴퓨터에 원하는 작업을 수행하도록 구체적인 지시 사항(명령어) 순서를 알려주는 과정이다. 요리할 때 레시피를 따르거나, 조립 설명서를 보고 가구를 만드는 것과 비슷하다. 컴퓨터는 스스로 판단하거나 생각할 수 없어 사람이 단계별로 무엇을 해야 할지 정확히 알려줘야 한다. 이때 사용하는 약속된 언어가 바로 프로그래밍 언어다.

스마트폰으로 앱을 사용하고, 웹사이트에서 정보를 검색하거나, 게임을 즐기는 모든 것이 프로그래밍을 통해 만들어진 결과물이다. 프로그래밍은 단순한 기술을 넘어, 논리적으로 사고하고 문제를 해결하는 능력을 키워주는 강력한 도구이기도 하다.

웹 프로그램 개발

우리가 매일 사용하는 인터넷 세상은 수많은 웹 프로그램(Web Program) 또는 웹 애플리케이션(Web Application)으로 이루어져 있다. 네이버, 구글, 유튜브, 인스타그램 등 모두 웹 프로그램의 일종이다.

웹 프로그램 개발이란, 크롬, 엣지, 사파리 같은 웹 브라우저를 통해 접근하고 사용할 수 있는 프로그램을 만드는 전 과정을 말한다. 과거에는 정보를 단순히 보여주는 정적인 웹 페이지가 주를 이뤘지만, 오늘날의 웹 프로그램은 사용자와 활발히 상호 작용하고, 데이터를 저장하며, 복잡한 기능을 수행하는 동적인 형태로 발전했다.

● 웹 프로그램 개발의 매력

- **접근성**: 웹 브라우저만 있으면 언제 어디서나 접근할 수 있다. 대부분 별도의 프로그램 설치 없이 사용할 수 있다.

- **플랫폼 독립성:** 운영체제(윈도우, 맥OS, 리눅스 등)나 기기(PC, 스마트폰, 태블릿)에 크게 상관없이 동일한 사용자 경험을 제공할 수 있다.
- **빠른 배포 및 업데이트:** 서버에 변경 사항만 반영하면 모든 사용자가 즉시 최신 버전을 사용할 수 있다.

프론트엔드와 백엔드 개발

웹 프로그램 개발은 크게 두 영역으로 나눌 수 있다. 바로 사용자 눈에 보이는 부분을 만드는 프론트엔드와, 보이지 않는 곳에서 데이터를 처리하고 핵심 로직을 담당하는 백엔드이다.

● 프론트엔드(Front-End) 개발

▶ **역할**: 웹사이트나 웹 애플리케이션에서 사용자가 직접 보고 상호 작용하는 모든 요소(화면, 버튼, 입력창, 레이아웃, 애니메이션 등)를 개발한다. 즉, 사용자 인터페이스(UI)와 사용자 경험(UX)을 책임진다.

▶ **주요 기술**

- HTML(HyperText Markup Language): 웹 페이지의 구조와 내용을 정의한다. (뼈대)
- CSS(Cascading Style Sheets): HTML로 만들어진 구조에 시각적 스타일을 입힌다. (옷, 화장)
- 자바스크립트: 웹 페이지를 동적으로 만들고 사용자와의 상호 작용을 처리한다. (움직임, 반응)

▶ **개발 방식**: 사용자가 브라우저에서 보는 화면을 직접 디자인하고, 클릭이나 입력에 따라 화면이 어떻게 반응하고 변화할지를 구현한다.

● 백엔드(Back-End) 개발

▶ **역할**: 사용자에게는 보이지 않지만, 웹 애플리케이션이 원활하게 동작하도록 서버 측에서 필요한 모든 작업을 처리한다. 데이터 저장 및 관리, 사용자 인증, 복잡한 비즈니스 로직 처리가 여기에 포함된다. 프론트엔드로부터 요청을 받아 처리하고, 그 결과를 다시 전달하는 서버(Server), 데이터베이스(Database), API(Application Programming Interface) 개발이 핵심 업무다.

▶ **주요 기술**

- 프로그래밍 언어: Node.js(자바스크립트 기반), 파이썬, 자바, PHP, 루비 등 다양한 언어가 사용된다. (본 교재에서는 Node.js 사용)
- 데이터베이스: MariaDB, MySQL, PostgreSQL, MongoDB 등 데이터를 저장하고 관리하는 시스템이다. (본 교재에서는 MariaDB 사용)
- 프레임워크: Express.js(Node.js), Spring(자바), Django(파이썬) 등 개발 효율을 높이는 도구이다.

▶ **개발 방식**: 프론트엔드에서 전달받은 데이터를 안전하게 저장하고, 필요한 정보를 검색해 제공하며, 서비스의 핵심 기능을 구현한다.

● 프론트엔드와 백엔드의 협업

마치 식당에서 손님이 메뉴를 보고 주문하면(프론트엔드), 주방에서 요리를 만들어 내는(백엔드) 과정과 비슷하다. 두 영역은 긴밀하게 소통하며, 하나의 완성된 웹 서비스를 함께 만들어 간다.

1.2 바이브 코딩이란?

바이브 코딩(Vibe Coding)은 안드레 카파시(Andrej Karpathy)가 처음 제안한 개념이다. 카파시는 오픈AI 출신 엔지니어이자 전 테슬라의 AI 책임자로, 이 용어를 2025년 2월에 처음 제안했다. 그는 바이브 코딩을 다음과 같이 정의한다.

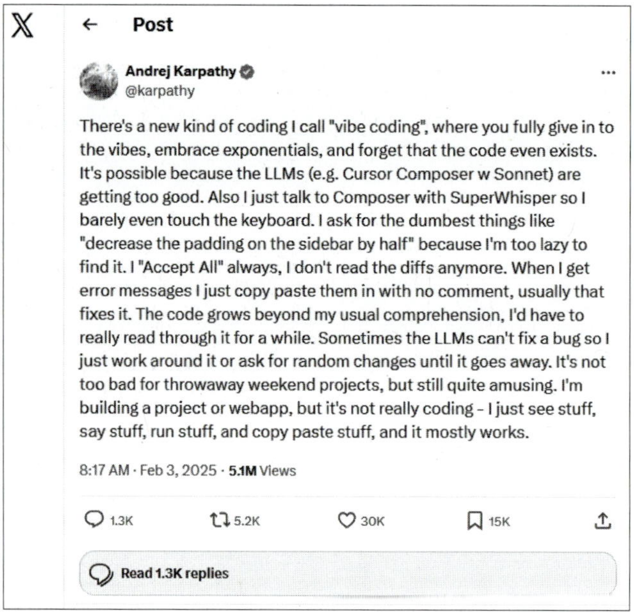
Post

Andrej Karpathy
@karpathy

There's a new kind of coding I call "vibe coding", where you fully give in to the vibes, embrace exponentials, and forget that the code even exists. It's possible because the LLMs (e.g. Cursor Composer w Sonnet) are getting too good. Also I just talk to Composer with SuperWhisper so I barely even touch the keyboard. I ask for the dumbest things like "decrease the padding on the sidebar by half" because I'm too lazy to find it. I "Accept All" always, I don't read the diffs anymore. When I get error messages I just copy paste them in with no comment, usually that fixes it. The code grows beyond my usual comprehension, I'd have to really read through it for a while. Sometimes the LLMs can't fix a bug so I just work around it or ask for random changes until it goes away. It's not too bad for throwaway weekend projects, but still quite amusing. I'm building a project or webapp, but it's not really coding - I just see stuff, say stuff, run stuff, and copy paste stuff, and it mostly works.

8:17 AM · Feb 3, 2025 · **5.1M** Views

1.3K 5.2K 30K 15K

Read 1.3K replies

그림 1.1 바이브 코딩 정의

그가 제안한 바이브 코딩의 핵심을 요약하면 다음과 같다. '바이브 코딩'이라 불리는 새로운 형태의 코딩이 있는데, 이는 분위기에 완전히 몰입하고, 기하급수적인 변화를 수용하며, 코드가 존재한다는 사실조차 잊는 코딩 방식이다.

카파시는 이와 관련해 "항상 '모두 수락'을 누르고 더 이상 차이점을 직접 읽지 않는다."고 덧붙였다. 이 개념은 코딩 언어 대신 자연어로 원하는 기능을 설명하면 AI가 수백 줄의 코드를 자동으로 생성하는 혁신적인 프로그래밍 방식을 뜻한다.

앞서 웹 개발이 프론트엔드와 백엔드로 나뉘며, 각각 다양한 기술을 요구한다고 설명했다. 전통적으로 이러한 기술들을 개별적으로 학습하고 통합하는 과정은 프로그래밍 입문자에게 상당한 시간과 노력을 필요로 했다. 이처럼 시간과 노력은 개발자만의 영역이었다고 해도 과언이 아니다.

그렇다면, 바이브 코딩이라는 개념을 개발에 도입하면 어떻게 될까?

지금까지 개발자의 전유물이었던 '시간'과 '노력'이라는 진입 장벽을 낮추고, 특히 비전공자나 프로그래밍 초보자들이 웹 개발의 핵심 개념을 더 쉽고 빠르게 이해하고, 실제 결과물을 만들어 내는 데 있어 바이브 코딩은 분명 큰 도움이 될 수 있다.

바이브 코딩의 특징 및 장점

- **직관적인 UI/구조 생성:** 복잡한 HTML/CSS 코드를 직접 작성하는 대신, 자연어 기반 지시나 간소화된 명령을 통해 웹 페이지의 기본 구조와 UI 요소를 빠르게 생성할 수 있도록 지원한다. 마치 레고 블록을 조립하듯 웹 페이지를 구성하는 경험을 제공해 초기 학습 부담을 줄여준다. (클라인 AI의 코드 생성 기능 활용)
- **개념 중심 학습 유도:** 단순한 코드 암기를 넘어, 생성된 코드가 어떤 의미를 가지며 웹 페이지에서 어떻게 작동하는지를 이해하는 데 집중할 수 있도록 돕는다. "왜 이 태그를 사용하는가?", "이 CSS 속성은 어떤 변화를 일으키는가?"와 같은 근본적인 질문에 대한 답을 찾아가는 과정을 지원한다.
- **빠른 프로토타이핑 및 결과 확인:** 아이디어를 빠르게 웹 페이지 형태로 구현하고 즉각적으로 결과를 확인할 수 있어 학습에 대한 동기와 성취감을 높인다. 반복 실험과 개선을 통해 학습 효과도 극대화된다.
- **풀-스택(Full-Stack) 개발 경험의 조기 제공:** 전통적인 커리큘럼에서는 프론트엔드, 백엔드, 데이터베이스를 각각 별도의 과목으로 장기간 학습해야 했다. 바이브 코딩 접근법은 초기에는 UI/구조 생성에 집중하지만, 점차 서버 사이드(Node.js) 로직과 데이터베이스(MariaDB) 연동까지 경험할 수 있도록 구성되어 있다. 이를 통해 웹 개발의 전체 흐름을 빠르게 파악하고, 각 기술 요소가 어떻게 상호 작용하는지에 대한 큰 그림을 이해하는 데 효과적이다.
- **AI 기반 학습 지원:** 클라인 AI와 같은 도구를 활용하면 코드 생성뿐만 아니라, 코드에 대한 설명, 오류 수정 제안 등 학습 전반에 걸쳐 다양한 도움을 받을 수 있다. 마치 개인 튜터와 함께 공부하는 것처럼 학습 효율을 높인다.

바이브 코딩 서비스 모델 비교

표1.1 바이브 코딩 서비스 지원 현황표

도구 이름	기능 및 특징	주요 장점	가격(월)
클로드 (Claude)	• LLM 모델 • AI 기반 코드 완성 • 강력한 터미널 기반 코드 • 다중 언어 지원	• 원활한 IDE 통합 • 고품질 코드 제안 • 광범위한 언어 지원	• 무료 • Pro: $17 • Max: $200
커서 (Cursor)	• VS 코드 기반 AI 에디터 • 컨텍스트 인식 자동 완성 • 인라인 디버깅 및 설명	• 깊은 AI 통합 • 빠른 반복 개발 • 코드베이스 탐색 지원	• Hobby: 무료 • Pro: $20 • Ultra: $200
리플릿 (Replit)	• 브라우저 기반 개발 환경 • 50개 이상 언어 지원 • 내장 버전 관리 • 프론트 개발 유리	• 로컬 설치 불필요 • 협업 기능 우수 • 즉시 배포 가능	• Starter: 무료 • Core: $20 • Teams: $35 • Enterprise: Custom
윈드서프 (Windsurf)	• AI 코파일럿 및 에이전트 • 컨텍스트 인식 제안 • 코드 설명 및 디버깅	• 코드베이스 깊은 이해 • 자동 분석 기능 • 고급 문제 해결 능력	• 무료 • Pro: $15 • Teams: $30 • Enterprise: $60
러버블 (Lovable)	• 풀스택 엔지니어 어시스턴트 • 아이디어를 앱으로 변환 • 직관적인 인터페이스 • 프론트 개발 유리	• 사용하기 쉬운 UI • 빠른 프로토타이핑 • 코딩 지식 불필요	• 무료 • Pro: $25 • Teams: $30

위 표의 도구들은 전문적인 바이브 코딩을 수행하는 데 도움을 준다. 이 외에도 다양한 형태의 도구들이 존재하며, 앞으로도 새로운 도구들이 계속 등장할 것이다. 특히, 위에서 언급한 도구들은 이미 개발자들 사이에서 좋은 평가를 받으며 자리를 잡았다.

이 도구들을 자세히 살펴보면 공통점이 하나 있다. 바로 비용이다. 대부분의 경우 원하는 작업을 수행하려면 일정한 비용을 지불해야 하며, 이용자의 잘못된 지시 한 줄로도 수천 개의 불필요한 토큰이 사용될 수 있다. 따라서 초보자가 모르는 코드를 생성하기 위해 수많은 토큰, 즉 비용을 지불하는 것은 피하는 것이 좋다.

결론적으로, 웹 개발을 위한 바이브 코딩은 복잡한 기술에 가려졌던 웹 개발의 본질적인 재미와 가능성을 초심자들이 빠르게 발견하고, 자신만의 웹 애플리케이션을 만들 수 있는 자신감을 키우는 것을 목표로 한다.

이 과정을 프로그래밍에 처음 입문한 초보자들을 대상으로 진행한다. 주 개발 도구로는 VS 코드와 클라인 AI 조합을 바이브 코딩 환경의 기본으로 정의한다.

앞서 살펴본 다양한 바이브 코딩 도구와 방법이 있지만, 위 조합을 선택한 이유는 단 하나다. 바이브 코딩의 시작은 무료 기반의 도구에서 출발해야 한다는 점이다. 물론 한 번에 수만 개 이상의 토큰을 생성해야 하는 상황이라면 유료 모델을 사용하는 편이 더 효율적일 수 있다. 하지만 그것은 학습과 개발의 깊이가 더해졌을 때 도구를 선택적으로 바꾸면 된다.

오히려 무료 도구만으로도 아이디어와 철저한 개발자 마인드만 갖추고 있다면, 훨씬 더 짜릿한 프로그램 개발의 세계를 경험할 수 있을 것이다.

지금 이 순간에도 전 세계 수많은 LLM 모델들은 성능 향상을 위해 끊임없이 학습을 이어가고 있다.

알아두세요 **바이브 코딩 관련 생각해 볼 이야기**

아래의 밈(Meme)은 바이브 코딩으로 인해 촉발된 개발자 생태계의 단면을 보여준다. 바이브 코딩은 초기 단계의 개발자들조차 프로그래밍 전사로 만들 힘을 분명히 가지고 있다. 하지만 그 '무기'의 무게를 지탱할 힘을 가진 사람만이 진정한 전사가 될 수 있다.

그림 1.2 바이브 코딩 전사 밈

1.3 VS 코드 설치 및 화면 구성 익히기

앞으로 웹 개발 여정을 함께할 핵심 도구인 VS 코드(Visual Studio Code)를 설치하고, 기본 사용법을 익힌다.

VS 코드란?

VS 코드는 마이크로소프트에서 개발한 소스 코드 편집기이다. 가볍고 빠르며, 다양한 프로그래밍 언어를 지원하고, 수많은 확장 프로그램을 통해 기능을 무한히 확장할 수 있다는 장점 덕분에 전 세계 개발자들에게 가장 사랑받는 도구 중 하나다. 바이브 코딩 도구인 커서(Cursor)와 윈드서프(Windsurf) 역시 VS 코드 기반으로 만들어진 도구들이다.

본 교재에서는 오픈 소스인 VS 코드를 활용하여 HTML, CSS, 자바스크립트(JavaScript), Node.js 코드를 바이브 코딩 방식으로 작성하고 관리한다.

VS 코드 설치 및 실행하기

❶ 웹 브라우저를 열고 주소창에 'code.visualstudio.com'을 입력해 VS 코드 공식 사이트에 접속한다.

❷ VS 코드 공식 사이트 메인 화면에는 사용자의 운영체제(Windows, Linux, Mac)에 맞는 다운로드 버튼이 나타난다. 해당 버튼을 클릭해 설치 파일을 다운로드한다.

> **알아두세요**
>
> 다른 운영체제용 파일이 필요하다면 'Other platforms' 링크를 클릭하여 원하는 버전을 선택할 수 있다.

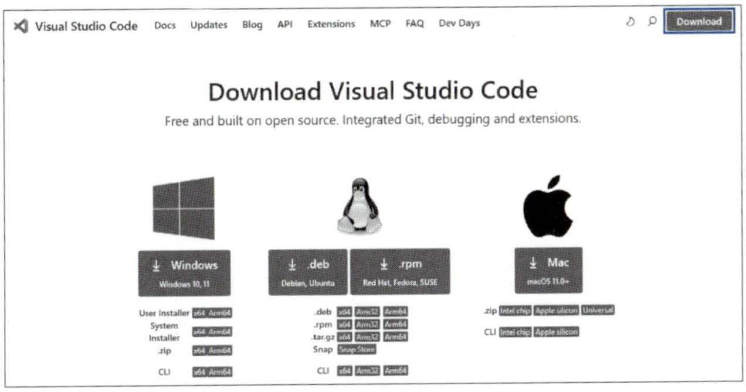

그림 1.3 VS 코드 설치

❸ 다운로드된 설치 파일을 실행하고, 화면에 나오는 지시에 따라 설치를 진행한다. 보통 기본 설정을 그대로 두고 〈Next(다음)〉 또는 〈Install(설치)〉 버튼을 클릭해 진행한다.

- **Windows 사용자 참고**: 설치 옵션 중 'Add to PATH(PATH에 추가)' 항목은 반드시 체크 표시된 상태로 두어야 터미널에서 code 명령어를 사용할 수 있어 편리하다. (기본으로 체크 표시되어 있는 경우가 많다.)

❹ 설치가 완료되면 VS 코드를 실행한다.

VS 코드 기본 화면 구성 살펴보기

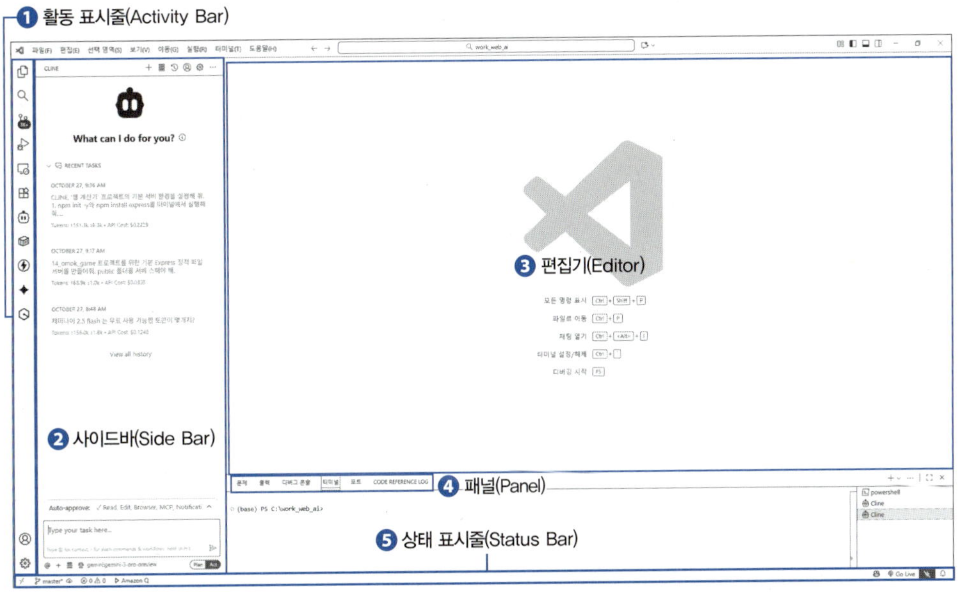

그림 1.4 VS 코드 사용자 환경

VS 코드를 처음 실행하면 다음과 같은 주요 영역들로 구성된 화면이 나타난다. (이때 테마나 설정에 따라 약간의 차이는 있을 수 있다.)

❶ **활동 표시줄(Activity Bar)**: 화면 가장 왼쪽에 세로로 배열된 아이콘들로, 탐색기, 검색, 소스 제어(Git), 실행 및 디버그, 확장 프로그램 등 주요 기능으로 빠르게 전환할 수 있다.

❷ **사이드바(Side Bar)**: 활동 표시줄에서 선택한 기능의 세부 내용을 보여주는 영역이다. 예를 들어, 탐색기 아이콘을 클릭하면 프로젝트의 파일 및 폴더 구조가 이곳에 나타난다.

❸ **편집기(Editor)**: 실제로 코드를 작성하고 수정하는 화면 중앙의 가장 넓은 영역이다. 여러 파일을 탭 형태로 열어 동시에 작업할 수 있다.

❹ **패널(Panel)**: 편집기 하단에 위치하며, 터미널, 디버그 콘솔, 문제(Problems), 출력(Output) 등의 정보를 표시한다. 필요에 따라 여닫을 수 있다. (단축키: Ctrl+J 또는 Cmd+`로 터미널 토글 가능)

❺ **상태 표시줄(Status Bar)**: 화면 맨 아래에 위치하며, 현재 열린 파일의 언어 모드, Git 브랜치, 오류 및 경고 개수, 인코딩 방식, 줄 끝 문자 등 다양한 상태 정보를 표시한다.

기본 사용법 익히기

❶ 새 파일 만들기

- [File(파일)]–[New File(새 파일)] 메뉴를 선택(단축키: Ctrl+N 또는 Cmd+N)한다.
- 탐색기 영역에서 마우스 오른쪽 버튼을 클릭한 후 [New File(새 파일)] 메뉴를 선택한다.

❷ 파일 열기

- [File(파일)]–[Open File(파일 열기)] 메뉴를 선택(단축키: Ctrl+O 또는 Cmd+O)한다.

❸ 폴더 열기(프로젝트 작업 시)

- [File(파일)]–[Open Folder(폴더 열기)] 메뉴를 선택한다.
- 프로젝트 단위로 작업할 때는 폴더를 열어 해당 폴더 내 모든 파일을 관리하는 것이 일반적이다.

❹ 파일 저장하기

- [File(파일)]–[Save(저장)] 메뉴를 선택(단축키: Ctrl+S 또는 Cmd+S)한다.
- [File(파일)]–[Save As(다른 이름으로 저장)] 메뉴를 선택(단축키: Ctrl+Shift+S 또는 Cmd+Shift+S)한다.

❺ 기본 설정 변경하기(선택 사항)

- [File(파일)]−[Preferences(기본 설정)]−[Settings(설정)] 메뉴를 선택(단축키: Ctrl+, 또는 Cmd+,)한다.
- 폰트 크기, 테마, 자동 저장 등 다양한 설정을 사용자 취향에 맞게 변경할 수 있다. 처음에는 기본 설정 사용으로도 충분하다.

❻ 확장 프로그램 설치하기(2장 참고)

- 활동 표시줄에서 가장 아래쪽 네모 모양의 '확장(Extensions)' 아이콘을 클릭한다.
- 검색창에 필요한 확장 프로그램 이름(예 "Korean Language Pack for Visual Studio Code", "Live Server", "클라인 AI")을 입력하고 설치할 수 있다.

실습 과제

1. VS 코드를 설치하고 실행해 보자.
2. 화면의 각 영역(활동 표시줄, 사이드바, 편집기, 패널, 상태 표시줄)이 어떤 역할을 하는지 클릭하거나 메뉴를 살펴보며 익숙해지자.
3. 'test.txt'라는 이름으로 새 파일을 만들고, "VS 코드 설치 완료! 바이브 코딩 시작!"을 입력한 후 저장해 보자.
4. 바탕화면이나 원하는 위치에 'my_first_project'라는 이름의 새 폴더를 만들고, VS 코드에서 해당 폴더를 열어보자.

1.4 학습 정리 및 연습문제

학습 정리

프로그래밍과 웹 개발의 기초 개념을 배우고, 앞으로 사용할 핵심 도구인 바이브 코딩과 VS 코드에 대하여 알아보았다.

- 프로그래밍은 컴퓨터에게 작업을 지시하는 과정이며, 웹 프로그램 개발은 웹 브라우저를 통해 사용하는 프로그램을 만드는 것이다.
- 웹 개발은 사용자가 보는 화면을 구성하는 프론트엔드(HTML, CSS, 자바스크립트)와 서버 로직 및 데이터 처리를 담당하는 백엔드(Node.js, MariaDB 등)로 나뉜다.
- 바이브 코딩은 초심자가 웹 개발 전반(UI 생성, 서버 로직, 데이터베이스)에 빠르게 접근하고, 개념 중심으로 학습하며, AI 지원을 통해 효율적으로 결과물을 만들 수 있도록 돕는 방법론이자 개발 환경이다.
- 바이브 코딩을 통해 프론트엔드부터 백엔드, 데이터베이스 연동까지 경험하며 웹 애플리케이션 개발 역량을 키우는 것을 목표로 한다.
- VS 코드는 강력하고 확장 가능한 코드 편집기로, 설치 후 기본 화면 구성과 파일/폴더 관리 방법을 익혔다.

연습문제

01 나만의 웹 개발 학습 목표 설정하기

- 이 과정을 통해 무엇을 얻고 싶은지, 어떤 종류의 웹 프로그램을 만들고 싶은지 구체적인 목표 1~3가지를 적어보자. 이 목표가 학습 동기를 유지하는 데 큰 도움이 될 것이다.

  (예 "나만의 블로그 만들기", "친구들과 함께 쓸 간단한 일정 공유 웹앱 만들기", "내가 좋아하는 게임의 팬 페이지 만들기")

02 VS 코드 테마 변경하기

- VS 코드 기본 설정(Ctrl+, 또는 Cmd+,)에서 "테마"를 검색하여 'Color Theme' 설정을 찾아보자.
- 내장된 다양한 테마 중 마음에 드는 것을 선택하여 적용해 보고, 가장 편안한 테마를 찾아보자. (추가 테마는 확장 프로그램으로 설치할 수 있다.)

03 VS 코드 단축키 익숙해지기

- 새 파일 생성(Ctrl+N), 파일 저장(Ctrl+S), 폴더 열기 등의 단축키를 의식적으로 사용해 보자.
- 메뉴에서 다른 유용한 기능 단축키도 찾아보고, 자주 쓸 것 같은 몇 가지를 추가로 익혀보자.
  (예 모든 파일 저장, 편집기 창 분할 등)

04 관심 있는 웹사이트 분석하기(프론트엔드 관점)

- 평소 자주 방문하는 웹사이트 1~2개를 골라 그 사이트가 어떤 HTML 요소들(제목, 단락, 이미지, 목록, 링크, 버튼 등)로 구성되어 있을지 상상해 보자.
- 각 요소가 어떤 CSS 스타일(색상, 폰트, 크기, 정렬 등)을 가졌을지 추측해 보자. (다음 장부터 직접 확인하는 방법을 배울 것이다.)

이번 장은 앞으로의 긴 여정을 위한 준비 단계였다. 다음 장부터는 본격적으로 바이브 코딩 환경을 설정하고, 실제 웹 페이지를 만드는 실습에 들어간다. 기대하며 준비하자!

2 장

바이브 코딩의 시작

학 습 목 표

1. VS 코드의 필수 확장 프로그램을 설치하고 각 프로그램의 기본 활용법을 익힌다.
2. 클라인 AI(또는 유사 AI 코딩 보조 도구)를 VS 코드에 설치하고, 코드 생성 및 설명 기능을 체험한다.
3. 바이브 코딩 개발 환경(VS 코드+클라인 AI)에서 “Hello, World!” 수준의 간단한 웹 페이지 HTML 구조를 생성하는 실습을 진행한다.
4. 생성된 코드를 통해 바이브 코딩 프로젝트의 기본 파일 구조와 HTML의 기초 개념(태그, 요소)을 이해한다.

2.1 VS 코드 확장 프로그램

VS 코드의 강력한 기능 중 하나는 확장 프로그램(Extensions) 생태계다. 확장 프로그램은 VS 코드의 기본 기능 외에, 사용자가 필요로 하는 다양한 부가 기능을 추가할 수 있도록 하는 작은 소프트웨어 조각들이다. 마치 스마트폰에 앱을 설치하여 기능을 확장하는 것과 비슷하다.

웹 개발을 더욱 편리하고 효율적으로 수행할 수 있도록 코드 작성, 미리 보기, 오류 검사, 협업 등을 지원하는 다양한 확장 프로그램이 있다. 이를 활용하면 개발 과정이 훨씬 수월해진다.

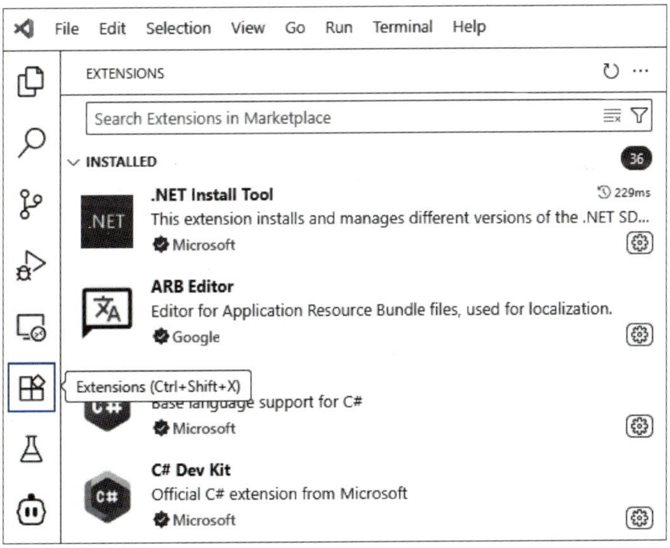

그림 2.1 VS 코드 확장 메뉴

필수 또는 권장 확장 프로그램의 역할

- **언어 지원 강화:** 특정 프로그래밍 언어(HTML, CSS, 자바스크립트 등)의 구문 강조(Syntax Highlighting), 자동 완성(IntelliSense), 오류 검사(Linting) 기능을 향상시킨다.

- **개발 편의성 증진:** 실시간 미리 보기, 코드 조각(Snippets) 자동 생성, 파일 아이콘 테마 변경 등 개발 과정을 편리하게 만들어준다.
- **생산성 향상:** 코드 포매팅(Formatting) 자동화, AI 기반 코드 제안 및 생성 등 반복 작업을 줄인다.

클라인 AI(또는 유사 AI 코딩 보조 도구)

최근 AI(인공지능) 기술의 발전으로 코딩 분야에서도 AI를 활용한 다양한 보조 도구들이 등장하고 있다. 클라인 AI는 그중 하나로, 개발자가 자연어(일상적인 대화 언어)로 요청하면 코드를 생성하거나, 기존 코드에 대한 설명을 제공하고, 오류를 찾아 수정 제안을 하는 등 다양한 방식으로 개발 생산성을 높이는 AI 기반 코딩 어시스턴트다.

※ 만약 클라인 AI 외에 학교나 기관에서 지정한 다른 AI 코딩 도구가 있다면, 해당 도구를 기준으로 이해해도 무방하다.

● AI 코딩 보조 도구의 주요 기능

- **코드 생성(Code Generation):** "파란색 배경의 환영 메시지를 보여주는 웹 페이지를 만들어줘."와 같이 자연어로 요청하면 해당 기능을 수행하는 HTML, CSS, 자바스크립트(JavaScript) 코드를 자동으로 생성한다.
- **코드 설명(Code Explanation):** 복잡하거나 이해하기 어려운 코드 블록을 선택해 설명을 요청하면, 해당 코드가 어떤 역할을 하고 어떻게 동작하는지를 자연어로 쉽게 풀어 설명한다.
- **코드 변환 및 리팩토링(Code Transformation & Refactoring):** 특정 언어로 작성된 코드를 다른 언어로 변환하거나, 기존 코드를 더 효율적이고 가독성 좋게 개선하는 방법을 제안한다.
- **오류 감지 및 수정 제안(Bug Detection & Fixing Suggestions):** 코드에 존재하는 잠재적 오류를 찾아내고, 이를 어떻게 수정해야 할지에 대한 힌트나 구체적인 수정 코드를 제시한다.
- **질의응답(Q&A):** 프로그래밍 개념, 특정 함수의 사용법, 문제 해결 방법 등에 대한 질문에 관련 정보를 제공한다.

이러한 AI 도구는 특히 프로그래밍 초보자들이 학습 과정에서 겪는 어려움을 줄이고, 아이디어를 빠르게 코드로 구현하는 경험을 통해 학습 동기를 높이는 데 큰 도움이 된다. 바이브 코딩에서는 이러한 AI 도구를 적극적으로 활용하여 학습 효과를 극대화하고자 한다.

VIBE CODING

2.2 HTML 기초: 태그와 요소

HTML은 웹 페이지의 뼈대를 구성하는 언어다. HTML(HyperText Markup Language)은 웹 페이지를 만들기 위한 표준 마크업 언어로, 웹의 기초를 이루는 핵심 기술이다. 1980년대 후반, 유럽 입자 물리학 연구소(CERN)에 근무하던 팀 버너스-리(Tim Berners-Lee)는 연구자들 간 문서를 효율적으로 공유할 수 있는 시스템을 구상했고, 이를 바탕으로 HTML이 탄생했다. 이후 1994년에는 W3C(World Wide Web Consortium)와 같은 전문 기관이 구성되어 HTML과 웹 기술 전반의 표준을 지속해서 발전시켜왔다.

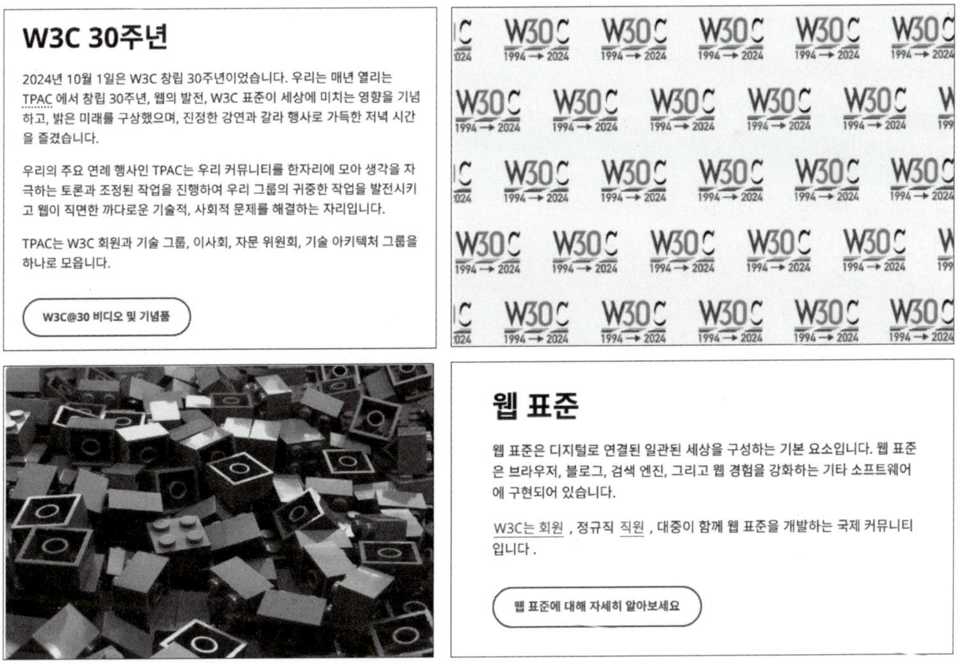

그림 2.2 W3C 재단 소개

"Hello, World!" 예제를 통해 실제 HTML 코드가 어떻게 생겼는지 직접 확인하면서, 가장 기본적인 개념인 태그(Tag)와 요소(Element)에 대해 좀 더 자세히 알아보자.

태그(Tag)

HTML 문서에서 특정 역할을 하는 명령어 또는 표시를 의미하며, 보통 홑화살괄호(〈, 〉)로 둘러싸여 있다.

> 예 <html>, <head>, <body>, <h1>, <p>

대부분의 태그는 시작 태그(예 〈h1〉)와 종료 태그(예 〈/h1〉)가 한 쌍을 이룬다. 종료 태그는 시작 태그 이름 앞에 슬래시(/)가 붙는 형태다.

일부 태그는 내용 없이 스스로 닫히기도 하는데, 예를 들어 〈br〉이나 〈img〉처럼 사용하는 태그들이다. 이러한 태그를 빈 태그(Empty Tag) 또는 '단일 태그(Self-Closing Tag)'라고 한다.

요소(Element)

시작 태그, 종료 태그, 그리고 그 사이의 내용(Content)을 모두 합쳐 하나의 HTML '요소(Element)'라고 부른다.

> 예 <h1>안녕하세요!</h1>

여기서 '〈h1〉'은 시작 태그, '안녕하세요!'는 내용, '〈/h1〉'은 종료 태그이며, 이 전체가 하나의 h1 요소다.

"Hello, World!" 예제에서는 웹 페이지의 기본 구조를 구성하는 〈html〉, 〈head〉, 〈body〉 태그와 페이지 제목을 나타내는 〈title〉, 가장 큰 제목을 표시하는 〈h1〉 태그 등을 사용한다. 각 태그의 역할은 실습을 통해 자연스럽게 익혀갈 수 있다.

바이브 코딩 프로젝트의 기본 구조

"Hello, World!" 웹 페이지는 매우 단순하며, 하나의 파일(index.html)로만 구성된다.

• Generated code 리스트

```
2_my_helloworld/          ← 프로젝트 폴더
└── index.html            ← 실제 웹 페이지 내용을 담고 있는 HTML 파일
```

- **프로젝트 폴더**: 관련된 파일들을 모아두는 디렉터리다. 프로젝트가 점점 복잡해지면, 이 폴더 안에 CSS/자바스크립트/이미지 파일 등을 위한 하위 폴더들이 추가될 수 있다.
- **index.html**: 웹 서버가 특정 폴더(웹사이트 주소)로 접속 요청을 받았을 때 가장 먼저 찾아 보여주는 기본 파일 이름이다. 대부분의 웹 프로젝트에서 메인 페이지 파일 이름으로 사용된다.

이러한 기본 구조와 파일 명명 규칙을 이해해두면 앞으로 더 복잡한 프로젝트를 다룰 때 혼란을 줄이는 데 큰 도움이 된다.

2.3 VS 코드 필수 확장 프로그램 설치하기

개발 효율을 높이려면 VS 코드에서 확장 프로그램 설치는 필수이며, 언어 지원부터 코드 자동 완성, 디버깅까지 다양한 기능을 손쉽게 추가할 수 있다. 이번에는 꼭 설치해야 하는 VS 코드 필수 확장 프로그램들을 설치한다.

❶ VS 코드를 실행하고 화면 왼쪽의 활동 표시줄(Activity Bar)에서 가장 아래쪽 네모 모양 'Extensions(확장)' 아이콘을 클릭한다. (단축키: Ctrl+Shift+X 또는 Cmd+Shift+X)

❷ EXTENSIONS: MARKETPLACE(확장: 마켓플레이스) 검색창에 다음의 확장 프로그램 이름을 각각 입력하고, 검색 결과에서 해당 프로그램을 찾아 〈Install〉 버튼을 클릭하여 설치한다.

- **Korean Language Pack for Visual Studio Code(선택)**

  설치 후 필요하다면 VS 코드를 재시작한다.

  · **역할**: VS 코드의 메뉴, 명령어 등을 한글로 표시한다. 이때 이미 설치되어 있거나, 설치 후 VS 코드를 재시작할 때 언어 변경 메시지가 나타날 수 있다.

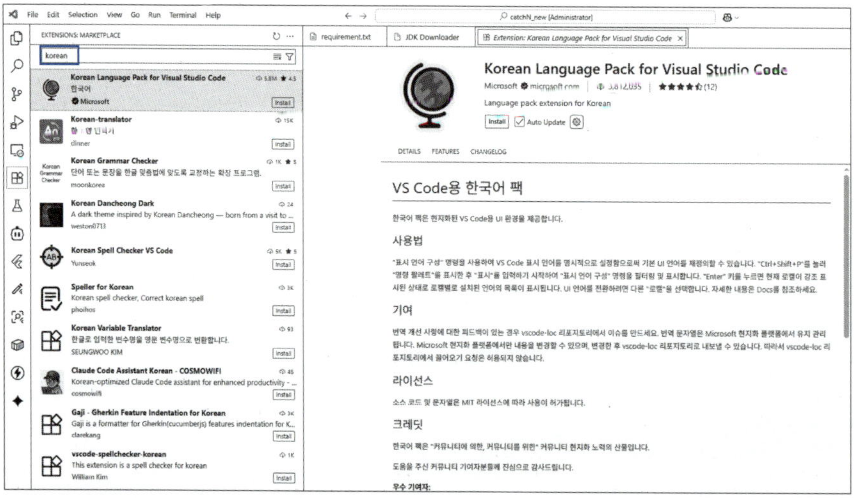

그림 2.3 확장 팩 설치

- Live Server(Ritwick dey 제작)
  - **역할**: HTML 파일을 수정할 때마다 웹 브라우저에서 자동으로 새로 고침해 변경 사항을 실시간으로 보여주며, 개발 효율을 크게 높인다.
  - **활용법**: HTML 파일 편집기에서 마우스 오른쪽 버튼을 클릭하고 [Open with Live Server] 메뉴를 선택하면 기본 웹 브라우저에 해당 페이지가 열린다.

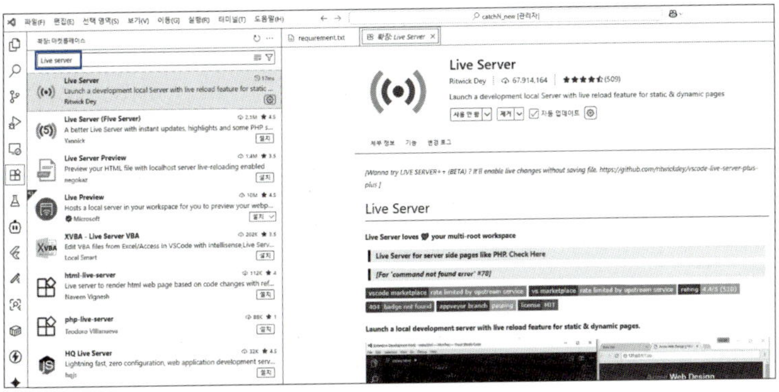

그림 2.4 Live Server 확장 모듈

- Prettier – Code formatter(Prettier 제작)
  - **역할**: 작성한 코드(HTML, CSS, 자바스크립트 등)를 정해진 규칙에 따라 자동으로 알맞게 정렬한다. 코드 가독성을 높이고 일관된 스타일을 유지하는 데 도움이 된다.
  - **활용법**: 파일을 저장할 때마다 자동으로 포매팅되도록 설정하거나, 특정 단축키를 눌러 실행할 수 있다. (예 Shift + Alt + F)

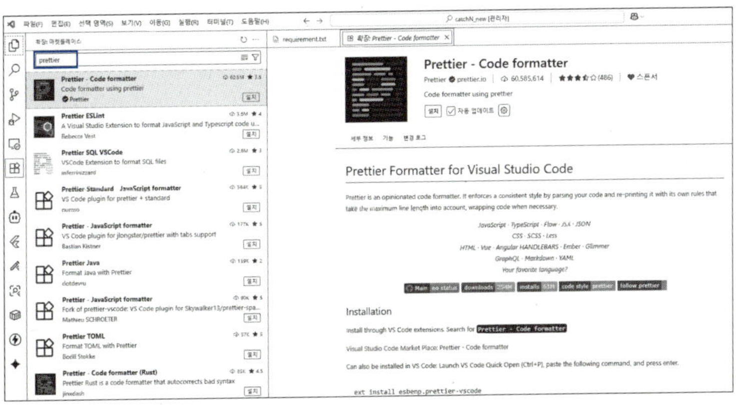

그림 2.5 Prettier 확장 모듈

- Material Icon Theme(Philipp Kief 제작)
  - **역할:** VS 코드 탐색기(파일 목록)에 표시되는 파일 및 폴더 아이콘을 다양한 재질의 디자인 아이콘으로 변경하여 시각적으로 구분하기 쉽게 만든다. (선택 사항이지만 권장)
  - **설치 후:** 아이콘 테마를 활성화하라는 메시지가 나타나면 [Material Icon Theme]를 선택한다.

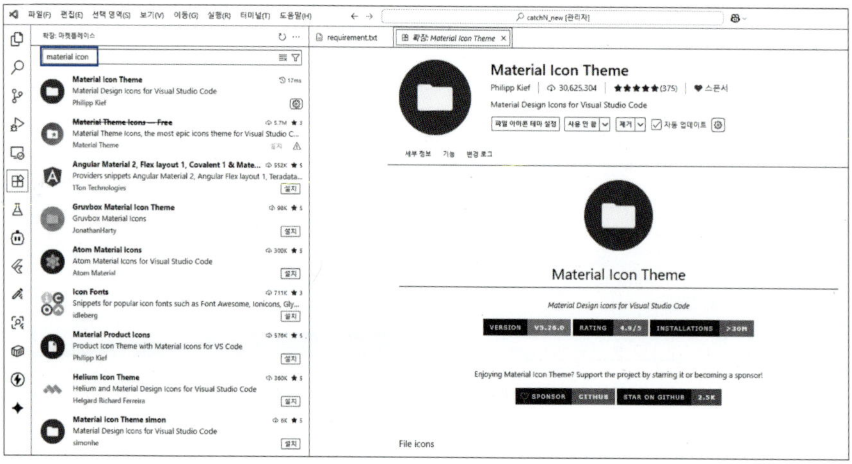

그림 2.6 Material Icon Theme 확장 모듈

> **알아두세요**
>
> 확장 프로그램 외에도 유용한 것들이 많지만, 우선은 이 정도만 설치하고 진행하자.

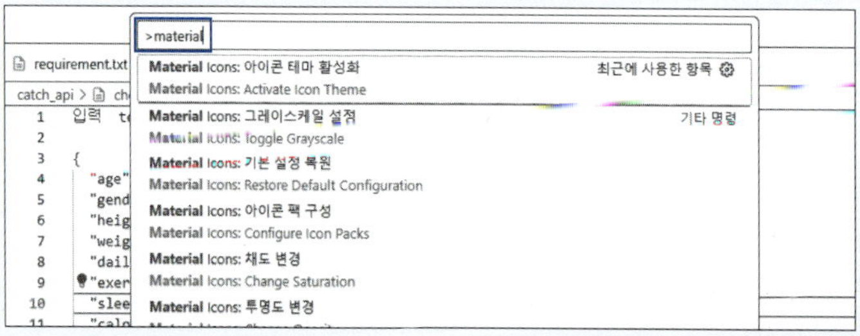

그림 2.7 머티리얼 아이콘 이용 활성화

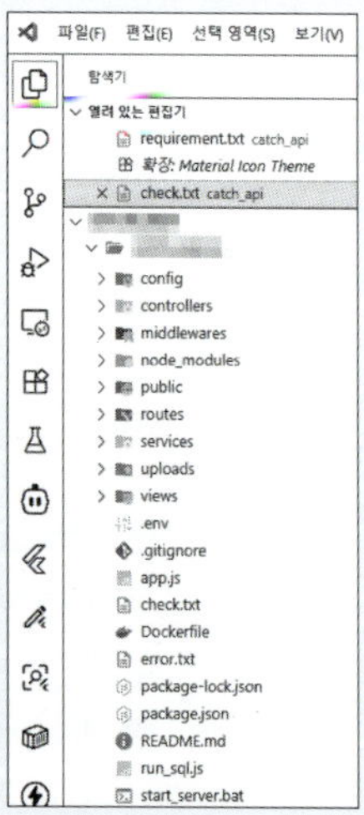

그림 2.8 확장 모듈 적용 브라우저 화면

2.4 나의 첫 AI 코딩 파트너, 클라인 - 지능형 내비게이터

프로그래밍을 처음 배울 때 우리는 수많은 장벽에 부딪힌다. 무엇을 써야 할지 막막한 하얀 화면, 기억나지 않는 명령어, 의미를 알 수 없는 빨간 줄의 에러 메시지까지. 마치 낯선 도시에 지도 없이 떨어진 것 같은 막막함이다.

클라인은 바로 이 낯선 코딩의 세계를 함께 탐험하는 지능형 내비게이터이자, 24시간 대기하는 친절한 선배 개발자다. 클라인은 우리가 사용하는 코드 편집기(VS 코드) 안에서 우리가 코딩하는 모든 과정을 지켜보고 도와주는 AI 기반 코딩 어시스턴트(AI Coding Assistant)다.

클라인의 핵심은 자연어 처리(Natural Language Processing) 기술에 있다. 즉, 우리가 일상적으로 사용하는 언어(예 "로그인 버튼을 만들어줘.")를 LLM과 연결하여 컴퓨터가 이해하는 프로그래밍 언어(HTML, CSS, 자바스크립트 코드)로 번역해 주거나, 반대로 복잡한 코드를 우리가 이해하기 쉬운 말로 설명해 주는 역할을 한다.

이 AI 에이전트는 통합 개발 환경(IDE, Integrated Development Environment)인 VS 코드의 확장 프로그램(Extension) 형태로 설치된다.

따라서 우리는 코드를 작성하는 바로 그 화면에서 다른 웹사이트로 이동할 필요 없이 즉시 AI의 도움을 받을 수 있다.

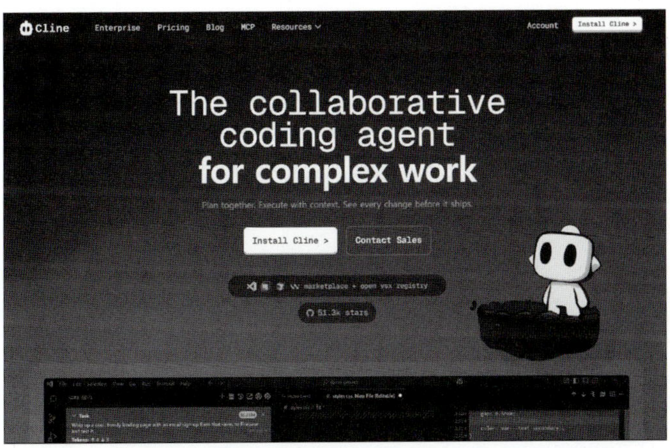

그림 2.9 클라인 웹 페이지

왜 클라인인가? – '무엇을'에 집중하기 위하여

전통적인 코딩 학습은 '어떻게(How)'에 많은 시간을 쏟는다. 즉, 정확한 명령어(Syntax)를 외우고, 올바른 문법에 맞춰 코드를 한 줄 한 줄 작성하는 훈련에 집중한다. 물론 이는 매우 중요한 과정이지만, 초심자에게는 종종 좌절감을 안겨주고 코딩의 본질적인 재미를 느끼기 전에 지치게 만들기도 한다.

바이브 코딩에서 클라인을 활용하는 이유는 학습의 패러다임을 바꾸기 위함이다. 우리는 '어떻게'라는 구문 암기에서 잠시 벗어나 '무엇을(What)' 만들고 싶은지에 더 집중한다.

- **문제 해결:** '사용자가 로그인할 수 있어야 한다.'는 문제 정의
- **아이디어 구상:** '버튼을 누르면 할 일 목록이 추가되어야 한다.'는 아이디어
- **논리적 흐름 설계:** '데이터베이스에서 글 목록을 가져와서, 최신순으로 정렬한 뒤, 화면에 보여준다.'는 논리적 흐름

클라인은 이렇게 구상한 '무엇을'이라는 아이디어와 논리를 실제 코드로 구현하는 과정의 상당 부분을 자동화한다. 이를 통해 우리는 코딩의 지루한 타이핑 작업에서 해방되어 더 창의적이고 구조적인 사고를 하는 '설계자' 역할에 더 많은 시간을 쓸 수 있다.

클라인의 핵심 기능: AI 파트너의 5가지 능력

클라인은 단순히 코드를 대신 써주는 기계가 아니다. 학습과 개발의 전 과정에 관여하는 다재다능한 파트너이다.

● 코드 생성(Code Generation): 자연어로 지시하기

가장 강력하고 직관적인 기능이다. 우리가 만들고 싶은 것을 한국어로 설명하면 클라인 환경에 설정된 LLM 모델과 연결하여 요청에 맞는 코드를 생성한다.

프롬프트 우리의 요청(자연어)
클라인, '로그인'이라는 텍스트를 가진 파란색 버튼을 만들어줘. 버튼을 클릭하면 '환영합니다!'라는 경고창이 뜨게 해줘.

```
• 클라인의 결과물(HTML/자바스크립트 코드):
code
```

```
Html
download
content_copy
expand_less
<button id="loginBtn" style="background-color: blue; color: white;">로그인</
button>
<script>
  document.getElementById('loginBtn').addEventListener('click', function() {
    alert('환영합니다!');
  });
</script>
```

● 코드 설명(Code Explanation): 코드 해설가

다른 사람이 작성했거나 AI가 방금 생성한 복잡한 코드가 이해되지 않을 때 해당 코드 블록을 선택하고 설명을 요청할 수 있다. 클라인은 각 줄이 어떤 역할을 하는지, 전체 코드가 어떤 흐름으로 동작하는지를 알기 쉽게 풀어서 설명해 준다. 이는 코드를 단순히 복사-붙여넣기를 하는 것을 넘어, 그 원리를 이해하고 학습하는 데 결정적인 도움을 준다.

● 오류 분석 및 디버깅(Error Analysis & Debugging): 응급 구조대

프로그래밍의 절반은 오류와의 싸움이다. 클라인은 코드에 있는 문법적 오류나 잠재적인 논리적 문제점을 찾아내고, 왜 오류가 발생했는지, 그리고 어떻게 수정해야 하는지에 대한 구체적인 해결책을 제시한다. 막막한 오류 메시지 앞에서 헤매는 시간을 획기적으로 줄인다.

● 코드 리팩토링(Code Refactoring): 코드 스타일리스트

'리팩토링'이란 코드의 기능은 그대로 유지하면서 내부 구조를 개선하여 더 효율적이고, 읽기 쉽고, 유지 보수하기 좋게 만드는 작업을 의미한다. 클라인에게 코드 블록을 보여주고 "이 코드를 더 효율적으로 만들어줘." 또는 "이 코드를 더 읽기 쉽게 개선해 줘."라고 요청하면 더 나은 코드 작성법을 제안한다. 이를 통해 좋은 코딩 습관을 기를 수 있다.

● 맥락 인지 질의응답(Context-Aware Q&A): 프로젝트 전문가

클라인은 단순히 일반적인 코딩 지식에만 답변하는 것이 아니다. 지금 작업 중인 프로젝트의 전체 코드(맥락)를 이해하고 있다. 따라서 "내 프로젝트에서 user 데이터를 처리하는 함수가 어디에 있지?" 또는 "이 login 함수와 연결된 API는 뭐야?"와 같이 프로젝트에 특화된 질문에 대해서도 답변할 수 있다. 이는 마치 프로젝트를 속속들이 알고 있는 전문가와 대화하는 것과 같다.

현명한 클라인 활용법: AI의 주인이 되는 길

클라인은 강력한 도구이지만, 어떻게 사용하느냐에 따라 약이 될 수도, 독이 될 수도 있다. 클라인의 주인이 되기 위해서는 다음을 명심해야 한다.

- **명령자가 되자, 의존자가 되지 말자:** 클라인은 우리의 '지시'를 따르는 도구이다. 무엇을 만들지 결정하고, 전체적인 구조를 설계하는 것은 온전히 우리의 몫이다.
- **항상 이해하려고 노력하자:** AI가 생성한 코드를 '마법'으로 여기고 그대로 복사해서는 안 된다. 왜 이 코드가 이렇게 작성되었는지 '코드 설명' 기능을 적극 활용하여 반드시 이해하고 넘어가야 한다.
- **더 좋은 질문을 고민하자:** "안 돼."라는 막연한 질문보다 "데이터를 추가하는 API를 만들었는데, INSERT 구문에서 'column count doesn't match'라는 에러가 발생해. 이 코드를 보고 원인을 알려줘."와 같이 구체적인 상황과 함께 질문할수록 AI는 더 정확한 답변을 제공한다. 좋은 질문을 하는 능력이 곧 뛰어난 개발자의 능력이다.

결론적으로 클라인은 우리 생각을 현실로 만드는 과정을 가속화하고, 학습의 장벽을 낮추며, 창의적인 문제 해결에 더 집중할 수 있도록 돕는 혁신적인 파트너이다. 이 도구를 현명하게 활용하여 학습 여정을 성공적으로 완수하고 자신만의 웹 애플리케이션을 완성하자.

클라인 AI 에이전트 설치하기

클라인은 LLM(대형 언어 모델)을 기반으로 자동 프로그래밍을 지원하는 오픈AI 코딩 에이전트이다. 커서, 클로드, 제미나이 코드 등 다양한 코드 생성 에이전트 사이에서 클라인은 최소의 비용으로 효율적으로 활용할 수 있는 실용적인 도구이다.

❶ VS 코드를 실행하고 확장하기 위해 마켓플레이스(EXTENSIONS: MARKETPLACE) 검색창에 "Cline (또는 학교/기관에서 안내한 AI 도구 이름)"을 입력한다.

검색 결과에서 해당 확장 프로그램을 찾아 〈설치(Install)〉 버튼을 클릭하여 설치한다.

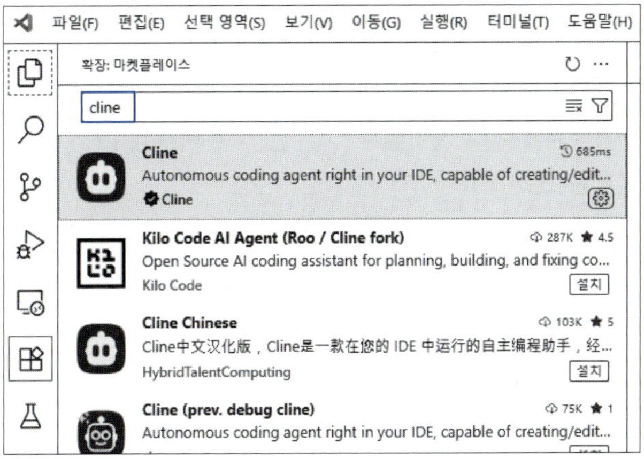

그림 2.10 클라인(Cline) 확장 모듈

❷ 설치가 완료되면 클라인 AI 사용을 위해 로그인이나 계정 설정 과정이 필요할 수 있다.

확장 프로그램 안내를 따르며, 일반적으로 VS 코드 왼쪽 활동 표시줄에 클라인 AI 아이콘이 추가되거나 하단 상태 표시줄에 관련 정보가 표시된다.

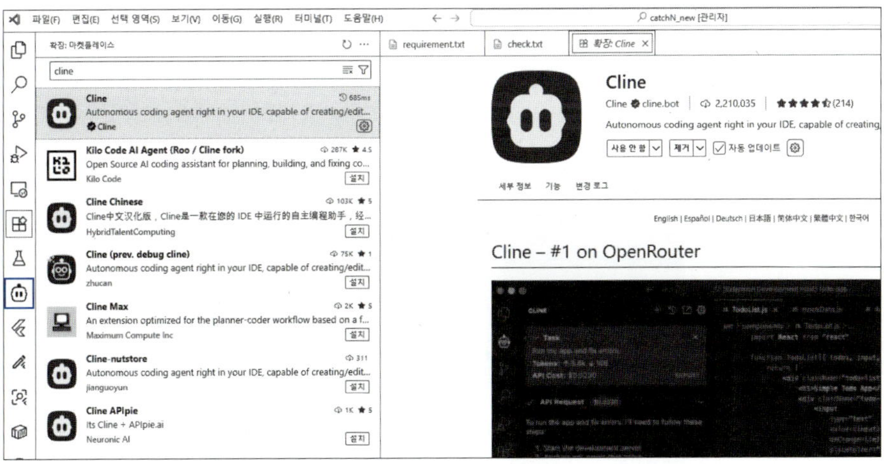

그림 2.11 클라인 실행 화면

❸ 클라인 AI 기능을 활성화하기 위해서는 일반적으로 활동 표시줄의 클라인 AI 아이콘을 클릭하면 채팅창이나 관련 패널이 열린다.

또는 코드 편집기에서 텍스트를 선택한 후 마우스 오른쪽 버튼을 클릭하면 클라인 AI 관련 메뉴(예 Ask CLINE, Explain with CLINE)가 나타날 수 있다.

2.5 제미나이: 구글이 만든 차세대 AI, 새로운 개발 파트너

제미나이란 무엇인가? – 모든 것을 이해하는 만능 조수

상상해 보자. 한 명의 조수가 있는데, 그는 세계 최고의 프로그래머이자 통찰력 있는 예술 비평가이며, 뛰어난 작가이자 예리한 데이터 분석가이다. 우리가 글로 질문하면 글로 답하고, 그림을 보여주면 그림을 이해하며, 코드를 보여주면 코드의 문제점을 찾아내고, 심지어 우리가 말하는 아이디어를 듣고 새로운 코드를 창조해 낸다.

제미나이(Gemini)는 바로 이러한 상상을 현실로 만든, 구글(Google)이 개발한 차세대 대규모 언어 모델(LLM, Large Language Model)이다. 하지만 단순히 '언어' 모델이라고 부르기에는 부족하다. 제미나이는 텍스트뿐만 아니라 이미지, 소리, 영상, 코드 등 세상의 거의 모든 종류의 정보를 동시에 이해하고 처리할 수 있는 멀티모달(Multimodal) AI이기 때문이다.

제미나이는 단순히 질문에 답하는 검색 엔진이 아니다. 우리의 생각을 코드로 번역하고, 복잡한 문제 해결의 실마리를 제공하며, 창의적인 아이디어를 구체화하는 데 도움을 주는 능동적인 개발 파트너 역할을 한다.

그림 2.12 제미나이 AI 모델 활용도

제미나이의 탄생: 두 거인의 만남과 알파고의 유산

제미나이는 어느 날 갑자기 하늘에서 떨어진 것이 아니다. 수십 년간 이어진 구글의 인공지능 연구의 정점에 서 있는 결과물이다.

- **두뇌의 결합(DeepMind+Google Brain):** 구글 내부에는 인공지능 연구를 이끄는 두 개의 전설적인 팀이 있었다. 하나는 이세돌 9단과의 바둑 대결에서 승리한 '알파고(AlphaGo)'를 만들어낸 딥마인드(DeepMind)이고, 다른 하나는 구글 번역, 구글 포토 등 수많은 서비스의 AI 기술을 책임져 온 구글 브레인(Google Brain)이다. 구글은 이 두 팀을 '구글 딥마인드'라는 하나의 조직으로 통합해 각 팀의 장점을 결합하고 인류 역사상 가장 강력하고 범용적인 AI를 만드는 것을 목표로 삼았다. 제미나이는 바로 이 통합 조직의 첫 번째 위대한 결과물이다.
- **알파고를 넘어서:** 알파고는 '바둑'이라는 특정 규칙 안에서 최적의 수를 찾는 데 특화된 AI였다. 반면, 제미나이의 목표는 바둑판을 넘어 복잡하고 다양한 현실 세계의 정보를 이해하고 추론하는 범용 인공지능(AGI, Artificial General Intelligence)에 더 가까이 다가가는 것이다. 알파고가 보여준 전략적 사고 능력이, 이제는 텍스트, 이미지, 코드를 넘나드는 제미나이의 종합적인 추론 능력으로 진화한 것이다.

제미나이의 핵심 능력: 멀티모달리티

제미나이를 이전 세대의 AI와 구분 짓는 가장 중요한 특징은 바로 '멀티모달리티(Multi-modality)'이다. 이는 AI가 인간처럼 다양한 종류의 감각(정보)을 동시에 받아들이고 통합적으로 이해하는 능력을 의미한다.

마치 우리가 눈으로 보고, 귀로 듣고, 손으로 글을 쓰는 것처럼, 제미나이는 다음의 5가지 핵심적인 데이터 형식을 네이티브(태생적)하게 이해하려고 노력한다.

❶ **텍스트(Text):** 인간의 언어를 이해하고, 생성하며, 요약하고, 번역한다.
❷ **이미지(Image):** 이미지 속의 사물, 인물, 상황을 인식하고, 그림을 설명하거나, 심지어 그림을 보고 코드를 생성할 수도 있다.
❸ **오디오(Audio):** 사람의 말을 알아듣고, 목소리의 톤이나 음악을 이해한다.
❹ **비디오(Video):** 영상의 흐름과 맥락을 파악하고, 특정 장면에 대해 설명하거나 요약할 수 있다.
❺ **코드(Code):** 다양한 프로그래밍 언어의 문법과 구조를 이해하고, 새로운 코드를 작성하거나, 기존 코드의 오류를 수정하고, 코드를 다른 언어로 변환할 수 있다.

제미나이 패밀리: 목적에 따라 골라 쓰는 AI

제미나이는 단 하나의 모델이 아니라, 목적과 성능에 따라 여러 버전으로 나뉜 하나의 '패밀리'이다. 마치 자동차에 경차, 세단, SUV, 스포츠카가 있는 것과 같다.

- **제미나이 울트라(Ultra)**: 가장 크고 강력한 플래그십 모델이다. 매우 복잡하고 전문적인 추론이 필요한 작업을 위해 설계되었다. (비유: 최고급 슈퍼컴퓨터, 고성능 스포츠카)
- **제미나이 프로(Pro)**: 성능과 효율성 사이의 균형을 맞춘, 가장 범용적으로 사용되는 모델이다. 구글의 여러 서비스(예 Bard)에 탑재되어 있으며, 대부분의 개발 작업을 훌륭하게 수행한다. (비유: 다목적 SUV, 표준 세단)
- **제미나이 나노(Nano)/플래시(Flash)**: 작고 가벼우며 매우 빠른 모델이다. 스마트폰 같은 기기 내에서 직접 동작하거나, 실시간 채팅처럼 빠른 응답이 중요한 작업에 최적화되어 있다.

본 교재에서 많이 사용하는 제미나이-2.x-플래시 모델이 바로 여기에 속한다. 이 모델은 복잡성은 다소 낮을 수 있지만, 코드를 생성하고 수정하는 개발 작업에서 매우 빠른 속도로 응답하기 때문에 AI와 실시간으로 티키타카 하며 개발하는 바이브 코딩 방식에 가장 적합하다.

제미나이 CLI: 터미널에서 AI와 직접 대화하기

본 교재의 후반부에서는 제미나이 CLI(Command Line Interface)를 적극적으로 활용한다. CLI 환경에서는 프로(Pro) 모델을 사용할 수 있고, 플래시(Flash) 모델보다 처리 속도는 느리지만 복잡한 추론이 필요한 모든 주제에서 최적의 결과를 생성한다.

CLI란, 마우스로 아이콘을 클릭하는 그래픽 환경(GUI)과 달리 키보드로 명령어를 직접 입력해 컴퓨터와 소통하는 텍스트 기반의 인터페이스를 의미한다. 개발자들이 검은 화면의 터미널을 선호하는 이유는 GUI보다 훨씬 더 빠르고, 정교하며, 반복적인 작업을 자동화하기 쉽기 때문이다.

제미나이 CLI는 바로 이 터미널 환경에서 Gemini라는 명령어를 통해 제미나이 모델을 직접 호출하고 작업을 지시할 수 있게 하는 도구이다.

터미널에서의 대화 예시:

code

Bash

download

content_copy

```
expand_less
# "이 프롬프트를 제미나이에게 보내고, 그 결과를 server.js 파일에 저장해라"
제미나이 -p "Express를 사용한 기본 웹 서버 코드를 작성해줘." > server.js
```

이 방식을 통해 잘 작성된 PRD 파일을 통째로 AI에게 전달하고, 그 결과물을 즉시 파일로 생성하는 등 매우 효율적인 개발 워크플로를 경험하게 된다. 이는 마치 숙련된 개발자가 키보드만으로 모든 작업을 처리하는 것 같은 경험을 제공한다.

제미나이와 현명하게 소통하는 법: 좋은 질문이 좋은 코드를 만든다

제미나이는 강력하지만, 우리가 무엇을 원하는지 정확히 알려주지 않으면 엉뚱한 결과를 내놓을 수 있다. AI를 잘 활용하는 능력은 곧 '좋은 질문(프롬프트)을 하는 능력'과 같다. 이는 마치 유능한 부하 직원에게 일을 시키는 유능한 관리자의 역량과 같다.

부족한 지시(Bad Prompt)	좋은 지시(Good Prompt) – PRD 방식
"방명록 웹사이트 만들어줘."	1. 목표: 익명의 사용자들이 글을 쓰고 볼 수 있는 방명록을 만든다. 2. DB 설계: entries 테이블은 id, author, message, created_at 열을 가진다. 3. 백엔드 API: GET /api/entries는 모든 글을 조회하고, POST /api/entries는 새 글을 생성한다. 4. 프론트엔드: textarea와 input을 가진 폼, 그리고 글 목록을 표시할 div로 구성된다. ...(이하 생략)
결과: 무엇을 만들어야 할지 몰라 매우 일반적이거나 엉뚱한 코드를 생성한다.	**결과:** 명확한 설계도를 바탕으로, 요구 사항에 정확히 부합하는 체계적인 코드를 생성한다.

이것이 바로 우리가 본 교재의 후반부부터 PRD(제품 요구 사항 명세서)를 작성하는 이유다. 명확하고 구체적이며 맥락을 제공하는 프롬프트를 통해 AI의 성능을 100% 끌어낼 수 있다.

제미나이는 도구가 아닌 '협업 파트너'이다

제미나이의 등장은 개발자의 역할에 대한 패러다임을 바꾸고 있다. 이제 개발자는 모든 코드를 처음부터 끝까지 타이핑하는 '코딩 노동자'가 아니라, 만들고자 하는 시스템의 전체 구조를 설계하고, AI라는 강력한 파트너에게 작업을 지시하며, 최종 결과물을 조율하고 검증하는 '지휘자' 또는 '설계자'에 더 가까워지고 있다.

바이브 코딩 과정에서 제미나이는 단순히 편리한 도구를 넘어, 우리의 생각을 확장하고 불가능해 보였던 아이디어를 현실로 만들어가는 창의적인 여정의 동반자가 될 것이다. 이 파트너와 함께라면 코딩은 더 이상 어렵고 지루한 작업이 아닌 즐거운 창작 활동이 될 수 있다.

제미나이 모델의 주요 특징과 장점

제미나이(Gemini)는 구글이 개발한 차세대 멀티모달(Multimodal) AI 모델로, 이전 모델들과 차별화되는 몇 가지 핵심 특징을 가지고 있다.

❶ 네이티브 멀티모달리티(Native Multimodality)

- **특징:** 텍스트, 이미지, 음성, 영상, 코드 등 다양한 형태의 정보를 처음부터 함께 학습하도록 설계되었다. 단순히 텍스트 모델에 이미지 인식 기능을 덧붙인 것이 아니라, 모든 종류의 데이터를 통합적으로 이해하고 추론하는 능력이 뛰어나다.
- **장점:** 사용자가 이미지와 텍스트를 동시에 질문하거나, 영상의 특정 장면에 대하여 음성으로 질문하는 등 복합적인 정보 활용이 매우 자연스럽다. 이를 통해 훨씬 더 정교하고 인간과 유사한 방식으로 문제를 해결할 수 있다.

❷ 뛰어난 성능과 추론 능력(State-of-the-Art Performance & Reasoning)

- **특징:** 수학, 물리, 코딩, 상식 추론 등 32개 학술 벤치마크 중 30개에서 최고 성능의 결과를 보여줬다. 특히 복잡한 다단계 추론이 필요한 문제 해결에 강점이 있다.
- **장점:** 학술 연구, 데이터 분석, 복잡한 문제 해결 등 전문 분야에서 높은 신뢰성과 정확성을 제공한다.

❸ 유연성과 확장성(Flexibility and Scalability)

- **특징:** 가장 강력한 '울트라(Ultra)', 다목적용 '프로(Pro)', 온디바이스(On-Device)용 '나노(Nano)' 등 세 가지 크기로 제공된다.
- **장점:** 대규모 데이터 센터 작업부터 인터넷 연결이 없는 스마트폰의 소규모 작업까지, 다양한 하드웨어와 목적에 맞게 최적화된 모델을 사용할 수 있어 활용 범위가 매우 넓다.

❹ 강력한 코딩 능력(Advanced Coding Capabilities)

- **특징:** 세계 최고 수준의 코딩 대회 플랫폼인 코드퓨전(Codefusion)에서 사용된 '알파코드 2(AlphaCode 2)' 기반 모델로, 코드 생성, 이해, 디버깅, 설명 등 프로그래밍 관련 작업에서 뛰어난 성능을 보인다.
- **장점:** 개발자의 생산성을 크게 향상시키며, 복잡한 알고리즘 구현이나 기존 코드 문제점 발견에 효과적이다.

5 (제미나이 3.0 프로) 혁신적인 컨텍스트 창(Breakthrough Context Window)

- **특징:** 최신 제미나이 3.0 프로 모델은 최대 100만 토큰의 컨텍스트 창을 지원한다. 이는 기존 모델들(수천~수십만 토큰)을 훨씬 뛰어넘는 크기이다.
- **장점:** 수십만 줄의 코드베이스, 장편 소설 전체, 1시간 분량 동영상 등 방대한 정보를 한 번에 입력하여 분석, 요약, 질의응답 할 수 있어 이전에는 불가능했던 작업을 수행할 수 있다.

가장 중요한 점은 타사 모델과 비교해 상당 부분의 기능을 무료로 테스트할 수 있다는 것이다. 다양한 아이디어를 프로그램으로 구현하고, 바이브 코딩 기반 개발을 시도하고자 하는 개발자들에게 최선의 선택지가 될 수 있다.

제미나이 모델 설정

구글 AI 스튜디오는 개발자와 크리에이터가 구글의 최신 생성형 AI 모델인 제미나이의 강력한 성능을 직접 체험하고, 아이디어를 빠르게 프로토타입으로 만들어 실제 애플리케이션으로 개발할 수 있도록 돕는 웹 기반의 무료 개발 도구이다.

복잡한 개발 환경 설정 없이 브라우저만으로 AI의 최전선에 바로 접속할 수 있는 'AI 놀이터'이자 '아이디어 실험실'이라고 생각하면 쉽다.

구글 AI 스튜디오는 특정 전문가만을 위한 도구가 아니다.

- **AI 개발자:** 본격적인 개발에 앞서 모델의 성능을 테스트하고, 최적의 프롬프트를 찾아내며, API 코드를 바로 생성하여 개발 시간을 단축하고 싶은 개발자
- **기획자 및 프로토타이퍼:** 코딩 없이 AI 모델과 직접 대화하며 서비스의 핵심 기능을 빠르게 검증하고 시제품을 만들고 싶은 사람
- **학생 및 학습자:** 최신 AI 기술이 어떻게 작동하는지 직접 경험하고, 다양한 아이디어를 실험하며 AI에 대한 이해를 높이고 싶은 학생
- **콘텐츠 크리에이터 및 마케터:** 블로그 글, 광고 문구, 창의적인 스토리, 이미지 아이디어 등 다양한 콘텐츠 생성을 자동화하고 영감을 얻고 싶은 창작자

● 핵심 기능 및 특징

구글 AI 스튜디오는 아이디어 구상부터 코드 생성까지의 과정을 매끄럽게 연결하는 강력한 기능들을 제공한다.

❶ 직관적인 프롬프트 인터페이스

다양한 형태의 프롬프트를 통해 제미나이 모델과 상호 작용할 수 있다.

- **자유 형식(Freeform)**: 제약 없이 자유롭게 질문하고 아이디어를 탐색한다.
- **구조화된 프롬프트(Structured)**: 예시(입력/출력)를 제공해 모델이 특정 형식이나 스타일의 결과물을 생성하도록 유도할 수 있다. (예 상품 설명을 JSON 형식으로 출력하게 요청)
- **채팅 프롬프트(Chat)**: 대화 형식으로 문맥을 유지하며 자연스럽게 상호 작용한다.

❷ 강력한 제미나이 모델 제품군 활용

구글의 최신 플래그십 모델을 직접 사용할 수 있다.

- **제미나이 프로(Pro)**: 정교한 텍스트 기반의 추론, 요약, 글쓰기, 코드 생성 등 다양한 언어 작업에 최적화된 모델이다.
- **제미나이 멀티모달**: 구글 AI 스튜디오에서 프롬프트로 텍스트와 함께 이미지를 이해하고 분석하는 멀티모달(Multi-modal) 모델이다. 이미지에 대한 질문, 객체 인식, 이미지 속 텍스트 분석 등을 할 수 있다.

❸ 모델 튜닝(Tuning)

자신만의 데이터셋을 제공하여 모델을 미세하게 조정할 수 있다. 이를 통해 모델이 특정 도메인의 지식을 학습하거나, 자신만의 독특한 스타일과 톤으로 결과물을 생성하도록 더 발전된 '나만의 AI'를 만들 수도 있다.

❹ API 키 발급 및 코드 내보내기

이것이 바로 AI 스튜디오의 강력한 기능 중 하나이고, 우리가 수행할 부분이다.

- **클릭 한 번으로 API 키 발급**: 스튜디오에서 테스트한 내용을 실제 애플리케이션에서 사용할 수 있도록 무료 API 키를 즉시 발급받을 수 있다.
- **준비된 코드 생성**: 스튜디오에서 성공적으로 테스트한 프롬프트를 파이썬, Node.js, Swift, 안드로이드(Kotlin) 등 다양한 언어의 즉시 실행할 수 있는 코드로 변환해 준다. 더 이상 API 문서를 보며 코드를 처음부터 작성할 필요가 없다.

구글 AI 스튜디오(Studio)를 사용하기 위해서는 'aistudio.google.com/prompts/new_chat'에 접속한 다음 구글 로그인 후 동의 과정을 거치면 바로 사용할 수 있다.

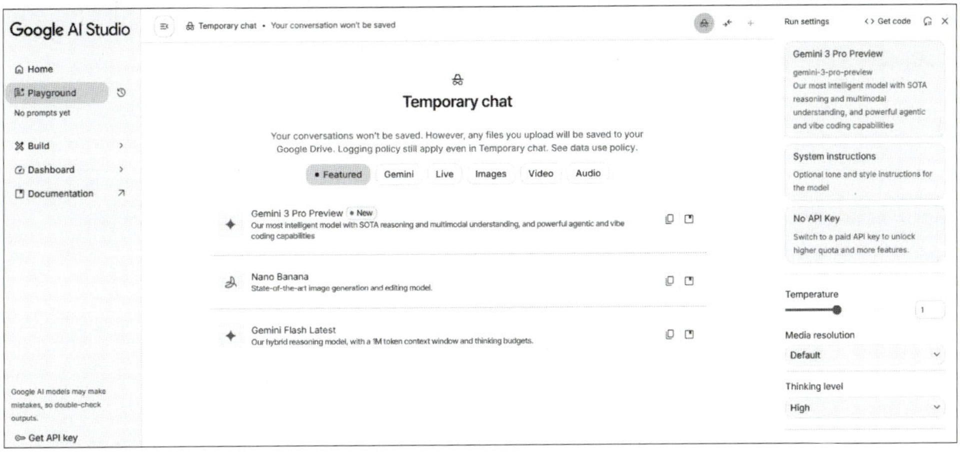

그림 2.13 구글 AI 스튜디오(Studio)

알아두세요

바이브 코딩에 사용할 LLM 모델을 선택하자. 이 과정은 구글의 제미나이 모델을 기준으로 진행된다. 필요에 따라 챗GPT, 소넷(Sonnet)-4 등의 모델을 사용할 경우 해당 API를 생성하여 적용할 수 있다.

제미나이 API 생성하기

❶ 웹 브라우저 검색창에 'aistudio.google.com/welcome' 주소를 입력하여 접속한다. 구글 계정으로 로그인하고 API를 사용하기 위한 인증 과정을 진행한다.

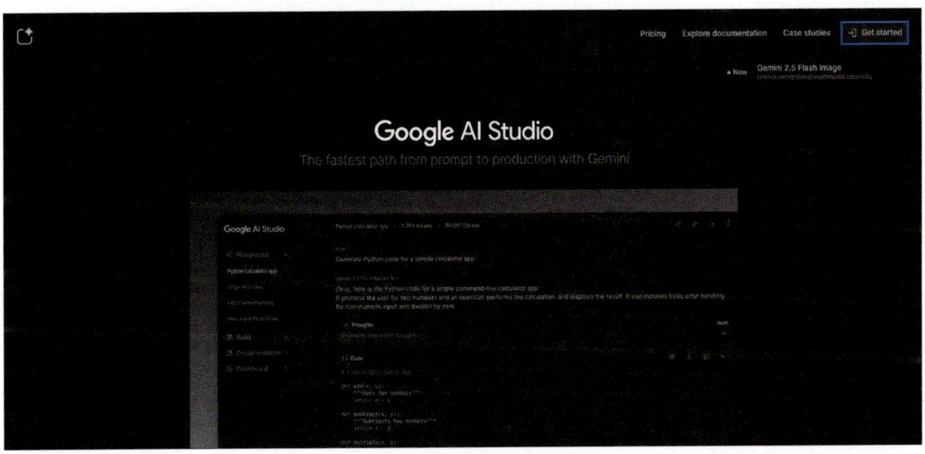

그림 2.14 구글 AI 스튜디오 인증

❷ 로그인 후 클라인에서 사용할 API 키(Key)를 생성하기 위해 〈Get API key〉 버튼을 클릭 한 후 〈API 키 만들기〉 버튼을 클릭한다.

그림 2.15 API 키 생성

❸ 처음 키를 생성할 때 다음과 같이 새 키 만들기 대화상자가 표시된다. 키 이름과 프로젝트를 선택한다.

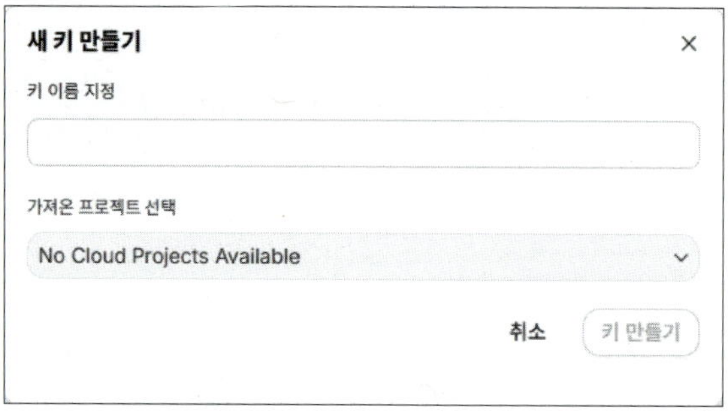

그림 2.16 API 키 이름 생성

❹ 만약 프로젝트가 없다면 API 생성을 위해 프로젝트도 생성한다.

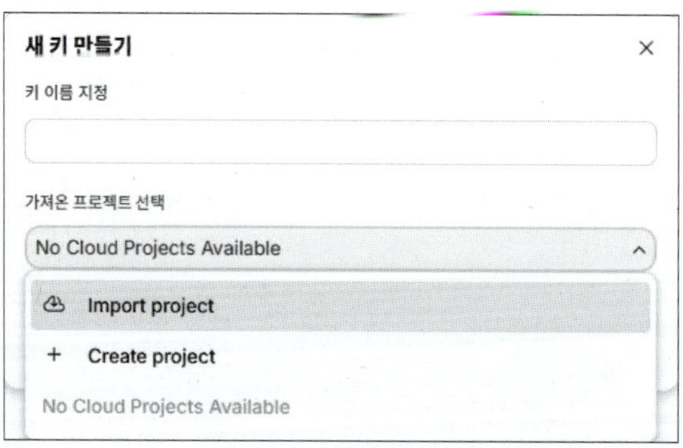

그림 2.17 API 프로젝트 생성

❺ 'codingworks'라는 이름으로 프로젝트를 생성하였다.

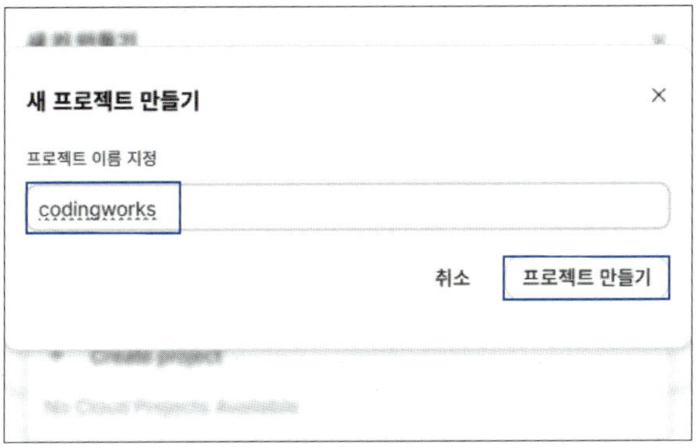

그림 2.18 프로젝트 생성

❻ 'codingtest'라는 API 이름으로 키 발급을 진행한다.

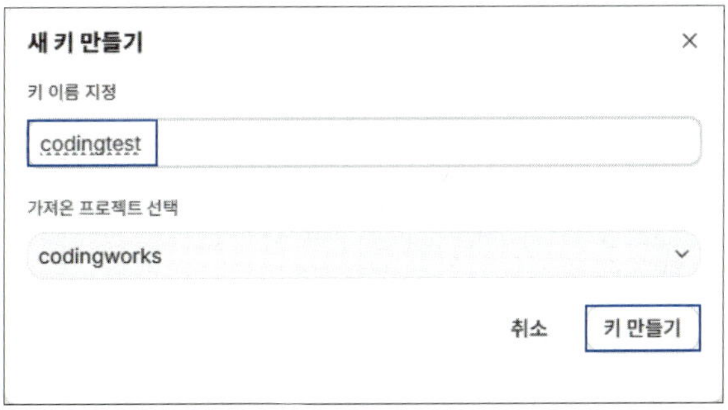

그림 2.19 이름 지정

❼ API 키 발급이 성공적으로 발행된 것을 확인할 수 있다. 키는 목적에 따라 계속 발행할 수 있다.

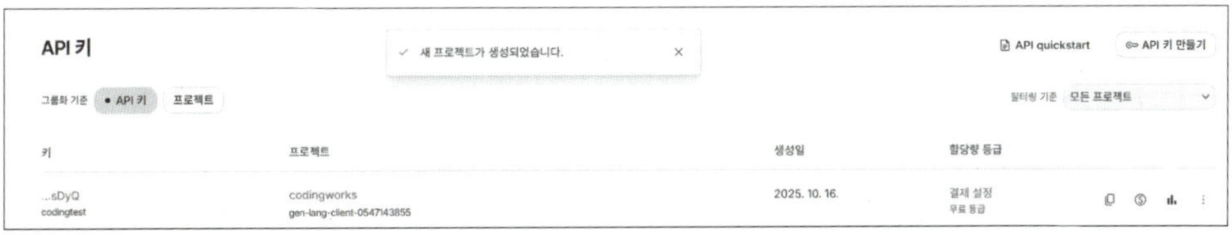

그림 2.20 키 목록

❽ 목록에서 키를 클릭하여 키 정보를 복사한다.

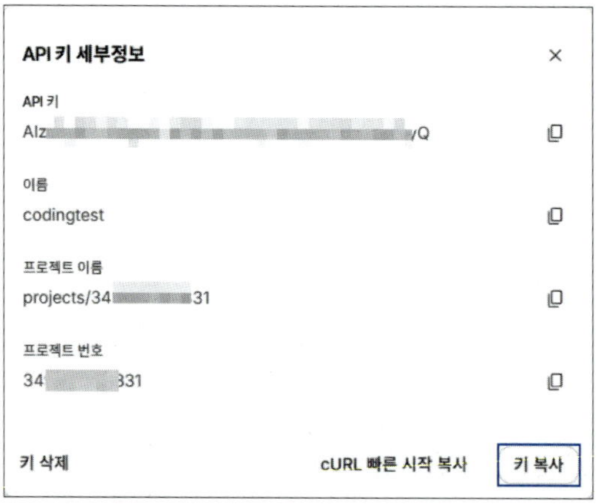

그림 2.21 키 정보 복사

❾ 생성된 API는 하단의 목록에서 확인할 수 있고, 필요에 따라 API 키를 생성 및 삭제/관리할 수 있다.

알아두세요

API는 외부에 노출되지 않도록 철저히 관리하는 것이 중요하다. 만약 노출되었다면 해당 API를 삭제하고 새로 발급받은 API를 사용하는 것이 좋다. 또한, 정기적으로 API를 갱신하는 것도 보안 측면에서 매우 유효하다.

AI 스튜디오에서 제미나이 모델 사용하기

❶ 구글 AI 스튜디오 로그인 후 오른쪽 메뉴 Run Settings에서 제미나이 모델을 변경할 수 있다.

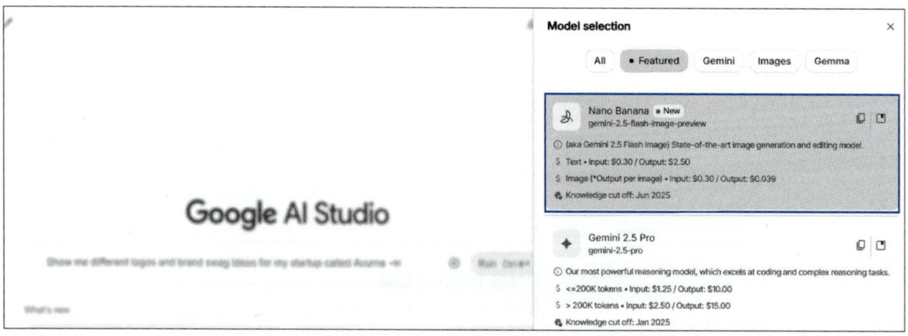

그림 2.22 사용 모델 확인

❷ 2025년 11월 기준, 제미나이 3-Pro(Preview) 모델은 성능 평가에서 모든 최신 AI 모델 대비 탁월한 성능을 발휘하는 것을 알 수 있다. 특히 최고 성능의 추론 능력과 멀티모달 이해 능력, 강력한 에이전트 코딩 능력은 플래그십 모델의 새로운 이정표를 제시하고 있다.

Benchmark	Description		Gemini 3 Pro	Gemini 2.5 Pro	Claude Sonnet 4.5	GPT-5.1
Humanity's Last Exam	Academic reasoning	No tools	**37.5%**	21.6%	13.7%	26.5%
		With search and code execution	**45.8%**	—	—	—
ARC-AGI-2	Visual reasoning puzzles	ARC Prize Verified	**31.1%**	4.9%	13.6%	17.6%
GPQA Diamond	Scientific knowledge	No tools	**91.9%**	86.4%	83.4%	88.1%
AIME 2025	Mathematics	No tools	**95.0%**	88.0%	87.0%	94.0%
		With code execution	**100%**	—	**100%**	—
MathArena Apex	Challenging Math Contest problems		**23.4%**	0.5%	1.6%	1.0%
MMMU-Pro	Multimodal understanding and reasoning		**81.0%**	68.0%	68.0%	76.0%
ScreenSpot-Pro	Screen understanding		**72.7%**	11.4%	36.2%	3.5%
CharXiv Reasoning	Information synthesis from complex charts		**81.4%**	69.6%	68.5%	69.5%
OmniDocBench 1.5	OCR	Overall Edit Distance, lower is better	**0.115**	0.145	0.145	0.147
Video-MMMU	Knowledge acquisition from videos		**87.6%**	83.6%	77.8%	80.4%

그림 2.23 평가 테스트 결과

알아두세요

추론 기반 탐색 기술의 성능 발전은 2025년 11월 기준 3-pro-preview 최신 모델을 통해 다음 웹 페이지에서 확인할 수 있다.

그림 2.24 제미나이 모델 평가 리포트
(blog.google/intl/ko-kr/company-news/technology/gemini-3-developers/)

제미나이 모델 선택하기

❶ 나노 바나나 프로 모델을 선택하고 이미지를 생성해 보자. 프로 모델은 입력된 프롬프트를 고품질 추론을 통해 이미지로 생성한다. 특히 4K 해상도 지원으로 전문가적인 이미지 작업에 큰 도움을 받을 수 있다. 가장 큰 특징은 상당수 국가의 다국어 텍스트 생성이 이제 가능하다는 것이다. 또한 전문가급 일러스트, 인포그래픽 생성도 할 수 있다.

현재 무료 사용자는 이용에 제약이 많지만 걱정할 것은 없다. 본 책에서는 나노 바나나 2.5-플래시-image 모델을 선택해서 작업을 진행한다. 2.5 모델 또한 이미지 생성의 한 획을 그은 모델이기에 자신이 이용할 수 있는 모델을 자유롭게 선택해서 본 과정을 따라올 수 있다.

구글에는 Veo3와 같은 전문 동영상 생성 도구도 있지만, 본격적인 예산 투입이 필요하다. 따라서 현재는 학습 목적으로 나노 바나나를 적절히 활용하여 바이브 코딩에 필요한 이미지를 생성하는 것을 목표로 한다.

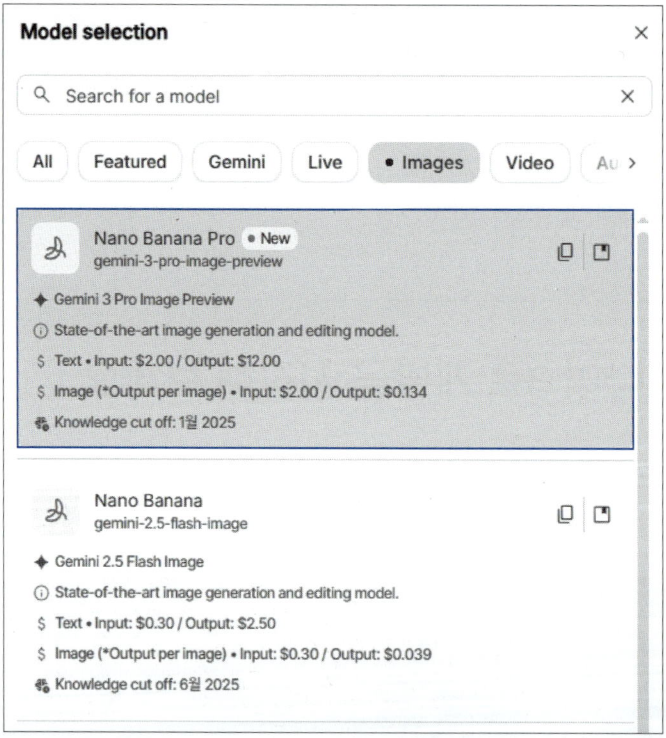

그림 2.25 제미나이 버전별 성능

❷ 개성 있는 이미지나 동영상을 생성하고 싶다면, 오픈 소스 기반의 도구들을 활용할 수 있다. 대표적으로 스테이블 디퓨전(Stable Diffusion)이나 ComfyUI의 플럭스(Flux) 계열(Kolors 등)을 사용하면 다양하고 창의적인 이미지 및 동영상을 생성할 수 있다.

그림 2.26 ComfyUI 이미지 생성 모델

제미나이에서 이미지 생성하기

❶ 나노 바나나 모델 프롬프트 입력창에 다음 프롬프트를 입력 후 실행하자.

프롬프트 바이브 코딩 관련 멋진 그림을 그려보자.
· 해안가에 앉아서 저 멀리 바다가 보인다.
· 넘실거리는 파도 위에 'Vibe Coding Club'이라는 텍스트 심볼을 만들자. (그 외 다른 글자는 없다.)
· 트로피컬 테마를 사용해 보자.

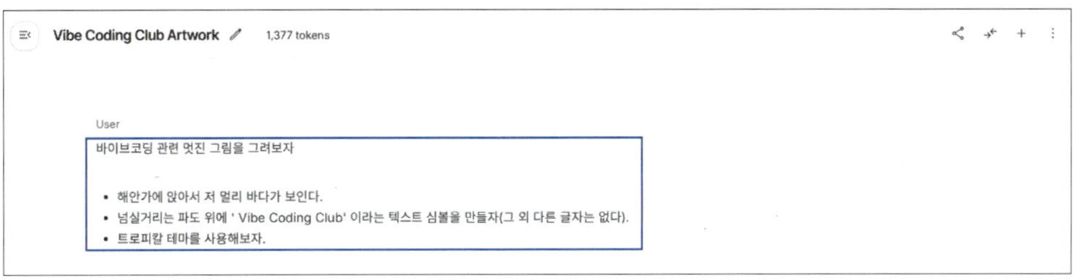

그림 2.27 나노 바나나 이미지 프롬프트 생성

❷ 해변과 텍스트를 적절히 배치한 나노 바나나 이미지가 생성되는 것을 확인할 수 있다.

그림 2.28 생성된 이미지

> **알아두세요**
>
> 작업을 진행하면서 이미지 템플릿이 필요한 경우 나노 바나나 모델을 활용해 빠르게 이미지를 생성하고 적용해 보자.

클라인 환경에 제미나이 API 연결하기

❶ 하단의 API Provider에서 모델을 선택한다.

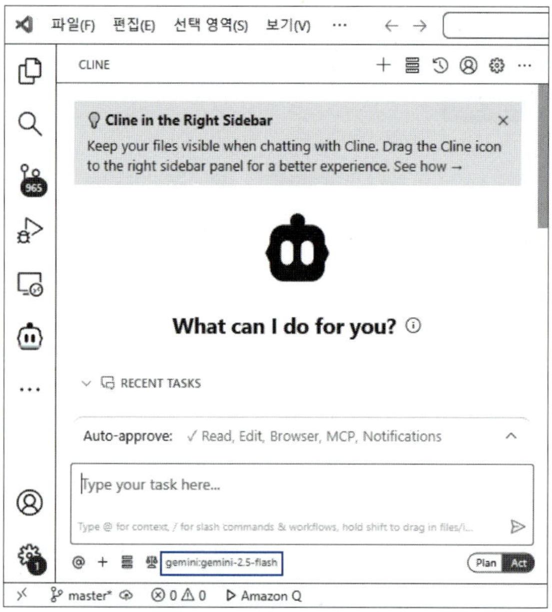

그림 2.29 클라인 API 공급자 선택

❷ 제미나이 모델을 선택한 후, 이전 단계에서 발급받은 API 키를 입력한다.

참고로, 본 과정에서는 2.5-Flash 모델부터 3.0-Pro 모델까지 자유롭게 선택하여 사용할 수 있다. 제미나이 2.0 모델 이후부터는 고급 추론 성능이 확장되었기 때문에 무료 API만으로도 충분히 바이브 코딩 스킬을 기를 수 있다.

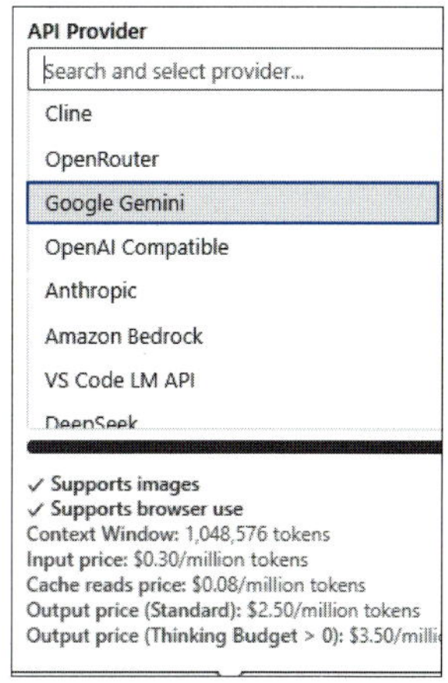

그림 2.30 클라인 API 프로바이더

❸ 처음 학습에 입문할 때는 제미나이 프로(Pro) 버전보다는 플래시(Flash) 버전을 추천한다.

물론 프로 모델이 최고의 성능을 보이지만, 바이브 코딩을 진행할 때 프로는 분당 2개, 플래시 버전은 분당 15개까지 무료로 처리할 수 있다.

또한 구글은 정책상 새로운 모델이 출시되면 반드시 Preview 옵션을 제공해 테스트할 수 있는 환경을 마련하며, 이후 안정화가 이루어지면 해당 Preview 모델은 사라진다.

작업을 진행하면서 AI 모델의 해결 능력이 한계에 다다른 것 같다면 그때 모델을 상위 버전으로 바꿔도 늦지 않다. 이 과정을 통해 각 AI 모델의 특징을 자연스럽게 이해할 수 있다.

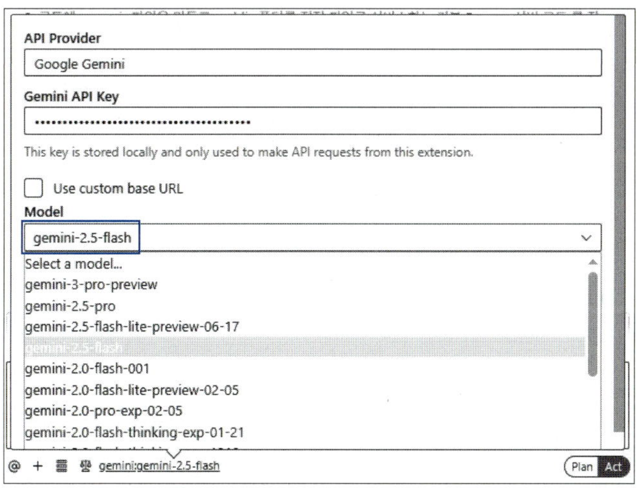

그림 2.31 제미나이 모델 선택

클라인에서 바이브 코딩을 진행하다가 Max Output Token에 도달하면 두 가지 선택지가 있다.

첫 번째는 지금까지 진행한 태스크(Task)를 멈추고 새롭게 Start New Task를 실행하는 것으로, 이 경우 사용 토큰이 초기화된다.

두 번째는 사용하는 API 계정을 유료로 전환하는 방법이다. 이렇게 하면 무료 사용자에게 제한된 할당량을 넘어 계속해서 바이브 코딩을 이어갈 수 있다.

본 과정은 무료/유료 선택에 제한이 없다. 단, 현재는 무료 API로 바이브코딩을 진행한다. 만약 테스트 중 토큰 한도에 도달하면 'New Task'를 선택해 작업을 이어가면 된다. 다행히 학습을 위한 프롬프트를 최적화하여 불필요한 토큰 소모를 줄이는 방향을 지향하고 있다.

참고로 마지막 장에서 다루는 CLI 모드는 무료 상태에서도 최대 100만 토큰 생성을 지원한다. 따라서 지금은 부담 없이 최신 제미나이-**-flash 모델을 활용해 바이브 코딩을 진행하자.

바이브 코딩 방식에 익숙해진 후에는 클라인 환경에서 'Free' 키워드로 검색하면 무료로 사용할 수 있는 제미나이 외에도 다양한 모델을 만날 수 있다.

또한 오픈 라우터(OpenRouter)에서는 미리 설정한 예산 한도 내에서 여러 모델을 연동할 수 있으니 처음에는 강력한 성능을 지닌 제미나이 플래시(Gemini Flash) 모델로 가볍게 시작해 보자.

제미나이는 현재 정기적으로, 새로 학습된 모델을 Preview 버전으로 제공하고 있으며, 사용 시점에 가장 최신 업데이트 모델을 기준으로 활용하면 된다.

참고로 2025년 11월 기준, 제미나이 3.0 프로 모델은 구글 AI 울트라 유료 구독자나 유료 API 사용자에게 우선 제공되며, 무료 사용 시 이용 제한이 발생할 수 있다.

클라인 AI 코드 생성 및 설명 기능 체험 준비

단계별 절차에 따라 실제로 바이브 코딩을 시작할 준비가 되었다. 다음은 바이브 코딩의 흐름에 관한 설명이다.

❶ VS 코드에서 아무 파일을 열거나 새 파일을 만든다. (예 test.js 또는 빈 파일)

❷ 클라인 AI 채팅창이나 입력 공간에 다음과 같은 질문이나 요청을 한다.

- 코드 생성 요청: "자바스크립트로 현재 시각을 콘솔에 출력하는 코드를 만들어줘."
- 개념 설명 요청: "HTML에서 div 태그는 언제 사용하는 거야?"
- 코드 설명 요청(예시 코드가 있다면): 코드를 복사해 붙여 넣고 "이 코드가 뭐 하는 코드인지 설명해줄래?" 라고 말한다.

❸ 클라인 AI가 생성한 답변이나 코드를 확인하며 AI 코딩 도우미가 어떻게 작동하는지 감을 잡는다.

2.6 "Hello, World!" 웹 페이지 만들기

"Hello, World!" 웹 페이지 구조 생성하기

바이브 코딩을 시작해 보자. 아래 내용을 따라 바이브 리듬을 느껴보자.

❶ VS 코드를 실행하고 작업할 프로젝트 폴더를 열기 위해 [파일(File)]-[폴더 열기(Open Folder)] 메뉴를 선택한다. 바탕화면이나 원하는 위치에 '2_my_helloworld'라는 새 폴더를 만들고, 해당 폴더를 선택해 연다.

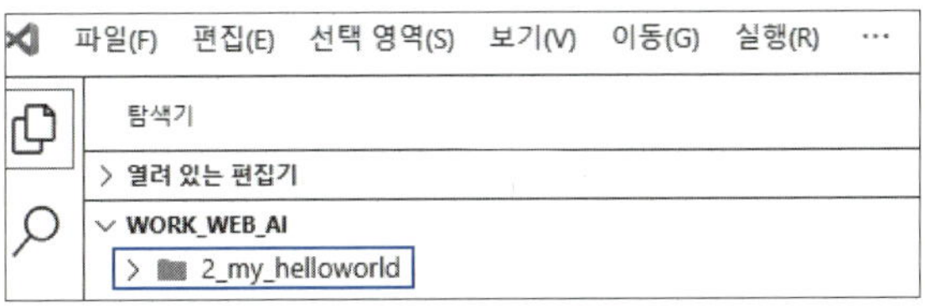

그림 2.32 폴더 생성

❷ VS 코드 탐색기(Explorer)에서 2_my_helloworld 폴더가 열린 것을 확인하고, '새 파일' 아이콘을 클릭하여 index.html 파일을 생성한다.

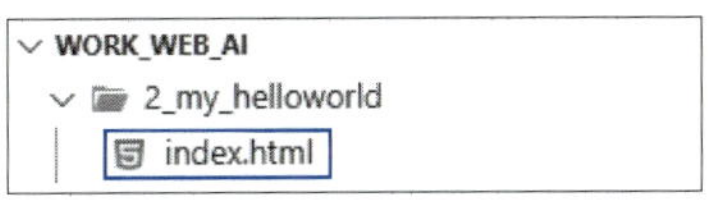

그림 2.33 Index 파일 생성

❸ index.html 파일을 열고, 클라인 AI 채팅창 또는 입력 공간에 다음과 같이 요청한다. 요청 문구는 약간 다르게 해도 AI가 이해하려고 노력할 것이다.

프롬프트 입력 후 〔Act〕 모드가 활성화되었는지 확인하고 '실행' 아이콘을 클릭하거나 Enter를 누른다. 모델은 2.5-플래시 모델을 사용한다. 만약 3.0 접근 권한이 있는 사용자는

3.0 모델을 사용해도 좋다. 2.5와 3.0 모델의 차이는 더 강력한 추론 능력이다. 본 책에서는 2.5에서 충분히 사용할 수 있다.

프롬프트 CLINE, 아주 기본적인 HTML5 웹 페이지를 만들어줘. 페이지 제목은 "나의 첫 웹 페이지"로 하고, 화면에는 가장 큰 제목으로 "Hello, 바이브코딩 World!"라고 표시되도록 해줘.

그림 2.34 프롬프트 작성

❹ 클라인 AI가 생성한 HTML 코드를 확인한다. AI 모델이나 버전에 따라 약간 차이가 있을 수 있지만, 대체로 다음과 유사한 코드가 생성될 것이다.

```
    html
<!DOCTYPE html>
<html lang="ko">
<head>
    <meta charset="UTF-8">
    <meta name="viewport" content="width=device-width, initial-scale=1.0">
    <title>나의 첫 웹 페이지</title>
</head>
<body>
    <h1>Hello, 바이브코딩 World!</h1>
</body>
</html>
```

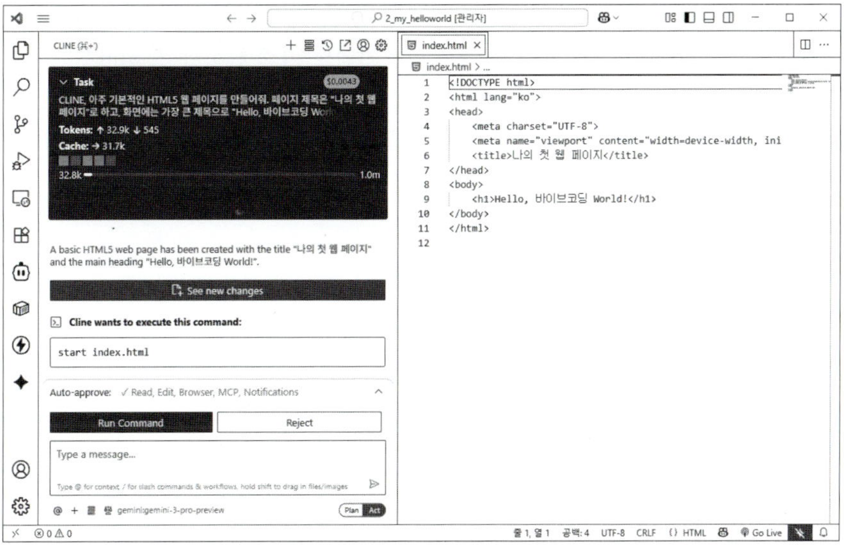

그림 2.35 바이브 코딩 생성

라이브 서버를 활용해 생성된 웹 페이지 확인하기

❶ index.html 파일 편집기 화면에서 마우스 오른쪽 버튼을 클릭한 다음 [Open with Live Server] 메뉴를 선택한다.

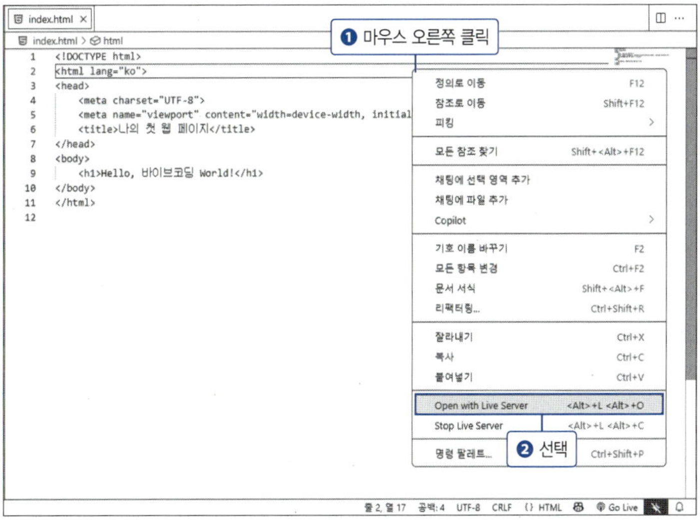

그림 2.36 라이브 서버 실행

❷ 기본 웹 브라우저가 자동으로 실행되며, '나의 첫 웹 페이지'라는 제목의 탭과 함께 화면에 "Hello, 바이브코딩 World!"라는 큰 글자가 표시되는 것을 확인할 수 있다.

알아두세요

만약 방화벽 허용 창이 표시되면 '액세스 허용'을 선택한다.

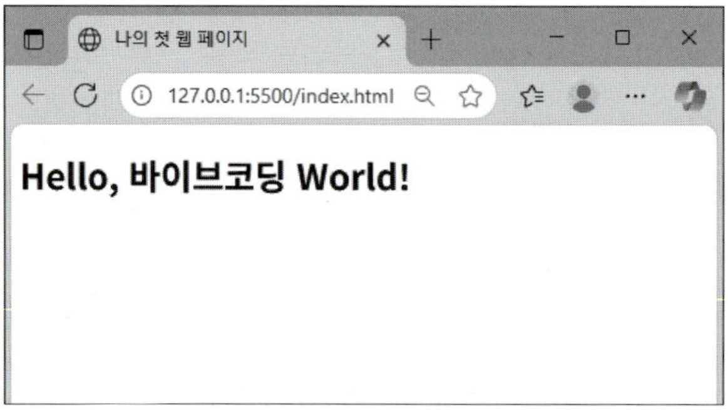

그림 2.37 라이브 서버로 실행된 웹 페이지 화면

❸ index.html 파일의 <h1> 태그 내용을 "안녕, 바이브코딩 세상아!"로 수정하여 저장한 후 라이브 서버 기능을 확인한다.

웹 브라우저로 돌아가면 새로 고침 없이 화면 내용이 자동으로 변경되는 것을 확인할 수 있다. 이것이 바로 라이브 서버(Live Server)의 편리한 기능이다.

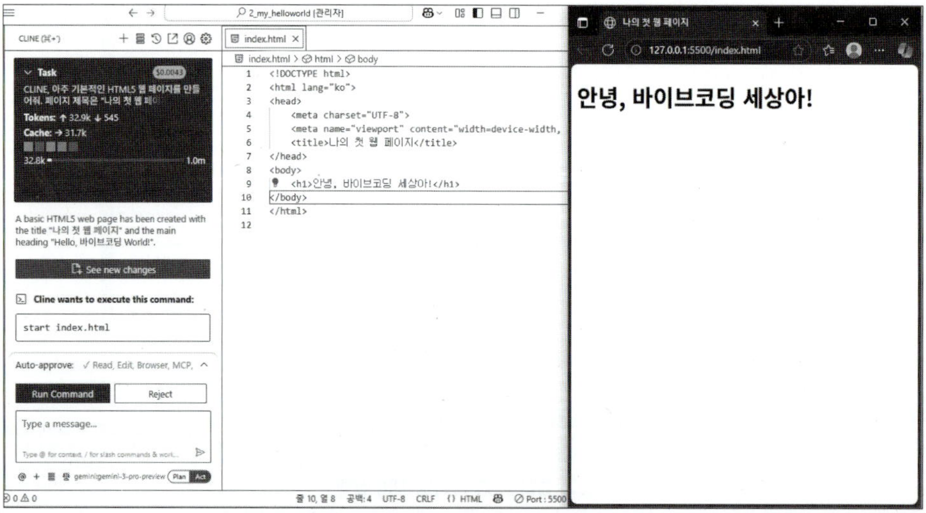

그림 2.38 서비스 실행 확인

생성된 HTML 코드 및 바이브 코딩 프로젝트 구조 이해

● 프로젝트 구조 확인

VS 코드 탐색기에서 2_my_helloworld 폴더 안에 index.html 파일 하나만 있는지 다시 한 번 확인한다. 이것이 현재 우리 프로젝트의 가장 기본적인 구조다.

● HTML 코드 살펴보기 – 주요 태그 위주

- 〈!DOCTYPE html〉: 이 문서가 HTML5 표준에 따라 작성되었음을 브라우저에 알리는 선언문이다. 항상 HTML 문서의 가장 첫 줄에 있다.
- 〈html lang="ko"〉: 전체 HTML 문서의 시작과 끝을 나타내는 가장 바깥쪽 태그이다. lang="ko" 속성은 이 페이지의 주요 언어가 한국어임을 의미한다.
- 〈head〉: 웹 브라우저 화면에는 직접 보이지 않지만, 웹 페이지 자체에 대한 중요한 정보(메타데이터)를 담는 부분이다.
- 〈meta charset="UTF-8"〉: 문자 인코딩 방식을 UTF-8로 지정하여 한글이나 다른 언어가 깨지지 않도록 한다.
- 〈meta name="viewport" ...〉: 모바일 기기 등 다양한 화면 크기에서 페이지가 잘 보이게 하는 반응형 웹 설정을 위한 태그이다.
- 〈title〉나의 첫 웹 페이지〈/title〉: 웹 브라우저의 탭이나 창 제목에 표시될 내용을 정의한다.
- 〈body〉: 웹 브라우저 화면에 실제로 보이는 모든 내용을 담는 부분이다. 그림, 글자, 버튼 등 우리가 보는 모든 요소가 이 안에 들어간다.
- 〈h1〉Hello, 바이브코딩 World!〈/h1〉: 가장 큰 제목(Heading 1)을 나타내는 태그이다. 〈h1〉부터 〈h6〉까지 있으며, 숫자가 작을수록 더 중요한 제목을 의미한다.

직접 코딩하지는 않았지만, 클라인 환경의 AI 모델이 코드를 생성해 주었다. 그런데도 우리는 각 태그가 어떤 역할을 하는지, 왜 그 위치에 있는지 궁금해하고 이해하려고 노력해야 한다. 이것이 바로 바이브 코딩의 중요한 학습 방식이다. 이해되지 않는 부분이 있다면, 클라인 AI에 “html 태그가 뭐야?” 또는 “head 태그는 왜 필요해?”처럼 질문하며 웹 프로그래밍의 기본을 차근차근 이해해 나가자.

2.7 학습 정리 및 연습문제

학습 정리

이번 장에서는 성공적으로 개발 환경 설정을 완료하고, 바이브 코딩의 핵심 도구인 VS 코드와 클라인 AI를 사용하여 첫 웹 페이지를 만드는 경험을 했다.

1. VS 코드 확장 프로그램

- Korean Language Pack, Live Server, Prettier, Material Icon Theme 등 유용한 확장 프로그램을 설치하고 각 프로그램의 기본 역할을 이해했다.
- 특히 라이브 서버(Live Server)는 실시간 미리 보기를 통해 개발 효율을 높이고, Prettier는 코드 정리를 도와준다.

2. 클라인 AI(AI 코딩 보조 도구)

- 설치와 기본 사용법을 익혔으며, 자연어 요청으로 코드를 생성하거나 코드를 설명받는 기능도 체험했다.
- AI 도구가 프로그래밍 학습과 생산성 향상에 도움을 줄 수 있음을 확인했다.

3. 첫 바이브 코딩 실습("Hello, World!")

- 클라인 AI에게 요청하여 기본 HTML5 웹 페이지 구조(index.html)를 생성하고, 웹 브라우저에서 확인했다.
- 이 과정을 통해 바이브 코딩이 어떻게 아이디어를 빠르게 코드로 변환하는지 경험했다.

4. HTML 기초 개념 및 프로젝트 구조

- 생성된 코드를 통해 〈!DOCTYPE html〉, 〈html〉, 〈head〉, 〈title〉, 〈body〉, 〈h1〉 등 기본 HTML 태그들의 역할과 의미를 파악했다.
- 가장 단순한 형태의 바이브 코딩 프로젝트는 index.html 파일 하나로 구성될 수 있음을 이해했다.

연습문제

01 나만의 '환영 메시지' 페이지 만들기

- 'my_welcome_page'라는 새 프로젝트 폴더를 만들고, 그 안에 index.html 파일을 생성한다.
- 클라인 AI에게 다음과 같이 요청하여 페이지를 만들어 보자.
  - 페이지 제목은 "OOO의 웹사이트 방문을 환영합니다!" (OOO에는 자신의 이름이나 별명 넣기)
  - 화면에는 가장 큰 제목으로 "어서오세요!"
  - 그 아래에는 보통 크기의 글씨(단락)로 "바이브 코딩으로 만드는 저의 첫 웹사이트입니다. 재미있게 둘러보세요!"라는 문구를 추가한다.
- 라이브 서버(Live Server)로 실행하여 결과를 확인한다.

02 <h1> 태그 크기 비교하기

- 이번 실습에서 만든 my_helloworld 프로젝트의 index.html 파일을 연다.
- <h1>Hello, 바이브 코딩 World!</h1> 아래에, 클라인 AI에게 요청하거나 직접 코드를 추가하여 <h2>부터 <h6> 태그까지 사용해 각각 다른 내용의 제목을 넣어보자.

  예 <h2>두 번째로 큰 제목</h2>, <h3>세 번째로 큰 제목</h3> 등
- 라이브 서버(Live Server)로 실행하여 각 제목 태그의 글자 크기가 어떻게 다른지 시각적으로 비교한다.

03 클라인 AI에게 HTML 태그 역할 질문하기

- 클라인 AI 채팅창이나 기능을 이용해 다음 HTML 태그들이 각각 어떤 역할을 하는지, 언제 주로 사용되는지 질문해 보고 답변을 확인해 보자.
  - <div> 태그
  - <span> 태그
  - <a> 태그
  - <img> 태그
  - <ul> 태그와 <li> 태그

이번 실습과 연습문제를 통해 우리는 바이브 코딩 개발 환경에 한층 더 익숙해졌다. 이후로는 HTML 태그를 더 다양하게 활용하고, 웹 페이지에 내용을 채워 구조를 만들어가는 방법을 배울 것이다.

3 장

바이브 코딩 활용 - 웹 페이지 구조화 및 CSS 기초

학 습 목 표

1. HTML의 기본 구조와 주요 태그의 역할을 이해한다.
2. 바이브 코딩(VS 코드+클라인 AI)을 활용하여 효율적으로 HTML 페이지의 뼈대를 구성하는 방법을 익힌다.
3. CSS의 기본 개념과 웹 페이지에 스타일을 적용하는 방법을 이해한다.
4. 기본 CSS 속성을 사용해 웹 페이지의 텍스트, 색상, 레이아웃 일부를 변경하는 실습을 진행한다.

3.1 HTML: 웹 페이지의 뼈대

HTML

HTML(HyperText Markup Language)은 웹 페이지의 내용과 구조를 정의하는 표준 마크업 언어이다. 웹 브라우저에 보이는 글자, 이미지, 비디오, 버튼 등 모든 요소는 HTML 태그(Tag)를 통해 그 의미와 구조가 표현된다.

- **태그(Tag)**: HTML 문서는 '〈'와 '〉'로 둘러싸인 태그들의 집합으로 이루어진다. 대부분 태그는 시작 태그(예 '〈p〉')와 종료 태그(예 '〈/p〉')가 쌍으로 존재하며, 그 사이에 내용(Content)이 들어간다.
- **요소(Element)**: 시작 태그, 종료 태그, 그 사이의 내용을 합쳐 하나의 HTML 요소라고 한다.
- **속성(Attribute)**: 태그는 부가 정보를 지정하기 위하여 속성을 가질 수 있다. 속성은 시작 태그 내부에 '이름="값"' 형태로 사용된다. (예 〈img src="image.jpg" alt="설명"〉)

주요 HTML 태그

- **〈html〉**: HTML 문서 전체를 감싸는 최상위 요소이다.
- **〈head〉**: 문서 자체에 대한 정보(메타데이터)를 담는다. 브라우저 화면에는 직접 보이지 않지만, 페이지 제목, 문자 인코딩, 외부 파일(CSS, 자바스크립트) 연결 등의 중요한 역할을 한다.
- **〈title〉**: 웹 브라우저 탭이나 창의 제목 표시줄에 나타나는 페이지 제목을 정의한다.
- **〈meta〉**: 문자 인코딩(예 charset="UTF-8") 등 다양한 메타 정보를 설정한다.
- **〈link〉**: 외부 리소스(주로 CSS 파일)를 연결할 때 사용한다.
- **〈body〉**: 웹 브라우저 화면에 실제로 보이는 모든 콘텐츠(텍스트, 이미지, 링크, 버튼 등)를 담는 부분이다.

- 〈h1〉~〈h6〉: 제목(Heading)을 나타내는 태그로, 〈h1〉이 가장 중요한 제목이고 〈h6〉로 갈수록 중요도가 낮아진다.
- 〈p〉: 단락(Paragraph)을 나타내는 태그이다.
- 〈ul〉, 〈ol〉, 〈li〉: 목록을 만들 때 사용한다.
- 〈ul〉(Unordered List): 순서가 없는 목록(글머리 기호)이다.
- 〈ol〉(Ordered List): 순서가 있는 목록(숫자 또는 알파벳)이다.
- 〈li〉(List Item): 각 목록의 항목이다.
- 〈a〉: 하이퍼링크(Hyperlink)를 만드는 태그로, href 속성에 연결할 URL을 지정한다.
(예 〈a href="https://www.example.com"〉사이트 방문〈/a〉)
- 〈img〉: 이미지를 삽입하는 태그로, src 속성에 이미지 파일 경로를, alt 속성에는 이미지를 설명하는 대체 텍스트를 지정한다.
- 〈div〉: 특별한 의미 없이 구역(Division)을 나누거나 여러 요소를 그룹화할 때 사용하는 블록(Block) 레벨 컨테이너이다.
- 〈span〉: 특별한 의미 없이 텍스트의 일부 등 작은 부분을 묶을 때 사용하는 인라인(Inline) 컨테이너이다.

알아두세요 **바이브 코딩과 HTML 구조 생성**

바이브 코딩 환경(여기서는 VS 코드와 클라인 AI 확장)은 HTML 구조를 사람이 이해하기 쉬운 명령어나 지시를 통해 자동으로 생성하도록 돕는다. 복잡한 태그를 일일이 입력하는 대신 "제목 만들어줘.", "이미지 넣어줘."와 같은 자연스러운 요청만으로 HTML 코드를 생성할 수 있어 생산성이 크게 향상된다. 그러나 생성된 코드의 의미를 이해하는 것은 여전히 중요하다.

그림 3.1 웹 페이지

3.2 CSS: 웹 페이지의 디자인

CSS

CSS(Cascading Style Sheets)는 HTML로 만들어진 웹 페이지의 시각적인 표현(디자인, 레이아웃 등)을 꾸미는 언어다. HTML이 웹 페이지의 구조와 내용을 담당한다면, CSS는 그 구조와 내용을 어떻게 보여줄지를 결정한다.

- **선택자(Selector):** CSS 규칙을 적용할 HTML 요소를 선택하는 부분이다.
  (예 p, .my-class, #my-id)
- **선언(Declaration):** 선택된 요소에 적용할 스타일 속성과 값을 지정한다. 중괄호({ }) 안에 세미콜론(;)으로 구분된 여러 개의 속성:값 쌍으로 구성된다.
  (예 color: blue; font-size: 16px;)
- **규칙(Rule):** 선택자와 선언을 합쳐 하나의 CSS 규칙이라고 한다.

CSS 적용 방법

❶ **인라인 스타일(Inline Style):** HTML 태그 내에 style 속성을 직접 사용하여 스타일을 적용한다. (예 <p style="color: red;">빨간색 텍스트</p>)

- **장점:** 특정 요소에 빠르게 스타일을 적용할 수 있다.
- **단점:** 재사용성이 낮고, HTML과 스타일이 섞여 유지보수가 어렵다. (권장하지 않음)

❷ **내부 스타일 시트(Internal Style Sheet):** HTML 문서의 <head> 태그 안에 <style> 태그를 사용하여 CSS 규칙을 정의한다.

- **장점:** 해당 HTML 문서 내에서는 스타일을 재사용할 수 있다.
- **단점:** 다른 HTML 문서에서는 재사용할 수 없다.

❸ **외부 스타일 시트(External Style Sheet):** 별도의 .css 파일을 만들어 CSS 규칙을 작성

하고, HTML 문서의 <head> 태그 안에서 <link> 태그를 사용하여 연결한다. (예 <link rel="stylesheet" href="style.css">)

- **장점**: 스타일과 내용의 완전한 분리, 여러 HTML 문서에서 동일한 스타일 재사용 가능, 유지보수가 용이하다. (가장 권장하는 방식)

기본 CSS 속성

- **color**: 글자 색상을 지정한다. (예 color: red;, color: #FF0000;)
- **background-color**: 요소의 배경색을 지정한다. (예 background-color: yellow;)
- **font-family**: 폰트를 지정한다. (예 font-family: Arial, sans-serif;)
- **font-size**: 글자 크기를 지정한다. (예 font-size: 16px;, font-size: 1.2em;)
- **font-weight**: 글자 굵기를 지정한다. (예 font-weight: bold;, font-weight: 700;)
- **text-align**: 텍스트 정렬 방식을 지정한다. (예 text-align: center;, text-align: right;)
- **width, height**: 요소의 너비와 높이를 지정한다. (예 width: 100px;)
- **margin**: 요소의 바깥쪽 여백을 지정한다. (예 margin: 10px;).
- **padding**: 요소의 안쪽 여백(테두리와 내용 사이)을 지정한다. (예 padding: 10px;)
- **border**: 요소의 테두리를 지정한다. (예 border: 1px solid black;)

알아두세요 **바이브 코딩과 CSS**

바이브 코딩 환경은 CSS 코드 생성에도 유용하게 활용될 수 있다. 예를 들어, "이 텍스트를 파란색으로 만들어줘."와 같은 요청으로 CSS 코드를 얻거나, 특정 스타일 적용 방법에 대한 힌트를 얻을 수 있다.

그림 3.2 바이브 코딩 웹 개발

3.3 VS 코드 + 클라인 AI 활용

VS 코드와 클라인 AI를 활용해 '나의 취미 소개' 웹 페이지의 기본 구조를 만들고 간단한 CSS 스타일을 적용한다.

프로젝트 폴더 및 파일 생성하기

❶ VS 코드를 실행하고 [파일(File)]–[폴더 열기(Open Folder)] 메뉴를 선택한다. 작업할 폴더(예 3_my_hobby_page)를 만든다.

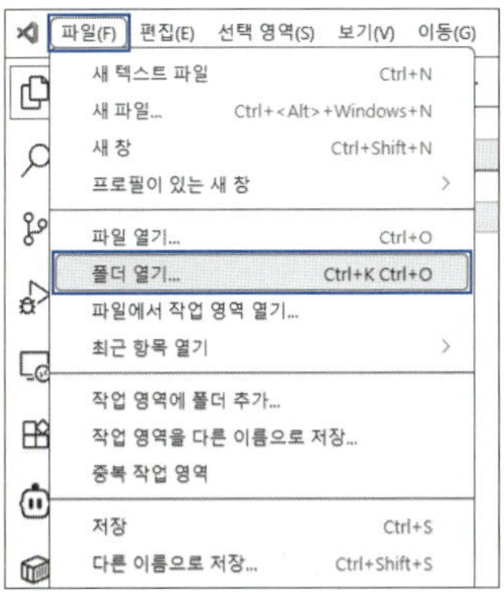

그림 3.3 작업 폴더 생성

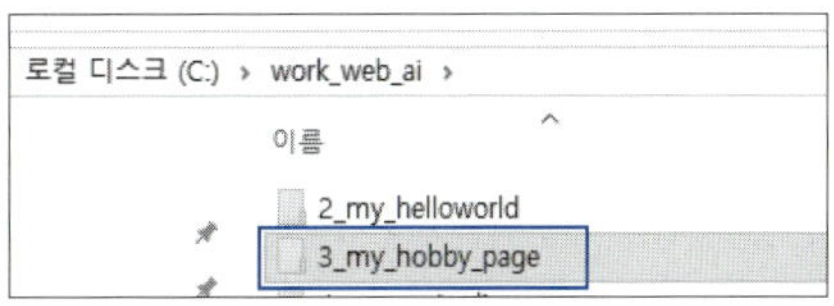

그림 3.4 생성된 폴더

❷ VS 코드 탐색기(Explorer)에서 '새 파일(New File)' 아이콘을 클릭하여 다음과 같이 두 개의 빈 파일을 생성한다.

- index.html(HTML 내용을 담을 파일)
- style.css(CSS 스타일을 담을 파일)

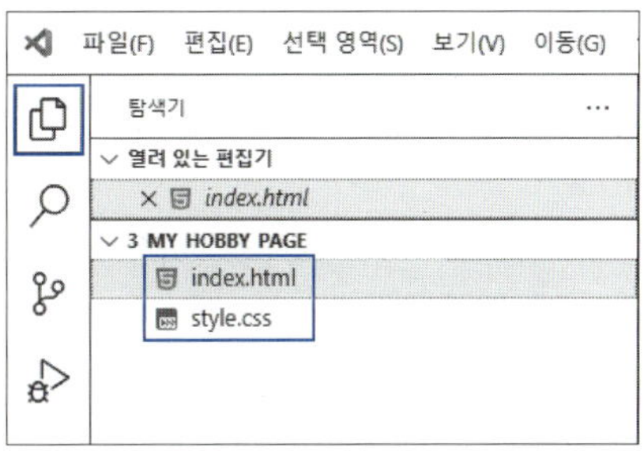

그림 3.5 파일 생성

index.html 기본 구조 생성하기

❶ index.html 파일을 연다. 클라인 AI 채팅창을 열거나, 코드 편집기에서 클라인 AI 기능을 활성화한다.

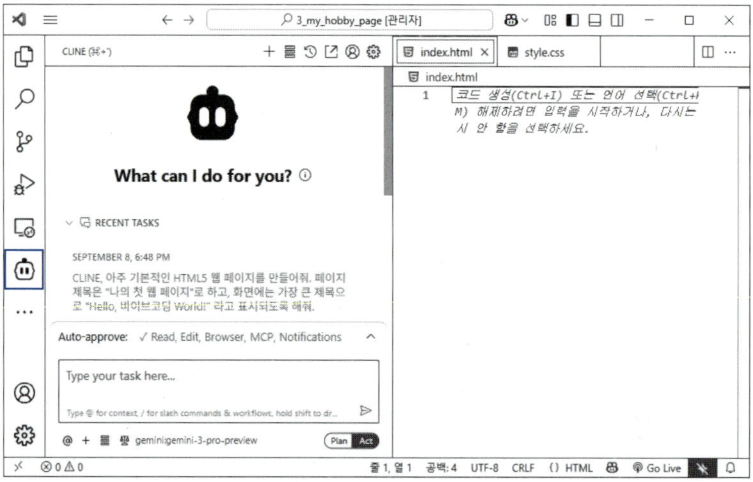

그림 3.6 클라인 활성화

❷ 클라인 AI에 다음과 같이 요청할 수 있으며, 요청 문구는 약간씩 달라질 수 있다.

프롬프트 CLINE, index.html 파일 안에 기본적인 HTML5 문서 구조를 만들어줘. 페이지 제목은 "나의 취미"로 하고, UTF-8 인코딩을 사용해줘. 그리고 style.css 파일을 연결해줘.

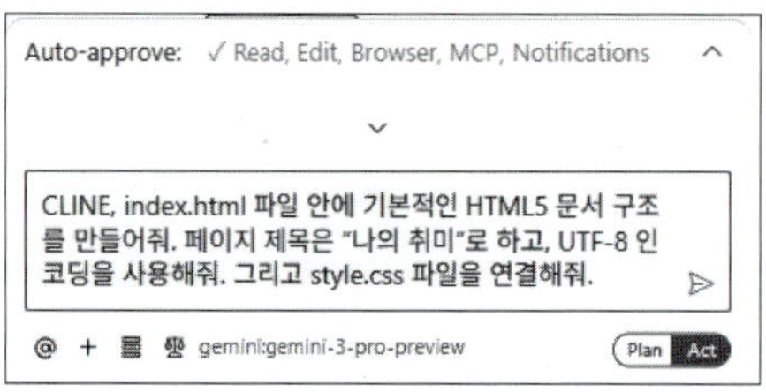

그림 3.7 프롬프트 입력

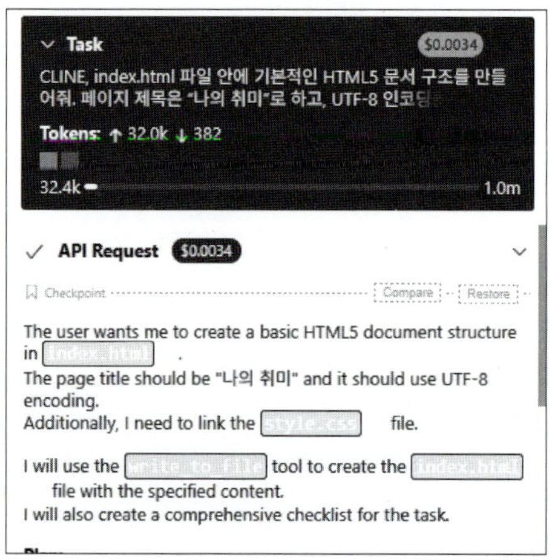

그림 3.8 프롬프트 분석 진행

❸ 클라인 AI가 생성한 코드를 'index.html'에 붙여 넣거나, 제안하는 코드를 수락한다. 생성된 코드는 다음과 유사할 것이다.

```
<!DOCTYPE html>
<html lang="ko">
<head>
    <meta charset="UTF-8">
    <meta name="viewport" content="width=device-width, initial-scale=1.0">
    <title>나의 취미</title>
    <link rel="stylesheet" href="style.css">
</head>
<body>

</body>
</html>
```

- 〈!DOCTYPE html〉: 이 문서가 HTML5 문서임을 선언한다.
- 〈html lang="ko"〉: HTML 문서의 시작을 알리며, 주사용 언어가 한국어임을 나타낸다.
- 〈meta charset="UTF-8"〉: 문자 인코딩을 UTF-8로 설정하여 한글이 깨지지 않도록 한다.
- 〈meta name="viewport" ...〉: 반응형 웹 디자인을 위한 설정으로, 다양한 기기 화면 크기에 맞게 내용을 조절한다.
- 〈title〉나의 취미〈/title〉: 브라우저 탭에 '나의 취미'라고 표시된다.
- 〈link rel="stylesheet" href="style.css"〉: style.css 파일을 이 HTML 문서의 스타일 시트로 사용하겠다고 연결한다.

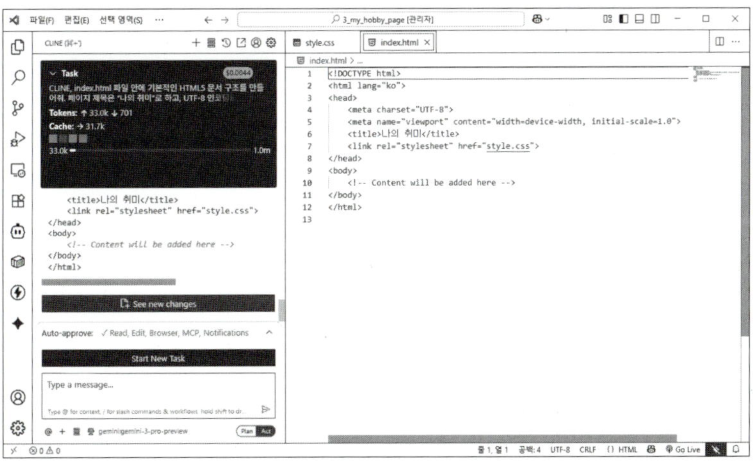

그림 3.9 HTML 결과

index 파일에 내용 채우기

<body> 태그 안에 실제 내용을 추가하고, 클라인 AI에 단계별로 요청하여 코드를 생성한다.

❶ 제목 추가하기

프롬프트 CLINE, body 태그 안에 가장 큰 제목으로 "내가 가장 좋아하는 취미: 코딩"이라고 넣어줘.

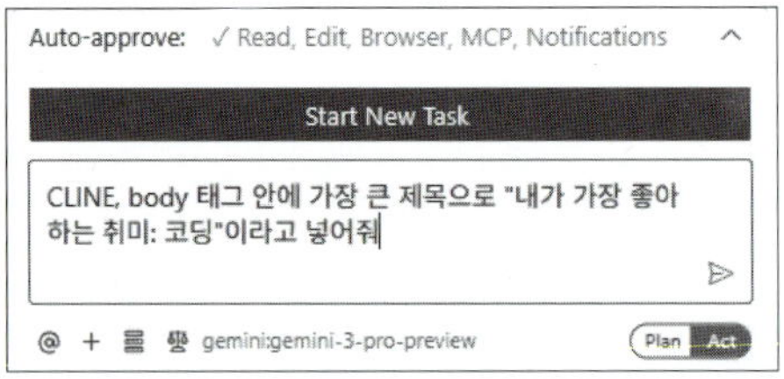

그림 3.10 프롬프트

클라인은 이 코드를 <body> 태그 안에 붙여 넣는다.

```
<h1>내가 가장 좋아하는 취미: 코딩</h1>
```

그림 3.11 결과 프롬프트

❷ 설명 단락 추가하기

프롬프트 CLINE, 방금 만든 제목 아래에 "코딩은 문제를 해결하고 새로운 것을 창조하는 즐거움을 줍니다. 특히 웹 개발은 즉각적으로 결과를 볼 수 있어서 매력적입니다."라는 내용의 단락을 추가해줘.

```
<p>코딩은 문제를 해결하고 새로운 것을 창조하는 즐거움을 줍니다. 특히 웹 개발은 즉각적으로
결과를 볼 수 있어서 매력적입니다.</p>
```

클라인은 이 코드를 <h1> 태그 아래에 붙여 넣는다.

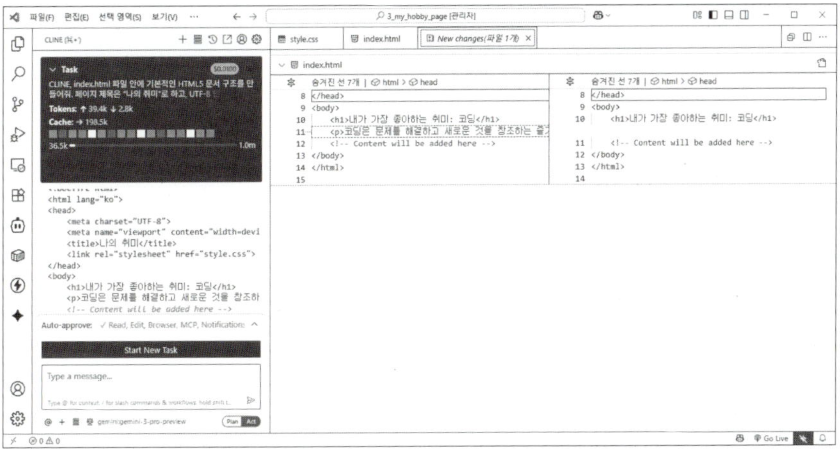

그림 3.12 프롬프트 작업 진행 중

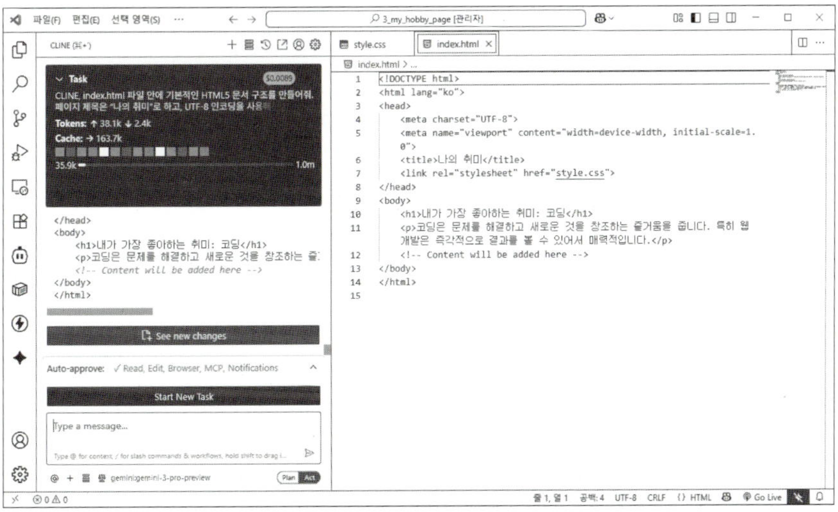

그림 3.13 프롬프트 생성 결과

❸ 좋아하는 이유 목록 추가하기

프롬프트 CLINE, "코딩을 좋아하는 이유"라는 두 번째로 큰 제목을 만들고, 그 아래에 순서 없는 목록으로 "논리적 사고력 향상", "창의력 발휘", "성취감" 항목을 추가해줘.

```
html
<h2>코딩을 좋아하는 이유</h2>
<ul>
    <li>논리적 사고력 향상</li>
    <li>창의력 발휘</li>
    <li>성취감</li>
</ul>
```

클라인은 이 코드를 이전 〈p〉 태그 아래에 붙여 넣는다.

style.css | index.html ×

index.html > html > body > h1

```
<!DOCTYPE html>
<html lang="ko">
<head>
    <meta charset="UTF-8">
    <meta name="viewport" content="width=device-width, initial-scale=1.0">
    <title>나의 취미</title>
    <link rel="stylesheet" href="style.css">
</head>
<body>
    <h1>내가 가장 좋아하는 취미: 코딩</h1>
    <p>코딩은 문제를 해결하고 새로운 것을 창조하는 즐거움을 줍니다. 특히 웹 개발은 즉각적으로 결과를 볼 수 있어서 매력적입니다.</p>
    <h2>코딩을 좋아하는 이유</h2>
    <ul>
        <li>논리 적 사고력 향상</li>
        <li>창의력 발휘</li>
        <li>성취감</li>
    </ul>
    <!-- Content will be added here -->
</body>
</html>
```

그림 3.14 생성된 프롬프트 코드

❹ 관련 이미지 추가하기

images 폴더에 coding_hobby.png라는 이미지가 있다고 가정하자. 이때 이미지 파일은 직접 준비하거나, 클라인에게 이미지 태그 생성만 요청한다.

프롬프트 CLINE, "coding_hobby.png" 이미지를 보여주는 이미지 태그를 만들어줘. 대체 텍스트는 "코딩하는 모습"으로 해줘. 이미지 너비는 300픽셀로 설정해줘.

```
<img src="images/coding_hobby.png" alt="코딩하는 모습" width="300">
```

알아두세요

images 폴더가 없다면 프로젝트 폴더 내에 직접 만들고, 그 안에 이미지를 넣는다. src 경로는 파일 위치에 맞게 수정해야 하며, 클라인 AI가 경로를 완벽하게 만들어주지 못할 수 있으니 확인이 필요하다.

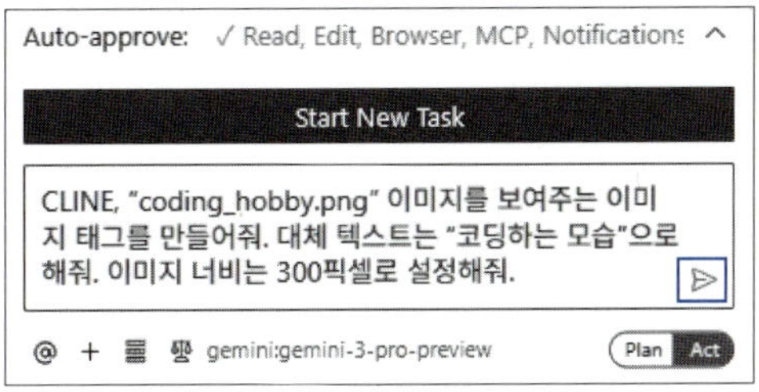

그림 3.15 프롬프트 요청

index.html > html > body > img

```
<!DOCTYPE html>
<html lang="ko">
<head>
    <meta charset="UTF-8">
    <meta name="viewport" content="width=device-width, initial-scale=1.0">
    <title>나의 취미</title>
    <link rel="stylesheet" href="style.css">
</head>
<body>
    <h1>내가 가장 좋아하는 취미: 코딩</h1>
    <p>코딩은 문제를 해결하고 새로운 것을 창조하는 즐거움을 줍니다. 특히 웹 개발은 즉
    <h2>코딩을 좋아하는 이유</h2>
    <ul>
        <li>논리 적 사고력 향상</li>
        <li>창의력 발휘</li>
        <li>성취감</li>
    </ul>
    <!-- Content will be added here -->
    <a href="https://www.w3schools.com/html/">더 많은 정보 보기</a>
    <img src="coding_hobby.png" alt="코딩하는 모습" width="300">
</body>
</html>
```

그림 3.16 생성된 HTML 결과

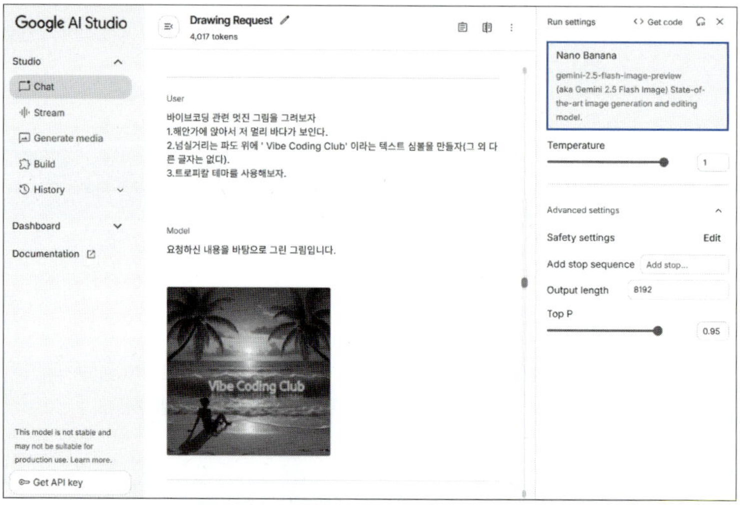

그림 3.17 'coding_hobby.png' 이미지 생성

알아두세요

'coding_hobby.png'는 나노 바나나(Nano Banana)를 사용해 생성한다. 똑같지는 않더라도 원하는 프롬프트를 직접 입력해 이미지를 만들어 본다.

프롬프트 파도가 있는 해변에서 바이브 코딩을 하는 모습을 그려줘.

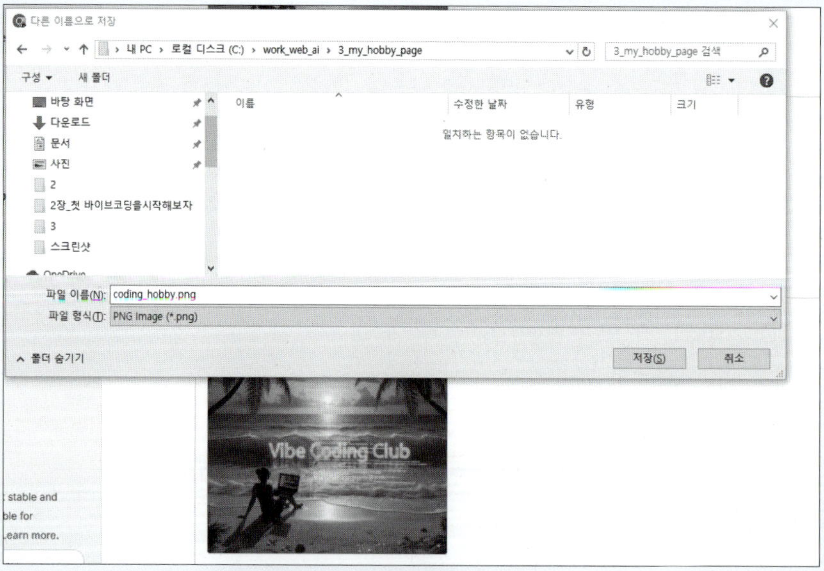

그림 3.18 'coding_hobby.png' 저장

❺ 관련 사이트 링크 추가하기

프롬프트 CLINE, "더 많은 정보 보기"라는 텍스트를 가진 링크를 만들고, 클릭하면 "https://www.w3schools.com/html/"로 이동하도록 해줘.

```
<a href="https://www.w3schools.com/html/">더 많은 정보 보기</a>
```

클라인은 이 코드를 적절한 위치에 붙여 넣는다.

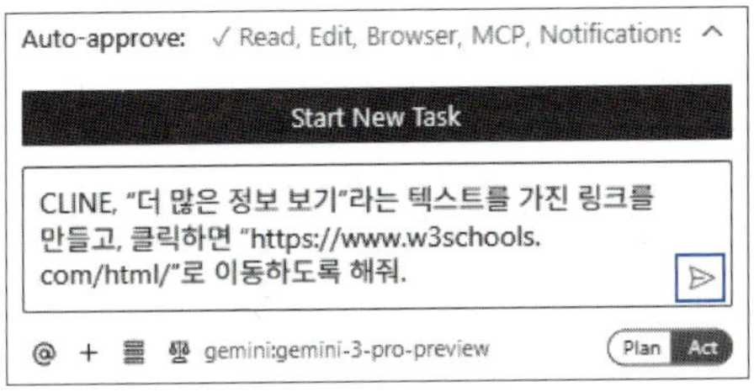

그림 3.19 프롬프트

style.css | index.html

index.html > ...

```
<!DOCTYPE html>
<html lang="ko">
<head>
    <meta charset="UTF-8">
    <meta name="viewport" content="width=device-width, initial-scale=1.0">
    <title>나의 취미</title>
    <link rel="stylesheet" href="style.css">
</head>
<body>
    <h1>내가 가장 좋아하는 취미: 코딩</h1>
    <p>코딩은 문제를 해결하고 새로운 것을 창조하는 즐거움을 줍니다. 특히 웹 개발은 즉각적으로 결과를 볼 수 있어서
    <h2>코딩을 좋아하는 이유</h2>
    <ul>
        <li>논리 적 사고력 향상</li>
        <li>창의력 발휘</li>
        <li>성취감</li>
    </ul>
    <!-- Content will be added here -->
    <a href="https://www.w3schools.com/html/">더 많은 정보 보기</a>
    <img src="coding_hobby.jpg" alt="코딩하는 모습" width="300">
</body>
</html>
```

그림 3.20 실행 결과

알아두세요

index.html 파일을 저장한 후, 탐색기에서 마우스 오른쪽 버튼을 클릭한 다음 [Open with Live Server(라이브 서버 확장 프로그램이 설치된 경우)]를 선택하거나 브라우저로 직접 열면 아직 스타일이 적용되지 않은 구조만 잡힌 페이지가 나타난다.

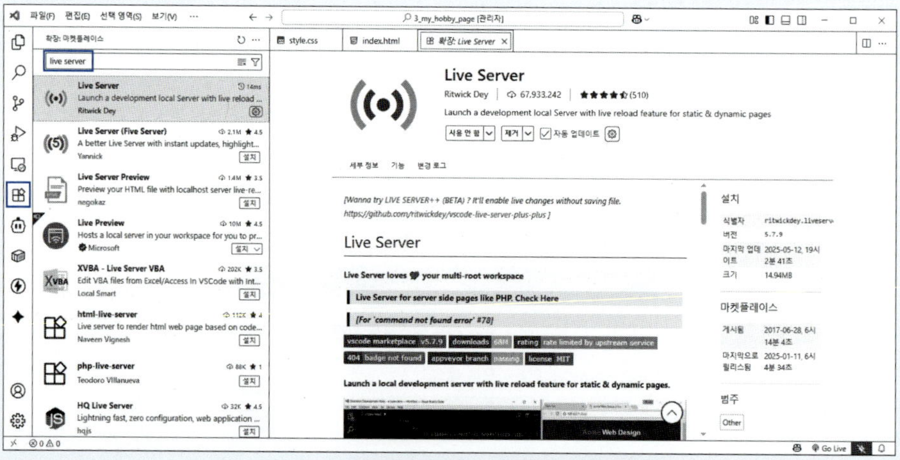

그림 3.21 라이브 서버(Live Server) 확장 모듈

- 라이브 서버가 아직 설치되지 않았다면, VS 코드 확장 프로그램(Extensions)에서 해당 플러그인을 찾아 설치하자.

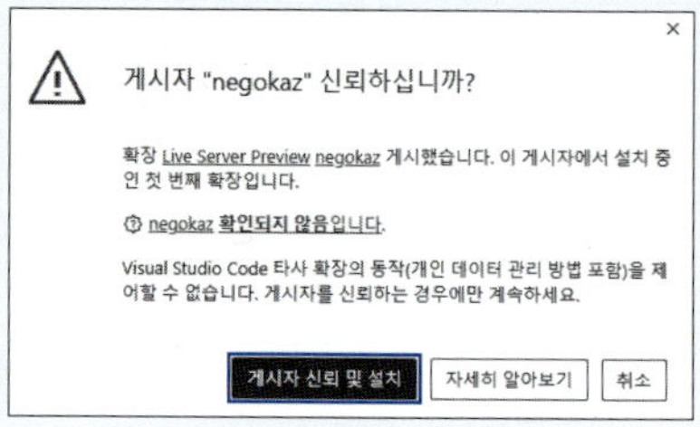

그림 3.22 처음 설치 시 인증 확인

- Index.html 파일을 선택한 후 마우스 오른쪽 버튼을 클릭한 다음 [Open with Live Server] 메뉴를 선택한다.

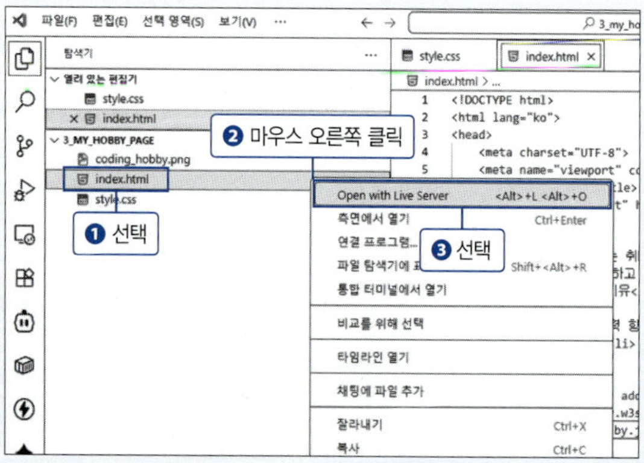

그림 3.23 라이브 서버 실행

• 라이브 서버를 통한 실행 결과를 확인한다.

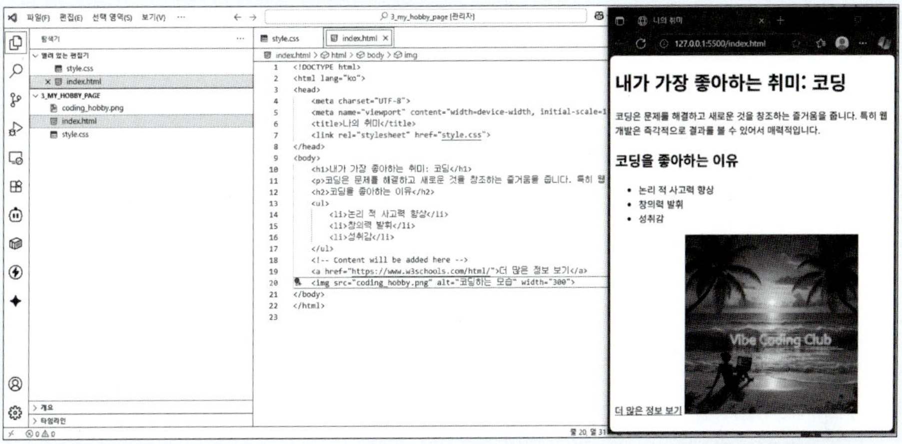

그림 3.24 웹 페이지 실행

style.css 파일에 스타일 적용하기

만들어진 웹 페이지에 디자인을 추가해 보자.

❶ style.css 파일을 연다. CSS 코드를 직접 작성하거나, 클라인 AI에게 요청해 생성하고 이해하며 붙여 넣는다.

프롬프트 CLINE, style.css 파일 안에, body 태그의 기본 폰트를 Arial, sans-serif로 하고 배경색은 아주 연한 회색(#f4f4f4)으로 설정하는 CSS 코드를 만들어줘.

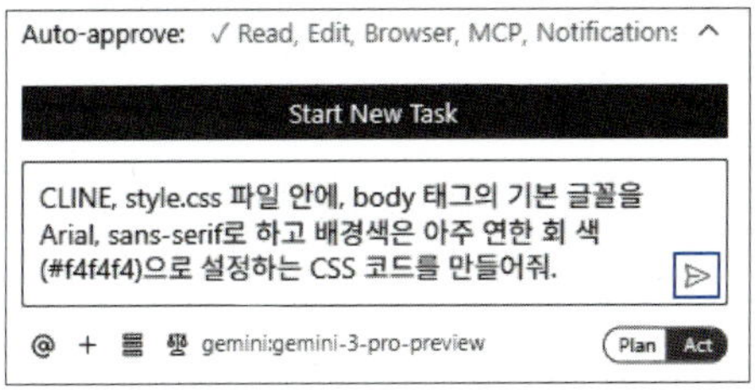

그림 3.25 프롬프트 작성

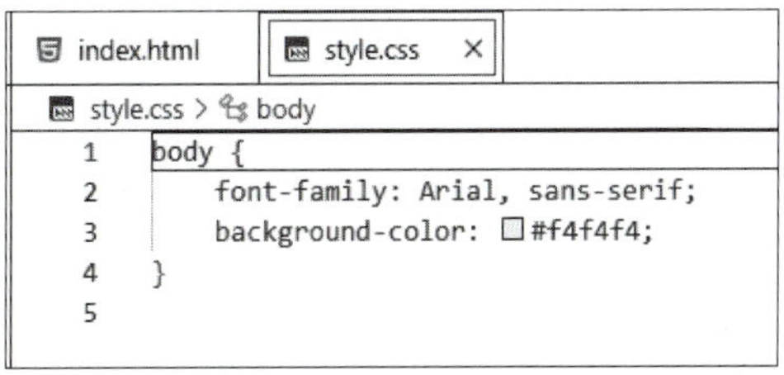

그림 3.26 생성된 프롬프트 참고

❷ 다음과 같이 프롬프트를 적용하여 웹 페이지 배경색을 변경하자.

프롬프트 CLINE, h1 태그의 글자색을 네이비(navy)로 하고 텍스트를 가운데 정렬하는 CSS 코드를 만들어줘.

```
css
/* style.css */

/* 전체 페이지 기본 스타일 */
body {
    font-family: Arial, sans-serif; /* 폰트 지정, Arial이 없으면 기본 sans-
    serif 계열 사용 */
    line-height: 1.6; /* 줄 간격 */
    margin: 0; /* 바깥 여백 없음 */
    padding: 20px; /* 안쪽 여백 */
    background-color: #f0f8ff; /* 아주 연한 하늘색 배경 */
    color: #333; /* 기본 글자색(진한 회색) */
}

/* 제목 스타일 */
h1 {
    color: #2c3e50; /* 진한 남색 계열 */
    text-align: center; /* 텍스트 가운데 정렬 */
    margin-bottom: 30px; /* 아래쪽 바깥 여백 */
}

h2 {
    color: #3498db; /* 밝은 파란색 */
    border-bottom: 2px solid #3498db; /* 아래쪽에 파란색 실선 테두리 */
    padding-bottom: 5px; /* 테두리와 글자 사이 안쪽 여백 */
    margin-top: 40px; /* 위쪽 바깥 여백 */
}

/* 단락 스타일 */
p {
    font-size: 16px; /* 글자 크기 */
    margin-bottom: 15px; /* 아래쪽 바깥 여백 */
}

/* 목록 스타일 */
ul {
    list-style-type: square; /* 목록 앞의 기호를 사각형으로 변경 */
```

```
    padding-left: 20px; /* 목록의 왼쪽 안쪽 여백 (기호가 너무 안으로 들어가지 않
    게) */
}

li {
    margin-bottom: 8px; /* 각 목록 항목의 아래쪽 여백 */
}

/* 이미지 스타일 (클래스 선택자 사용 예시) */
/* index.html에서 <img src="..." alt="..." width="300" class="hobby-
image"> 와 같이 클래스를 추가해야 함. */
.hobby-image {
    display: block; /* 이미지를 블록 요소로 만들어 margin: auto 적용 가능하게
    함 */
    margin-top: 20px;
    margin-bottom: 20px;
    margin-left: auto; /* 왼쪽 바깥 여백 자동 (가운데 정렬 효과) */
    margin-right: auto; /* 오른쪽 바깥 여백 자동 (가운데 정렬 효과) */
    border: 3px solid #ddd; /* 연한 회색 테두리 */
    border-radius: 10px; /* 테두리 모서리를 둥글게 */
}

/* 링크 스타일 */
a {
    color: #e67e22; /* 주황색 계열 */
    text-decoration: none; /* 밑줄 제거 */
}

a:hover { /* 마우스를 올렸을 때 스타일 */
    color: #d35400; /* 더 진한 주황색 */
    text-decoration: underline; /* 밑줄 표시 */
}
```

알아두세요

'.hobby-image' 클래스를 사용하려면 'index.html'의 <img> 태그에 class="hobby-image" 속성을 추가해야 한다. 이때 클라인 AI에 "이미지 태그에 hobby-image라는 클래스를 추가해줘."라고 요청할 수도 있다.

최종 확인 및 수정하기

❶ index.html과 style.css 파일을 모두 저장한다.

❷ 웹 브라우저에서 index.html을 다시 열거나, 라이브 서버를 사용 중이라면 자동으로 새로 고침된 페이지를 확인한다.

❸ 스타일이 적용된 페이지가 나타나는지 확인하고, 의도한 대로 보이지 않으면 HTML 태그나 CSS 속성을 수정하며 원하는 모습으로 다듬는다.

- 예를 들어, 클라인 AI가 생성한 CSS가 마음에 들지 않으면 직접 값을 수정하거나, 다른 스타일을 추가한다.
- 개발자 도구(F12)를 사용해 각 요소에 어떤 스타일이 적용되었는지 확인하고 수정하는 연습을 하는 것도 좋다.

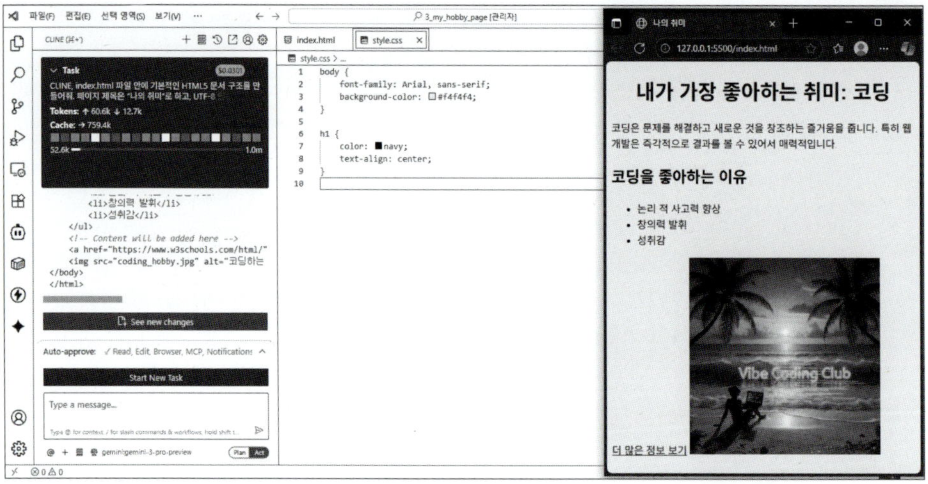

그림 3.27 최종 결과

알아두세요

클라인에 설정된 모델의 성능에 따라 CSS 스크립트 생성의 디테일이 달라질 수 있다. 현재 우리에게 필요한 것은 body와 h1 태그뿐이다.

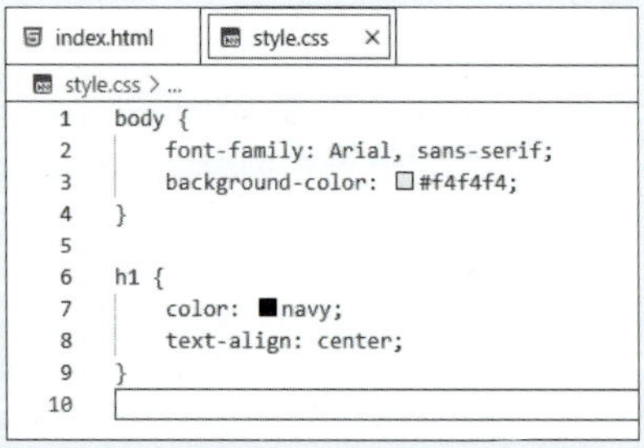

그림 3.28 CSS 수정

3.4 학습 정리 및 연습문제

학습 정리

이번 장에서는 웹 페이지의 가장 기본적인 두 가지 구성 요소인 HTML과 CSS에 대해 학습했다.

1. HTML(HyperText Markup Language)

- 웹 페이지의 '구조와 내용'을 정의하는 뼈대 역할을 한다.
- 〈html〉, 〈head〉, 〈body〉, 〈h1〉~〈h6〉, 〈p〉, 〈ul〉/〈li〉, 〈a〉, 〈img〉 등 다양한 태그를 사용하여 각 요소의 의미를 부여한다.
- 태그는 시작 태그와 종료 태그로 구성되며, 내용과 속성을 가질 수 있다.
- 바이브 코딩(VS 코드+클라인 AI)을 통하여 자연어 요청으로 HTML 코드를 효율적으로 생성할 수 있음을 확인했다.

2. CSS(Cascading Style Sheets)

- HTML로 만들어진 웹 페이지의 시각적인 표현(디자인, 레이아웃)을 담당한다.
- 선택자를 통하여 스타일을 적용할 HTML 요소를 지정하고, 속성:값 형태로 스타일 규칙을 선언한다.
- CSS 적용 방식에는 인라인 스타일, 내부 스타일 시트, 외부 스타일 시트가 있으며, 유지보수와 재사용성을 위해 외부 스타일 시트 사용을 권장한다.
- color, background-color, font-family, font-size, margin, padding, border 등 기본 CSS 속성을 사용하여 페이지를 꾸미는 방법을 익혔다.
- 바이브 코딩은 CSS 코드 생성에도 도움을 주며, 이를 통해 CSS 속성 사용법을 익힐 수 있다.

이번 실습에서는 VS 코드와 클라인 AI를 활용하여 '나의 취미 소개' 페이지의 HTML 구조를 만들고, style.css 파일을 연결해 기본 CSS 스타일을 적용했다. 이 과정을 통해 코드 작성의 효율성을 높이는 동시에, 생성된 코드를 분석하며 HTML과 CSS의 실제 작동 방식을 이해하는 데 집중했다.

연습문제

01 나만의 '최애 맛집 소개' 페이지 만들기

- 이번 장의 실습과 유사한 방식으로, 자신이 가장 좋아하는 맛집을 소개하는 my_restaurant.html 파일을 만들어보자.
- 필수 포함 요소
  - · 가장 큰 제목으로 맛집 이름
  - · 맛집에 대한 간략한 설명(2~3 문장)
  - · '추천 메뉴'라는 부제목 아래에 순서 있는 목록(〈ol〉)으로 최소 3가지 메뉴와 간단한 설명 나열
  - · 맛집의 대표 음식 이미지 삽입[이미지는 직접 구하거나, 스테이블 디퓨전(Stable Diffusion) 등을 활용해 생성 시도 – 다음 장 내용 예습]
  - · 맛집 위치를 알 수 있는 (가상의) 주소 또는 찾아오는 길 안내
  - · 맛집의 (가상) 홈페이지나 관련 정보 사이트로 연결되는 링크
- restaurant_style.css 파일을 새로 만들어 이 페이지에만 적용되는 독창적인 스타일을 입혀보자.
  (예 음식 테마에 맞는 색상 조합, 메뉴 폰트 강조 등)

02 CSS 선택자 심화 연습하기

- index.html(또는 my_restaurant.html) 파일에 〈div〉 태그를 사용해 특정 구역들을 묶어보자. 예를 들어, 취미 설명 부분과 좋아하는 이유 목록 부분을 각각 다른 'div'로 감싼다.
- 각 'div'에 고유한 id 속성(예 id="hobby-description")이나 공통된 class 속성(예 class="content-box")을 부여한다.
- style.css 파일에서 이 id 선택자나 class 선택자를 사용해 각 div 구역에만 특별한 배경색, 테두리, 안쪽 여백(Padding)을 적용해 보자.

알아두세요

클라인 AI에게 "id가 hobby-description인 요소에 배경색을 연두색으로 하고 5픽셀의 점선 테두리를 추가하는 CSS 코드를 만들어줘."와 같이 요청하여 도움을 받을 수 있다.

03 링크 스타일 다양하게 꾸미기

- 기본 링크 스타일 (a) 외에, 마우스를 올렸을 때(a:hover), 한번 방문했던 링크(a:visited), 클릭하고 있는 순간(a:active)의 스타일을 각각 다르게 지정해 보자.
- 예를 들어, 'a:visited'는 다른 색으로 표시하고, 'a:active'는 글자가 더 굵어지도록 CSS를 수정해 보자.

04 주석(Comment) 활용하기

주석은 코드를 이해하고 다른 사람과 협업하는 데 매우 중요하다.

• HTML 파일과 CSS 파일에 각각 주석을 추가하는 방법을 익히고, 코드의 각 부분에 설명을 달아보자.
  · HTML 주석: 〈!— 주석 내용 —〉
  · CSS 주석: /* 주석 내용 */
• 클라인 AI에게 "HTML 주석 작성법 알려줘." 또는 "CSS에서 여러 줄 주석 처리하는 방법은?"처럼 질문해 사용법을 익힐 수 있다.

알아두세요

연습문제(도전 과제)를 수행하며 궁금한 점이나 막히는 부분이 있다면 클라인 AI에 적극적으로 질문하고 도움을 받으며 해결해 나가자. 스스로 문제를 해결하고 새로운 것을 시도하는 과정에서 실력이 향상될 것이다.

4 장

피그마 MCP 활용 - 개성 있는 웹 디자인

학 습 목 표

1. UI/UX 디자인의 중요성과 디자인 도구 피그마(Figma)의 역할을 이해한다.
2. 디자인 시스템을 코드로 변환하는 MCP(Model-Component-Package) 워크플로를 이해한다.
3. 피그마 환경을 설정하고 VS 코드와 연동하는 방법을 학습한다.
4. 앞서 개발한 '나만의 포트폴리오' 웹을 피그마로 직접 디자인하고, MCP를 통해 코드로 변환하는 실습을 진행한다.

4.1 UI/UX 디자인과 피그마

웹/앱 애플리케이션 개발은 단순히 기능 구현으로 끝나지 않는다. 사용자가 서비스를 쉽고 편리하며 즐겁게 사용할 수 있도록 만드는 것이 매우 중요하다. 이러한 사용자 경험을 설계하는 것을 UI/UX 디자인이라고 한다.

- UI(User Interface): 사용자 인터페이스로, 사용자가 마주하는 시각 요소(버튼, 레이아웃, 색상, 폰트 등)를 의미한다. 즉, '어떻게 보이는가?'에 대한 부분이다.
- UX(User eXperience): 사용자 경험으로, 사용자가 특정 서비스를 이용하며 느끼는 모든 경험과 감정을 의미한다. 즉, '사용하기에 얼마나 편리하고 만족스러운가?'에 대한 부분이다.

피그마(Figma)는 현대 웹/앱 디자인에서 가장 널리 사용되는 협업 UI/UX 디자인 도구이다. 클라우드 기반으로 동작하여 여러 사람이 동시에 하나의 디자인 파일에 접속해 작업할 수 있으며, 직관적인 인터페이스 덕분에 비전공자도 비교적 쉽게 배울 수 있다.

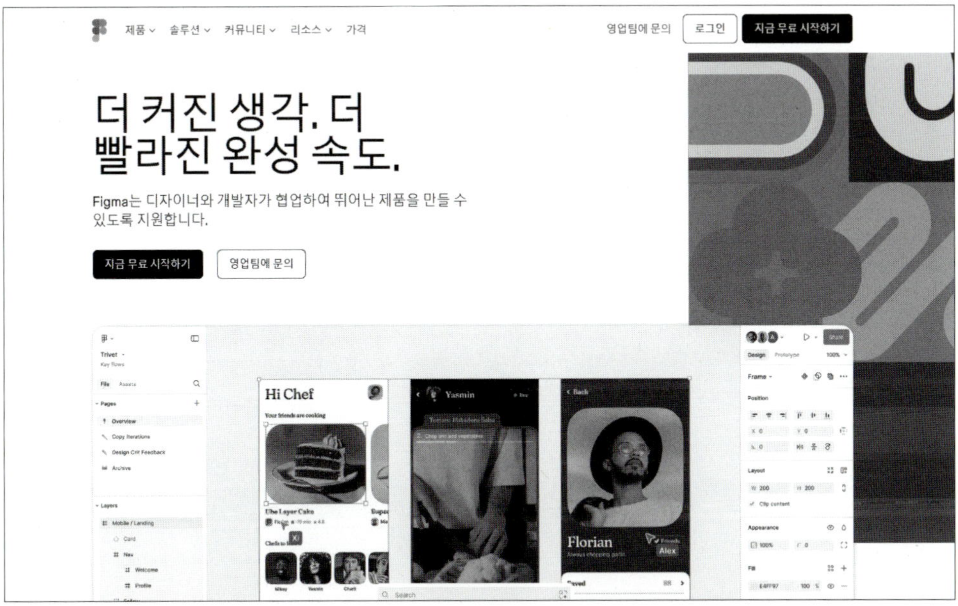

그림 4.1 피그마

● 피그마의 주요 특징

- **벡터 기반 편집:** 이미지를 확대하거나 축소해도 깨지지 않아 다양한 해상도에 유연하게 대응할 수 있다.
- **컴포넌트(Component):** 버튼, 입력창 등 재사용할 수 있는 디자인 요소를 만들어 체계적으로 관리할 수 있다.
- **프로토타이핑(Prototyping):** 디자인된 화면을 연결하여 실제 앱처럼 동작하는 가상 프로토타입을 만들어 사용자 흐름을 미리 테스트할 수 있다.
- **강력한 협업 기능:** 실시간으로 여러 디자이너와 개발자가 함께 보며 의견을 나눌 수 있다.

4.2 VS 코드 MCP와 피그마 MCP의 이해

피그마는 기획 단계에서부터 만들고자 하는 제품 또는 서비스의 UI/UX를 정의하는 데 큰 도움을 주는 도구 중 하나이다. 디자인은 디자이너가 하는 것이 맞지만, MCP를 활용하면 비전문가도, 디자이너도 빠르게 디자인 목업(Mock-Up)을 시도할 수 있다.

개발 과정에서 디자이너가 피그마로 만든 결과물을 개발자가 코드로 옮기는 작업에는 많은 시간이 소요된다. 이 간극을 줄이고 생산성을 높이기 위하여 새로운 규약인 MCP 방법을 활용한다.

MCP는 AI 기술로, 'Model Context Protocol(모델 컨텍스트 프로토콜)'의 줄임말이다. 이는 AI 모델이 외부 데이터 소스, 도구, 시스템 등과 상호 작용할 수 있도록 표준화된 방법을 제공하는 프로토콜이다.

MCP는 개발자가 데이터 소스와 AI 기반 도구 간에 안전한 양방향 연결을 구축할 수 있도록 하는 개방형 표준이다. 이 개념은 Anthropic 사에서 처음 제안했으며, 이후 모든 에이전틱 프로그래밍 환경에 MCP가 채택되고 있다.

우리가 사용하는 피그마(Figma) MCP는 디자인 도구에서 정의된 시각적 모델(Model)과 디자인 컴포넌트(Component)를 개발자가 사용할 수 있는 코드 패키지(Package) 형태로 변환해 주는 워크플로 또는 도구를 의미한다.

클라인 또한 이 MCP를 제공하며, 실습을 통해 템플릿 생성 과정을 학습한다.

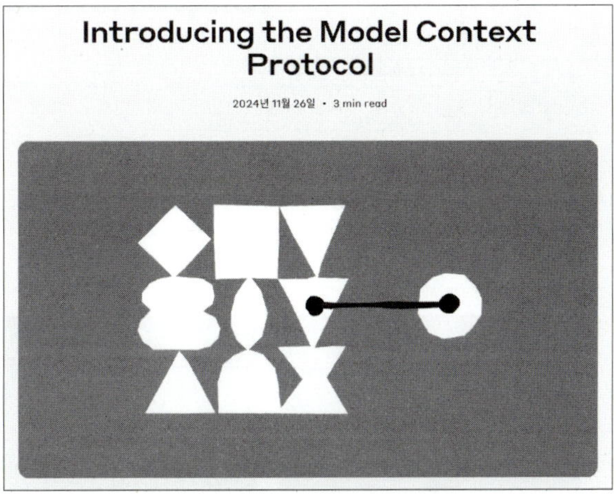

그림 4.2 Anthropic 사의 MCP

4.3 디자인 템플릿 생성 AI 서비스

대표적인 생성형 디자인 AI 서비스들은 서비스별 특징은 다르지만, 아직까지는 현업 디자이너의 만족을 100% 충족시키지는 못한다. 다만, 학습 모델이 발전함에 따라 향후 고객의 요구사항을 더욱 철저히 반영할 수 있을 것으로 기대된다.

참고로 빌더 IO와 피그마 유료 모델을 활용하면 내부 플러그인 적용을 통해 디자이너와 AI가 협업하여 더 효율적인 작업을 할 수 있다. 또한 v0.dev, lovable.dev도 생성형 AI 기반으로 웹 페이지 제작을 지원하는 서비스이다.

현재까지 완성된 품질은 제작자의 프롬프트 처리 능력에 따라 다소 차이가 있다. 따라서 완전한 자동화라기보다는 디자이너의 창의적인 업무를 지원하는 데 중점을 두고 있다. 하지만 디자인 AI 학습 모델이 계속 발전하면서 이 부분도 곧 극복될 것으로 예상된다.

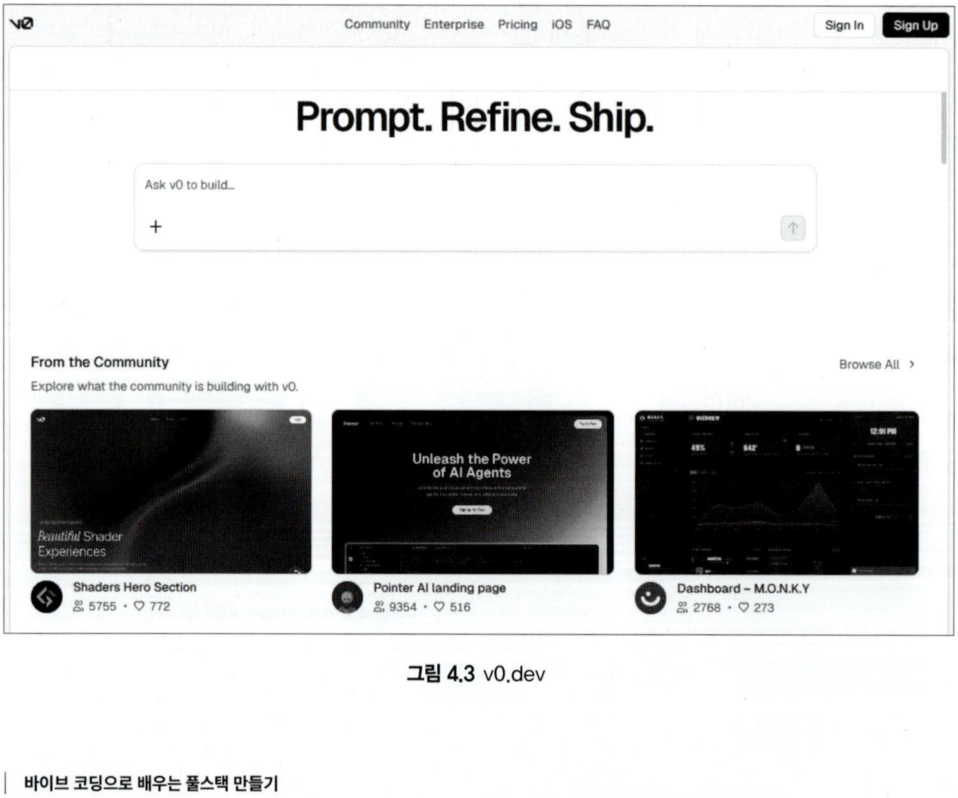

그림 4.3 v0.dev

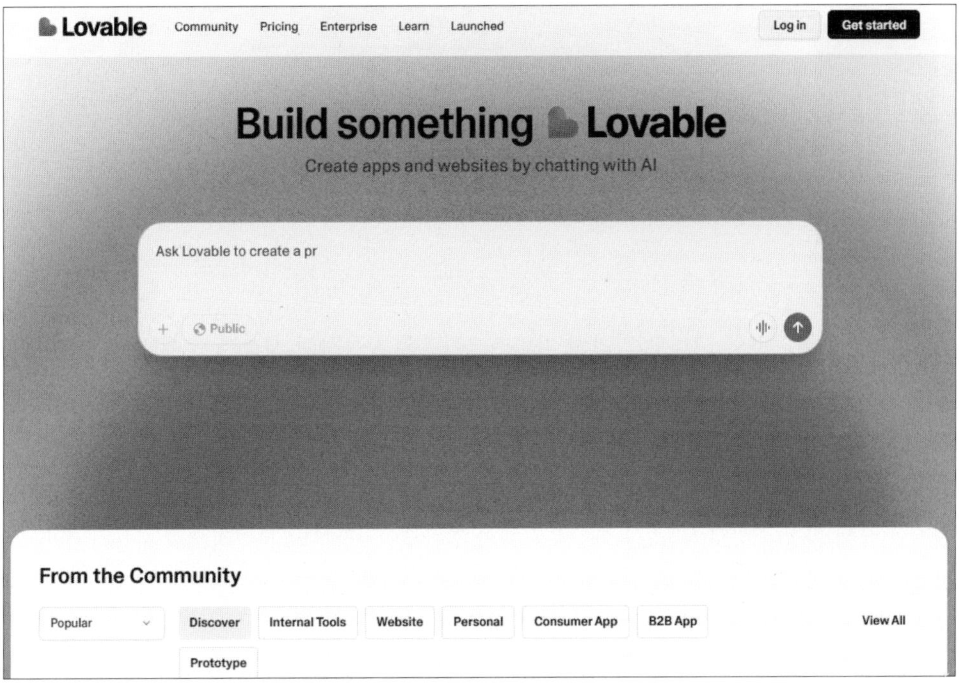

그림 4.4 lovable.dev

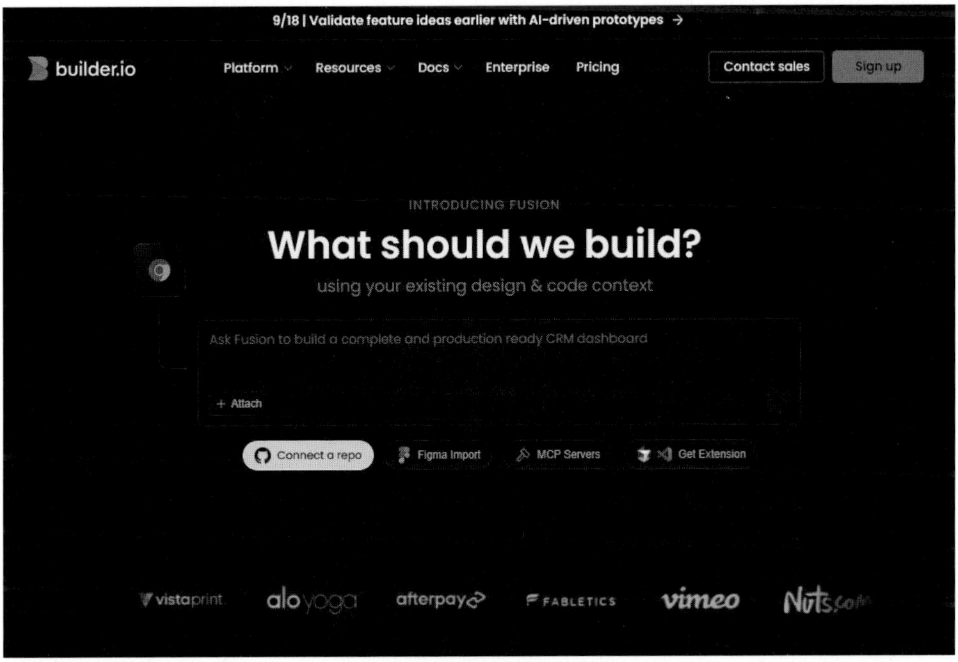

그림 4.5 builder.io

4.4 백엔드 개발을 위한 필수 도구: Node.js 설치하기

지금까지 HTML, CSS, 그리고 약간의 자바스크립트를 사용하여 사용자 눈에 보이는 프론트엔드 영역을 다루었다. 하지만 앞으로 우리는 웹 애플리케이션의 뇌와 심장 역할을 하는 '백엔드(서버)'를 직접 구축할 것이다.

본 교재에서 자바스크립트 언어를 사용하여 백엔드 서버를 만드는데, 이를 가능하게 하는 핵심적인 실행 환경이 바로 Node.js다. 본 교재의 후반부인 9장부터 본격적으로 사용하지만, 개발 환경의 일관성과 미리 준비하는 차원에서 Node.js를 설치하고 넘어간다.

Node.js란 무엇인가? – 브라우저를 탈출한 자바스크립트

- **역할:** 원래 웹 브라우저 안에서만 동작하던 자바스크립트를, 컴퓨터(서버)의 터미널이나 파일 시스템에서도 직접 실행할 수 있게 하는 '자바스크립트 런타임 환경'이다.
- **필요성:** 이후로 만들 Express.js 웹 서버는 Node.js 위에서 동작한다. 따라서 Node.js가 설치되지 않으면 서버를 만들거나 실행할 수 없다.
- **npm(Node Package Manager):** Node.js를 설치하면 npm이라는 매우 중요한 도구가 함께 설치된다. npm은 전 세계 개발자들이 만들어 공유한 유용한 코드 묶음(패키지, 예를 들어 Express.js)을 내 프로젝트에 쉽게 설치하고 관리할 수 있게 하는 '앱 스토어'와 같다.

Node.js 설치 과정

Node.js 설치는 매우 간단하므로 다음 단계를 차근차근 따라 진행한다.

❶ 웹 브라우저를 열고 주소창에 'nodejs.org'를 입력해 Node.js 공식 웹사이트에 접속한 후 〈Get Node.js〉 버튼을 클릭한다.

그림 4.6 노드 공식 사이트

❷ 설치 파일 다운로드(LTS 버전 선택)

다운로드 화면에 두 가지 다운로드 형식이 있다.

- LTS(Long Term Support): 장기적으로 안정적인 지원이 보장되는 버전으로, 대부분 기업이나 실제 개발 환경에서 사용을 권장한다. 이 버전을 설치한다.
- Current: 가장 최신 기능이 포함된 버전이지만, 안정성이 검증되지 않았을 수 있다.

운영체제(윈도우, 맥OS)에 맞는 LTS 버전 버튼을 클릭하여 설치 파일을 다운로드한다.

❸ 다운로드된 설치 파일(윈도우: .msi, 맥OS: .pkg)을 더블클릭하여 실행한다.

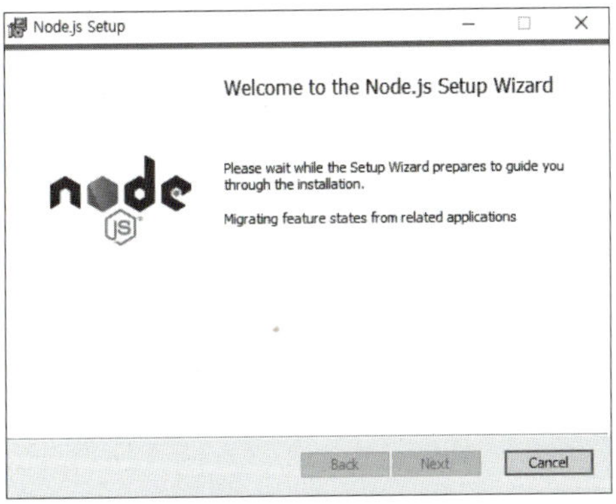

그림 4.7 노드 설치 마법사

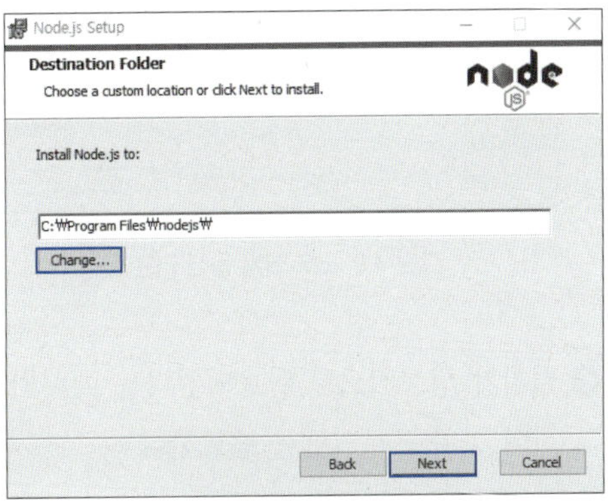

그림 4.8 설치 경로 선택

❹ 설치 프로그램이 시작되면 대부분 옵션은 기본 설정을 그대로 유지하고 〈Next(다음)〉 또는 〈Continue〉 버튼을 클릭하여 진행한다.

사용권 계약(License Agreement) 화면이 나타나면 'Accept(동의)'에 체크 표시하고 다음으로 넘어간다.

설치 위치(Destination Select)는 기본 경로를 그대로 사용하는 것을 권장한다.

설치 유형(Installation Type) 화면에서는 Node.js runtime, npm package manager 등이 포함되어 있는지 확인하고 〈Install〉 버튼을 클릭한다.

❺ 윈도우 설치 과정 중 'Tools for Native Modules'와 같은 화면이 나타날 수 있다. 이 화면에서는 C++ 컴파일러 등 추가 도구를 설치할지 묻는데, 필수가 아니므로 체크하지 않고 넘어가도 괜찮다.

알아두세요

가장 중요한 것은 설치 과정에서 'Add to PATH' 옵션이 자동으로 선택되어 있다는 점이다. 이 옵션 덕분에 컴퓨터 어디서든 터미널을 열고 node와 npm 명령어를 바로 사용할 수 있다. (대부분 자동 설정된다.)

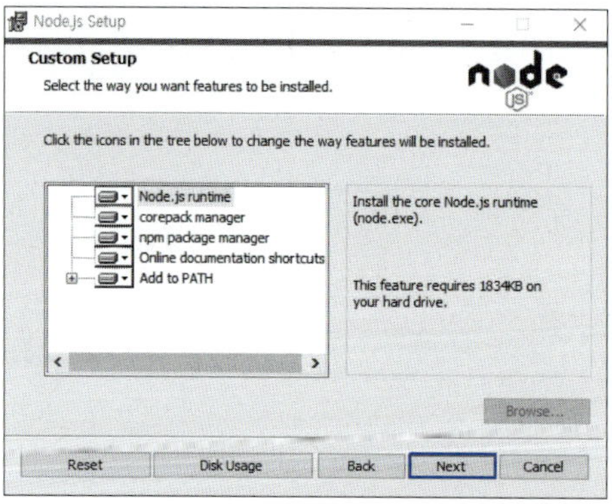

그림 4.9 노드 설치 옵션 기본 진행

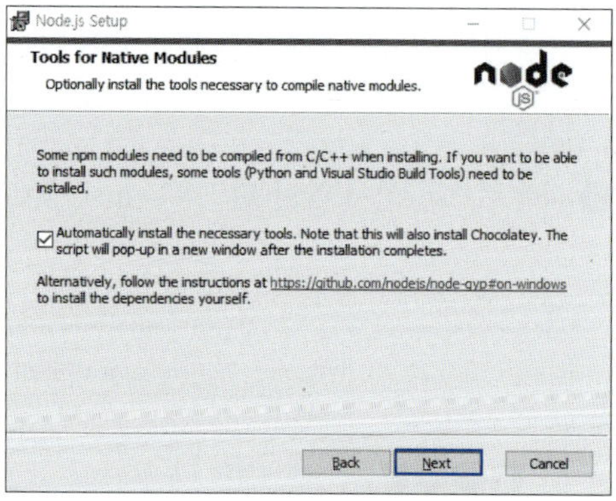

그림 4.10 노드 설치 환경 변수 등록

❻ 설치가 성공적으로 완료되었다는 메시지가 나타나면 〈Finish〉 또는 〈Close〉 버튼을 클릭하여 설치 프로그램을 종료한다.

설치 확인하기(터미널에서 명령어 입력)

Node.js와 npm이 컴퓨터에 올바르게 설치되었는지 확인하는 것은 매우 중요하다.

❶ 터미널(Terminal) 실행

- **윈도우:** 시작 메뉴에서 cmd 또는 PowerShell을 검색하여 실행한다. (VS 코드의 내장 터미널을 열어도 된다: Ctrl+`)
- **맥OS:** Terminal 앱을 실행한다. (VS 코드 내장 터미널: Cmd+`)

❷ Node.js 버전 확인

터미널에 다음 명령어를 입력하고 Enter를 누른다.

```
node -v
```

v18.18.0 또는 v20.9.0 등과 같이 'v'로 시작하는 버전 번호가 나타나면 Node.js가 성공적으로 설치된 것이다. (버전 번호는 시점에 따라 다를 수 있다.)

❸ npm 버전 확인

터미널에 다음 명령어를 입력하고 Enter를 누른다.

```
npm -v
```

9.8.1 또는 10.1.0 등과 같이 버전 번호가 나타나면 npm도 함께 잘 설치된 것이다.

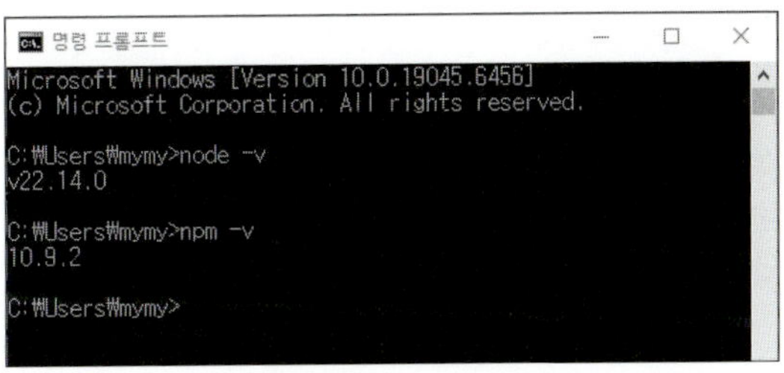

그림 4.11 노드 설치 확인

만약 위 명령어들을 입력했을 때 "명령을 찾을 수 없다(command not found)"와 같은 오류가 발생한다면, 설치가 제대로 되지 않았거나 PATH 환경변수 설정에 문제가 생긴 것이므로 컴퓨터를 재부팅하거나 설치 과정을 다시 한번 진행해야 한다.

4.5 VS 코드 + 클라인 AI + 피그마 활용

피그마는 대규모 작업이 아니면 무료로 사용할 수 있는 강력한 디자인 도구다. AI 디자인 서비스는 양질의 결과를 얻으려면 비용이 발생하고, 개발 환경으로 이식하는 과정에도 전문가의 관여가 필요하다. 하지만 피그마와 클라인 MCP만 활용하면 이런 단계들을 생략하고 비용 없이 AI 디자인 작업을 진행할 수 있다.

피그마 MCP(플러그인) 설치하기

피그마 MCP(플러그인) 설치를 진행하자. VS 코드를 실행하고 CLINE + 옆 MCP 버튼을 클릭한다. MCP Servers(서버)에서 'figma'를 검색하고 〈Install〉 버튼을 클릭한다. 설치 중 피그마 API 키를 요청하면 〈Install〉 버튼을 클릭한 상태에서 피그마 API 키 생성 과정을 수행한 후 설치를 완료한다.

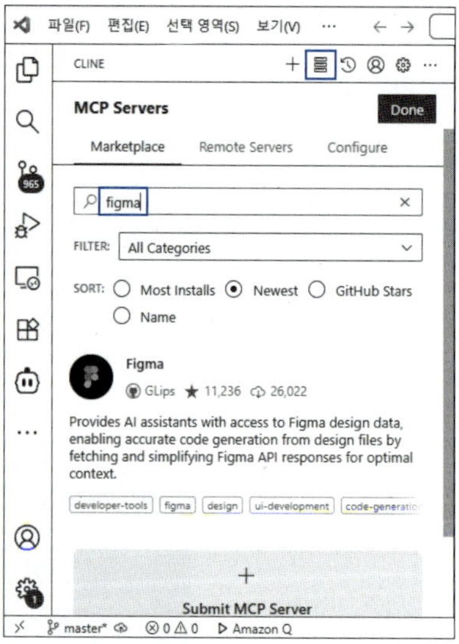

그림 4.12 클라인 MCP 피그마 모듈

> **알아두세요**
>
> 작업의 편의를 위해 피그마 API 키를 미리 생성한 후 진행하는 게 효율적이므로, 다음 내용을 참고하여 피그마 웹에서 API 키를 먼저 발급받으면 좋다.

피그마 MCP는 디자이너가 만든 피그마의 레이어, 스타일(색상, 폰트 등), 컴포넌트 구조를 분석한다.

분석된 디자인 정보를 VS 코드가 이해할 수 있는 데이터 형태로 추출하고 패키징하는 '보내는' 역할을 한다. 또한 MCP는 피그마의 데이터를 해석해 실제 HTML 구조와 CSS 스타일 코드를 자동으로 생성하는 '받는' 역할도 수행한다.

피그마에서 API 키 생성 및 설치하기

피그마에서 MCP로 디자인 데이터 패키지를 받으려면 MCP에 피그마 API 키가 필요하다.

❶ 피그마 사이트(www.figma.com)에 접속한 후 로그인하고 왼쪽 상단 아이디를 클릭한다.

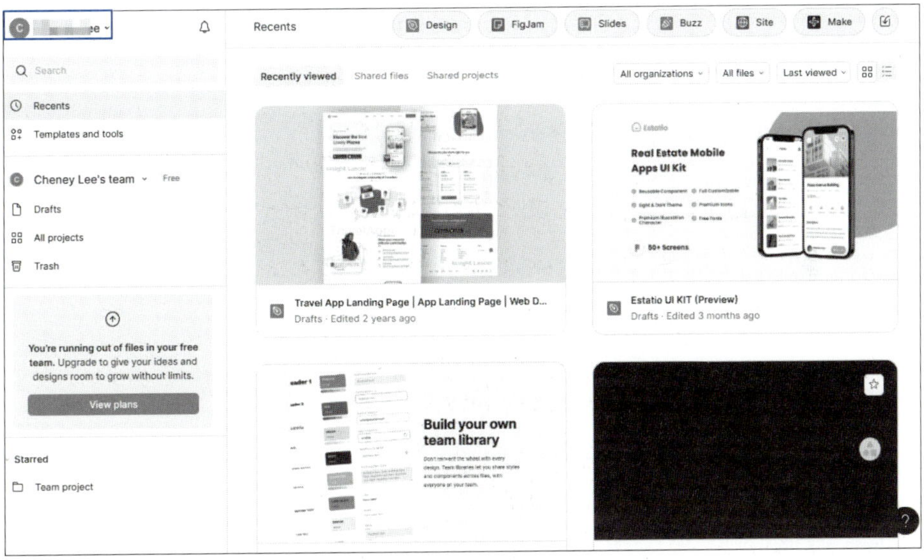

그림 4.13 피그마 홈페이지

❷ 피그마를 원격에서 프로그래머블하게 접속하고 수정 · 편집하기 위해서는 API 도움이 필요하다. API 관리 기능은 〔Security(보안)〕 탭에서 확인할 수 있다. 이 메뉴에 속한 권한을 얻기 위한 토큰 생성을 진행하자.

〔Security〕 탭으로 이동한다.

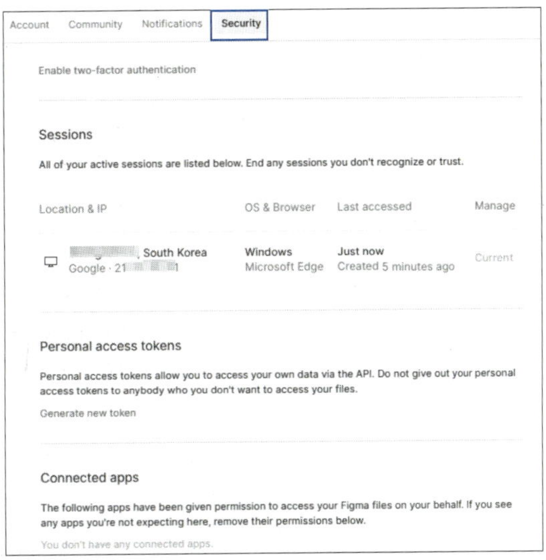

그림 4.14 피그마 토큰

❸ Personal token에서 'Generate new token'을 클릭하고 토큰의 이름, 유효 기간(Expiration)을 설정한다. 모든 권한을 허용(Readonly, 쓰기 허용) 설정한 다음 〈토큰 생성(Generate token)〉 버튼을 클릭한다.

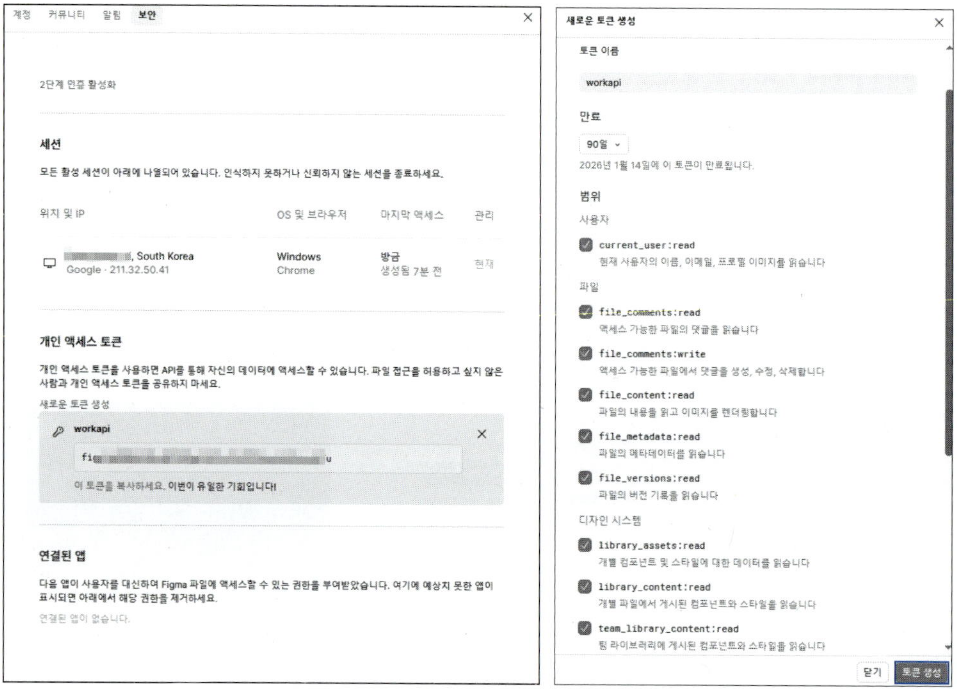

그림 4.15 생성된 토큰

❹ 토큰 생성이 완료되면 VS 코드 MCP로 돌아가 토큰을 복사하고 저장한다. 피그마 MCP를 설치하면 스스로 피그마 MCP 환경 설정을 진행한다.

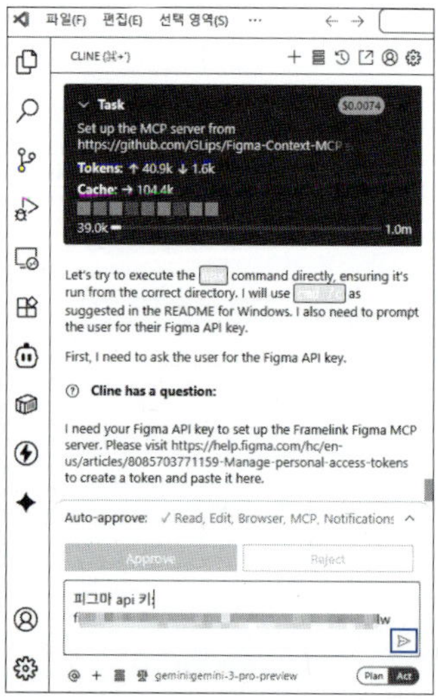

그림 4.16 클라인 화면

> **알아두세요**
>
> 화면에 나오는 토큰은 다시 나오지 않으므로, 중요한 곳에 잘 복사해서 보관해 두도록 하자.

❺ MCP 설치가 완료되면 클라인은 MCP 환경 설정을 시작한다. 〈Approve(승인)〉 버튼을 클릭한 후 클라인의 요청 순서에 따라 남은 설정을 진행하자.

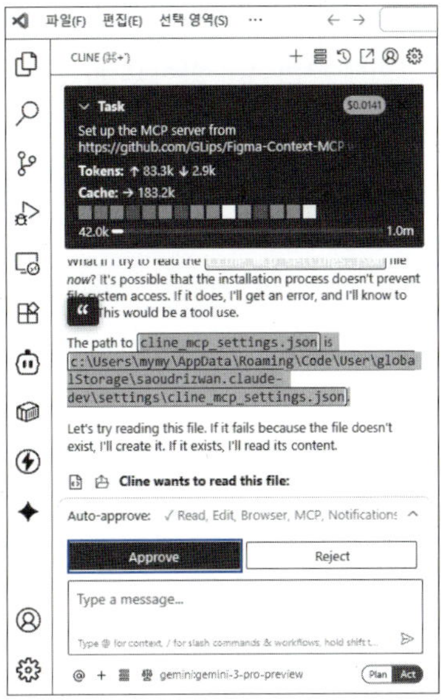

그림 4.17 클라인 피그마 API 키 요청

❻ 명령을 계속 진행하면 클라인이 MCP 환경 설정에 피그마 API 정보를 자동으로 저장하여 사용할 수 있도록 환경을 구성한다.

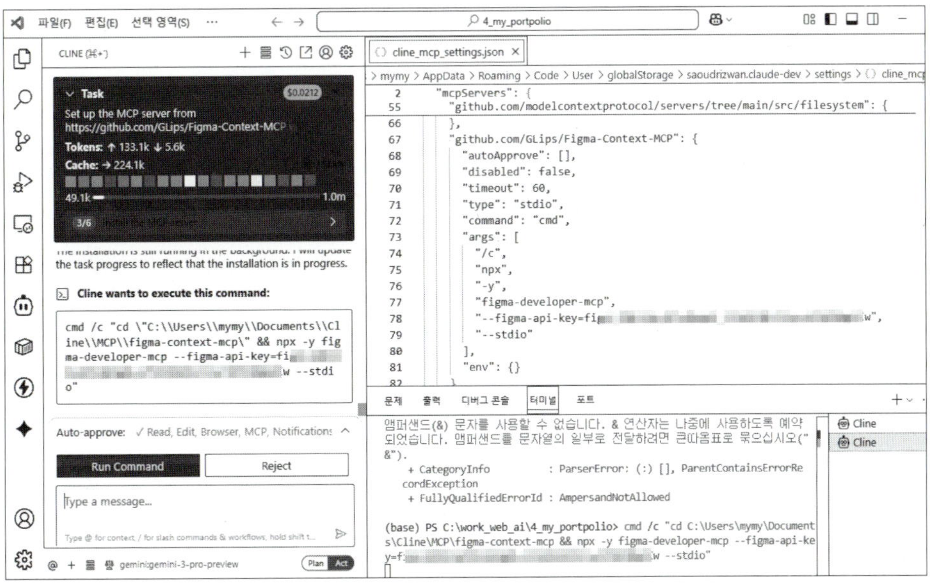

4.18 피그마 키 환경 설정

❼ 피그마 MCP가 정상으로 작동하는지 확인하기 위해 클라인이 확인용 피그마 주소를 요청한다. 해당 메시지가 나타나면 피그마 사이트에서 임의의 디자인 템플릿을 찾아 해당 주소를 입력한다.

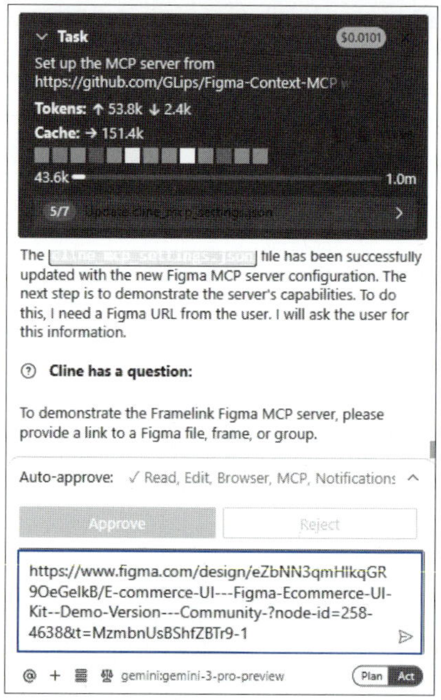

그림 4.19 API 테스트

❽ 설정이 완료되면 피그마 API 통신 테스트가 자동으로 진행된다. 〈Approve〉 버튼을 클릭하여 승인한다. 설정 완료 후 테스트를 진행하고 최종으로 MCP 설정이 완료되었다는 메시지가 출력된다.

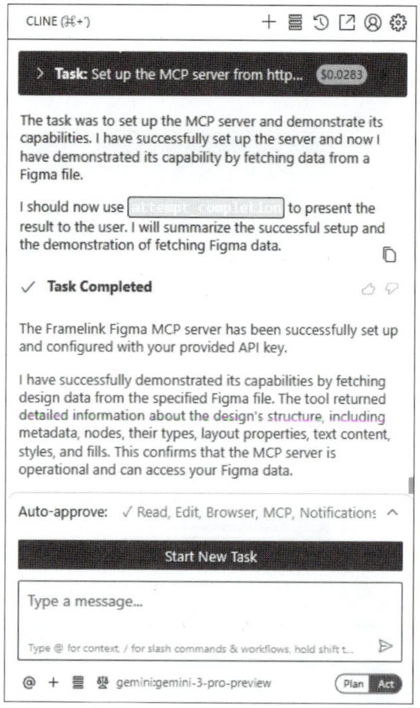

그림 4.20 테스트 및 설치 완료

피그마 MCP 실습하기

피그마에서 디자인 샘플을 가져와 클라인으로 연결하는 작업을 수행한다.

❶ 피그마에 로그인하고 [커뮤니티(Community)]를 선택한 후 검색창에 'web'이라는 키워드를 입력하면 다양한 샘플 템플릿을 찾을 수 있다.

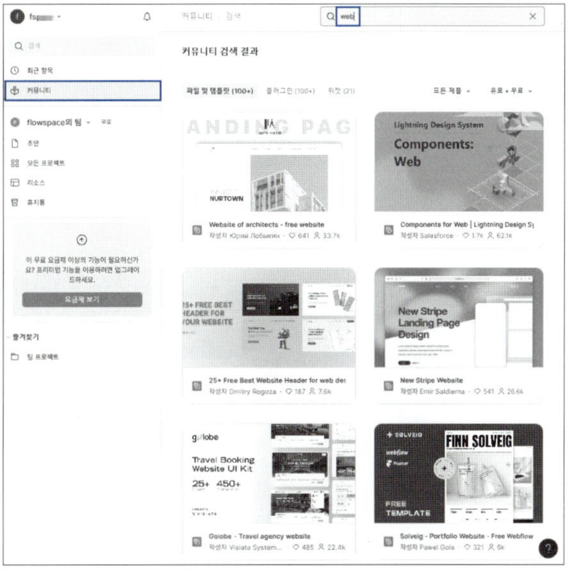

그림 4.21 피그마 홈페이지

❷ 피그마에서 웹 검색 메뉴를 선택하면 다양한 템플릿을 찾을 수 있다. 'Portfolio Website Landing Page Design' 템플릿을 검색한다. 〈Figma에서 열기〉 버튼을 클릭해 템플릿으로 불러온다.

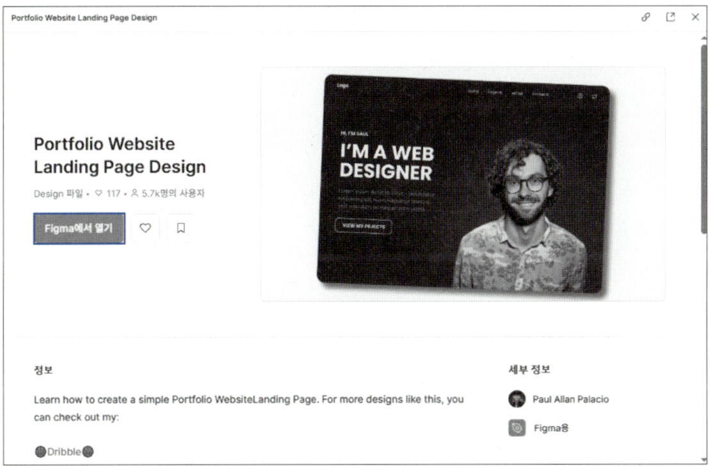

그림 4.22 피그마 검색

알아두세요

템플릿은 유료와 무료가 있으며, 무료 템플릿 중에도 훌륭한 디자인이 많으므로 처음 피그마를 사용한다면 웹 디자인 템플릿을 많이 검색해 보는 것을 추천한다.

❸ 템플릿 창 왼쪽 상단 [Design(디자인)] 탭을 선택하고, [Landing Page]를 선택하면 하위 레이어 개체들도 자동으로 선택된다. 오른쪽 상단의 〈공유하기〉 버튼을 클릭해 링크 복사를 통해 선택한 레이어의 주소를 복사한다.

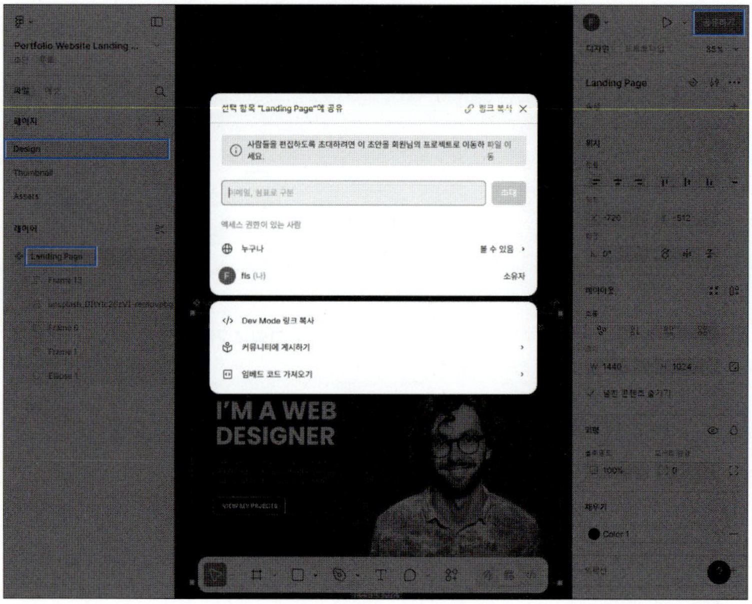

그림 4.23 피그마 디자인

❹ 먼저 VS 코드 작업 공간에 '4_my_portfolio'라는 빈 폴더를 만든다. 폴더 생성 후 MCP가 설치된 피그마 JSON을 확인할 수 있다.

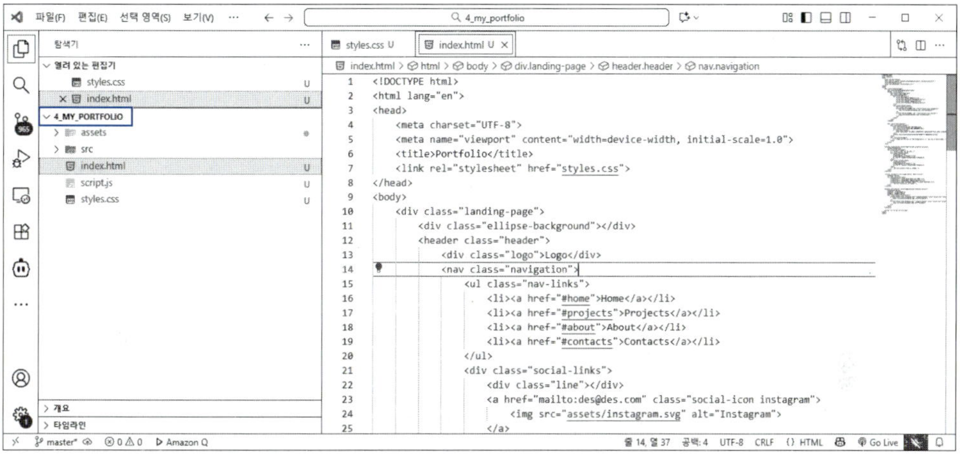

그림 4.24 VS 코드 작업 공간

❺ 작업이 준비되었다면 프롬프트를 구성한다. 이번에는 프롬프트를 좀 더 체계적으로 요구 사항을 정리하여 요청해 보자.

알아두세요

피그마 주소는 각자의 템플릿 주소를 입력한다.

프롬프트

1. 4_my_portfolio 폴더에 웹페이지 파일을 생성하자.
2. 디자인 작업을, 복사한 피그마 데이터로 웹사이트 작업을 진행한다.
   https://www.figma.com/design/j67Ksiy3wVnPhIp7ZNGDLJ/Portfolio-Website-Landing-Page-Design--Community-?node-id=1-2&t=ilzh7Oxy17pTjRWk-1

3. 각 페이지 기능 정의는 다음과 같다.
   3-1 Home : 메인 페이지
   3-2 projects : 내가 작업한 포트폴리오를 볼 수 있는 페이지이다. 메인의 VIEW MY PAGE도 클릭 시 이 페이지로 이동한다.
   3-3 About: 나의 활동을 텍스트 리스트로 표시한다. (업데이트 가능)
   3-4 Contacts : +1-100-10000, des@des.com의 정보로 구성한다.
   3-5 인스타, 페이스북 아이콘 클릭 해당 메일로 링크를 연결한다.

알아두세요

실행 전 클라인 모델이 '제미나이-2.5-플래시'이고 'Enable extended thinking'이 체크 표시되었는지 확인하자. 모델은 빠르게 소멸되기도 하고 나타나기도 한다. 2.5 프로 도입 초기에는 사용량 제한이 낮았는데, 지금은 무료 이용에 한계가 있다. 대안으로 'gemini-2.5-flash'와 'Enable extended thinking' 활성화를 통해 프로의 추론 효과를 적용하여 작업을 진행한다. 추후 고난도 작업에서는 2.5 프로, 유료 사용자는 3.0 모델을 활용할 수 있다.

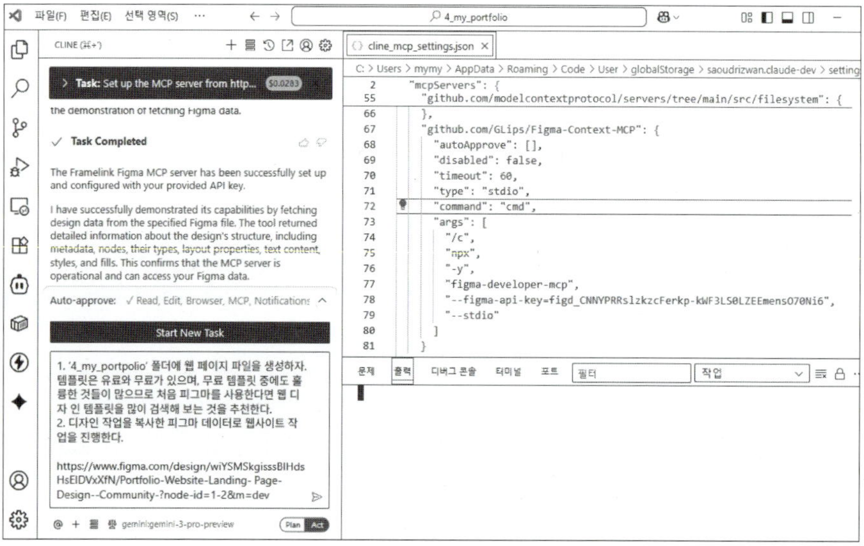

그림 4.25 프롬프트 실행

❻ 클라인은 주어진 요구 사항을 분석하고, 무엇을 실행할지, 정보를 전달한다.

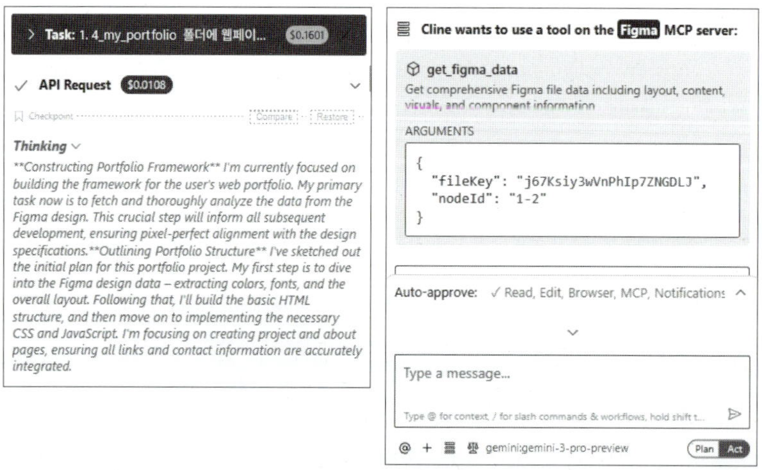

그림 4.26 프롬프트 분석

❼ 실제 작업에 들어가면 API를 통해 해당 템플릿을 가져온다. API를 통해 템플릿이 번역되어 HTML과 CSS로 구성되고, 사전 정의된 요구 사항을 프로그래밍화한다.

만약 script.js가 생성되지 않는다면 다른 이름의 *.js 파일이 생성되었는지 확인한다. 경우에 따라 main.js 이런 식으로도 생성되기 때문이다. *.js 파일이 생성되지 않았다면 Node가 설치되었는지도 확인한다.

그림 4.27 피그마 API 승인

❽ 파일 생성에 대한 승인을 진행한다. 주어진 요구 사항에 따라 Script.js를 생성한다.

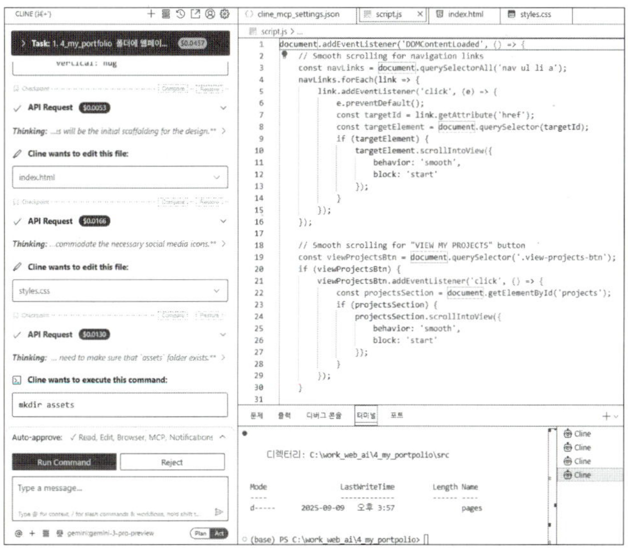

그림 4.28 파일 생성

❾ 피그마에서 생성된 이미지 템플릿도 함께 다운로드한다.

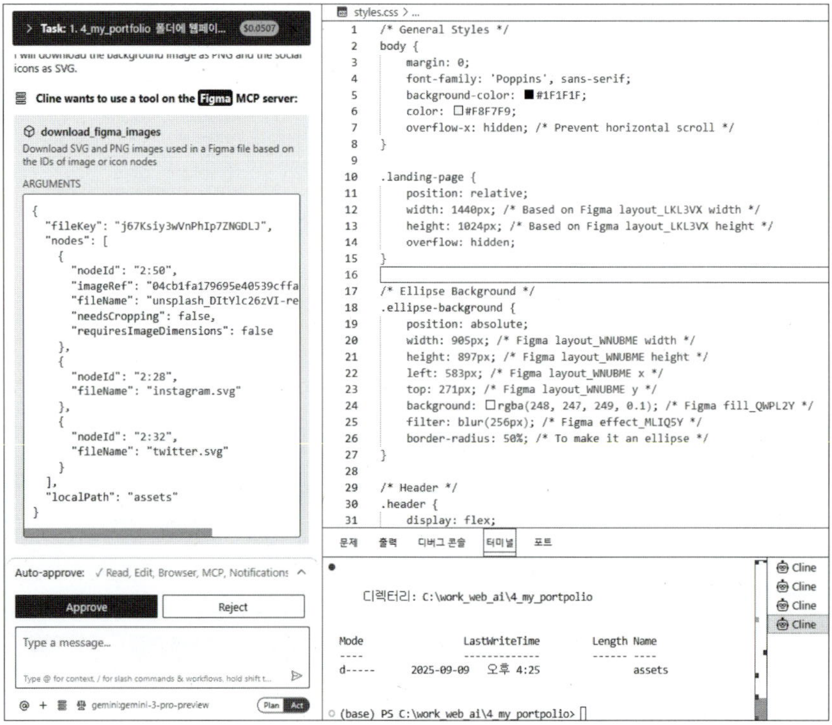

그림 4.29 피그마 이미지 다운로드

알아두세요

현재는 'Auto-approve' 옵션을 활성화하지 않아 매번 승인을 요청한 후 작업이 진행된다. 지금은 학습 차원에서 클라인이 무엇을 요청하고 다음 단계를 어떻게 진행하는지 파악하기 위해 'Auto-approve' 옵션을 사용하지 않는다. 이후 바이브 코딩에 익숙해지면 사용자 편의에 따라 활성화해도 좋다.

❿ 클라인이 Index 페이지 생성 완료를 알림과 동시에 〈Run Command〉 버튼으로 실행할지 묻는다.

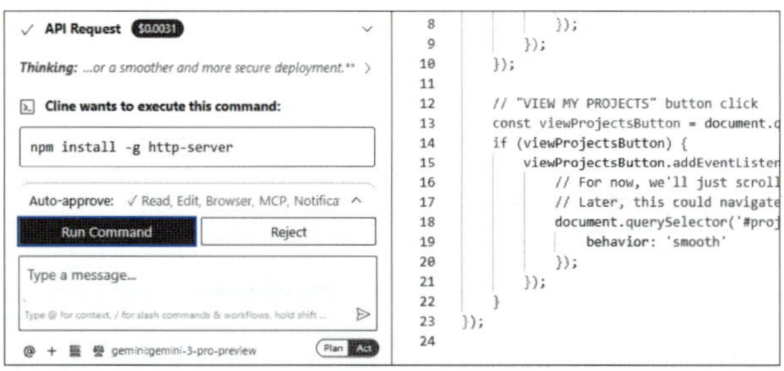

그림 4.30 인덱스 페이지 완성

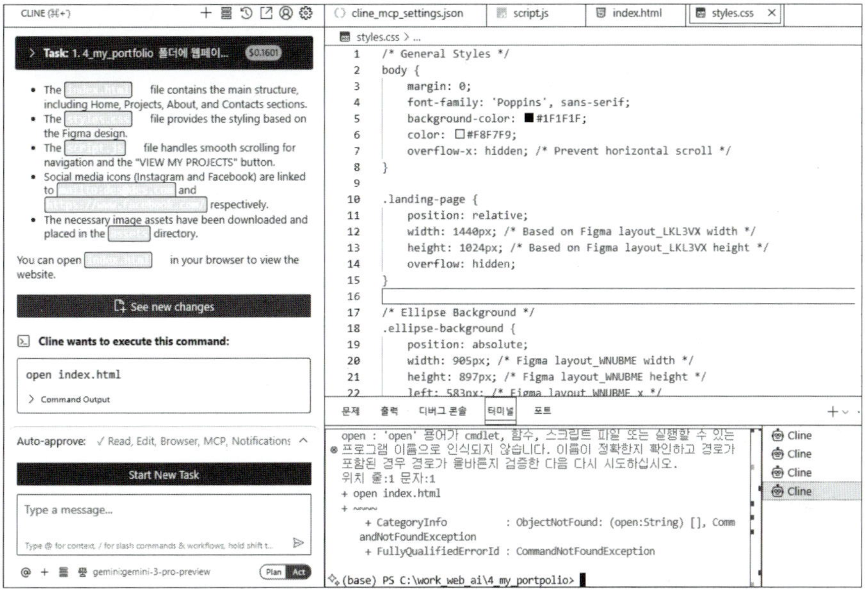

그림 4.31 실행 에러

알아두세요

클라인은 사용자의 운영체제 환경을 실시간으로 감지할 수 없어 잘못된 명령어를 사용할 수 있다. 윈도우 터미널에서 open 명령어로 웹 페이지를 실행하면 명령 에러가 발생하는데, 이는 open 명령어가 맥OS/리눅스 전용이기 때문이다. 이런 경우 윈도우 환경임을 재인식시켜 start 명령어(윈도우 전용)를 사용하거나, index.html 파일을 라이브 서버로 실행하는 방법으로 문제를 해결할 수 있다.

⑪ 피그마를 통해 전달된 템플릿이 코드로 잘 생성된 것을 알 수 있다.

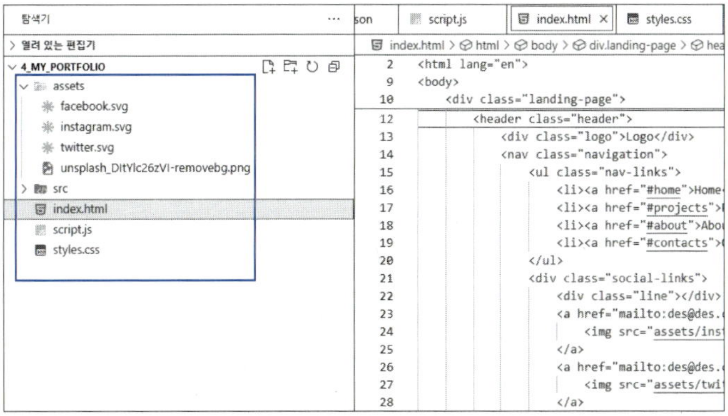

그림 4.32 완성된 구조

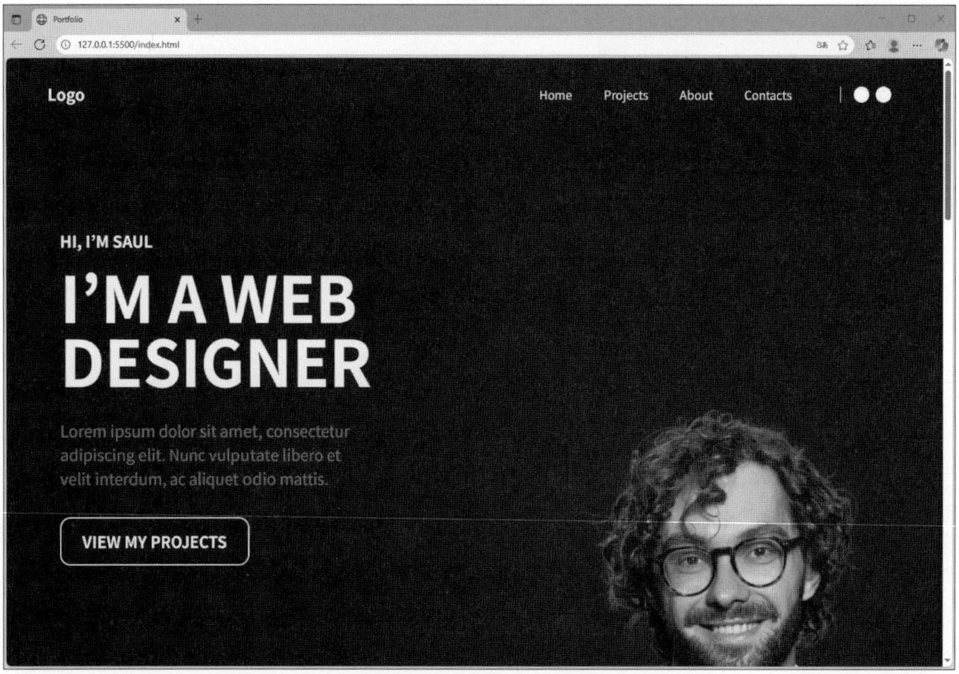

그림 4.33 웹 페이지 도입 화면

현재 프롬프트에 정의된 요구 사항은 1페이지로 연결된 구성임을 확인할 수 있다. 좀 더 세련되고 완성도 높은 페이지를 만들기 위해서는 무엇을 해야 할까?

각 페이지에 대한 피그마 템플릿과 들어갈 내용을 프롬프트 문서에 구체적으로 작성해야 할 것이다.

지금까지 학습한 내용을 바탕으로 각자의 필요에 맞게 더욱 발전시켜 나가자.

4.6 학습 정리 및 연습문제

학습 정리

- MCP의 기능 정의 및 대표적인 예로 피그마 MCP를 활용하는 방법을 살펴봤다.
- 디자인 템플릿을 MCP로 활용하면 빠르게 웹 페이지에 접목할 수 있다.

연습문제

01 프롬프트(PRD: 제품 요구 사항 명세서)에 들어갈 내용을 더욱 세밀하게 보충하여 웹 페이지 완성하기

02 피그마에서 각각의 페이지 추가하기

03 피그마에서 적절한 템플릿을 검색하여 활용하기

04 피그마 MCP 외에도 다양한 MCP가 존재하므로 나에게 필요한 MCP를 찾아 설정하기

5 장

디자인 AI 적용 및 정적 페이지 프로젝트

학 습 목 표

1. 웹 페이지 전체 레이아웃을 생성하는 디자인 AI '스티치(Stitch)'의 개념과 역할을 이해한다.
2. 스티치를 사용하여 웹 페이지 디자인 시안을 생성하고, 이를 피그마 형식으로 변환하여 다듬는 과정을 학습한다.
3. [4장]에서 학습한 피그마 MCP를 활용해 스티치로 생성하고 피그마로 정리된 디자인을 VS 코드로 가져오는 방법을 복습한 후 적용한다.
4. 가져온 디자인 데이터를 기반으로, 실제 HTML 구조를 생성하고, CSS 스타일을 적용하여 정적인 '개인 프로필 및 관심사 소개' 웹 페이지를 완성한다.
5. 완성된 프로젝트를 발표하고, 코드 및 디자인에 대한 리뷰를 진행하며 소통 능력을 기른다.

5.1 디자인 AI의 진화, 스티치

앞서 4장에서는 UI/UX의 의미와 함께 생산 도구인 피그마에 대해 살펴보았다. 또한 MCP를 활용해 피그마에서 만들어진 템플릿을 클라인으로 가져오는 방법을 경험했다. 이제 한 단계 더 나아가, 단순한 개별 이미지를 넘어 웹 페이지의 전체 레이아웃과 디자인 시스템을 생성해 주는 디자인 생성형 AI에 대해 알아보자.

스티치(Stitch)는 이러한 디자인 생성형 AI 서비스 중 하나이다. (본 교재에서는 특정 서비스를 지칭하는 가상의 이름으로 사용한다.) 사용자가 텍스트 프롬프트(Prompt)로 원하는 웹 페이지의 콘셉트, 스타일, 포함할 내용을 설명하면, AI가 그에 맞춰 전체 페이지 디자인 시안을 만들어주는 강력한 도구이다.

구글 I/O 2025에서 공개된 '스티치(stitch.withgoogle.com)'는 아이디어를 즉시 시각적인 UI(사용자 인터페이스) 디자인과 프론트엔드 코드로 변환하는 혁신적인 AI 기반 서비스이다.

스티치는 자연어 프롬프트(명령어)나 이미지 입력을 통하여 웹 및 모바일 앱의 UI 디자인과 해당 코드를 자동으로 생성하는 AI 도구이다.

사용자가 "장난감 테마의 웹앱 홈페이지를 만들어줘."와 같이 텍스트로 설명하거나, 첨부된 이미지 파일, 와이어프레임, 스크린샷 이미지를 업로드하면 스티치가 이를 해석하여 완성도 높은 UI 디자인과 바로 사용할 수 있는 HTML/CSS 코드 또는 피그마 데이터로 생성해 준다.

아직 베타 서비스이지만, 기존의 유료 서비스 대비 경쟁력이 뛰어난 무료 서비스이다.

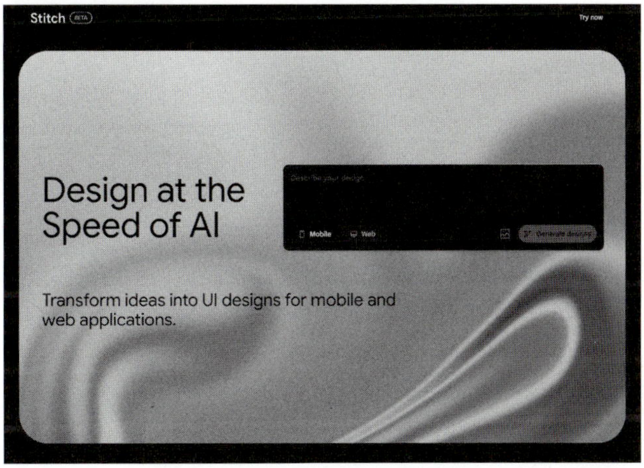

그림 5.1 스티치(Stitch)

스티치의 주요 특징

- **텍스트 기반 디자인 생성(Text-to-Design):** "사진작가의 포트폴리오를 위한 미니멀하고 어두운 테마의 웹 페이지를 만들어줘. 상단에는 내 이름과 메뉴가 있고, 중앙에는 대표 사진이 크게 보여야 해."와 같은 구체적인 요구 사항을 입력하면 AI가 이를 해석해 디자인을 생성한다.
- **피그마 형식으로 변환 및 출력:** 스티치의 가장 큰 장점은 결과물을 단순한 이미지 파일(.jpg, .png)이 아닌, 피그마에서 편집할 수 있는 벡터 기반 레이어 구조로 제공한다는 점이다. 이는 생성된 디자인이 단순한 그림이 아니라, 각 요소(버튼, 텍스트, 이미지 영역 등)가 분리되어 수정할 수 있는 '설계도'임을 의미한다.
- **제미나이 프로 모델과 나노 바나나 프로 기술 적용:** Pro 옵션을 사용하여 바로 HTML 웹페이지로 변환할 수 있다. 또한 만들어진 디자인을 AI Studio로 바로 전송하여 엔드투엔드 기반의 프로그램 개발까지 진행할 수 있다.

스티치 웹 샘플 레퍼런스

다음은 스티치의 샘플 중 'Homemade Pizza Cooking Elite Class' 웹 샘플 레퍼런스이다. 해당 웹 템플릿에 커서를 이동하면 상단에 단축키가 나타난다.

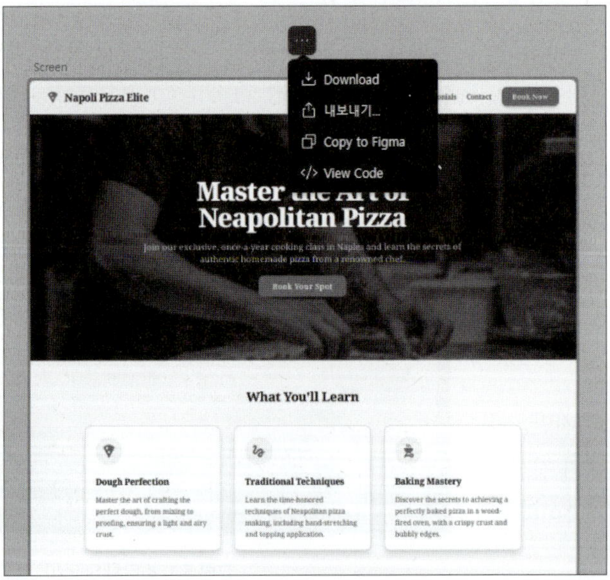

그림 5.2 템플릿 화면

템플릿을 선택하면 오른쪽 상단에 〈Code〉 버튼이 활성화된다. 단축 명령에서 〈/〉View Code를 선택하면 오른쪽 상단에 〈Code/Design〉 스위칭 버튼이 활성화된다.

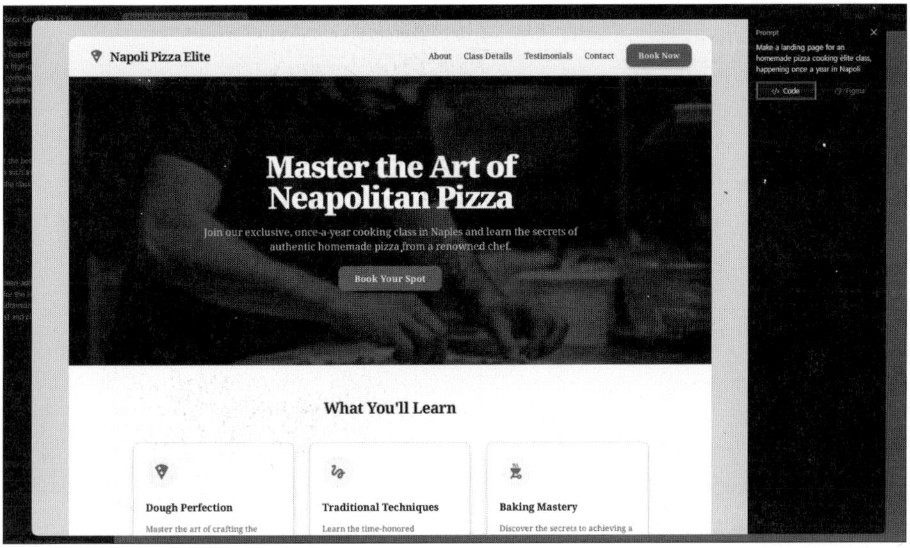

그림 5.3 템플릿 팝업 화면

〈Code〉와 〈Design〉 버튼은 상호 전환할 수 있으며, 필요한 경우 해당 코드를 바로 사용할 수 있도록 지원한다.

그림 5.4 템플릿 코드 화면

알아두세요

웹 버전은 피그마가 필요 없으며, 바로 HTML 코드로 생성하여 사용할 수 있다. 모바일 버전의 경우, 다양한 개발 방법론이 존재해 피그마를 거쳐 각 모바일 타입에 맞는 형태로 프로그램 개발을 진행해야 한다.

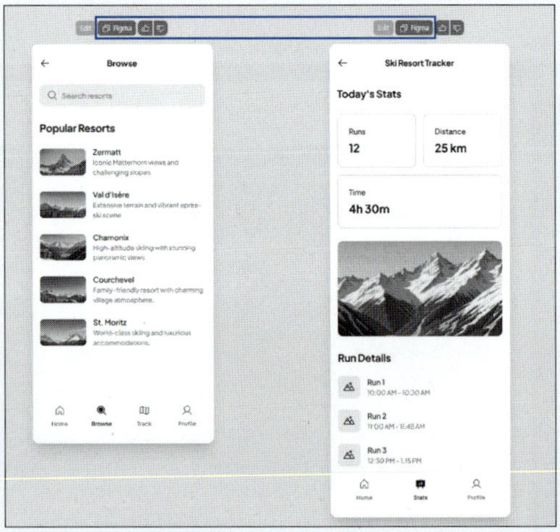

그림 5.5 모바일 템플릿

- **컴포넌트(UI) 인지:** 스티치는 버튼, 입력창, 카드 목록 등 웹 UI의 기본 구성 요소(Component)를 인지하고 생성한다. 따라서 개발자가 코드로 변환하기 훨씬 쉬운 구조를 제공한다.

스티치 인터페이스에서는 먼저 생성하려는 타입(앱/웹)을 설정해야 한다. 디자인 생성 시 Rapid/Pro/Redesign 모델을 선택해서 디자인 작업을 진행할 수 있다.

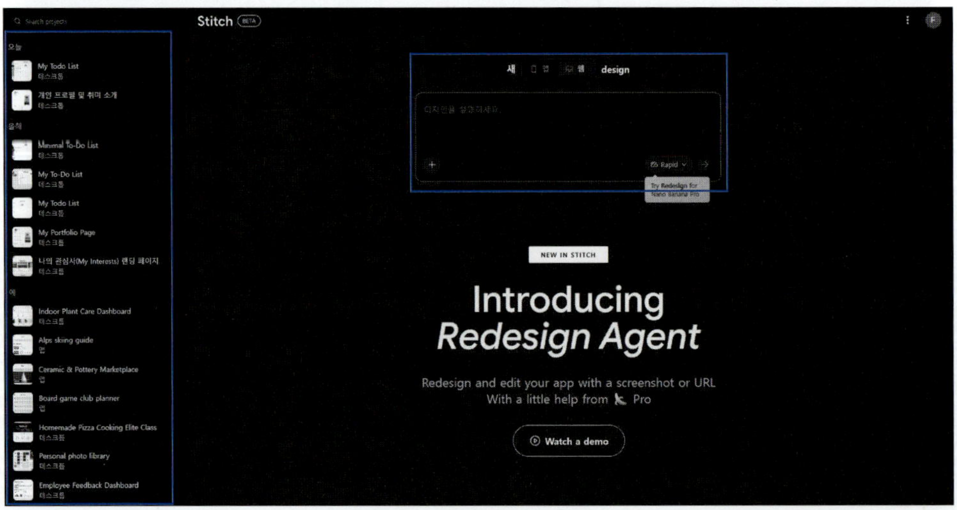

그림 5.6 스티치 작업 화면

- **Sample(왼쪽)**: 생성할 수 있는 템플릿 예제를 확인하는 영역이다. 템플릿을 클릭하면 미리 생성된 디자인 템플릿을 확인할 수 있다.
- **Work Mode(중앙)**: 프롬프트 실행 시 AI 모델을 선택하는 기능으로, 모델은 총 3개이다. Rapid는 빠른 생성이 가능하고 결과를 피그마로 전송할 수 있으며, Pro는 고품질 디자인을 생성하고 HTML로 변환한다. Redesign은 나노 바나나 모델을 사용하여 재해석된 디자인을 생성할 수 있다.
- **New Design(중앙)**: 디자인 프롬프트를 입력하고, 디자인 타입을 정의하는 작업 공간이다.

이러한 디자인 AI 도구를 활용하면 디자인 전문가가 아니더라도 아이디어를 빠르게 시각화하고, 구체적인 디자인 시안을 얻을 수 있다. 또한 디자이너와 개발자 간의 소통을 원활하게 하며, 초기 프로토타이핑에 드는 시간을 획기적으로 단축시킨다.

VIBE CODING

5.2 스티치 → 피그마 → VS 코드 워크플로의 이해

이번 프로젝트에서는 다음과 같은 효율적인 워크플로를 따라 웹 페이지를 제작한다.

❶ 아이디어와 프롬프트 구체화

- 만들고 싶은 페이지(예 개인 프로필 및 관심사 소개)의 콘셉트를 정한다.
  (예 모던하고 깔끔한 스타일, 따뜻한 색감, 사진 취미 강조)
- 페이지에 들어갈 섹션(소개, 나의 관심사, 연락처 등)과 내용을 대략적으로 구상한다.
- 아이디어를 바탕으로 스티치에 입력할 상세 프롬프트를 작성한다.

❷ 스티치로 디자인 시안 생성

- 작성한 프롬프트를 스티치에 입력하여 1차 디자인 시안을 생성한다.
- AI가 생성한 여러 시안 중 가장 마음에 드는 디자인을 선택한다.

❸ 피그마에서 디자인 수정

- 스티치에서 생성된 디자인(AI가 생성한 디자인은 완벽하지 않을 수 있음)을 피그마 파일로 변환하여 연다.
- 피그마의 편집 도구를 사용해 색상, 폰트 크기, 간격 등을 미세 조정하고, 실제 사용할 텍스트와 이미지로 교체하는 등 디자인을 최종으로 완성한다.

❹ 피그마 MCP로 코드 변환

- 지난 장에서 배운 방법대로, 피그마에서 완성된 디자인 프레임의 링크를 복사한다.
- VS 코드에서 클라인 AI와 피그마 MCP를 사용하여 해당 디자인을 HTML 및 CSS 코드로 변환한다.

❺ HTML/CSS 코드 생성 및 수정

- AI가 생성한 코드는 완벽한 '정답'이라기보다 매우 훌륭한 '초안'이다. 생성된 코드를 검토하고 HTML 구조가 시맨틱(의미론적)하게 올바른지 확인한다.

• CSS 클래스 이름 등을 더 명확하게 수정하는 작업을 거쳐 최종 코드를 완성한다.

이 워크플로는 AI의 창의적인 생성 능력과 인간의 섬세한 편집 및 검수 능력을 결합해 비전문가도 고품질 결과물을 효율적으로 만들 수 있도록 돕는다.

• **준비물**

· VS 코드, 클라인 AI(피그마 MCP 설정 완료)

· 피그마(Figma) 계정

· 스티치(웹 서비스) 계정

· 페이지에 사용할 자신의 프로필 사진, 관심사 관련 이미지 몇 장

5.3 개인 프로필 및 관심사 소개 페이지 만들기

프로젝트 기획 및 스티치 프롬프트 작성하기

❶ 프로젝트 폴더 만들기

VS 코드에서 '5_my_profile'이라는 새 프로젝트 폴더를 만들고 연다.

그림 5.7 프로젝트 생성

❷ 페이지 콘셉트 및 내용 정의하기

제작하고자 하는 MyProfile 웹 페이지의 전체 기능을 먼저 정의한다.

- ▶ **콘셉트**: 모던하고 깔끔한 스타일, 흰색 배경에 포인트 컬러는 파란색
- ▶ **섹션 구성**
  - ❶ **소개**(Hero Section): 프로필 사진, 이름, 직업/소개 문구
  - ❷ **관심사**(Interest Section): 나의 관심사(예 사진, 여행)를 설명하는 카드 3개
  - ❸ **연락처**(Contact Section): 이메일 주소와 소셜 미디어 링크 아이콘

알아두세요

프로그램을 개발하기에 앞서 기능 정의는 매우 중요한 단계다. AI 이전 시대에는 개발 도중 기능을 다시 정의해야 하는 일이 종종 발생하곤 했다. 이로 인해 일정이 지연되거나 혼선이 생기는 등 웃지 못할 에피소드들이 많았다. 하지만 이제는 그런 일이 점점 과거의 이야기로 바뀌고 있다. AI의 기동성과 지원 능력 덕분에 개발자는 기능 정의와 설계에 더 많은 시간과 집중을 할애할 수 있는 환경을 갖추게 되었다.
무엇을 만들 것인가? 항상 깊이 있게 고민하고 명확한 목표를 세우는 습관을 들이자. 이것이 성공적인 개발의 첫 걸음이 될 것이다.

❸ 스티치 프롬프트 작성하기

프롬프트는 영문과 한글 모두 사용할 수 있다. 이번에는 앞서 정의한 내용을 바탕으로 먼저 영문으로 프롬프트를 작성하고, 이후 한글로도 비교해 보자.

영문 A personal profile and hobby introduction webpage.
Theme: modern and clean, with a white background and blue as the accent color.

Layout structure:

1. A header section with my profile picture on the left, and my name "MinSoo" and my title "I'M A WEB DESIGNER" on the right. The profile picture should be circular.
2. Below the header, a section titled "My Interests" with three cards arranged horizontally. Each card should have an image, a title (e.g., "Photography", "Traveling", "Reading"), and a short description.
3. A footer section at the bottom with the title "Contact Me" and my email "testerme@naver.com". Also include icons for Instagram and Twitter.

한글 개인 프로필과 취미 소개 웹페이지입니다.
테마: 모던하고 깔끔한 디자인, 흰색 배경에 파란색을 포인트 컬러로 사용합니다.

레이아웃 구조:

1. 헤더 영역: 왼쪽에는 원형 프로필 사진을, 오른쪽에는 이름 “민수(MinSoo)”와 타이틀 “I'M A WEB DESIGNER”를 배치합니다.
2. 헤더 아래에는 “나의 관심사(My Interests)”라는 제목의 섹션을 만들고, 3개의 카드를 가로로 나열합니다. 각 카드에는 이미지, 제목(예: 사진 촬영, 여행, 독서), 그리고 간단한 설명이 들어갑니다.
3. 페이지 하단 푸터 영역: “연락처(Contact Me)”라는 제목과 함께 이메일 주소 “testerme@naver.com”를 표시합니다. 인스타그램과 트위터 아이콘도 포함합니다.

스티치로 디자인 시안 생성하기

❶ 스티치 사이트(stitch.withgoogle.com)에 접속해 로그인하고 새 프로젝트를 시작한다.

[웹(Web)]을 선택하고 작성한 프롬프트를 입력창에 붙여 넣는다. 〈디자인 생성(Generate designs)〉 버튼을 클릭해 디자인 시안을 생성한다.

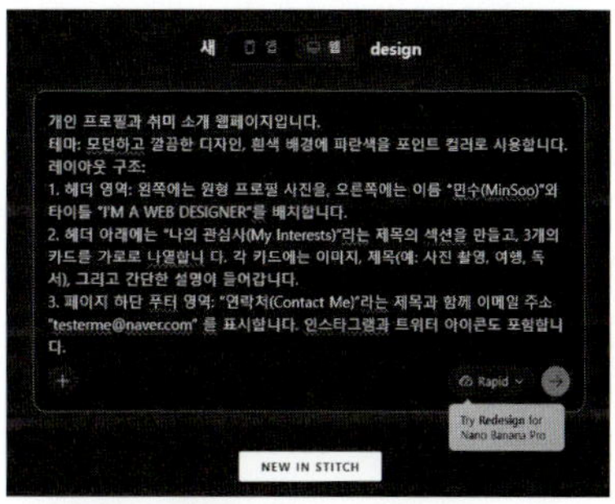

그림 5.8 스티치 프롬프트

알아두세요

프롬프트 생성에는 Rapid(제미나이 플래시)와 Pro 모드(제미나이 프로) 두 가지가 있다. 현재는 Rapid 모드를 사용하며, 피그마(Figma)로 데이터를 내보낼 수 있다. 최근 추가된 Redesign 모드는 템플릿 스크린샷을 재해석해 HTML 코드로 생성하는 기능을 제공한다.

❷ 생성된 시안 상단의 팝업 메뉴에서 [Figma]를 선택하여 시안 데이터를 내보낸다. 다음과 같은 팝업 메시지가 나타난다.

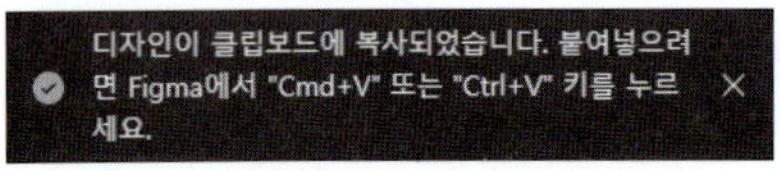

그림 5.9 템플릿 복사 팝업 메시지

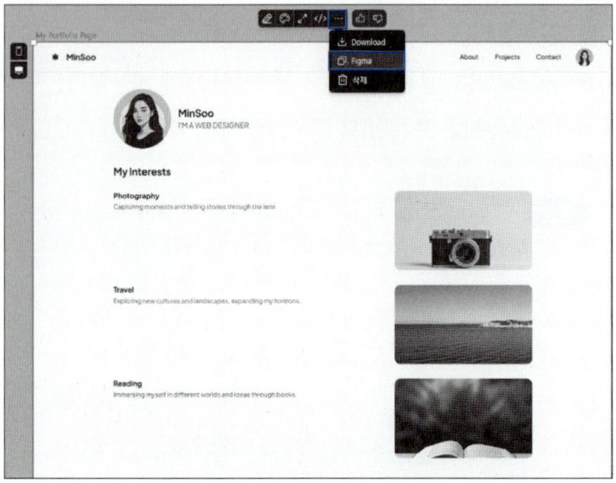

그림 5.10 생성된 템플릿

> 💡 **알아두세요**
>
> 스티치는 구글 랩스의 생성형 디자인 AI 서비스다. 단순히 이미지를 생성하는 것이 아닌, 프롬프트에 기반하여 이미지 코드를 생성하는 서비스다. 스티치는 직접 이미지 기반의 HTML을 만들 수 있고, 피그마 코드로도 생성할 수 있다. 피그마 코드는 필요에 따라 앱/웹/데스크톱 응용 프로그램 등 다양한 도메인으로 확장할 수 있다는 의미다. 아직은 실험적 형태라 프롬프트가 완벽하지 않을 수도 있지만, 원하는 스타일이 나오지 않는다면 프롬프트를 더 구체적으로 설명하여 편집 생성 작업을 시도해 보자.
>
> ※ 참고: https://developers.googleblog.com/ko/stitch-a-new-way-to-design-uis/

피그마에서 디자인 시안 다듬기

❶ 피그마를 실행한 후 상단의 〈디자인(Design)〉 버튼을 클릭한다.

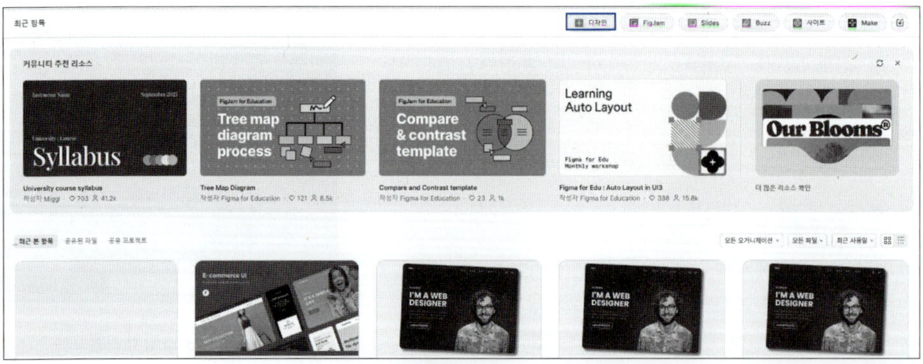

그림 5.11 피그마 디자인 제작

작업 영역에 스티치에서 복사한 템플릿 데이터를 붙여 넣는다. 가져온 디자인 파일을 열어 각 요소를 확인하고 수정한다.

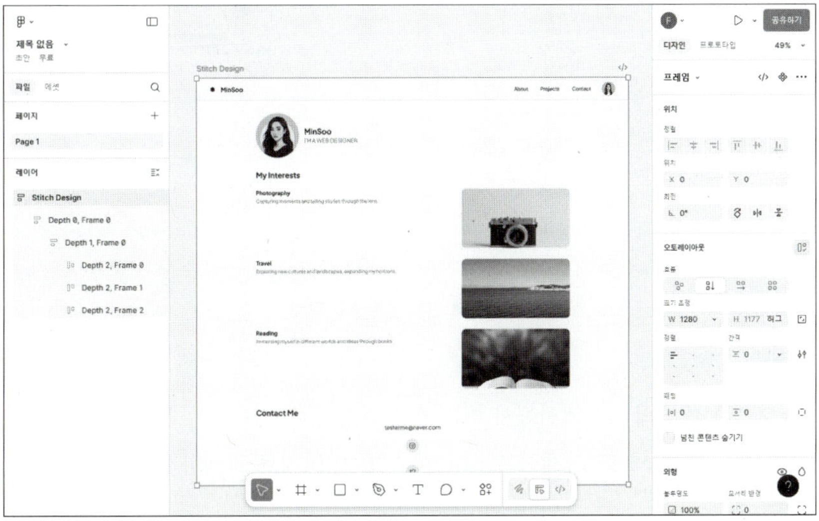

그림 5.12 피그마 불러오기

❷ 이미지 교체하기

스티치에서 생성된 이미지를 교체하고 피그마로 불러와 수정하는 작업을 진행하자. 스티치에서 "남자 사진으로 다시 만들어줘."라고 프롬프트를 요청하고, 해당 템플릿을 복제해 피그마 디자인에 붙여 넣기(Ctrl+V)한다. 템플릿에서 다시 이미지만 복사하고, 프로필 사진과 관심사 카드의 이미지 플레이스홀더를 선택한 후, 준비한 실제 이미지로 교체한다.

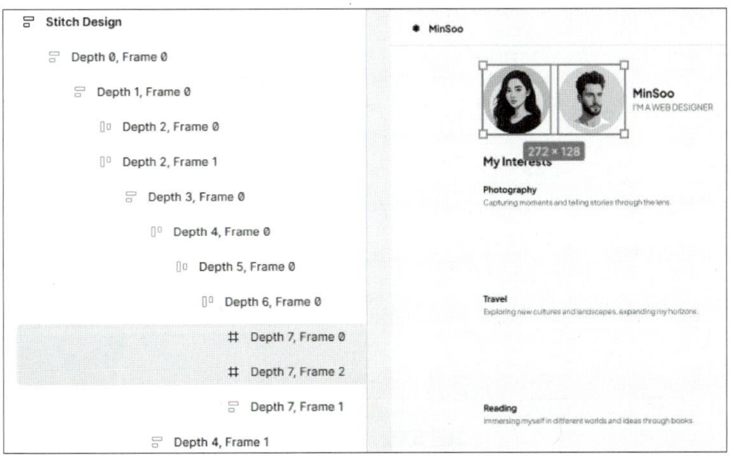

그림 5.13 템플릿 레이어 선택

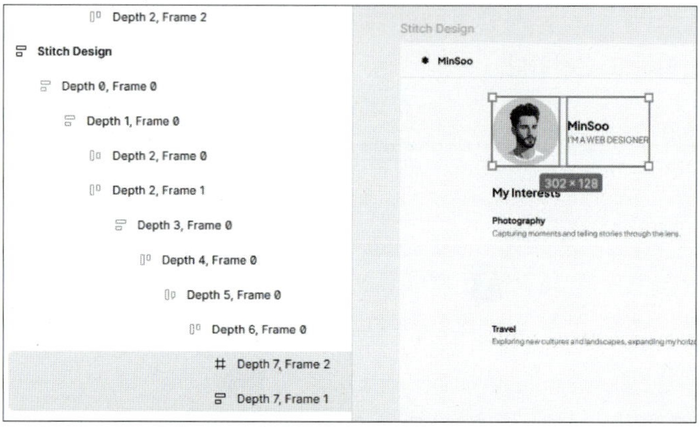

그림 5.14 선택 컴포넌트 교체

피그마 오른쪽 패널의 Fill 섹션에서 이미지를 변경할 수 있다. 피그마에서 해당 요소를 더블클릭한 후 Delete를 눌러 삭제하고, 준비한 다른 이미지로 교체하자.

그림 5.15 교체 후 화면

❸ 텍스트 수정하기

이름, 직업, 관심사, 제목 및 설명 등 모든 텍스트를 자신의 정보에 맞게 수정한다.

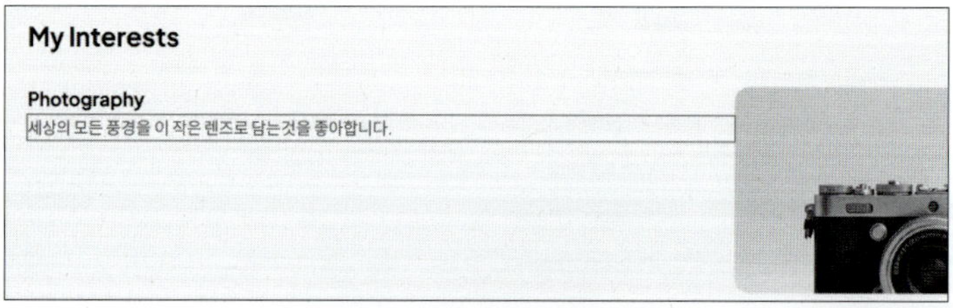

그림 5.16 레이아웃 수정

❹ 미세 조정하기

폰트 크기, 자간, 요소 간 간격(Margin/Padding), 색상 등을 원하는 대로 미세하게 조정해 디자인의 완성도를 높인다. 모든 개체를 선택한 후, 오른쪽 Appearance 패널의 채우기(Fill) 옵션을 설정하여 배경색을 변경했다.

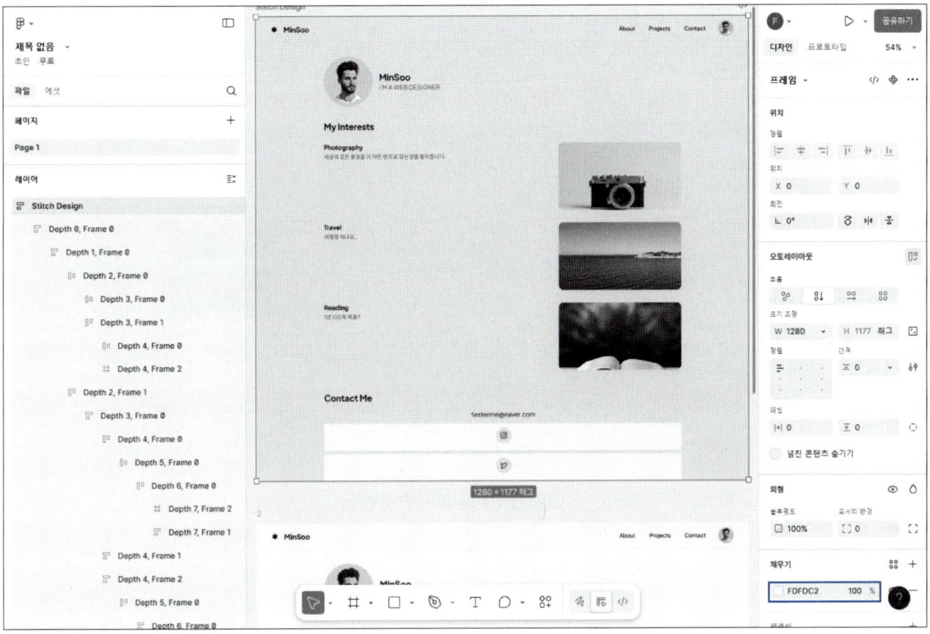

그림 5.17 배경색 설정

❺ 레이어 정리하기(선택)

왼쪽 레이어(Layers) 패널에서 각 섹션(Hero, Interests, Contact)을 나타내는 그룹이나 프레임 이름을 명확하게 변경하면 디자인 작업 관리에 도움이 된다.

(예 Hero Section, Interest Card 1)

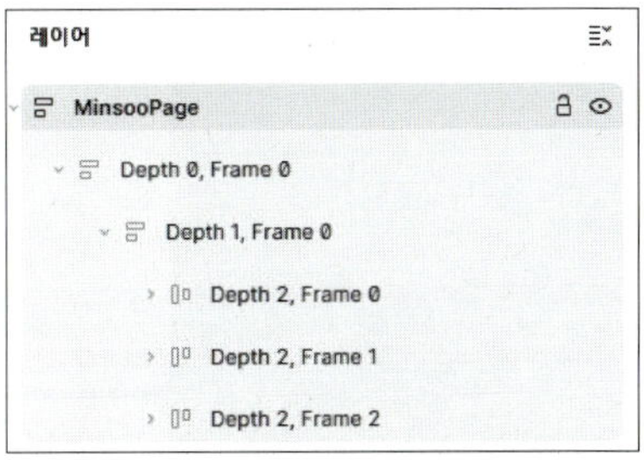

그림 5.18 레이어 정리(그룹명 변경)

피그마 MCP를 활용하여 VS 코드로 코드 변환하기

디자인 수정 작업이 완료되면 코드를 적용하여 최종 결과물을 완성해 보자.

❶ 피그마에서 최종 완성된 전체 페이지 디자인 프레임을 선택한다.

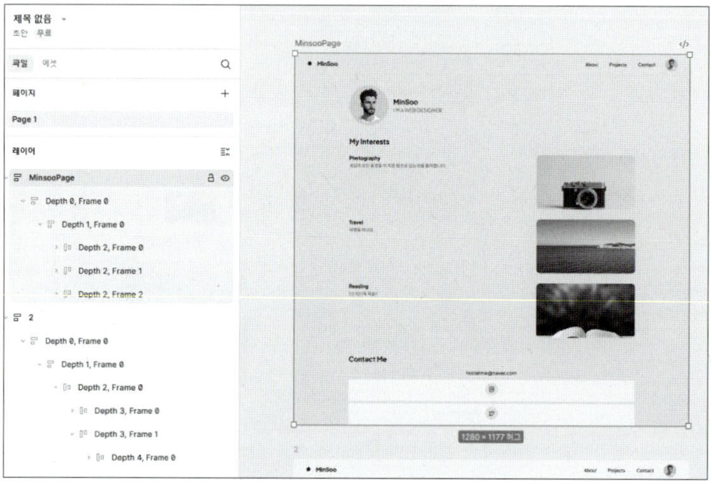

그림 5.19 레이어 전체 선택

❷ 프레임이 선택된 상태에서 오른쪽 상단의 〈공유하기(Share)〉 버튼을 클릭하고, 팝업 창의 '링크 복사(Copy link)'를 클릭하여 링크를 복사한다.

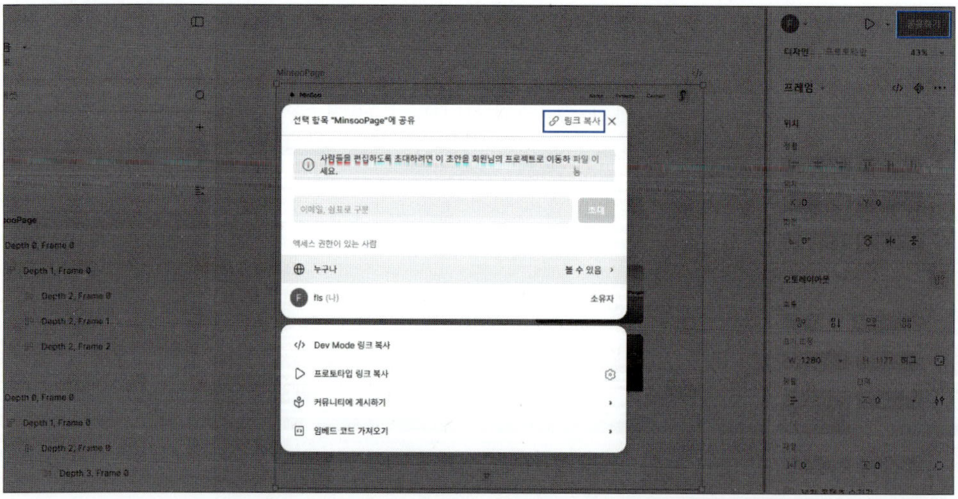

그림 5.20 피그마 주소 복사

❸ VS 코드의 클라인 AI 채팅창을 연 후, 다음과 같이 피그마 MCP를 활용하는 프롬프트를 입력하고 실행한다.

프롬프트

<task>
1. 아래 피그마 링크의 디자인을 기반으로 5_my_profile 폴더에 웹 페이지를 생성해줘.
2. 파일은 index.html, style.css, script.js 세 개로 구성해줘. (지금은 script.js가 비어있어도 괜찮다.)
3. 피그마 디자인 이미지들은 'images' 폴더를 만들어서 그 안에 저장해줘.
4. 생성된 코드는 가독성이 좋도록 클래스 이름을 의미 있게 만들어주고, 적절한 주석을 달아줘.

피그마 링크: [https://www.figma.com/design/BBFjK/Untitled?node-id=1-3&t=aP-1]
</task>

알아두세요

이때 피그마 링크는 복제한 주소를 입력한다.

그림 5.21 Plan 모드에서 프롬프트 실행

❹ 클라인 AI가 피그마 MCP 서버를 통해 피그마 파일에 접근해 분석한 후, HTML/CSS 코드와 이미지 파일을 생성하는 과정을 지켜본다. 필요할 경우 중간에 파일 생성 및 수정 권한을 승인(Approve)한다.

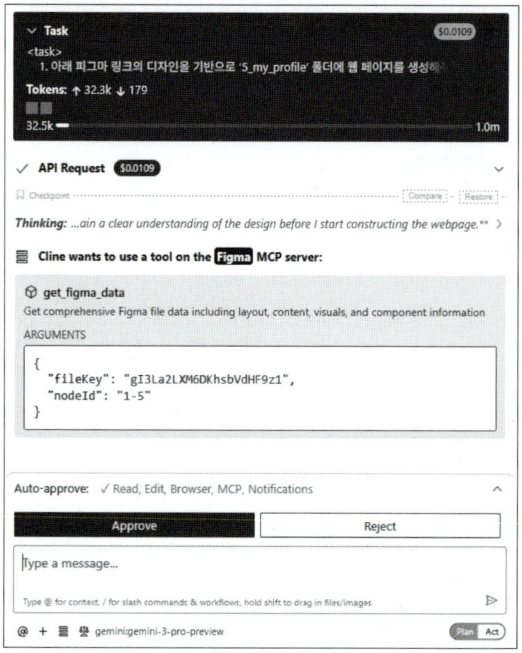

그림 5.22 프롬프트 실행

❺ 클라인이 Plan 모드에서 피그마 MCP가 피그마에 접속하기 위한 권한 승인을 얻는 과정이다. 모든 과정을 자동으로 설정할 수 있지만, 단계별 진행 상황을 확인하며 직접 승인하는 훈련이 필요하다.

클라인 분석이 완료되면 리포트를 확인할 수 있으며, "Act"를 입력하거나 하단의 〔Plan〕 탭 옆에 있는 〔Act〕 탭을 선택하여 작업을 시작할 수 있다.

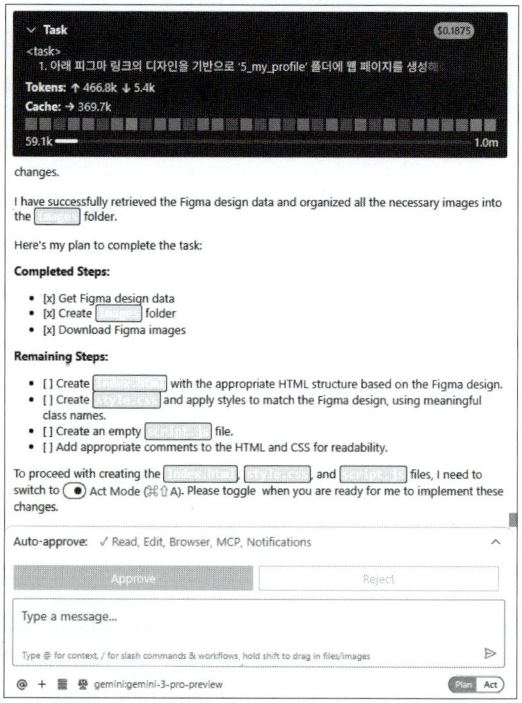

그림 5.23 명령 실행

HTML/CSS 코드 적용 및 최종 완성하기

❶ 클라인 AI의 작업이 완료되면, VS 코드 탐색기에서 index.html, style.css, script.js 파일과 images 폴더가 생성된 것을 확인할 수 있다.

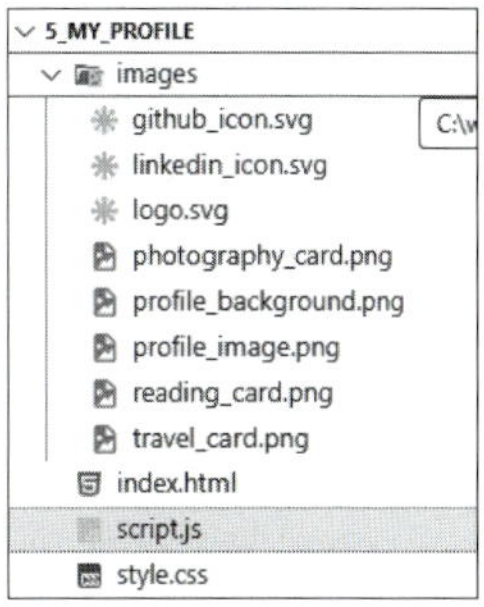

그림 5.24 생성 파일 확인

❷ 프로젝트에 사용된 토큰 수를 잠시 확인해 보자. 세부적으로는 차이가 있을 수 있지만, 큰 틀에서 보면 대략 다음과 같다.

입력 토큰(input): 792,100토큰(Maximum Context Window Size 표시)
출력 토큰(output): 91,000토큰
구글 정책 기준으로 생성에 사용된 토큰 수를 계산한 비용은 약 0.2950(한화 약 409.02원) 정도이다.
*think 모드를 사용하면 클라인은 내부적으로 소모되는 입력 토큰을 더 만들게 된다.
무료 사용 정책은 80만 이상의 토큰이 사용 시 한도 초과되어 API 통신이 해당 Task에선 정지될 수 있다. 이때 새로운 Task를 열고 다시 새롭게 시작해야 하는 것을 유념하자.

프롬프트를 적절하게 이용하면 무료 정책으로 최대한 구현할 수 있다.

알아두세요

구글은 정책상 입력값 100만 토큰(책 8~10권 분량)을 처리할 수 있지만, 클로드는 작업 과정 중 유효 한도에 따라 New Task로 작업을 이어갈 것을 요청하기도 한다. 그때는 이전 작업을 요약하고 다시 진행하자. 모델의 토큰 사용량과 요금 정책은 변동될 수 있으므로 선택 전마다 확인하는 습관을 들이자.

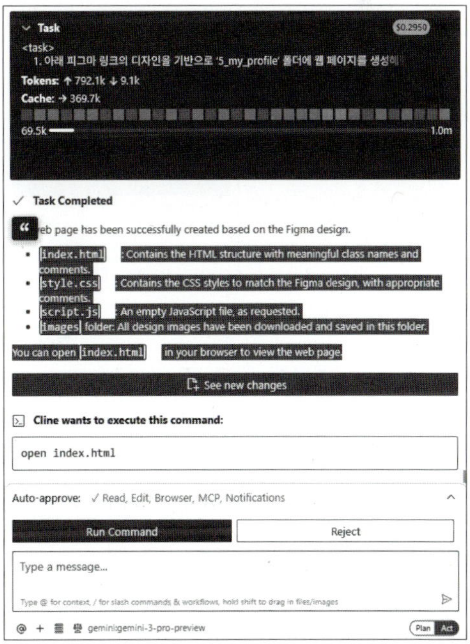

그림 5.25 최종 완료 확인

작업이 완료된 후 결과 화면에서는 수행한 작업 내용과 리포팅 내역을 확인할 수 있으며, 생성된 파일들의 역할도 함께 살펴볼 수 있다.

❸ 코드 검토 및 수정하기

- **index.html**: AI가 생성한 HTML 구조를 검토한다. 각 섹션이 〈div〉나 〈section〉 태그로 잘 구분되어 있는지, 제목 태그(〈h1〉, 〈h2〉 등)가 적절히 사용되었는지 확인한다. 또한 이미지 태그의 src 경로가 './images/이미지파일이름' 형태로 올바르게 설정되었는지 점검하고, alt 속성에 적절한 대체 텍스트가 추가되었는지도 살펴본다.
- **style.css**: 생성된 CSS 코드를 검토한다. 클래스 이름이 '.card', '.profile-picture' 등 의미 있게 지어졌는지 확인하고, 필요 시 클래스 이름을 더 명확하게 수정하며 HTML 파일에도 동일하게 반영한다. AI가 놓친 세밀한 디자인 요소(예 버튼의 hover 효과)가 있다면 직접 추가한다.

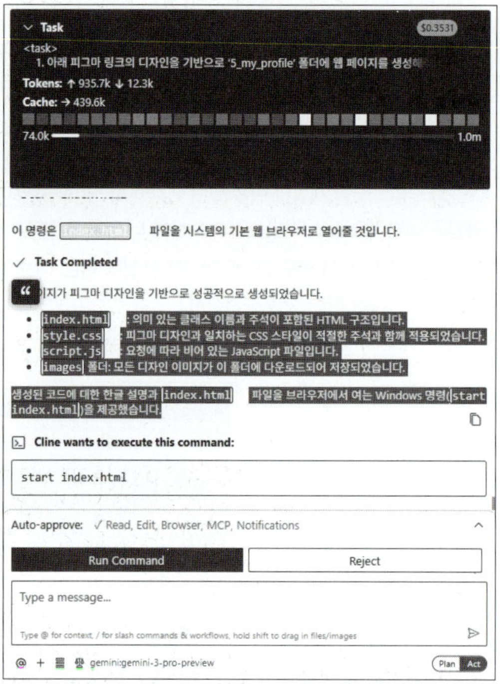

그림 5.26 결과 실행

❹ 결과 확인하기

index.html 파일에서 마우스 오른쪽 버튼을 클릭한 후 [Open with Live Server] 메뉴를 선택하여 웹 브라우저에서 최종 결과물을 확인한다. 피그마에서 디자인한 것과 거의 동일한 웹 페이지가 나타나는지 점검하고, 차이가 있다면 CSS를 수정하여 완벽하게 일치시킨다.

실행 방법은 운영체제에 따라 다음 두 가지 명령으로 구분된다.

- **윈도우:** start 5_my_profile/index.html
- **맥OS:** open 5_my_profile/index.html

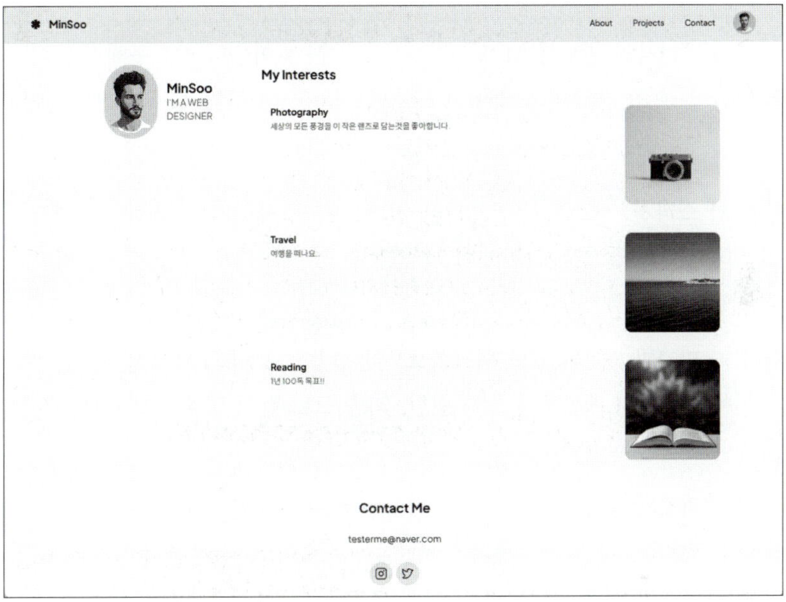

그림 5.27 실행 화면

결과 발표 및 코드/디자인 리뷰

❶ 완성된 '개인 프로필 및 관심사 소개' 웹 페이지를 발표한다.

❷ 발표 내용

- 어떤 콘셉트로 디자인을 기획했는가?
- 스티치에 어떤 프롬프트를 사용했으며, 그 결과는 어떠했는가?
- 피그마에서 어떤 부분을 중점적으로 수정했는가?
- AI가 생성한 코드에서 어떤 부분을 수정하거나 개선했는가?
- 프로젝트를 진행하며 느낀 점이나 어려웠던 점은 무엇인가?

❸ 동료들의 프로젝트를 살펴보며, 코드의 장점과 개선할 부분, 디자인에서 인상 깊었던 점 등에 대해 건설적인 피드백을 주고받는다.

5.4 학습 정리 및 연습문제

학습 정리

이번 장에서는 디자인 생성형 AI인 스티치를 활용하여 아이디어를 구체적인 디자인 시안으로 만들고, 이를 피그마와 바이브 코딩(VS 코드+클라인 AI+MCP)을 통해 실제 웹 페이지로 구현하는 혁신적인 워크플로를 경험했다.

- **디자인 AI 스티치:** 텍스트 프롬프트를 기반으로 웹 페이지 전체 레이아웃과 디자인을 생성하며, 결과물을 피그마에서 편집할 수 있는 형태로 제공하는 강력한 도구임을 학습했다.
- **스티치 → 피그마 → VS 코드 워크플로:** 아이디어 구체화, AI 시안 생성, 피그마에서의 미세 조정, MCP를 통한 코드 변환, 최종 코드 검수 및 완성으로 이어지는 체계적인 개발 과정을 실습했다.
- **AI 생성 결과물의 활용:** AI가 생성한 디자인과 코드는 완벽한 최종 결과물이 아니라 생산성을 극대화하기 위한 '훌륭한 초안'임을 이해하고, 사용자의 검토와 수정을 통해 완성도를 높여야 함을 배웠다.
- **정적 페이지 프로젝트:** 학습한 기술을 총동원해 '개인 프로필 및 관심사 소개'라는 주제로 첫 번째 미니 프로젝트를 성공적으로 완성했다.

연습문제

01 다른 콘셉트의 페이지 제작하기

- 학습한 워크플로를 동일하게 적용하여 '나의 가장 좋아하는 영화/책 리뷰 페이지'를 만들어보자.
- 스티치에 "A book review website page. Dark theme. Show the book cover image on the left, and the title, author, my star rating, and a summary text on the right."와 같은 새로운 프롬프트를 입력하여 시안을 생성하고, 피그마와 코드로 완성해 보자.

02 컴포넌트 단위 생성 및 조합하기

- 페이지 전체가 아닌 특정 '컴포넌트'만 스티치로 생성하여 기존 프로젝트에 추가해 보자.
- 예를 들어, "A stylish 'Contact Me' form with fields for Name, Email, and Message, and a 'Send' button"이라는 프롬프트로 연락처 폼 디자인을 생성한다.

- 생성된 폼 디자인을 피그마 MCP로 코드 변환한 뒤, 해당 HTML/CSS 코드 블록만 복사하여 앞서 만든 '개인 프로필' 페이지의 연락처 섹션에 붙여 넣자.

03 **간단한 반응형 디자인 고려하기**

- AI가 생성한 style.css 코드는 대부분 데스크톱 화면 기준이다. 브라우저 창 너비가 줄어들 때 레이아웃이 깨지지 않도록 간단한 반응형 스타일을 추가해 보자.
- 예를 들어, '관심사' 섹션의 카드들이 가로로 3개 나열되어 있다면, 화면 너비가 768px 이하로 줄어들 때 카드들이 세로로 쌓이도록 CSS를 수정해 보자.
- 힌트: @media (max-width: 768px) { ... } 미디어 쿼리를 활용한다.

04 **프롬프트 엔지니어링 실험하기**

- 스티치에 다양한 스타일 키워드를 추가해 프롬프트를 변형하며 AI가 얼마나 다른 디자인 결과물을 생성하는지 실험해 보자.
- 기본 프롬프트에 다음과 같은 키워드를 추가하거나 변경하며 결과를 비교한다.
  - style: cyberpunk, neon lights, futuristic
  - style: eco-friendly, green and brown colors, natural textures
  - style: 90s retro, pixel art icons, bold and blocky fonts

6 장

웹 페이지 인터랙션 기초 (자바스크립트와 DOM 조작)

학 습 목 표

1. 자바스크립트(JavaScript)의 역할과 중요성을 이해한다. 왜 정적인 HTML/CSS 페이지에 자바스크립트가 필요한지, 웹 페이지를 '동적'으로 만든다는 것이 무엇을 의미하는지 파악한다.
2. 자바스크립트 기본 문법을 맛본다. 변수 선언(let, const), 데이터 타입(문자열, 숫자), 함수 정의 및 호출 등 기초 개념을 학습한다.
3. DOM(Document Object Model)의 개념을 이해한다. 자바스크립트가 HTML 문서를 객체(Object) 구조로 바라보는 방식과 이것이 왜 중요한지 알아본다.
4. 기본 DOM 조작 방법을 익힌다.
5. 실습 프로젝트를 통해 배운 내용을 종합적으로 적용한다. 버튼 클릭 시 메시지를 출력하고, 다른 요소의 내용을 변경하며, 특정 요소를 보이거나 숨기는 간단한 인터랙티브 기능을 구현한다.

6.1 자바스크립트: 웹 페이지에 생명을 불어넣는 언어

지금까지 만든 웹 페이지는 멋진 구조(HTML)와 아름다운 디자인(CSS)을 갖추고 있지만, 마치 잘 만들어진 마네킹과 같다. 스스로 움직이거나 사용자 행동에 반응하지 못하는 정적인(Static) 상태이기 때문이다.

자바스크립트(JavaScript)는 바로 이 정적인 웹 페이지에 생명을 불어넣어 동적인(Dynamic) 웹 페이지로 만들어주는 스크립트 프로그래밍 언어다.

자바스크립트는 1995년 브렌던 아이크(Brendan Eich)가 넷스케이프(Netscape)에서 개발한 언어다. 처음에는 자바(Java)를 보조하는 사이드킥 스크립팅 언어로 설계되었으며, 초기에는 '모카(Mocha)'라는 이름으로 시작해 '라이브스크립트(LiveScript)'를 거쳐 최종 '자바스크립트'라는 이름을 갖게 되었다.

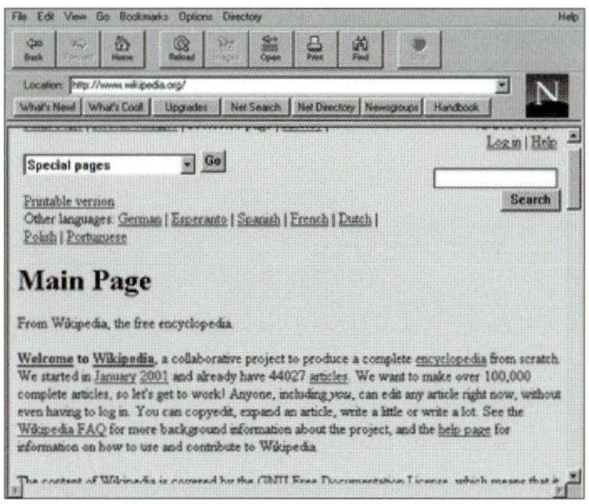

그림 6.1 넷스케이프

자바스크립트가 할 수 있는 일

- **사용자 행동에 반응하기:** 버튼 클릭, 마우스 오버, 키보드 입력 등 다양한 사용자 행동에 반응하여 특정 동작을 수행한다.

- **HTML 콘텐츠 변경하기**: 페이지의 텍스트, 이미지, 속성 등을 실시간으로 추가, 삭제, 변경할 수 있다.
- **CSS 스타일 변경하기**: 특정 요소의 색상, 크기, 위치, 보이기/숨기기 등 스타일을 동적으로 제어할 수 있다.
- **데이터와 통신하기**: 서버로부터 데이터를 받아 화면에 표시하거나, 사용자가 입력한 데이터를 서버로 전송할 수 있다. (이 부분은 후반부에 자세히 다룬다.)
- **타이머와 애니메이션 만들기**: 정해진 시간 후에 코드를 실행하거나, 부드러운 애니메이션 효과를 만들 수 있다.

결론적으로 웹 페이지에서 '무언가 일어나는' 거의 모든 동작은 자바스크립트가 담당한다고 생각하면 된다.

자바스크립트 기본 문법

본격적인 DOM 조작에 들어가기 전에, 자바스크립트의 기본 문법 몇 가지를 간단히 살펴보자.

- **변수(Variable)**: 데이터를 저장하는 상자 역할을 한다. let 또는 const 키워드로 선언한다.
  - let myName = "홍길동"; // 값이 변할 수 있는 변수
  - const PI = 3.14; // 값이 변하지 않는 상수
- **데이터 타입(Data Type)**
  - **문자열(String)**: 따옴표(" 또는 ')로 감싼 텍스트(예 "안녕하세요")
  - **숫자(Number)**: 정수 또는 실수(예 100, 3.14)
  - **불리언(Boolean)**: 참(true) 또는 거짓(false)을 나타내는 값
- **함수(Function)**: 특정 작업을 수행하는 코드 블록으로, 필요할 때마다 재사용할 수 있다.
  - **함수 정의 예**: function sayHello() { console.log("안녕하세요!"); }
  - **함수 호출 예**: sayHello();
  - **console.log()**: 괄호 안의 내용을 브라우저 개발자 도구의 콘솔에 출력하는 함수로, 코드 실행 중간 결과나 오류 확인 시 매우 유용하다.

이 기본기를 바탕으로 본격적인 DOM 조작을 시작해 보자.

6.2 DOM: 자바스크립트의 눈으로 바라본 HTML 문서

웹 브라우저가 index.html 파일을 읽어들일 때, 단순히 텍스트로 처리하는 것이 아니라 문서의 모든 요소를 객체(Object) 형태의 나무 구조(Tree Structure)로 변환하여 메모리에 올린다. 이 구조를 DOM(Document Object Model)이라고 부른다.

DOM은 웹 페이지를 구조화한 표현으로, HTML 문서를 트리 형태의 객체 모델로 나타낸 것이다. 자바스크립트는 이 DOM을 통해 HTML 요소에 접근하고 조작할 수 있는 인터페이스를 제공받는다.

- **Document**: 전체 HTML 문서를 나타내는 최상위 객체로, DOM 트리의 뿌리(root)에 해당한다.
- **Element Nodes**: 〈html〉, 〈body〉, 〈h1〉, 〈p〉 등 모든 HTML 태그가 각각 객체(노드)로 표현된다.
- **Text Nodes**: "안녕하세요"와 같이 태그 사이에 있는 텍스트도 별도의 객체(노드)로 존재한다.
- **부모-자식 관계**: DOM 트리에서 바로 위에 있는 노드를 부모(parent), 바로 아래 노드를 자식(child)라 부르며, 이들 간에 계층적 관계를 형성한다.

이처럼 DOM은 웹 페이지를 구조화하고, 자바스크립트가 동적으로 페이지를 조작할 수 있도록 하는 핵심 개념이다.

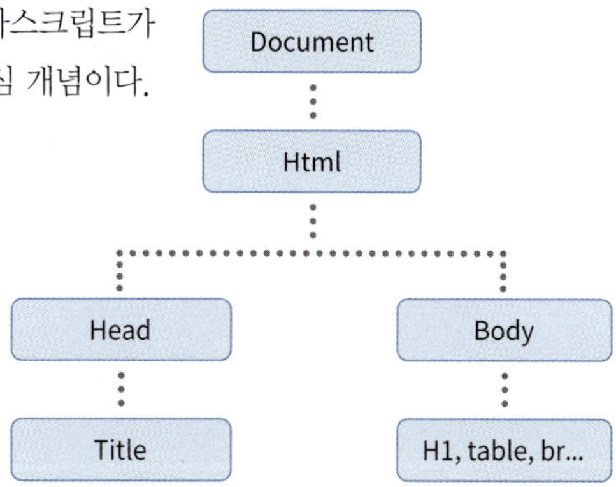

그림 6.2 DOM 구조

왜 DOM이 중요한가?

DOM 조작은 현대 웹 개발에서 매우 중요한 역할을 한다.

❶ **동적 콘텐츠 생성:** 사용자의 상호 작용에 따라 페이지 내용을 실시간으로 변경한다.

❷ **이벤트 처리:** 클릭, 스크롤, 키보드 입력 등 다양한 사용자 행동에 반응한다.

❸ **스타일 변경:** CSS 속성을 동적으로 수정해 시각적 효과를 구현한다.

❹ **폼 유효성 검사:** 사용자 입력 데이터의 유효성을 실시간으로 확인한다.

자바스크립트는 이 DOM 구조를 통해 HTML 문서 내 모든 요소에 접근하고 제어할 수 있다. 예를 들어, "문서(Document)에서 id가 'welcome-message'인 요소를 찾아 그 안의 텍스트를 '환영합니다!'로 바꿔라."와 같은 명령을 내릴 수 있다. 즉, DOM은 자바스크립트와 HTML 사이를 연결하는 다리 역할을 한다.

바이브 코딩을 활용한 기본 DOM 조작

바이브 코딩(VS 코드+클라인 AI) 환경은 이러한 DOM 조작 코드를 더 쉽게 작성할 수 있도록 도와준다.

❶ 요소 선택하기(Finding an Element)

- 자바스크립트가 특정 HTML 요소를 조작하려면 먼저 그 요소를 찾아야 한다. 가장 보편적으로 사용되는 방법은 'document.querySelector()'이다.
- querySelector는 CSS 선택자 문법을 그대로 사용하여 요소를 찾는다.

예시

```
const titleElement = document.querySelector('h1');  // 첫 번째 <h1> 태그를 찾는다.
const loginButton = document.querySelector('.login-btn');  // class가 login-btn인 요소를 찾는다.
const mainImage = document.querySelector('#main-img');  // id가 main-img인 요소를 찾는다.
```

❷ 이벤트 처리하기(Handling Events)

• 사용자의 행동(이벤트)을 감지하고, 그에 맞게 반응하도록 '이벤트 리스너(Event Listener)'를 추가해야 한다. 이를 위해 addEventListener() 메서드를 사용한다.

문법

```
요소.addEventListener('이벤트종류', 실행할함수);
```

예시

```
loginButton.addEventListener('click', function() {
alert('로그인 버튼이 클릭되었습니다!');
});
```

• 위 코드는 loginButton 요소에서 'click' 이벤트가 발생하면 지정된 함수를 실행하라는 의미이다.

❸ 내용 및 스타일 변경하기(Changing Content & Style)

• **textContent:** 요소 안의 텍스트 내용을 가져오거나 변경할 수 있다.

```
titleElement.textContent = '새로운 제목입니다!';
```

• **style 속성:** 요소의 CSS 스타일을 직접 변경한다. CSS 속성 이름에서 하이픈(-)은 빼고, 다음 글자를 대문자로 바꾸는 카멜케이스(CamelCase) 표기법을 사용한다.
(예 background-color → backgroundColor)

```
titleElement.style.color = 'blue';
titleElement.style.fontSize = '24px';
titleElement.style.display = 'none';   // 요소 숨기기
titleElement.style.display = 'block';  // 요소 다시 보이기
```

이처럼 바이브 코딩 환경에서 제공하는 편리한 도구를 활용하면 DOM 조작이 훨씬 더 수월해진다.

6.3 VS 코드 + 클라인 AI 활용: 프롬프트 중심 접근 프롬프트 요청

VIBE CODING

5장에서 만든 '개인 프로필 페이지'에 자바스크립트를 추가하여 간단한 인터랙션을 구현해 보자. 이 과정에서는 코드를 직접 수정하는 대신, 모든 작업을 클라인 AI에게 프롬프트로 지시하여 처리하는 바이브 코딩 방식을 체험하게 된다.

프로젝트 초기 설정하기

먼저 자바스크립트 코드를 담을 파일을 생성하고 이를 기존 HTML 문서에 연결하는 작업을 클라인 AI에게 지시한다.

❶ 5장에서 완성한 5_my_profile 프로젝트 폴더를 복제한다.

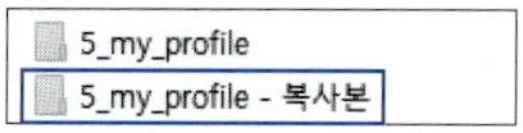

그림 6.3 프로젝트 설정

❷ 복제된 폴더 이름을 '6_my_profile_js'로 변경한다.

그림 6.4 프로젝트 이름 변경

❸ 6_my_profile_js 폴더를 VS 코드로 연 후, 클라인 AI 채팅창을 열고 다음과 같이 프롬프트를 입력한다.

> **프롬프트** CLINE, 6_my_profile_js 프로젝트에 자바스크립트 기능을 추가하고 싶어. 다음 두 가지 작업을 순서대로 진행해 줘.
> 1. 프로젝트 최상위 위치에 'script.js'라는 이름의 비어있는 새 파일 없다면, 만들어줘.
> 2. 'index.html' 파일을 수정해서, 방금 만든 'script.js' 파일을 연결해 줘. script 태그는 </body> 태그 바로 위에 위치해야 해.

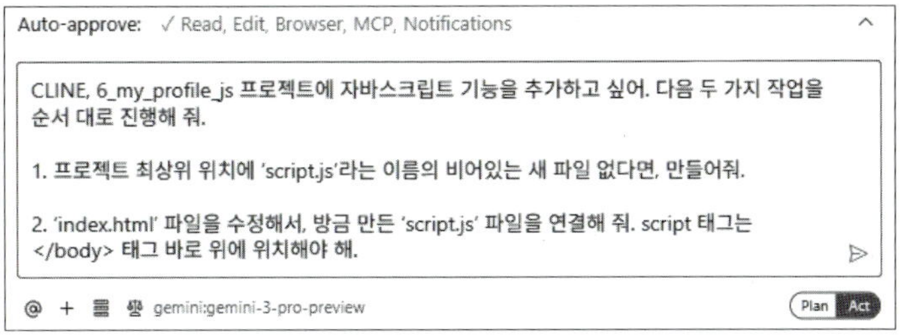

그림 6.5 프롬프트 입력

❹ 클라인 AI가 작업을 완료하면 VS 코드 탐색기에서 script.js 파일이 생성되었는지, index.html 파일의 〈body〉 태그 끝부분에 〈script src="script.js"〉〈/script〉 코드가 추가되었는지 확인한다.

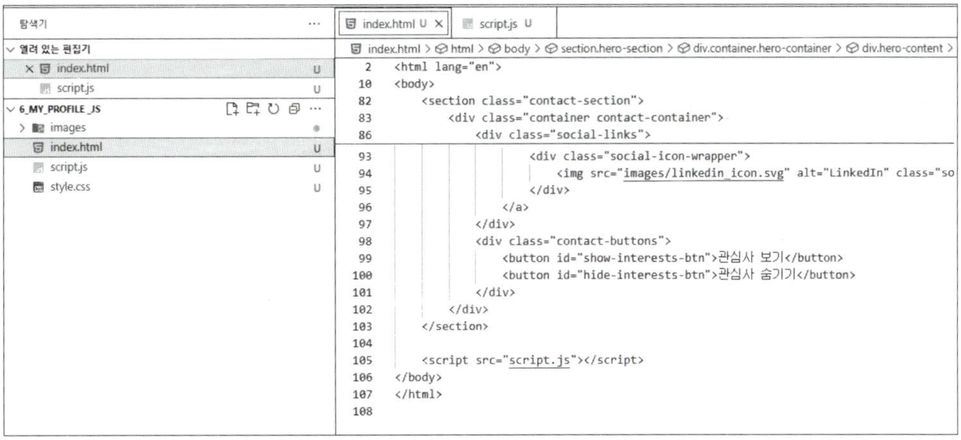

그림 6.6 Profile 스크립트 생성 결과 확인

위와 같이 해당 프롬프트를 이해하고, 스크립트 생성 및 연결 작업을 완성한다.

인터랙션을 위한 HTML 요소 준비하기

자바스크립트가 제어할 HTML 요소에 식별자(id)를 부여하고, 필요한 버튼을 추가하는 작업을 클라인 AI에게 요청한다.

❶ 클라인 AI 채팅창에 이어서 다음과 같이 구체적인 수정 사항을 요청한다.

프롬프트 CLINE, 이제 자바스크립트가 특정 요소를 쉽게 찾을 수 있도록 'index.html' 파일을 수정해 줘. 수정할 내용은 다음과 같아.

1. 내 이름("SAUL")이 들어있는 제목 태그(h1 또는 h2)에 'id="profile-name"' 속성을 추가해 줘.
2. 방금 id를 추가한 이름 태그 바로 아래에, 비어있는 새로운 p 태그를 만들고 'id="welcome-message"' 속성을 부여해 줘.
3. 'My Interests' 섹션을 감싸고 있는 전체 컨테이너 태그에 'id="interests-section"' 속성을 추가해 줘.
4. 연락처(Contact) 섹션 안쪽에 새로운 버튼 두 개를 추가해 줘. 첫 번째 버튼은 텍스트가 "관심사 보기"이고 id는 "show-interests-btn", 두 번째 버튼은 텍스트가 "관심사 숨기기"이고 id는 "hide-interests-btn"이야.

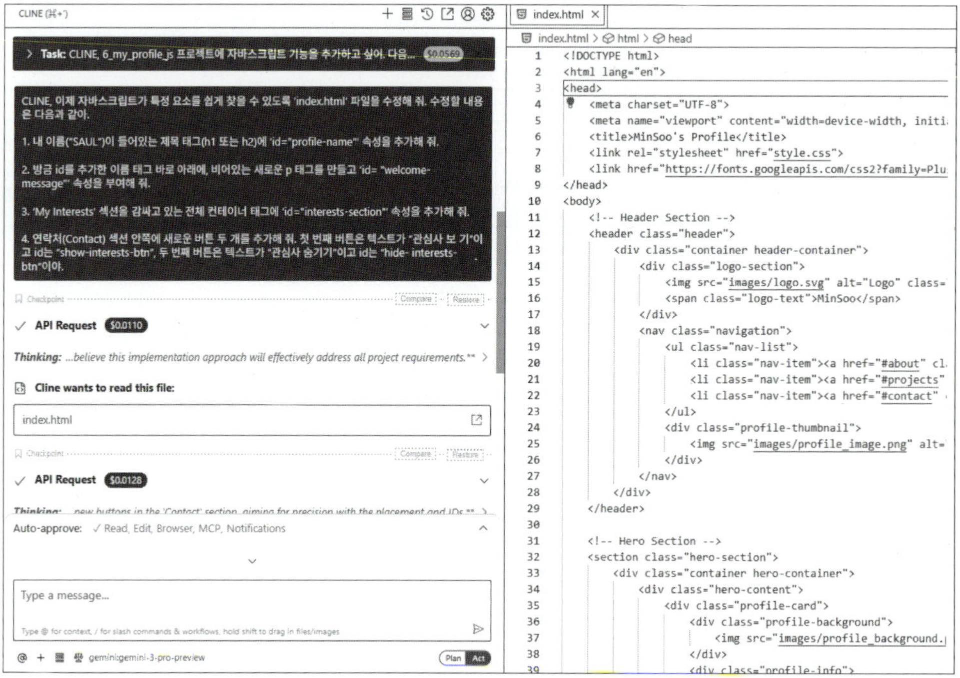

그림 6.7 프롬프트 실행 중

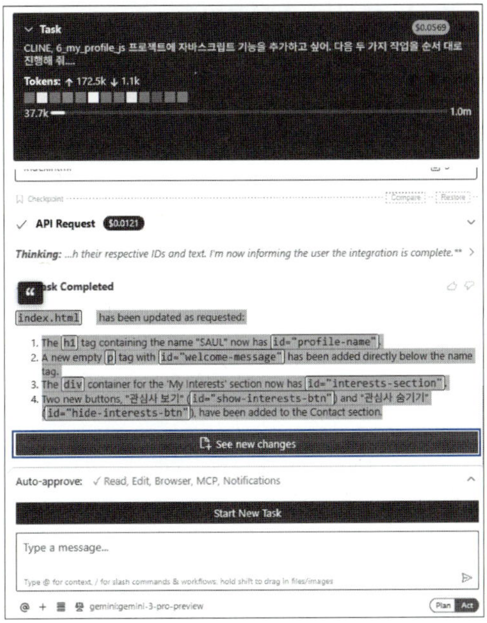

그림 6.8 프롬프트 실행 종료

❷ 작업이 완료되면 index.html 파일을 열어 요청한 id와 버튼들이 정확한 위치에 추가되었는지 확인한다.

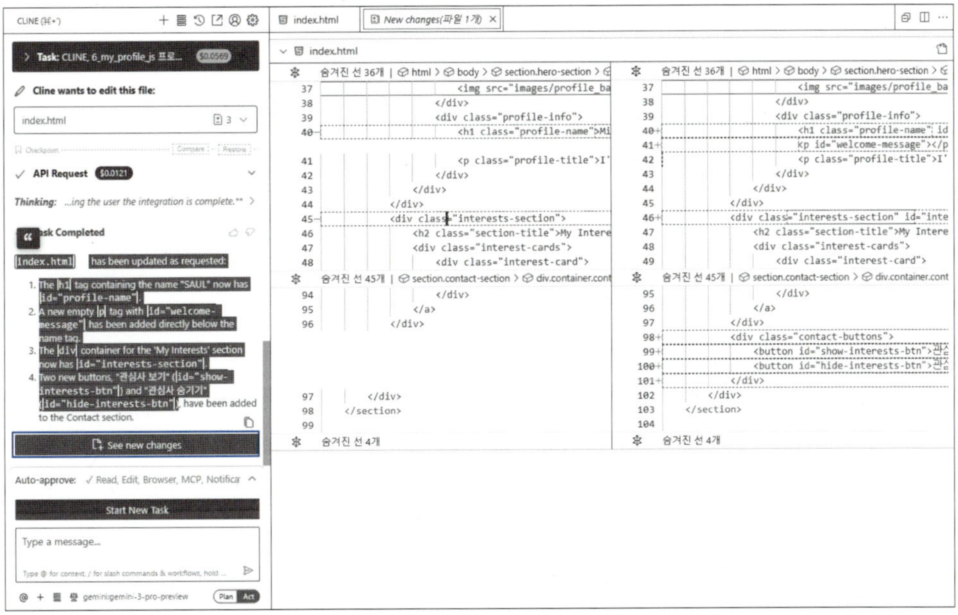

그림 6.9 실행 결과

첫 번째 인터랙션 기능 구현: 메시지 출력하기

준비된 HTML 요소를 바탕으로 첫 번째 동적 기능을 구현하는 자바스크립트 코드를 생성하도록 클라인 AI에게 지시한다.

❶ 클라인 AI 채팅창에 script.js 파일에 들어갈 코드를 생성하도록 요청한다.

프롬프트 CLINE, 이제 'script.js' 파일에 들어갈 코드를 만들어줘. 'show-interests-btn' 버튼을 클릭했을 때 일어날 일이야.

1. 'profile-name' 요소에서 내 이름을 가져온다.
2. 'welcome-message' 요소의 텍스트 내용으로 "안녕하세요, [가져온 이름]님! 반갑습니다."라는 메시지를 표시한다.
3. 이 환영 메시지의 글자색은 파란색(Blue)으로 설정해 줘.

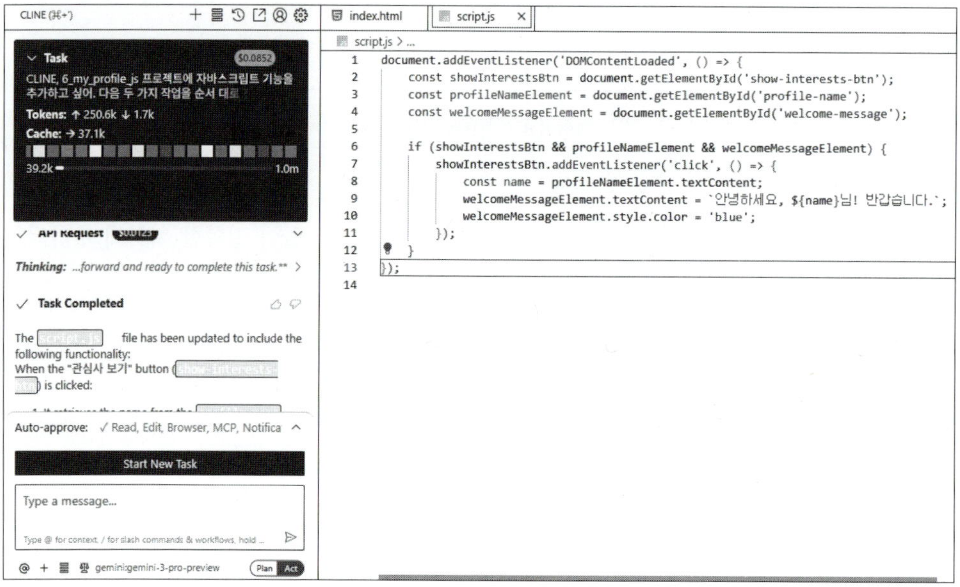

그림 6.10 스크립트 생성

❷ 클라인 AI가 생성한 자바스크립트 코드를 확인한다. 생성된 코드에는 앞서 배운 document.querySelector, addEventListener, textContent, style.color 등의 개념이 포함되어 있다.

코드를 꼼꼼히 살펴본 후 저장(Ctrl+S)한다. index.html 파일에서 마우스 오른쪽 버튼을 클릭한 다음 [Open with Live Server] 메뉴를 선택하여 라이브 서버를 실행한다.

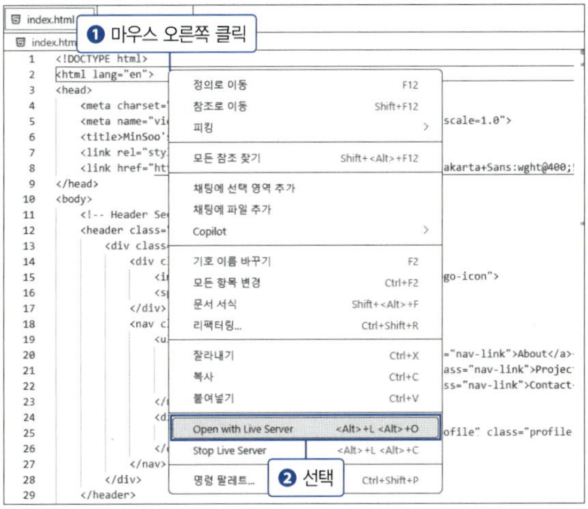

그림 6.11 라이브 서버 실행

❸ 〈관심사 보기〉 버튼을 클릭했을 때 이름이 포함된 환영 메시지가 상단에 파란색으로 표시되는지 직접 테스트하여 확인한다.

그림 6.12 결과 화면

그림 6.13 이벤트 실행

두 번째 인터랙션 기능 구현: 요소 보이기/숨기기

기존 기능에 더하여 요소를 숨기고 다시 나타나게 하는 복합적인 기능을 구현하도록 클라인 AI에게 지시한다. 이 과정에서 AI가 기존 코드를 어떻게 수정하고 확장하는지 주의 깊게 관찰한다.

❶ 클라인 AI 채팅창에 다음과 같이 기존 코드를 수정하고 새로운 기능을 추가하도록 요청한다.

프롬프트 CLINE, 방금 만든 'script.js' 코드에 기능을 더 추가하고 싶어. 다음 요구 사항에 맞게 전체 코드를 수정해서 다시 만들어줘.

1. 'hide-interests-btn' 버튼을 클릭하면 'interests-section' 전체가 화면에서 보이지 않게(숨겨지게) 처리해 줘. 동시에 'welcome-message'의 내용은 "관심사 목록이 숨겨졌습니다."로 바꾸고 글자색은 빨간색(Red)으로 변경해 줘.
2. 기존의 'show-interests-btn' 버튼 클릭 기능은 그대로 유지하되, 한 가지 기능을 추가해 줘. 클릭했을 때, 숨겨져 있던 'interests-section'이 다시 화면에 보이도록 만들어줘야 해.

클라인 AI는 기존 코드와 새로운 요구 사항을 종합해 완전히 수정된 script.js 코드를 제공할 것이다.

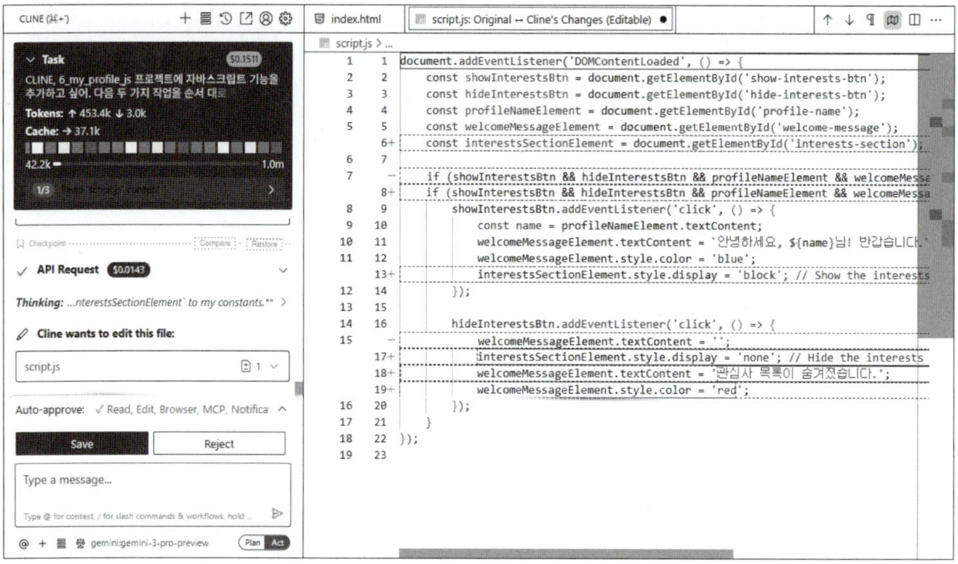

그림 6.14 버튼 이벤트 구현

❷ 브라우저에서 결과를 다시 확인한다. 〈관심사 숨기기〉 버튼과 〈관심사 보기〉 버튼을 번갈아 클릭하며, 관심사 섹션의 보이기/숨기기 상태와 환영 메시지의 내용 및 색상이 프롬프트에서 지시한 대로 정확히 작동하는지 테스트한다.

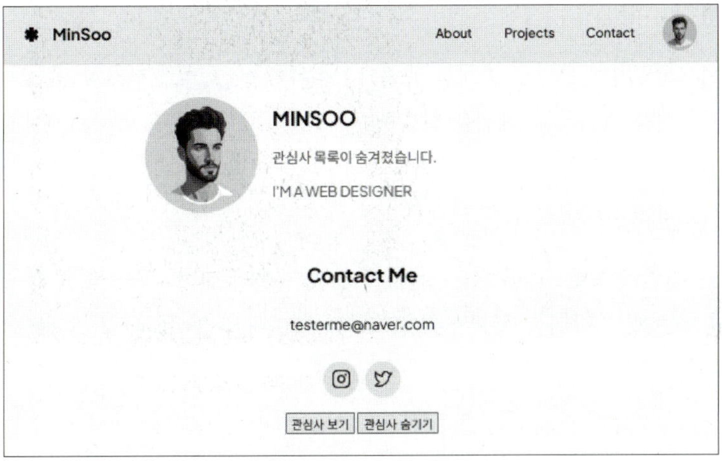

그림 6.15 숨기기 결과 화면

이 실습을 통해 우리는 코드를 한 줄 한 줄 직접 작성하는 대신, 무엇을 만들고 싶은지 명확하게 정의하고 지시하는 '설계자'의 역할에 집중하는 바이브 코딩의 핵심을 경험하게 된다. AI가 생성한 코드를 검토하고 테스트하며, 최종적으로 원하는 결과물을 완성하는 전체적인 흐름을 익히는 것이 무엇보다 중요하다.

6.4. 학습 정리 및 연습문제

학습 정리

이번 장에서는 자바스크립트의 기본 개념과 DOM 조작을 통해 정적인 웹 페이지에 동적인 인터랙션을 추가하는 방법을 학습했다. 특히, 코드를 직접 작성하기보다 클라인 AI에게 명확한 프롬프트로 지시하여 원하는 기능을 구현하는 바이브 코딩의 핵심 작업 방식을 집중적으로 연습했다.

- **자바스크립트의 역할**: HTML과 CSS로 구성된 정적인 페이지에 사용자 행동에 반응하고, 콘텐츠와 스타일을 동적으로 변경하여 생명력을 불어넣는 스크립트 언어임을 이해했다.
- **DOM(Document Object Model)**: 브라우저가 HTML 문서를 객체 트리 구조로 변환한 것이며, 자바스크립트가 HTML을 제어하는 통로 역할을 한다는 점을 배웠다.
- **프롬프트 기반 개발 프로세스**
  1. **요구 사항 정의**: 만들고자 하는 기능을 명확하고 구체적으로 정리했다.
  2. **프롬프트 작성**: 정의한 요구 사항을 바탕으로 클라인 AI가 이해할 수 있게 상세한 지시문을 작성했다.
  3. **AI 코드 생성**: AI가 프롬프트를 해석해 HTML 구조 변경과 자바스크립트 코드 생성을 수행하도록 했다.
  4. **검토 및 테스트**: AI가 생성한 결과물을 꼼꼼히 검토하고, 라이브 서버를 통하여 실제 동작을 테스트하며 의도대로 구현되었는지 확인했다.
- **실습 내용**: 버튼 클릭 이벤트에 따라 메시지를 출력하고, 다른 요소의 디스플레이(Display) 스타일을 변경해 보이거나 숨기는 기능을 오직 프롬프트 요청만으로 성공적으로 구현했다.

연습문제(프롬프트 중심 접근)

다음 도전 과제들을 클라인 AI에게 프롬프트로 요청하여 해결해 보자. 과제별로 어떤 프롬프트를 사용했는지, AI가 생성한 코드가 어떻게 동작하는지를 중점적으로 확인하며 진행한다.

01 토글(Toggle) 버튼 제작하기

- 현재 〈관심사 보기〉와 〈관심사 숨기기〉 버튼이 각각 존재한다. 이를 하나의 〈관심사 토글〉 버튼으로 통합한 후, 클릭할 때마다 기능과 버튼 텍스트가 번갈아 바뀌도록 구현해 보자.
- 결과 확인: AI가 수정한 HTML과 새로 생성한 자바스크립트 코드를 꼼꼼히 살펴보고, 라이브 서버에서 〈관심사 토글〉 버튼이 의도한 대로 작동하는지 테스트한다.

02 다크 모드(Dark Mode) 토글 기능 구현하기

- 페이지에 〈다크 모드 전환〉 버튼을 추가하고, 클릭할 때 페이지 색상 테마가 변경되는 기능을 구현해 보자.
- 결과 확인: AI가 수정한 파일을 확인하고, 라이브 서버에서 〈다크 모드〉 버튼을 클릭했을 때 페이지 색상이 정상적으로 바뀌는지 테스트한다.

03 이미지 변경하기

- 관심사 섹션 내 특정 이미지를 클릭하면 다른 이미지로 바뀌도록 기능을 추가해 보자.
- 결과 확인: AI가 수정한 HTML과 자바스크립트 코드를 확인한 후, images 폴더에 'alternate-image.jpg'라는 임의의 이미지를 추가한다. 라이브 서버에서 첫 번째 관심사 이미지를 클릭했을 때 이미지가 바뀌는지 직접 테스트한다.

7 장

데이터베이스 관리 시스템(DBMS) 및 MariaDB

학 습 목 표

1. 데이터 영속성(Persistence)의 개념을 이해하고, 애플리케이션에서 데이터베이스가 왜 필수인지 설명할 수 있다.
2. 데이터베이스 관리 시스템(DBMS)의 역할을 이해하며, 그중에서도 관계형 데이터베이스(RDBMS)의 특징을 파악한다.
3. RDBMS의 핵심 구성 요소인 테이블, 행(Row), 열(Column)의 개념을 현실 세계의 예시(예: 엑셀 시트)와 연관 지어 설명할 수 있다.
4. 데이터를 정확하게 저장하기 위한 데이터 타입과 데이터를 유일하게 식별하며 관계를 형성하는 기본키(PK), 외래키(FK)의 중요성을 이해한다.
5. 대표적인 오픈 소스 RDBMS인 MariaDB를 직접 설치하고, 터미널(명령 프롬프트 또는 PowerShell)을 통해 데이터베이스에 접속하는 방법을 익힌다.
6. 데이터베이스와 소통하는 언어인 SQL의 기본 문법(DDL, DML)을 배우며, 직접 데이터베이스와 테이블을 생성하고, 데이터를 삽입, 조회, 수정, 삭제하는 실습을 진행한다.

7.1 데이터베이스

왜 데이터베이스가 필요할까?

데이터 영속성(Persistence)이란 무엇일까?

제미나이에게 관련 그림을 요청했더니, 다음과 같은 이미지가 전달되었다.

"데이터가 안전하게 저장되고 관리되는 추상적인 모습을 그리겠습니다. '영속성'에서는 빛나는 데이터 입자들이 여러 갈래로 모여 견고한 다이아몬드 형태로 응축되고, 그 주위를 에너지 흐름이 감싸 보호하는 장면을 통해 데이터 영속성의 개념을 시각적으로 표현했습니다. 배경은 깊고 푸른 디지털 심해를 연상시키는 색감으로 처리해 안정감을 더했습니다."

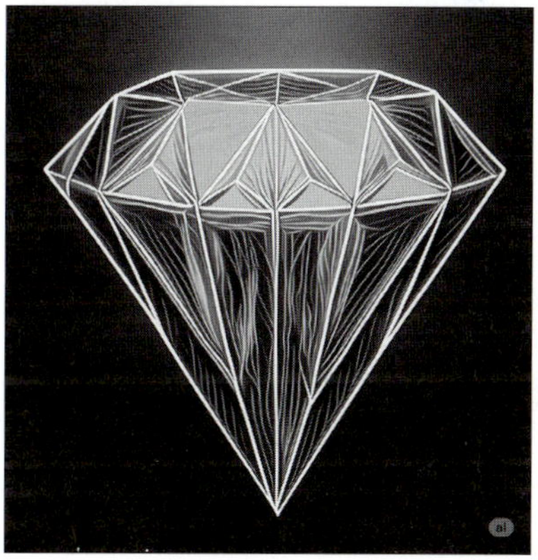

그림 7.1 영속성

설명을 듣고 그림을 다시 보니, 데이터 영속성이 실제 데이터와 밀접하게 연결된 개념임을 더 실감할 수 있었다.

지금까지 우리가 만든 웹 페이지에는 한 가지 치명적인 문제가 있다. 바로 데이터가 사라진다는 점이다. script.js 파일에서 변수에 값을 저장해도, 사용자가 웹 브라우저를 닫거나 새로 고침하면 모든 데이터가 메모리에서 사라진다.

'나의 프로필' 웹 페이지에 열심히 글을 작성해도 그 내용은 어디에도 저장되지 않고 사라진다. 회원가입 페이지를 만들어도 다음에 다시 접속하면 내가 누구인지 기억하지 못한다. 이처럼 데이터가 프로그램 실행 중에만 존재하고 종료되면 사라지는 현상을 '휘발성(Volatility)'이라고 한다.

반대로, 프로그램이 종료되어도 데이터가 사라지지 않고 계속 유지되는 성질을 '영속성(Persistence)'이라고 부른다. 우리가 사용하는 모든 서비스(SNS, 쇼핑몰, 블로그 등)는 사용자의 게시글, 상품 정보, 회원 정보 등 다양한 데이터를 안전하게 보관하고 필요할 때마다 꺼내 써야 한다. 이를 위해 데이터에 영속성을 부여하는 방법이 필요하며, 그 역할을 수행하는 것이 바로 데이터베이스(Database)이다.

데이터베이스 관리 시스템(DBMS, DataBase Management System)은 이러한 데이터베이스를 효율적이고 체계적으로 관리하고 저장, 검색, 보호할 수 있도록 도와주는 소프트웨어다.

우리는 DBMS를 통해 데이터를 안전하게 파일 시스템에 기록하고, 필요할 때 쉽게 꺼내 쓸 수 있다.

데이터베이스의 종류와 관계형 데이터베이스(RDBMS)

데이터베이스 관리 시스템(DBMS)은 데이터를 저장하고 관리하는 방식에 따라 여러 종류로 나뉜다. 이 중 가장 오래되고 널리 사용되어 온 방식이 바로 관계형 데이터베이스(Relational Database)이며, 이를 관리하는 시스템을 RDBMS(Relational Database Management System)라고 한다.

관계형 데이터베이스는 데이터를 마치 엑셀(Excel) 시트처럼 미리 정해진 구조의 표(Table) 형태로 정리하여 저장하는 방식이다.

● 엑셀 시트와의 비교

- 엑셀 파일 하나 → 데이터베이스(Database)
- 엑셀 시트(Sheet) 하나 – (예 '회원 명부', '상품 목록') → 테이블(Table)
- 시트의 각 열(Column) – (예 '회원 번호', '이름', '이메일') → 열(Column) 또는 필드(Field)
- 시트의 각 행(Row) – (예 홍길동의 회원 정보 한 줄) → 행(Row) 또는 레코드(Record)

관계형 데이터베이스(RDBMS)는 이러한 정형화된 표 구조를 활용하여 데이터 중복을 최소화하고, 여러 테이블 간의 관계를 설정함으로써 데이터를 체계적이고 일관성 있게 관리할 수 있다는 큰 장점이 있다.

관계형 데이터베이스의 5가지 핵심 개념

관계형 데이터베이스(RDBMS)를 제대로 이해하기 위해서는 꼭 알아야 할 5가지 핵심 개념이 있다.

❶ 테이블(Table)

테이블은 데이터가 실제로 저장되는 표 형태의 구조이다. 하나의 데이터베이스 안에는 여러 개의 테이블이 존재할 수 있으며, 각 테이블은 특정한 주제나 범주의 데이터를 담는다.
(예 users 테이블, products 테이블, orders 테이블)

❷ 행과 열

- **행(Row)**: 테이블의 가로줄로, 각 행은 하나의 고유한 데이터 항목을 의미한다.
  (예 한 명의 사용자 정보, 하나의 상품 정보)
- **열(Column)**: 테이블의 세로줄로, 각 열은 고유한 이름과 데이터 타입을 가진다. 어떤 종류의 데이터가 저장될지를 정의하며, 데이터 구조를 설계하는 데 핵심적인 요소이다.
  (예 user_id 열, username 열, email 열)

❸ 데이터 타입(Data Type)

각 열에 저장될 데이터 종류를 미리 지정하는 규칙이다. 데이터의 무결성을 유지하고 저장 공간을 효율적으로 사용하기 위해 필수적이다.

- **INT 또는 INTEGER**: 정수(예 1, 100, −50)
- **VARCHAR(크기)**: 가변 길이 문자열(예 VARCHAR(255)는 최대 255자까지 문자열 저장)
- **TEXT**: 매우 긴 텍스트
- **DATETIME 또는 TIME STAMP**: 날짜와 시간 정보
- **BOOLEAN**: 참(True) 또는 거짓(False), 일반적으로 TINYINT(1)로 표현

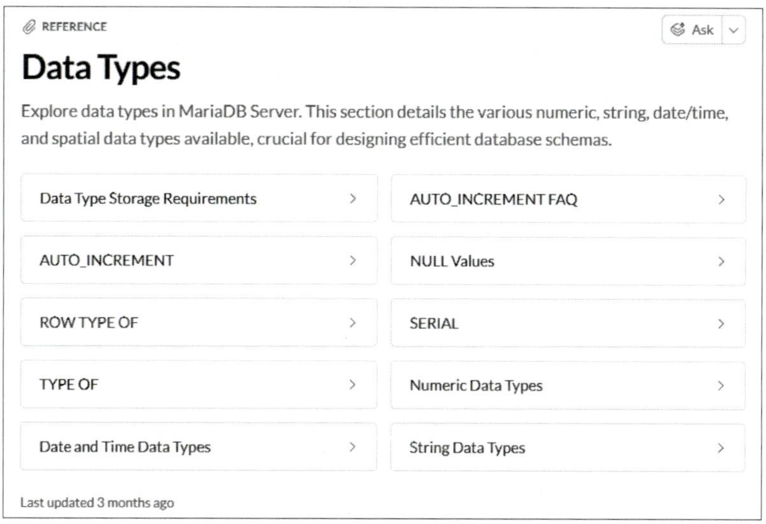

그림 7.2 Maria Database 문서

❹ 기본키(Primary Key, PK)

테이블의 수많은 행 중에서 각 행을 유일하게 식별할 수 있는 값을 담고 있는 열이다.

- **유일성(Unique):** 같은 값을 가진 행이 존재할 수 없다. (예 모든 학생의 학번은 달라야 한다.)
- **최소성(Minimal):** 꼭 필요한 최소한의 열로 구성되어야 한다.
- **NULL 불허(Not Null):** 비어 있는 값(NULL)을 가질 수 없다.
- **예시:** users 테이블의 user_id 열, products 테이블의 product_id 열
- 일반적으로 AUTO_INCREMENT 속성을 사용하여 새로운 행이 추가될 때마다 자동으로 1씩 증가하는 값을 PK로 많이 사용한다.

❺ 외래키(Foreign Key, FK)

외래키는 한 테이블의 열이 다른 테이블의 기본키(PK)를 참조하도록 설정하는 것이다. 이는 테이블 간의 관계를 정의하며, 데이터의 중복을 줄이고 정합성을 유지하는 데 중요한 역할을 한다.

- **예시:** 게시글(posts) 테이블에서 글쓴이 정보를 저장할 때, 글쓴이의 모든 정보를 반복해 저장하는 대신 author_id라는 열을 만들어 users 테이블의 user_id(PK)를 참조하도록 설정한다.
- 이를 통해 posts 테이블에서는 author_id만으로도 users 테이블의 해당 사용자를 쉽게 찾을 수 있다. 이것이 바로 RDBMS에서 말하는 '관계(Relation)'를 맺는다는 의미다.

MariaDB와 SQL

• MariaDB

세계적으로 가장 널리 사용되는 오픈 소스 RDBMS 중 하나인 MySQL을 기반으로 만들어졌다. MySQL과 거의 동일한 사용법을 유지하면서도, 성능과 기능 면에서 개선되어 많은 사랑을 받고 있다. 본 교재에서는 이 MariaDB를 설치하여 데이터베이스 실습을 진행할 것이다.

그림 7.3 MariaDB

• SQL(Structured Query Language)

관계형 데이터베이스와 '대화'하기 위해 사용하는 표준 언어가 바로 SQL이다. SQL 명령어를 통해 데이터베이스에 데이터를 생성하거나, 조회하고, 수정하거나, 삭제해달라고 요청할 수 있다.

SQL은 목적에 따라 크게 세 가지 종류로 나뉜다.

❶ DDL(Data Definition Language, 데이터 정의어)

데이터베이스나 테이블의 구조를 정의(생성, 수정, 삭제)할 때 사용하는 언어이다.

- CREATE: 데이터베이스, 테이블 등을 생성한다.
- ALTER: 테이블 구조를 변경한다.
- DROP: 데이터베이스, 테이블 등을 완전히 삭제한다.

❷ DML(Data Manipulation Language, 데이터 조작어)

테이블의 데이터를 조작(삽입, 조회, 수정, 삭제)할 때 사용하는 언어로, SQL에서 가장 자주 사용된다.

- INSERT: 테이블에 새로운 행(데이터)을 삽입한다.
- SELECT: 테이블에서 데이터를 조회한다.
- UPDATE: 기존 데이터를 수정한다.
- DELETE: 기존 데이터를 삭제한다.

❸ DCL(Data Control Language, 데이터 제어어)

데이터베이스 사용자에게 권한을 부여하거나 회수할 때 사용하는 언어이다.

- 예 GRANT, REVOKE

※ 본 교재에서는 DCL에 대해 깊게 다루지 않는다.

7.2 '나만의 일기장' 데이터베이스와 테이블 만들기

VIBE CODING

MariaDB를 설치한 후, 터미널을 통해 접속하여 '나만의 일기장'을 위한 데이터베이스와 테이블을 직접 만들어보는 실습을 진행할 것이다. 학습의 편의를 위해 실습은 윈도우 환경에서 수행한다.

MariaDB 설치하기

❶ MariaDB 사이트의 다운로드 페이지(mariadb.org/download/?t=mariadb&o=true&p=mariadb&r=11.8.2&os=windows&cpu=x86_64&pkg=msi&mirror=archive)에 접속한다.

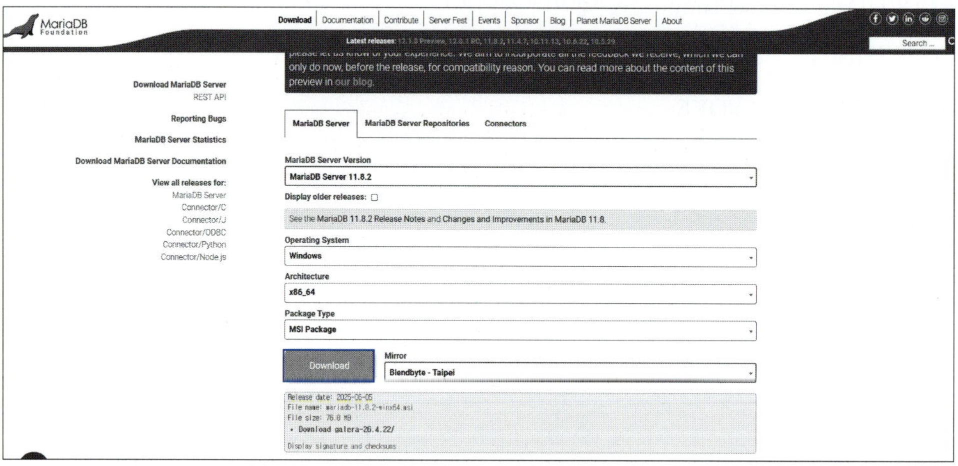

그림 7.4 MariaDB 다운로드

❷ 최신 안정 버전(LTS)의 MSI 패키지를 다운로드한다. 설치 파일을 실행한 후, 대부분 옵션은 기본값으로 둔 채 〈Next(다음)〉 버튼을 클릭하여 진행한다. 가능하다면 'HeidSQL'도 그대로 설치하자.

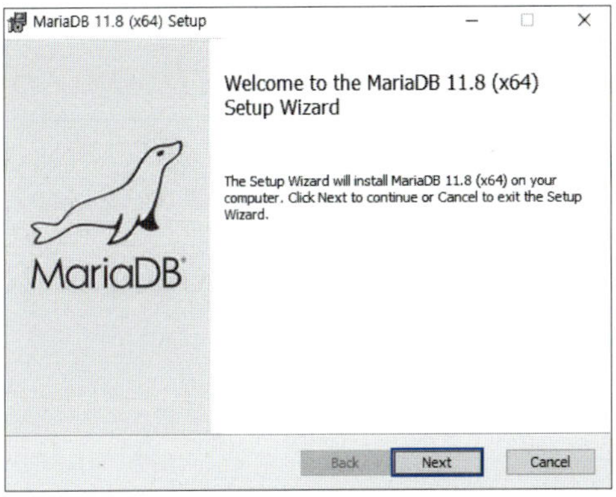

그림 7.5 MariaDB 설치

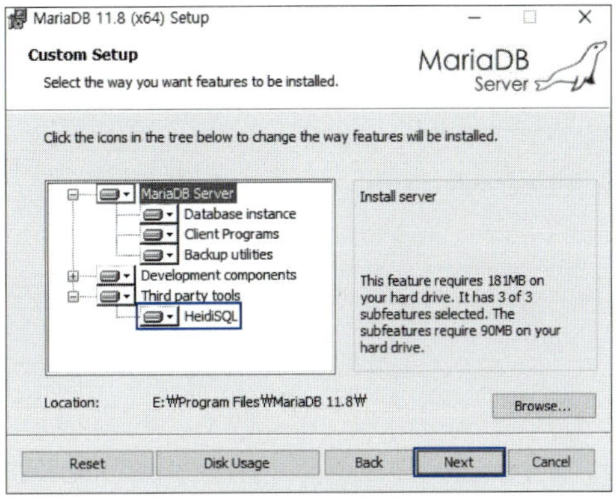

그림 7.6 옵션 선택

❸ Database instance properties 설정 화면에서 반드시 'Modify password for database user 'root''를 체크 표시하고, 데이터베이스 최고 관리자인 root 계정의 비밀번호를 설정한다. (예 1234 또는 root. 이 비밀번호는 절대로 잊으면 안 된다.) 한글 처리를 위해 필수적인 'Use UTF8 as default server's character set'도 체크 표시되어 있는지 확인한 후 〈Next(다음)〉 버튼을 클릭하여 진행한다.

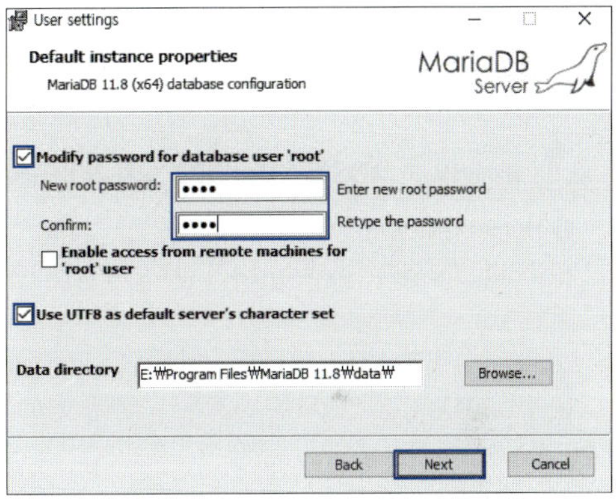

그림 7.7 암호 설정 및 캐릭터 타입 설정

❹ 서비스 이름과 포트는 현재 기본값으로 진행한다.

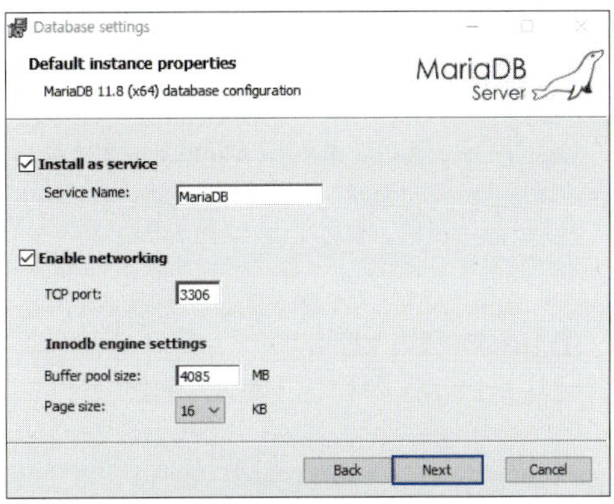

그림 7.8 서비스 이름과 포트 설정

❺ 나머지 설정을 진행하고 설치를 완료한다.

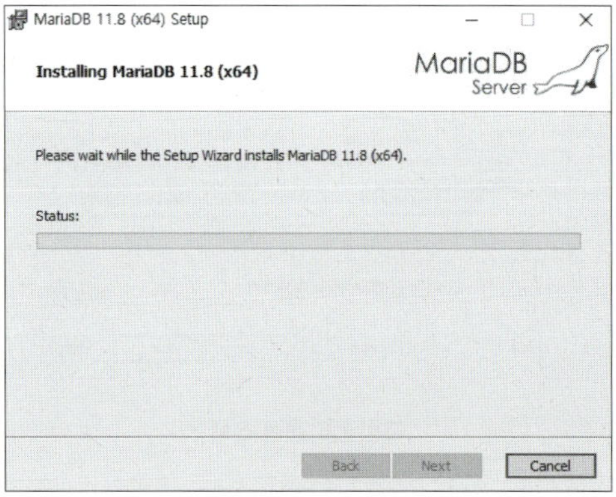

그림 7.9 설치 진행

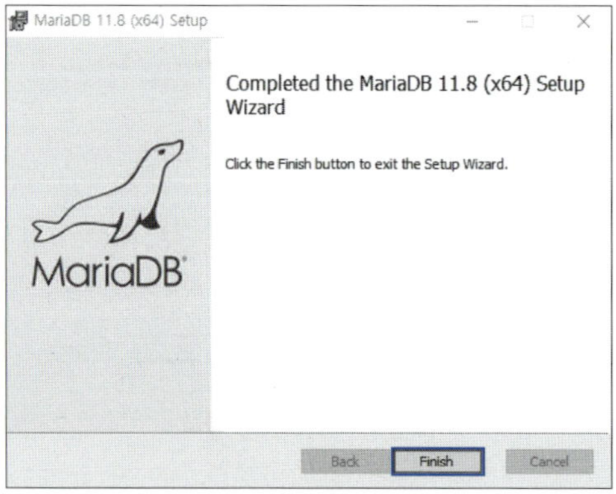

그림 7.10 설치 종료

알아두세요 **맥OS에서 MariaDB 설치 가이드(Homebrew 사용 권장)**

❶ Homebrew 설치

먼저 터미널을 열고, Homebrew가 설치되지 않았다면 아래 명령어를 입력하여 설치한다.

```
/bin/bash -c "$(curl -fsSL https://raw.githubusercontent.com/Homebrew/
install/HEAD/install.sh)"
```

❷ MariaDB 설치

Homebrew가 설치된 후, 터미널에 다음 명령어를 입력하여 MariaDB를 설치한다.

```
brew install mariadb
```

❸ MariaDB 서비스 시작

설치가 완료되면 아래 명령어로 MariaDB 서비스를 실행한다.

```
brew services start mariadb
```

❹ MariaDB 초기 보안 설정

초기 보안 설정을 위해 다음 명령어를 실행한다.

```
mysql_secure_installation
```

- Enter current password for root (enter for none): → 그냥 Enter를 누른다.
- Set root password? [Y/n]: → Y를 입력하고 root 계정의 비밀번호를 설정한다.
- 이후 나오는 모든 질문에는 Y를 입력하고 Enter를 눌러 보안 설정을 완료한다.

MariaDB 접속 및 기본 명령어 이해하기

❶ 시작 메뉴에서 '명령 프롬프트' 또는 'Power Shell'을 검색하여 실행한다.

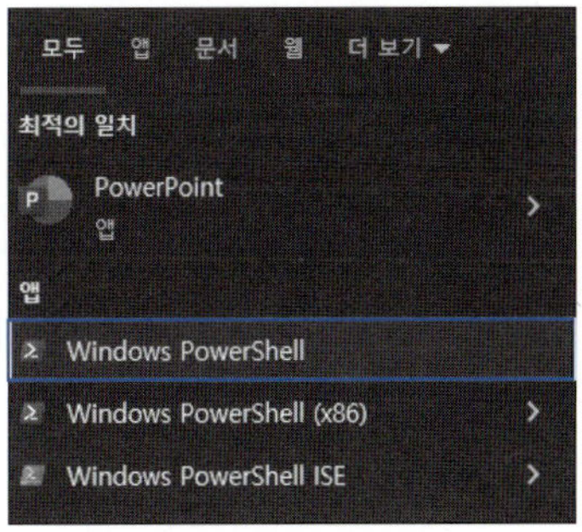

그림 7.11 파워셸 실행

❷ 다음 명령어를 입력하여 MariaDB 설치 경로의 bin 폴더로 이동한다. 이때 버전이나 설치 경로에 따라 다를 수 있다.

```
cd "C:\Program Files\MariaDB [버전]\bin\"
```

그림 7.12 파워셸 경로 이동

❸ 다음 명령어를 통해 MariaDB에 접속할 수 있다.
참고로 mariaDB는 오픈 소스 프로젝트인 MySQL의 차세대 이름으로, 기존 mysql 명령어를 그대로 사용할 수 있다.

```
mysql -u root -p
```

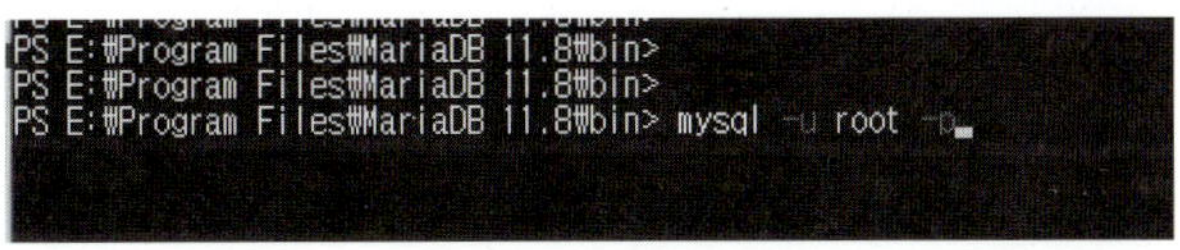

그림 7.13 MariaDB 실행

❹ 'Enter password:'라는 메시지가 나타나면, 설치 과정에서 설정했던 root 계정의 비밀번호를 입력한 후 Enter를 누른다.

그림 7.14 비밀번호 입력

❺ 'MariaDB [(none)]>'와 같은 프롬프트가 나타나면 성공적으로 접속된 것이다.

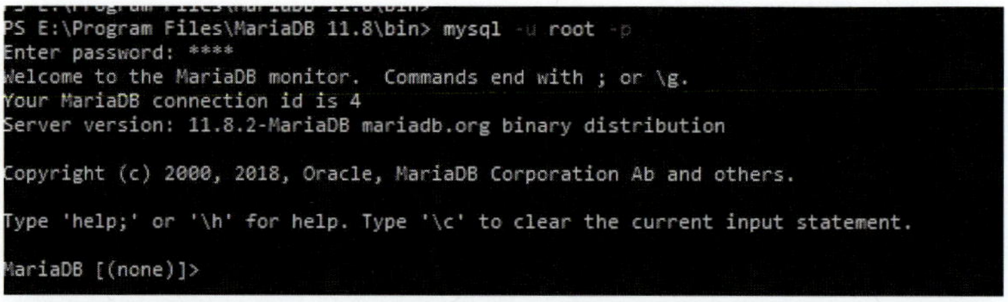

그림 7.15 로그인 성공 화면

❻ 터미널에서 어떤 경로에서든 MariaDB에 접속하고 싶다면, 시스템 환경 변수에 MariaDB의 설치 경로를 등록하면 된다.

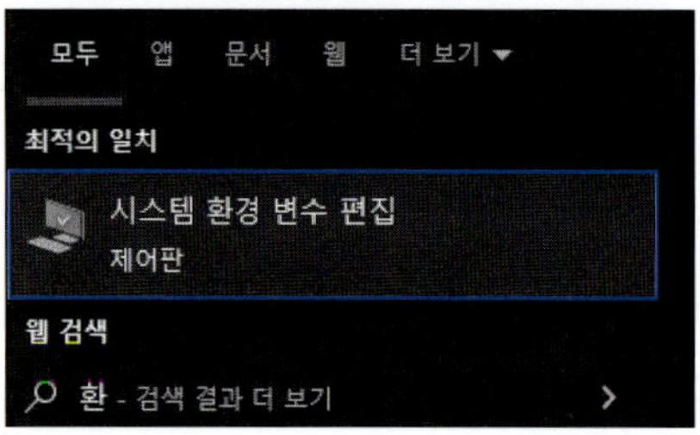

그림 7.16 윈도우 환경 변수 메뉴

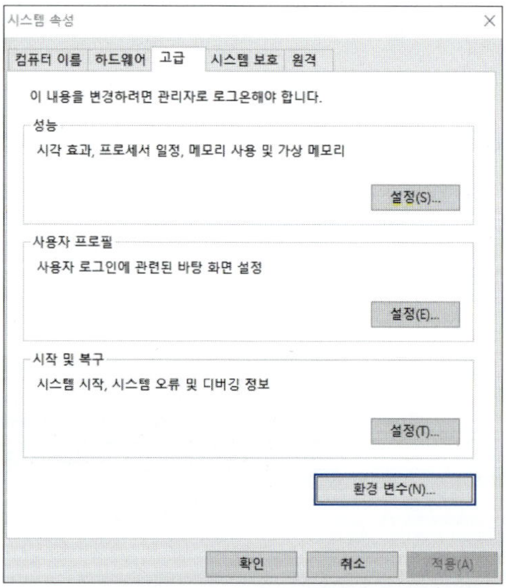

그림 7.17 환경 변수 실행

❼ 환경 변수 안의 'Path'를 선택한 다음 〈편집〉 버튼을 클릭하여 등록한다.

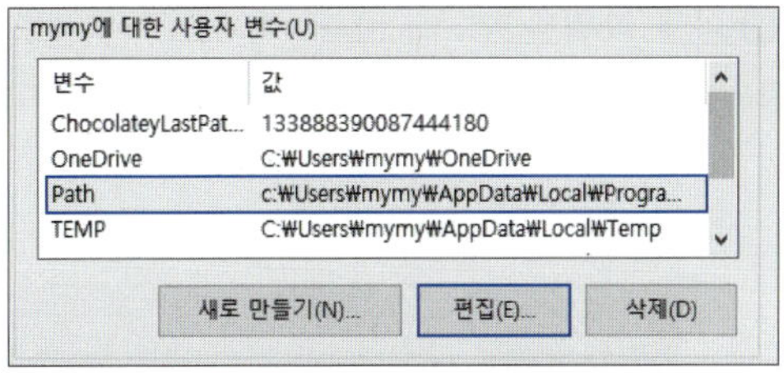

그림 7.18 환경 변수 등록

❽ MariaDB가 설치된 경로의 bin 폴더까지 정보를 환경 변수에 등록한다.

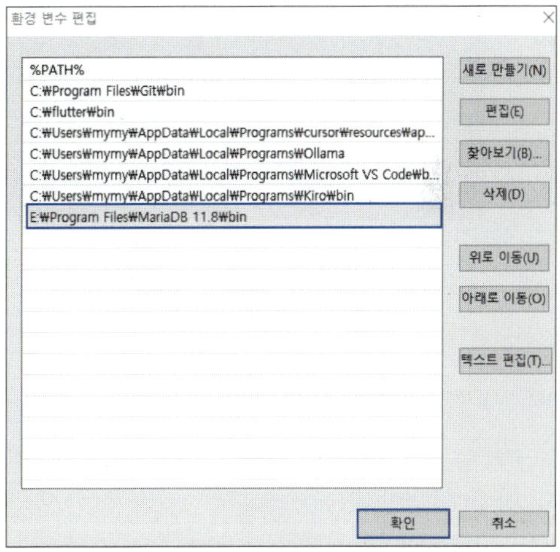

그림 7.19 환경 변수 등록

❾ 환경 변수 수정 사항이 적용되도록 먼저 열린 터미널을 종료한 후 새 터미널을 연다. 그다음 아래 명령어를 입력한다.

```
mysql -u root -p
```

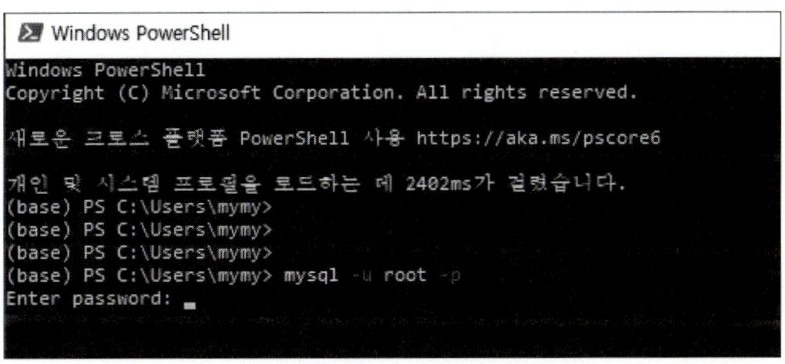

그림 7.20 mysql 실행

❿ 이제 파워셸(Power Shell)이나, CMD 어떤 경로에서도 문제없이 데이터베이스에 접근할 수 있다.

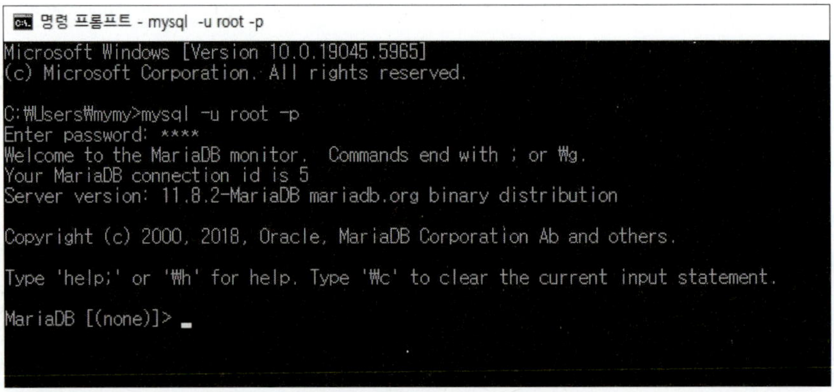

그림 7.21 CMD 환경에서 실행

⓫ MariaDB 설치 시 함께 설치된 HeidiSQL 도구로 SQL 접속 환경을 확인해 보자. 윈도우에서 HeidiSQL 도구를 실행한다.

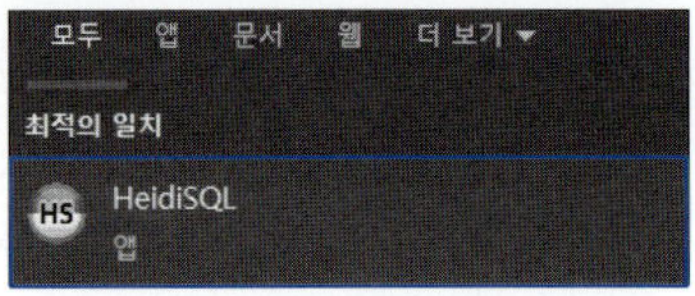

그림 7.22 윈도우 메뉴 HeidiSQL

⓬ 처음 실행 화면에는 아직 아무런 정보가 없다. 왼쪽 아래 〈신규〉 버튼을 클릭하면 'Unnamed'가 생성된다. 왼쪽의 'Unnamed'를 선택한 후 데이터베이스 접속을 시도해 보자.

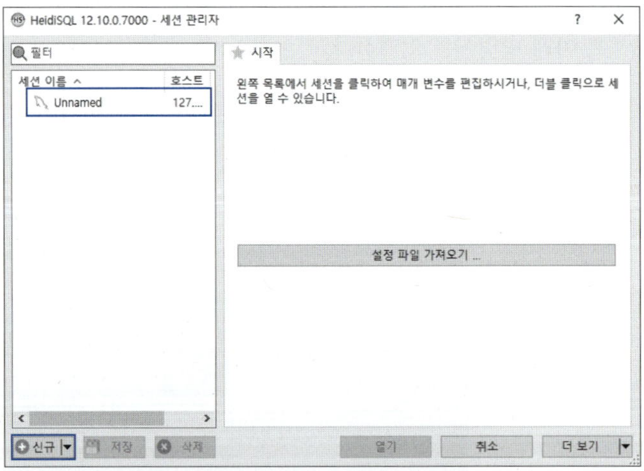

그림 7.23 HeidiSQL 실행 창

⓭ 왼쪽의 'Unnamed'를 'mariadb'로 변경하여 저장하고 기본 정보 상태에서 패스워드만 입력한 후 〈열기〉 버튼을 클릭한다.

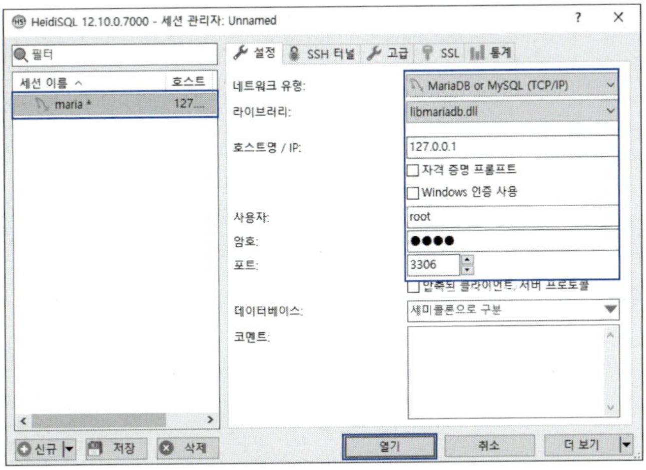

그림 7.24 로그인 정보 입력

⓮ 정상적으로 데이터베이스에 접속된 것을 확인할 수 있다. 이처럼 터미널 환경이나 접속 도구를 사용하여 데이터베이스에 접속할 수 있다.

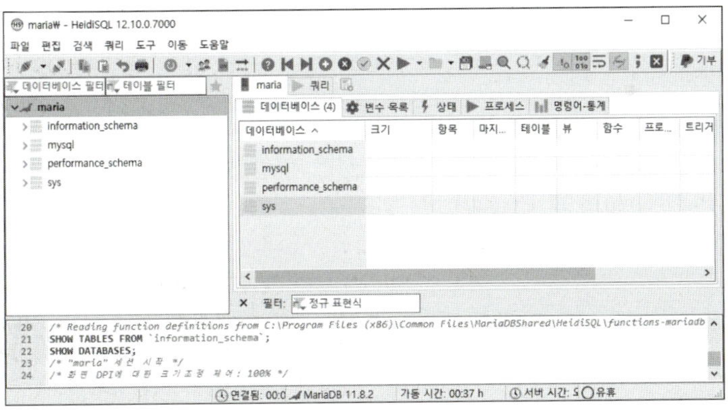

그림 7.25 DB 접속

알아두세요 맥OS에서 MariaDB 실행 방법

윈도우와 맥 사용 환경에서 두 가지 사용 방법 모두 익숙해지기를 권장한다. 데이터베이스 특성상 멀티 OS 환경에서 작업할 일이 많으므로 두 환경에 모두 익숙해지도록 노력하는 것이 좋다.

❶ 터미널을 연다.

❷ 다음 명령어를 입력하여 MariaDB에 접속한다.

```
mysql -u root -p
```

❸ 비밀번호를 입력한 후 접속하면, 'MariaDB [(none)]>' 프롬프트가 나타난다.

SQL 문법(DDL, DML) 익히기

MariaDB [(none)]> 프롬프트에서 직접 SQL 명령어를 입력해 보자. 이때 모든 SQL 명령어 끝에는 반드시 세미콜론(;)을 붙여야 한다.

● DDL: 데이터베이스 및 테이블 생성

❶ 데이터베이스 목록을 확인하려면 [쿼리]-[새 쿼리 탭] 메뉴를 선택한다.

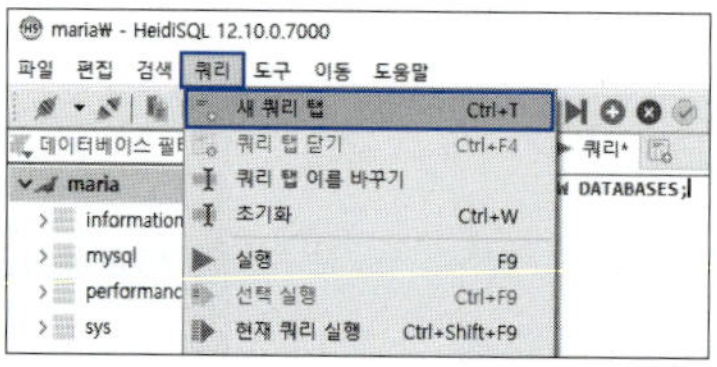

그림 7.26 쿼리 실행

❷ 쿼리 창에 다음 SQL 쿼리를 입력한 후 F9를 눌러 결과를 확인할 수 있다.

```
SHOW DATABASES;
```

이렇게 하면 소유하고 있는 데이터베이스 목록을 확인할 수 있다. 보이는 항목들은 데이터베이스 시스템과 관련된 정보들이다.

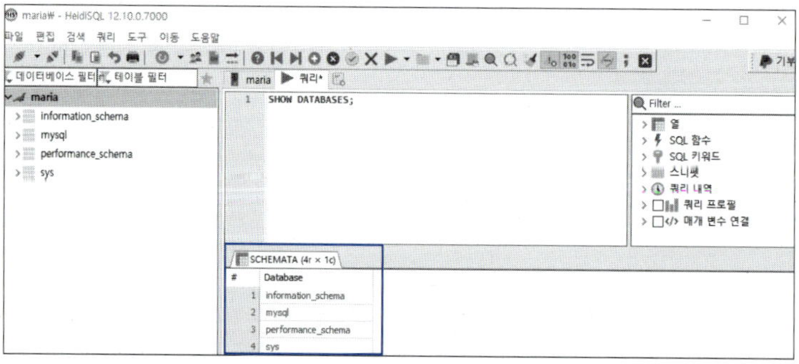

그림 7.27 실행 결과

> **알아두세요**
>
> 애플리케이션 개발 시에는 환경 설정 데이터베이스에 별도의 테이블을 추가하지 않는다는 점을 명심하자.

❸ '나만의 일기장'을 위한 데이터베이스(데이터베이스 이름: my_diary_db)를 생성해 보자. 다음 SQL 명령어는 데이터베이스를 생성하는 형식이다.

```
CREATE DATABASE my_diary_db CHARACTER SET utf8mb4 COLLATE utf8mb4_unicode_
ci;
```

그림 7.28 데이터베이스 생성

CHARACTER SET과 COLLATE는 이모티콘 등 다양한 문자를 포함한 한글을 정확하게 저장하기 위한 설정이다.

❹ 'SHOW DATABASES;' 명령어로 조회하면 다음과 같이 my_diary_db 데이터베이스 목록을 확인할 수 있다.

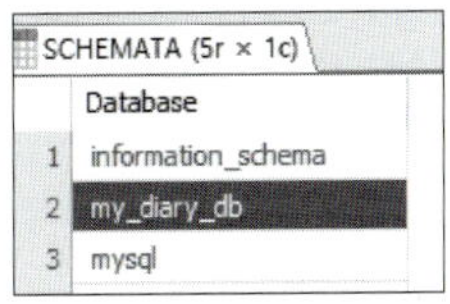

그림 7.29 DB 조회

❺ 생성한 데이터베이스 사용하기

데이터베이스 안에 테이블을 생성, 수정, 삭제하려면 먼저 해당 데이터베이스를 사용하겠다는 명령을 내려야 한다.

```
USE my_diary_db;
```

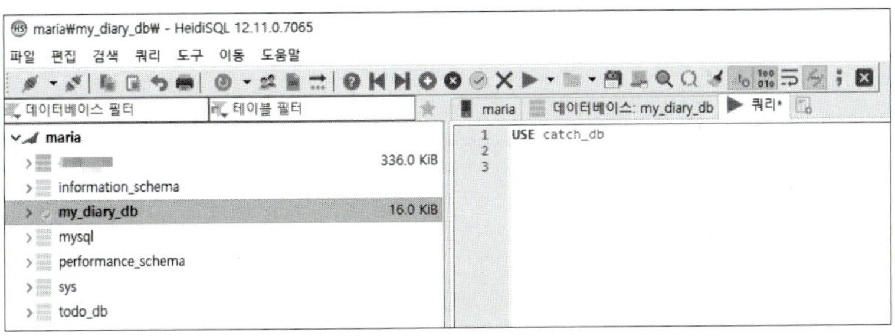

그림 7.30 DB 사용

프롬프트가 'MariaDB [my_diary_db]>'로 변경된 것을 확인한다.

❻ 일기 데이터를 저장할 diaries 테이블 생성하기

```
CREATE TABLE diaries (
    id INT AUTO_INCREMENT PRIMARY KEY,
    title VARCHAR(255) NOT NULL,
    content TEXT,
    created_at DATETIME DEFAULT CURRENT_TIMESTAMP
);
```

- id: INT 타입으로 1씩 자동 증가(AUTO_INCREMENT)하며, 이 테이블의 기본키(PK)이다.
- title: 최대 255자의 문자열(VARCHAR)이며, 비어 있을 수 없다(NOT NULL).
- content: 긴 텍스트(TEXT) 타입이다.
- created_at: 날짜/시간 타입(DATETIME)으로, 데이터가 생성될 때 현재 시각이 자동으로 기록된다(DEFAULT CURRENT_TIMESTAMP).

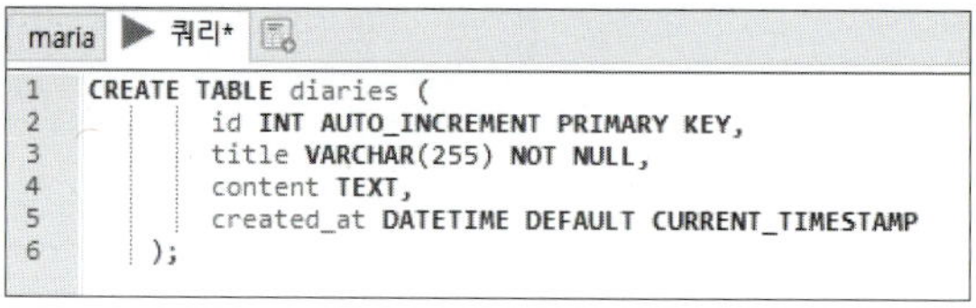

그림 7.31 테이블 생성

❼ 테이블 구조 확인하기

생성된 테이블 구조를 확인하려면 다음 명령을 사용한다.

```
DESC diaries;
```

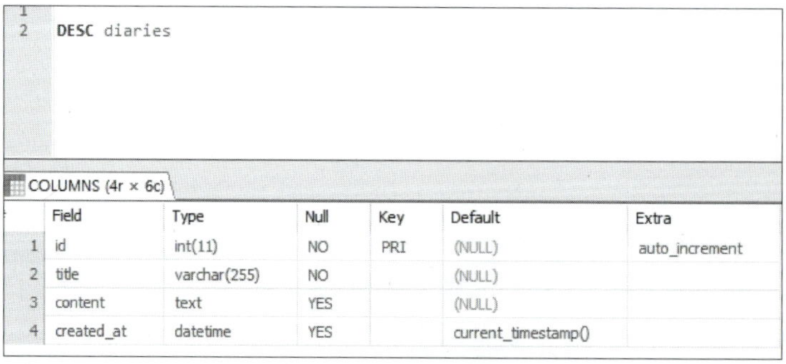

	Field	Type	Null	Key	Default	Extra
1	id	int(11)	NO	PRI	(NULL)	auto_increment
2	title	varchar(255)	NO		(NULL)	
3	content	text	YES		(NULL)	
4	created_at	datetime	YES		current_timestamp()	

그림 7.32 테이블 명목 조회

● DML: 데이터 조작(삽입, 조회, 수정, 삭제)

만들어진 테이블에 본격적으로 데이터를 입력하는 방법을 확인하자.

❶ 데이터를 삽입(INSERT)한다.

```
INSERT INTO diaries (title, content) VALUES
('나의 첫 일기', '오늘은 데이터베이스를 처음 배웠다. 신기하고 재미있다.');

INSERT INTO diaries (title, content) VALUES
('오늘의 다짐', 'SQL 공부를 열심히 해야 겠다.');
```

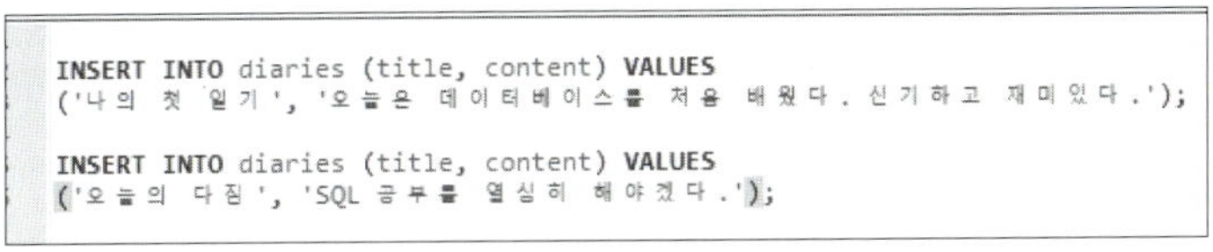

그림 7.33 데이터 입력

❷ 모든 데이터를 조회(SELECT *)한다. '*'는 모든 열(Column)을 의미한다.

```
SELECT * FROM diaries;
```

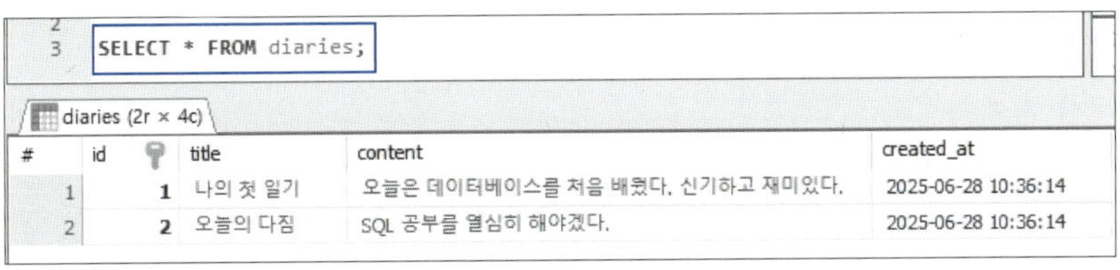

그림 7.34 데이터 조회

❸ 특정 조건의 데이터를 조회(SELECT … WHERE)한다.

```
SELECT * FROM diaries WHERE id = 1;
SELECT title, created_at FROM diaries;
```

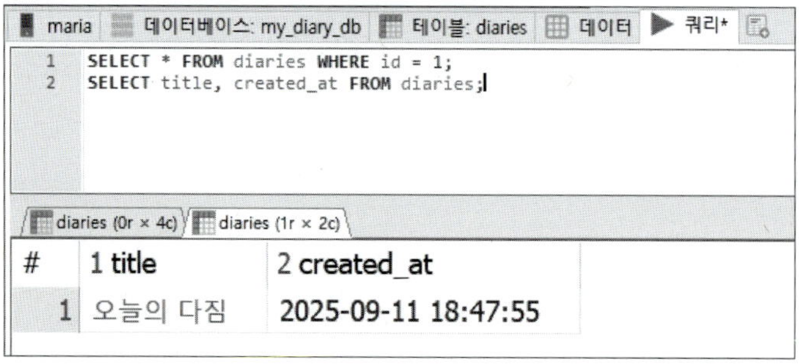

그림 7.35 데이터 조건별 조회

❹ 데이터를 수정(UPDATE)한다.

```
UPDATE diaries SET content = 'SQL 공부를 정말 열심히 해야겠다! 화이팅!'
WHERE id = 2;
```

그림 7.36 데이터 변경(UPDATE)

알아두세요

WHERE 절을 빠뜨리면 테이블의 모든 데이터가 변경되므로 조심해야 한다.

❺ 데이터를 삭제(DELETE)한다.

```
DELETE FROM diaries WHERE id = 1;
```

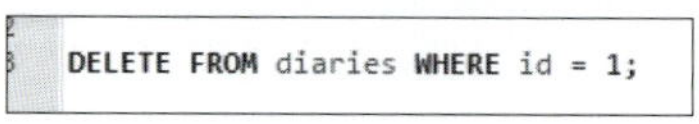

그림 7.37 데이터 삭제

알아두세요

WHERE 절을 빠뜨리면 테이블의 모든 데이터가 삭제되므로 조심해야 한다.

❻ 최종 데이터를 확인하기 위해 입력된 모든 데이터를 불러온다.

```
SELECT * FROM diaries;
```

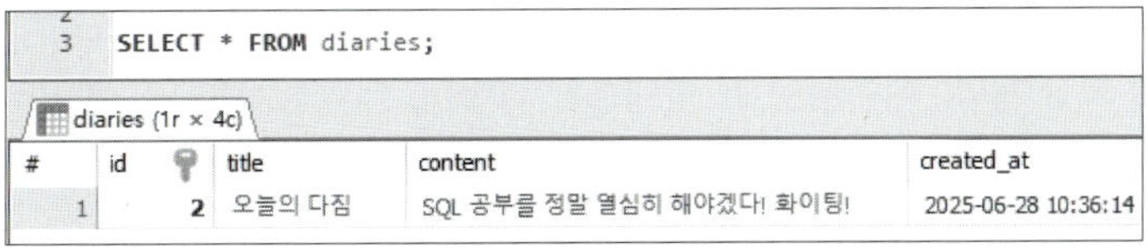

그림 7.38 데이터 조회

❼ 터미널 환경을 종료한다.

```
EXIT;
```

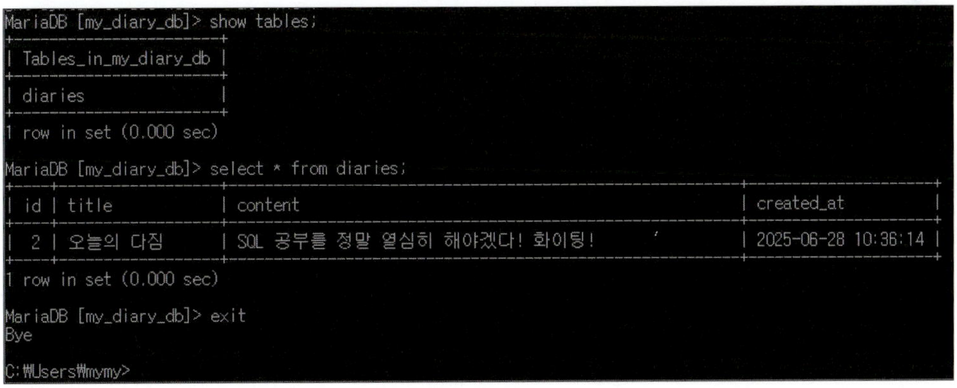

그림 7.39 데이터베이스 종료

7.3 학습 정리 및 연습문제

학습 정리

이번 장에서는 웹 애플리케이션의 핵심인 데이터베이스의 세계에 첫발을 내디뎠다.

- **데이터 영속성**: 프로그램이 종료되어도 데이터가 사라지지 않도록 DBMS를 사용한다는 것을 이해했다.
- **RDBMS 핵심 개념**: 데이터를 표 형태로 관리하며, 테이블, 행, 열, 데이터 타입, 기본키(PK), 외래키(FK)가 핵심 구성 요소임을 배웠다.
- **MariaDB**: 대표적인 오픈 소스 RDBMS인 MariaDB를 직접 설치하고, 터미널에서 root 계정으로 접속하는 방법을 실습했다.
- **SQL 기본 문법**: 데이터베이스와 대화하는 언어인 SQL을 배웠다.
  - **DDL**: CREATE DATABASE, USE, CREATE TABLE 명령어로 데이터 구조를 정의했다.
  - **DML**: INSERT, SELECT, UPDATE, DELETE 명령어로 데이터를 직접 조작해 보았다.

연습문제(프롬프트 중심 접근)

01 **'회원' 테이블 만들기**

<u>요구 사항</u>

- 테이블 이름: users
- user_id: 정수형, 자동 증가, 기본키
- username: 최대 50자의 문자열, 비어 있을 수 없음
- email: 최대 100자의 문자열, 비어 있을 수 없음, 중복 불가
- created_at: 날짜/시간 타입, 기본값은 현재 시간
- 테이블을 생성한 후 본인의 정보를 INSERT하고 SELECT로 잘 저장되었는지 확인해 보자.
  - 힌트: 중복을 허용하지 않으려면 UNIQUE 키워드를 사용한다.

02 테이블 관계 설정하기(외래키)

기존 diaries 테이블의 구조를 변경하여 누가 일기를 작성했는지를 알 수 있도록 users 테이블과 관계를 맺어 보자.

요구 사항

- diaries 테이블에 author_id라는 새 열(정수형) 추가
- author_id는 users 테이블의 user_id를 참조하는 외래키(FK)로 설정
  - 힌트: 테이블 구조 변경에는 ALTER TABLE 명령어를 사용한다.

03 다양한 SELECT 구문 연습하기

my_diary_db에 더 많은 회원 및 일기 데이터를 상상으로 INSERT하자.

다음 조건에 맞는 데이터를 조회하는 SELECT 구문을 직접 작성해 보자.

- 제목에 '오늘'이라는 단어가 포함된 모든 일기 조회(LIKE 사용)
- 모든 일기를 최신순으로 정렬하여 조회(ORDER BY ... DESC)
- 가장 최근에 작성된 일기 1개만 조회(ORDER BY ... DESC LIMIT 1)

8 장

데이터베이스 연동을 준비하는 인터랙티브 웹 페이지 제작

학습목표

1. 프로젝트 기획 능력: '나만의 할 일 목록(Todo List)' 애플리케이션의 핵심 데이터 구조를 스스로 고민하고, MariaDB를 활용해 직접 테이블을 설계하고 생성할 수 있다.
2. 디자인 및 UI/UX 구현 능력: 스티치, 피그마, 그리고 AI 이미지 생성 도구를 활용해 프로젝트의 시각적 콘셉트를 정하고, 사용자 친화적인 UI를 디자인한 후 HTML/CSS로 구현할 수 있다.
3. 프론트엔드 인터랙션 구현 능력: 자바스크립트와 DOM 조작 기술을 통해 사용자 행동에 반응하는 동적인 기능을 페이지에 추가할 수 있다.
4. 종합적인 문제 해결 능력: 지금까지 배운 모든 기술(바이브 코딩, AI 활용, HTML, CSS, JS, DB 설계 등)을 유기적으로 연결해 하나의 완성된 결과물을 만들어 내는 능력을 기른다.
5. 발표 및 커뮤니케이션 능력: 직접 만든 프로젝트의 기획 의도, 구현 과정, 결과물을 다른 사람에게 명확하게 설명하고, 피드백을 주고받을 수 있다.

8.1 나만의 할 일 목록(Todo List) 웹 앱 프론트엔드 & DB 설계

앞서 학습한 내용을 종합하여 하나의 완성도 높은 프로젝트를 직접 기획하고 제작해 본다. 이 과정을 통해 흩어져 있던 지식들을 하나로 엮고, 실제 프로젝트 개발의 전체 흐름을 체감하는 것을 목표로 한다.

- **프로젝트 주제:** 나만의 할 일 목록(Todo List) 웹 애플리케이션

- **프로젝트 범위**

❶ 데이터베이스 설계

향후 실제 데이터 연동에 사용할 todos 테이블을 MariaDB에 생성한다.

❷ 프론트엔드 완성

사용자가 할 일을 보고, 추가하고, 완료 처리하고, 삭제할 수 있는 화면(UI)과 인터랙션을 구현한다.

알아두세요

이번 장에서는 실제 DB와 연동하지 않으며, 화면 기능만 미리 구현하는 단계이다.

- **최종 결과물 구조**

```
8_todo_list_project/
├── index.html           ← 할 일 목록 앱의 메인 HTML 파일
├── style.css            ← 디자인을 담은 CSS 파일
├── script.js            ← 모든 인터랙션을 처리하는 자바스크립트 파일
├── images/              ← 디자인에 사용된 이미지들을 담은 폴더
└── database_design.sql  ← DB 테이블 생성에 사용한 SQL 코드 파일
```

- **평가 기준**
  - **데이터베이스 설계**

  todos 테이블의 구조가 합리적인가? (적절한 열, 데이터 타입, 제약 조건 사용)
  - **UI/UX 디자인**

  스티치/피그마 및 AI 도구를 활용해 만든 디자인이 주제에 적합하고 사용하기 편리한가?
  - **HTML/CSS 구현**

  디자인 시안을 얼마나 정확하게 코드로 구현했는가? (시맨틱 마크업, CSS 스타일링)
  - **자바스크립트 인터랙션**

  할 일 추가, 완료 처리, 삭제 기능이 자바스크립트로 매끄럽게 동작하는가? (DOM 조작 능력)
  - **(가산점) 발표 및 코드 품질**

  프로젝트 발표가 명확하며, 코드가 체계적으로 잘 정리되어 있는가?

8.2 1단계: 데이터베이스 설계 및 생성하기 (MariaDB & SQL DDL)

가장 먼저, 이 프로젝트의 데이터가 어떤 구조로 저장될지 고민하고 테이블을 설계한다.

● 요구 사항 분석

'할 일' 데이터는 어떤 정보들로 구성될까?

- 각 할 일을 구분할 고유 번호가 필요하다.
- 할 일의 내용이 있어야 한다.
- 할 일이 완료되었는지, 아닌지 상태를 표시해야 한다.
- 언제 생성되었는지 기록하면 좋을 것 같다.

● 테이블 구조 설계

요구 사항 분석을 바탕으로 todos 테이블의 구조를 설계한다.

열 이름(Column)	데이터 타입(Data Type)	제약 조건(Constraint)	설명
id	INT	AUTO_INCREMENT, PRIMARY KEY	할 일 고유 번호(기본키, 자동 증가)
task	VARCHAR(255)	NOT NULL	할 일 내용(최대 255자, 비워둘 수 없음)
is_completed	BOOLEAN(또는 TINYINT(1))	DEFAULT FALSE(또는 DEFAULT 0)	완료 여부(기본값은 '미완료' 상태)
created_at	DATETIME	DEFAULT CURRENT_TIMESTAMP	생성 일시(데이터 생성 시 자동으로 기록)

그림 8.1 테이블

MariaDB에서 테이블 생성 및 기록하기

❶ 터미널(명령 프롬프트 등)을 열고 MariaDB에 root 계정으로 접속한다.

```
mysql -u root -p
```

❷ 7장에서 만든 'my_diary_db'를 사용하거나, 이 프로젝트를 위한 새 데이터베이스(todo_db)를 생성하고 테이블을 사용한다.

```
CREATE DATABASE todo_db CHARACTER SET utf8mb4 COLLATE utf8mb4_unicode_ci;
```

그림 8.2 DB 생성

```
use todo_db;
```

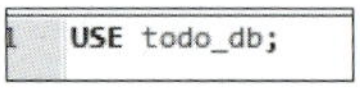

그림 8.3 테이블 사용

❸ 설계한 구조에 맞게 todos 테이블을 생성하는 CREATE TABLE SQL 구문을 실행한다.

```
CREATE TABLE todos (
        id INT AUTO_INCREMENT PRIMARY KEY,
        task VARCHAR(255) NOT NULL,
        is_completed BOOLEAN DEFAULT FALSE,
        created_at DATETIME DEFAULT CURRENT_TIMESTAMP
    );
```

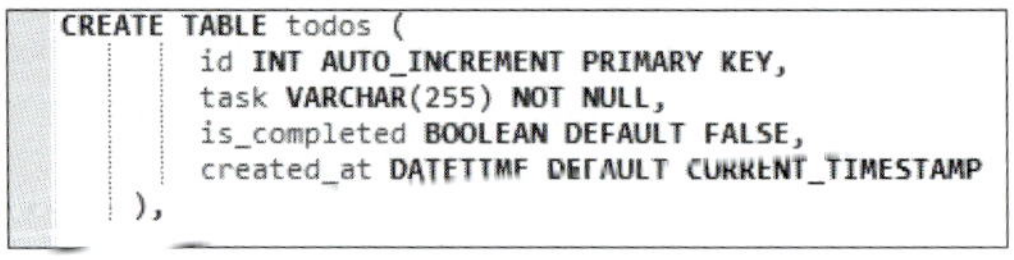

그림 8.4 테이블 생성

❹ 테이블이 잘 생성되었는지 확인한다.

```
DESC todos;
```

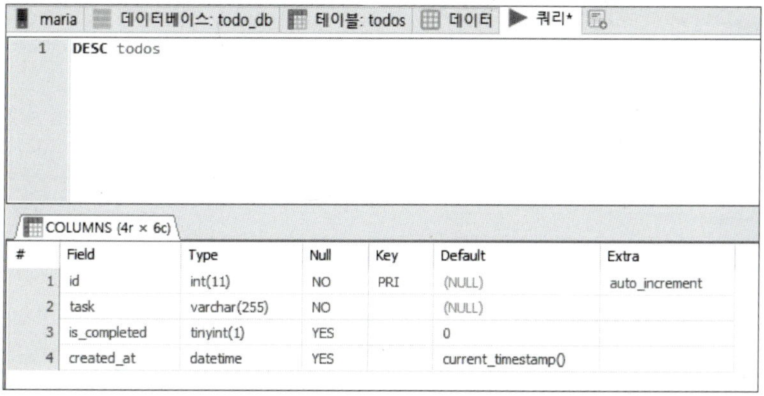

그림 8.5 테이블 확인

❺ 프로젝트 폴더(8_todo_list_project)에 database_design.sql 파일을 만들고, 앞서 사용한 CREATE DATABASE와 CREATE TABLE 구문을 복사하여 붙여 넣는다. 이것은 내가 어떤 구조로 DB를 설계했는지 기록하고 나중에 다시 확인하기 위함이다.

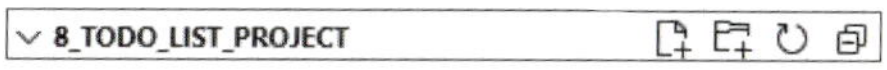

그림 8.6 폴더 생성

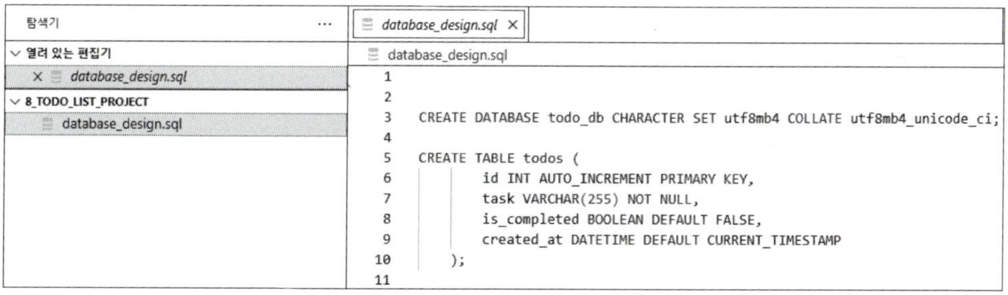

그림 8.7 sql 확인

8.3 2단계: UI/UX 디자인하기 (스티치 + 피그마 + AI 이미지)

사용자가 볼 화면을 디자인해 보자. 앞서 4~5장에서 배운 내용을 총동원해 스티치에서 아래 프롬프트를 사용하거나, 직접 필요한 프롬프트를 구성하여 UI 템플릿을 생성해 보자.

콘셉트 및 프롬프트 구체화

- **콘셉트:** 부드러운 파스텔 톤의 미니멀리즘 Todo List(투두리스트) 앱

  사용자가 할 일을 입력하고 관리하는 데 집중할 수 있도록 깔끔하고 직관적인 디자인을 적용한다.

- **스티치 프롬프트 작성 예시:** 영문 또는 한글로 작성한다.

영문

A minimalist To-Do List web application UI.
Theme: soft pastel colors, clean and intuitive design.
Layout:
1. A main title "My Todo List" at the top.
2. Below the title, an input field to add new tasks and an "Add" button next to it.
3. Below the input area, a list of to-do items. Each item should have a checkbox on the left, the task text in the middle, and a "Delete" button on the right. When a task is completed, the text should have a line-through.
4. Use a light pastel blue for the background and a slightly darker blue for the 'Add' button.
5. Generate an image of a working woman in the left position to match the title line.

한글

미니멀한 디자인의 할 일 목록(To-Do List) 웹 애플리케이션 UI.
테마: 부드러운 파스텔 톤, 깔끔하고 직관적인 디자인.
레이아웃:
1. 상단에 "My Todo List"라는 주 제목을 배치한다.
2. 제목 아래에는 새로운 할 일을 추가할 수 있는 입력창과 그 옆에 "추가(Add)" 버튼을 둔다.
3. 입력창 아래에는 할 일 목록을 표시한다. 각 항목은 왼쪽에 체크박스, 가운데에 할 일 내용(텍스트), 오른쪽에 "삭제" 아이콘 버튼을 배치한다. 체크박스 클릭하면 완료로 판정하고 텍스트에 취소선이 표시되어야 한다.
4. 배경색은 연한 파스텔 블루, '추가' 버튼은 그보다 조금 더 진한 파란색을 사용한다.
5. 좌측에 작업을 하는 여성의 이미지를 제목 줄에 맞추어서 생성한다.

디자인 생성 및 피그마에서 다듬기

❶ 스티치에 접속하여 작성한 프롬프트를 입력하고, 〈디자인 생성〉 버튼을 클릭해 디자인 시안을 생성한다.

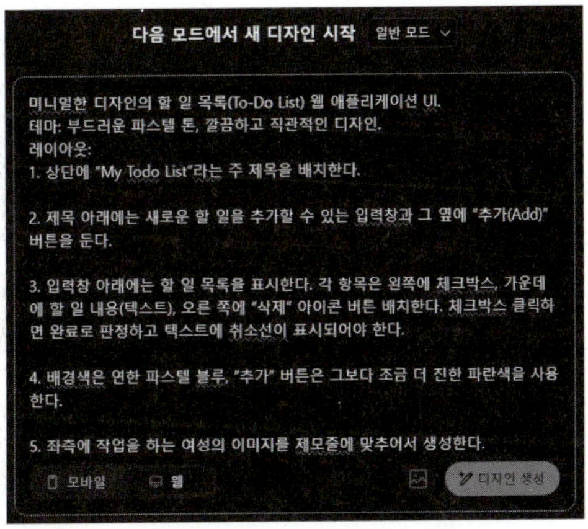

그림 8.8 스티치 프롬프트

❷ 디자인 생성이 완료되면 최종 템플릿을 선택하고 피그마로 내보낸다.

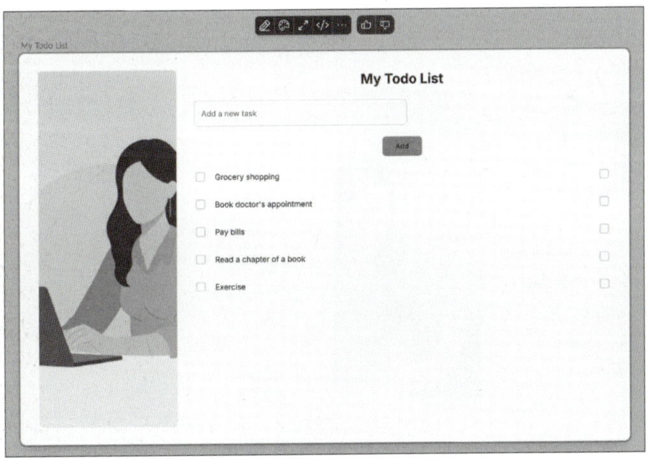

그림 8.9 생성된 템플릿

❸ 피그마에서 디자인을 최종으로 다듬는다.

- **AI 이미지 활용**

  '삭제' 버튼에 들어갈 휴지통 아이콘을 AI 이미지 생성 도구인 나노 바나나(Nano Banana)를 활용해 "minimalist trash can icon, pastel color"와 같은 프롬프트로 생성한 후 피그마 디자인에 적용한다.

- 폰트, 색상, 간격 등을 미세하게 조정하여 사용성을 높인다.
- 할 일이 완료되었을 때의 모습(체크 표시, 텍스트에 취소선)도 별도의 컴포넌트 상태로 디자인해 두면 좋다.

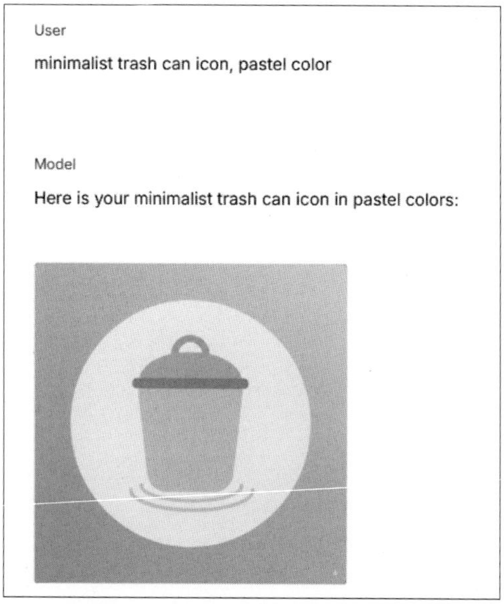

그림 8.10 삭제 아이콘 생성

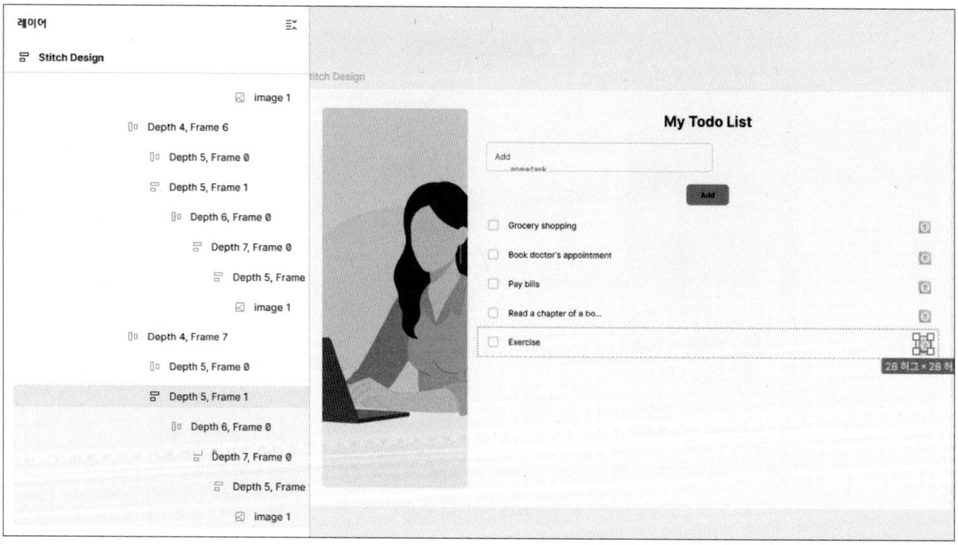

그림 8.11 피그마에서 정리된 템플릿

VIBE CODING

8.4 3단계: 프론트엔드 구현하기 (바이브 코딩/HTML/CSS & 피그마 MCP)

디자인이 완성되었으니 이제 실제 코드로 구현할 차례다. 지금까지 학습한 내용과 생성한 템플릿을 바탕으로, 다음 지시 사항을 유념하며 바이브 코딩을 진행한다.

코드 변환하기

피그마에서 완성된 디자인 프레임의 링크를 복사한다.

VS 코드의 클라인 AI와 피그마 MCP를 사용하여 8_todo_list_project 폴더에 index.html, style.css 파일과 images 폴더를 생성하도록 요청한다.

프롬프트 다음 경로의 피그마 데이터를 읽어와서 웹 페이지를 구성하자.
https://www.figma.com/design/gl3La2LXM6DKhsbVdHF9z1/%EC%A0%9C%EB%AA%A9-%EC%97%86%EC%9D%8C?node-id=17-2&t=yF2e0tAGkchU9tCB-1

- 할 일 입력창은 id='new-todo-input',
- 추가 버튼은 id='add-todo-btn',
- 할 일 목록이 표시될 영역은 id='todo-list'로 만들어줘.

- 이때, HTML 요소에 자바스크립트가 쉽게 접근할 수 있도록 의미 있는 id나 class를 부여해 달라고 프롬프트에 명확히 명시하면 좋다.

그림 8.12 웹 페이지 구성 프롬프트

- 생성된 웹 페이지에 피그마의 모든 데이터가 배치되지 않는다면 추가 프롬프트 요청으로 해당 내용을 채워나간다.

프롬프트 좌측에 이미지가 빠져있다. 피그마 좌측 이미지를 확인하고 다시 배치하자.

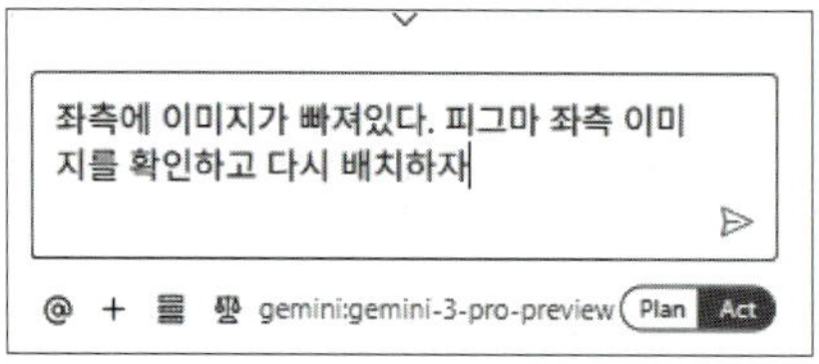

그림 8.13 수정 프롬프트

HTML/CSS 검토 및 수정하기

생성된 index.html 파일을 열어 구조를 확인한다. 특히 할 일 목록이 표시될 〈ul〉 또는 〈div〉 태그(id="todo-list")가 제대로 생성되었는지 확인한다. 처음에는 이 목록이 비어 있는 것이 정상이다.

style.css 파일을 열어 디자인이 피그마 시안과 일치하는지 확인하고, 필요한 부분을 수정한다.

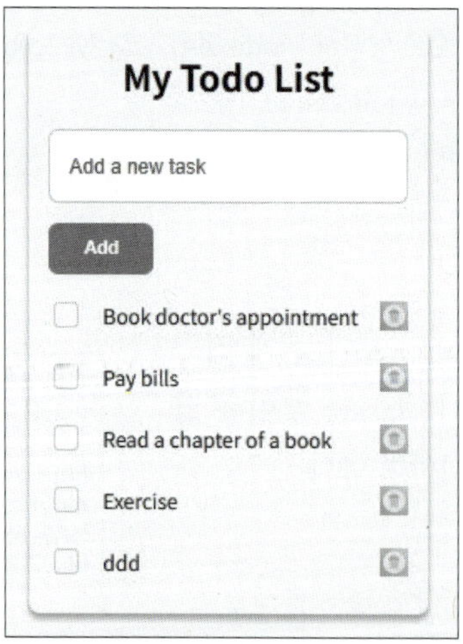

그림 8.14 My Todo List

8.5 4단계: 인터랙션 구현하기 (자바스크립트 & DOM 조작)

모델 성능이 발전하면서 이미 자바스크립트가 정상적으로 작동하고 있을 수도 있다. 다만 스크립트를 더 잘 이해하기 위해, 실제 DB 연동 없이 자바스크립트만으로 할 일의 추가, 완료, 삭제가 이루어지는 것처럼 보이게 하는 과정을 실습해 보자.

● 필요한 요소 선택하기

script.js 파일을 열고, 클라인 AI에게 필요한 모든 HTML 요소를 선택하여 변수에 저장하는 코드를 생성하도록 요청한다.

프롬프트 CLINE, script.js 파일에 다음 id를 가진 요소들을 선택해 각각 변수에 저장하는 코드를 만들어줘. 'new-todo-input', 'add-todo-btn', 'todo-list'.

● 기능별 인터랙션 구현하기(프롬프트 요청 방식)

❶ 할 일 추가 기능

프롬프트 CLINE, 'add-todo-btn' 버튼을 클릭했을 때, 'new-todo-input'에 입력된 값으로 새로운 할 일 항목을 'todo-list'에 추가하는 함수를 만들어줘.

- 새로운 할 일 항목은 li 태그로 만들어야 해.
- li 태그 안에는 (1) 체크박스(input type="checkbox"), (2) 할 일 내용(span 태그), (3) 삭제 버튼(button)이 포함되어야 해.
- 할 일을 추가한 후에는 입력창을 비워줘.

라이브 서버에서 입력창에 내용을 입력하고 〈Add〉 버튼을 클릭하면 목록에 새로운 항목이 추가되는지 확인한다.

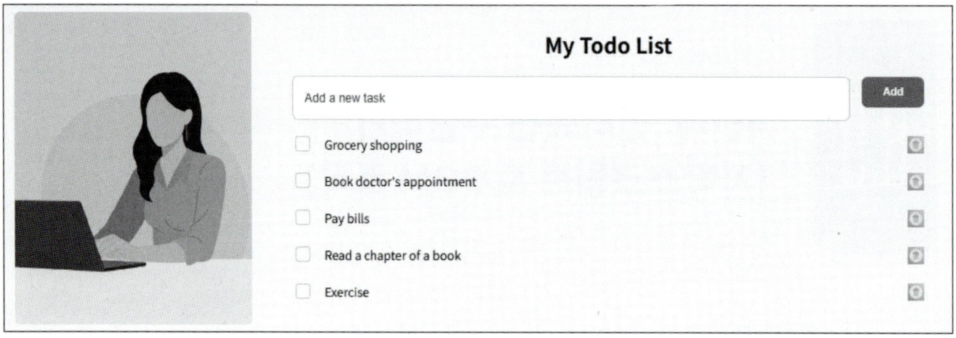

그림 8.15 할 일 추가

❷ 할 일 완료/취소 기능

프롬프트 CLINE, 방금 만든 코드에 이어서, 할 일 목록의 체크박스를 클릭했을 때 해당 할 일 텍스트에 취소선(line-through)이 생겼다가 사라졌다가 하는 토글 기능을 추가해 줘.
- 이벤트 위임(Event Delegation)을 사용해서 'todo-list' 전체에 이벤트 리스너를 하나만 추가하고, 클릭된 요소가 체크박스인지 확인해 처리해 줘.

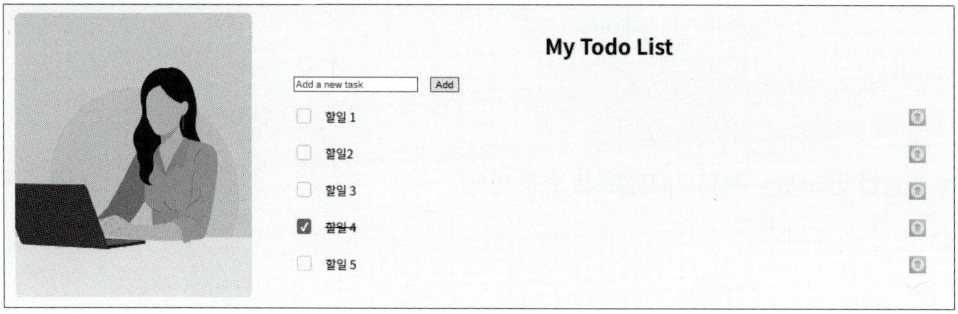

그림 8.16 할 일 완료

추가된 할 일의 체크박스를 클릭해 체크 표시하면 텍스트에 취소선이 생기고, 다시 클릭하면 취소선이 사라지는지 확인한다.

❸ 할 일 삭제 기능

프롬프트 CLINE, 마지막으로 할 일 항목에 있는 '삭제' 아이콘을 클릭하면 해당 li 태그 전체가 목록에서 삭제되는 기능을 추가해 줘.
- 이 기능도 이벤트 위임을 사용해 'todo-list'에 구현해 줘. 클릭된 요소가 삭제 아이콘인지 확인해야 해.

'삭제' 아이콘을 클릭하면 해당 항목이 목록에서 완전히 사라지는지 확인한다.

8.6 발표 및 평가

발표 준비

1. 시연 시나리오 작성

❶ 초기 화면 보여주기 → ❷ 새로운 할 일 3~4개 추가하기 → ❸ 특정 할 일 완료 처리하기 → ❹ 완료된 할 일 다시 미완료로 바꾸기 → ❺ 특정 할 일 삭제하기 → ❻ 최종 화면 보여주기 순으로 진행한다.

2. 발표 자료 준비(간단한 PPT 또는 노션 페이지)

- **프로젝트 개요**: 어떤 프로젝트인지, 목표는 무엇이었는지 소개한다.
- **데이터베이스 설계**: todos 테이블 구조를 보여주고, 각 열을 왜 그렇게 설계했는지 설명한다.
- **디자인 시안**: 스티치/피그마로 만든 최종 디자인 시안을 보여주고, 디자인 콘셉트와 AI 활용 과정을 설명한다.
- **핵심 기능 구현**: 자바스크립트로 구현한 '추가', '완료', '삭제' 기능의 핵심 코드 일부를 보여주며 작동 방식을 설명한다.
- **프로젝트 후기**: 프로젝트를 진행하며 느낀 점, 어려웠던 점, 배운 점 등을 공유한다.

발표 및 질의응답

- 작성한 시나리오에 따라 프로젝트를 직접 시연한다.
- 준비한 발표 자료를 바탕으로 5~10분 동안 프로젝트를 설명한다.
- 교수님과 동료들의 질문에 답변하고, 다른 동료들의 프로젝트를 보며 건설적인 피드백을 주고받는다.

이번 중간 프로젝트를 통해 흩어져 있던 지식들이 하나의 목표를 위해 어떻게 유기적으로 활용되는지 경험하고, 바이브 코딩 기반 웹 개발의 전체적인 흐름에 자신감을 갖게 될 것이다.

지금은 완벽하지 않아도 괜찮다. 스스로 문제를 해결하고, 배운 내용을 총동원해 결과물을 만들어 내는 과정을 반복하며, AI 시대에 가장 필요하고 경쟁력 있는 능력을 키워나갈 수 있을 것이다.

9 장

Node.js의 이해와 자바스크립트 복습/심화

학 습 목 표

1. Node.js의 개념과 역할을 이해한다. 자바스크립트가 웹 브라우저를 벗어나 서버 컴퓨터에서도 실행될 수 있는 이유와, 이것이 웹 개발에 어떤 혁신을 가져왔는지 설명할 수 있다.
2. Node.js의 핵심 특징인 '비동기 I/O'가 무엇인지, 이것이 왜 Node.js를 효율적인 서버로 만드는지 비유를 통해 이해한다.
3. Node.js와 npm을 직접 설치하고, 터미널에서 기본 명령어를 사용해 버전을 확인하며 간단한 자바스크립트 파일을 실행할 수 있다.
4. 웹 서버 개발을 쉽게 해 주는 Express.js 프레임워크의 개념을 이해하고, 단 몇 줄의 코드로 "Hello, World!"를 응답하는 가장 기본적인 웹 서버를 구축할 수 있다.
5. 백엔드 개발에 필수적인 자바스크립트 핵심 문법을 복습하고, 특히 비동기 처리의 발전 과정(콜백 → 프로미스 → async/await)을 이해하여 앞으로의 데이터베이스 연동에 대비한다.

VIBE CODING

9.1 Node.js: 브라우저 밖으로 나온 자바스크립트

지금까지 우리는 사용자 눈에 보이는 프론트엔드(Front-End) 세상에 집중해왔다. 이제부터는 웹 애플리케이션의 보이지 않는 심장, 백엔드(Back-End)의 세계로 첫발을 내딛는다.

다음은 프론트엔드와 백엔드라는 개념을 시각적으로 어떻게 표현할 수 있는지 알아보기 위해 제미나이 2.0 플래시 모델과 나노 바나나 프로 모델로 만든 결과를 비교했다. 만들어진 이미지를 살펴보면, 각 모델에 동일한 프롬프트를 실행했을 때 출력되는 결과로, 각 모델의 특징을 확인할 수 있다.

프롬프트 프론트엔드와 백엔드를 설명하는 그림을 그려줘.

결과 마치 아이스버그처럼, 수면 위에 보이는 화려하고 사용자 친화적인 웹사이트 화면(프론트엔드)과, 수면 아래 보이지 않지만 웹사이트를 작동시키는 복잡한 서버, 데이터베이스, API 등의 구조(백엔드)를 대비시켜 표현하는 그림을 그리겠습니다.

화살표를 사용하여 프론트엔드와 백엔드가 서로 데이터를 주고받는 흐름을 나타내어 두 영역의 상호작용 방식을 시각적으로 보여줄게요.

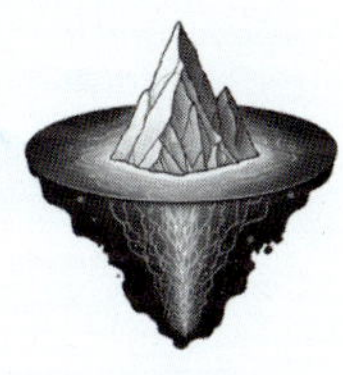

그림 9.1 프론트와 백엔드

나노 바나나 프로 결과

생성된 이미지는 프론트엔드(Frontend)와 백엔드(Backend)의 개념과 상호 작용을 직관적인 인포그래픽으로 표현하고 있습니다. 프론트엔드와 백엔드는 서로 긴밀하게 협력하여 사용자가 웹 서비스나 애플리케이션을 원활하게 이용할 수 있도록 합니다.

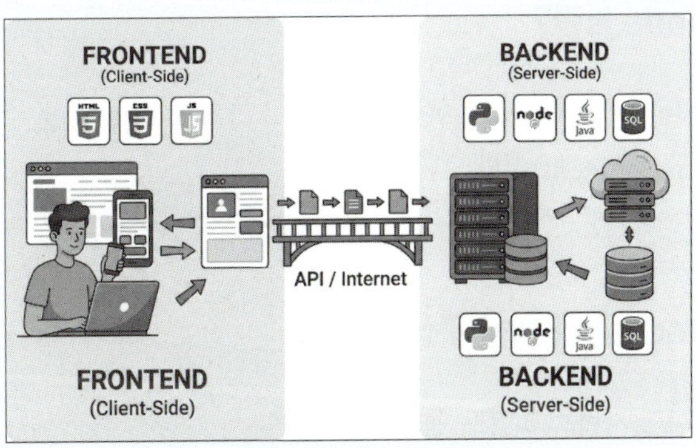

그림 9.2 나노 바나나 프로

지금까지 우리가 작성한 자바스크립트 코드는 오직 웹 브라우저 안에서만 동작했다. 이는 브라우저에 자바스크립트 코드를 해석하고 실행하는 '자바스크립트 엔진(예 크롬의 V8 엔진)'이 내장되어 있기 때문이다.

2009년, 라이언 달(Ryan Dahl)이라는 개발자는 다음과 같이 생각했다. '세상에서 가장 인기 있는 프로그래밍 언어 중 하나인 자바스크립트를 웹 브라우저뿐만 아니라 내 컴퓨터(서버)에서도 범용적으로 사용할 수 있다면 어떨까?' 그는 크롬의 V8 자바스크립트 엔진을 브라우저에서 분리해 C++로 만든 프로그램에 결합했다. 그리고 파일 시스템 접근, 네트워크 통신 등 서버 컴퓨터에서 필요한 기능들을 추가했다. 이렇게 탄생한 것이 바로 Node.js이다.

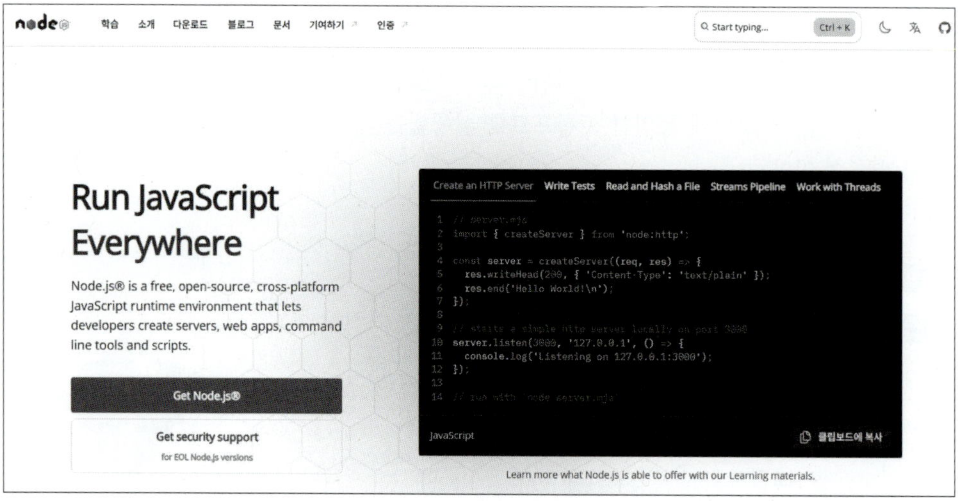

그림 9.3 Node.Js

Node.js란?

서버 측(Server-Side)에서도 자바스크립트를 실행할 수 있게 해 주는 런타임 환경(Runtime Environment)이다.

Node.js의 핵심 구성 요소

- **V8 자바스크립트 엔진**
  구글에서 개발한 V8 엔진은 자바스크립트 코드를 직접 기계어로 컴파일하는 Just-In-Time(JIT) 컴파일러를 사용해 뛰어난 성능을 제공한다.

이 엔진은 구글 크롬 브라우저에도 사용되며, 지속적인 최적화를 통해 자바스크립트 실행 속도를 크게 향상시켰다.

- **libuv 라이브러리**

  Node.js는 V8 엔진 외에 libuv라는 C++ 라이브러리를 사용한다. libuv는 비동기 I/O 작업을 처리하는 핵심 구성 요소로, 파일 시스템 작업, 네트워크 통신, 타이머 등 시스템 수준 작업을 효율적으로 관리한다.

  또한, 윈도우, 맥OS, 리눅스 등 다양한 운영체제에서 일관된 동작을 보장하는 크로스 플랫폼 지원을 제공한다.

Node.js가 가져온 혁신

- **하나의 언어로 풀스택 개발 가능**

  프론트엔드(브라우저)와 백엔드(서버)를 모두 자바스크립트라는 단일 언어로 개발할 수 있게 되었다. 이는 개발자의 학습 곡선을 낮추고, 코드 재사용성을 높이며, 개발팀 간 소통을 원활하게 만드는 큰 장점이다.

- **높은 생산성**

  자바스크립트의 쉽고 유연한 문법 덕분에 다른 서버 언어(자바, C# 등)보다 빠르게 배우고, 신속하게 프로토타입과 실제 서비스를 개발할 수 있다.

- **거대한 생태계**

  npm(Node Package Manager)이라는 강력한 패키지 관리자를 통해 전 세계 개발자들이 만든 수백만 개의 유용한 코드 라이브러리(패키지)를 손쉽게 활용할 수 있다.

그림 9.4 Node.Js 로고

VIBE CODING

9.2 Node.js의 심장: 비동기 논블로킹 I/O

Node.js가 왜 효율적인 서버로 평가받는지 이해하려면, 핵심 특징인 '비동기 논블로킹 I/O' 개념을 알아야 한다. 어렵게 들릴 수 있지만, 식당의 웨이터에 비유하면 쉽게 이해할 수 있다.

동기 블로킹(Synchronous Blocking) 방식의 웨이터

❶ 1번 손님에게 주문을 받는다.

❷ 주방에 주문을 전달한 후, 요리가 완성될 때까지 주방 앞에서 가만히 기다린다(→ 블로킹).

❸ 요리가 나오면 1번 손님에게 서빙한다.

❹ 그제서야 2번 손님에게 가서 주문을 받는다.

- **단점**: 한 손님의 요리가 끝날 때까지 다른 손님들은 아무런 서비스도 받지 못한다. 매우 비효율적이다.

비동기 논블로킹(Asynchronous Non-Blocking) 방식의 웨이터(Node.js 방식)

❶ 1번 손님에게 주문을 받는다.

❷ 주방에 주문을 전달하고, "요리 나 되면 알려주세요!"라고 말한 뒤 기다리지 않고 곧바로 2번 손님에게 간다(논블로킹).

❸ 2번 손님에게 주문을 받고 주방에 전달한 후, 다시 3번 손님에게 간다.

❹ 주방에서 "1번 손님 요리 나왔어요!"라고 알림(콜백)이 오면, 하던 일을 잠시 멈추고 1번 손님에게 서빙한다.

❺ 서빙을 마친 후 다시 원래 하던 일(3번 손님 주문 받기 등)로 돌아간다.

- **장점**: 웨이터(서버의 메인 스레드)가 오래 걸리는 작업(요리, 파일 읽기, DB 조회 등)을 기다리지 않고, 그 시간에 다른 요청들을 처리할 수 있다.

즉, 적은 자원으로도 많은 요청을 동시에 처리하는 데 매우 유리하다.

Node.js는 이런 비동기 논블로킹 방식으로 작동하기 때문에 실시간 채팅, 스트리밍 서비스, 소규모 API 서버 등 입출력(I/O)이 잦은 애플리케이션에서 특히 뛰어난 성능을 발휘한다.

npm이란?

npm(Node Package Manager)은 Node.js를 설치하면 함께 설치되는 전 세계 최대의 소프트웨어 저장소이자 패키지 관리 도구이다.

- **패키지(Package)**

특정 기능을 수행하는 코드 묶음(라이브러리 또는 모듈)이다. 전 세계 개발자들이 만든 수많은 유용한 기능들이 npm을 통해 공유되어 있다.

- **npm의 주요 역할**

필요한 패키지를 검색하고, 내 프로젝트에 매우 쉽게 설치할 수 있다. 설치된 패키지들의 버전을 관리하고, 쉽게 업데이트하거나 삭제할 수 있다. 프로젝트에 필요한 모든 패키지들의 목록과 정보는 package.json 파일에 기록되어 다른 개발자나 컴퓨터에서도 동일한 개발 환경을 손쉽게 구성할 수 있도록 도와준다.

그림 9.5 위키피디아 npm

Express.js 프레임워크

Node.js만으로도 웹 서버를 만들 수 있지만, 코드가 복잡하고 처리해야 할 것이 많다. 마치 자동차를 만들 때 바퀴, 엔진, 핸들 등을 모두 직접 조립하는 것과 같다.

프레임워크(Framework)는 이러한 복잡한 작업을 더 쉽게 할 수 있도록 기본 구조와 필수 기능들을 미리 제공하는 '뼈대' 또는 '반제품'과 같다. 우리는 이 뼈대 위에 비즈니스 로직이라는 살만 붙이면 되기 때문에 훨씬 빠르고 안정적으로 개발할 수 있다.

Express.js는 Node.js를 위한 가장 대표적이고 인기 있는 웹 프레임워크다. 복잡한 네트워크 처리, 요청(Request)과 응답(Response) 관리, 경로(URL) 설정 등을 매우 간단하고 직관적인 코드로 구현할 수 있게 도와준다.

express

그림 9.6 익스프레스 로고

자바스크립트 핵심 문법 복습 및 심화: 비동기 처리

Node.js의 비동기적 특성 때문에 우리는 '결과를 기다리지 않고 다음 코드로 넘어가는' 방식의 코드를 자주 작성하게 된다. 이때 "작업이 나중에 끝나면 이 함수를 실행해 줘."라고 지정해두는 방식이 필요한데, 이것이 바로 비동기 처리다.

자바스크립트의 비동기 처리는 다음과 같이 발전해왔다.

❶ 콜백(Callback)

가장 기본적인 방식으로, 작업이 완료되었을 때 호출할 함수를 인자로 전달하는 구조다.

- **문제점**: 비동기 작업이 여러 개 중첩되면, 콜백 함수 안에 또 다른 콜백이 들어가는 '콜백 지옥(Callback Hell)' 현상이 발생하여 코드가 복잡하고 읽기 어려워진다.

❷ 프로미스(Promise)

콜백 지옥 문제를 해결하기 위해 등장한 방식으로, '언젠가 완료될 작업'을 표현하는 객체다.

.then()을 사용해 작업 성공 시 처리, .catch()를 사용해 실패 시 처리를 체인 형태로 깔끔하게 연결할 수 있어 코드의 가독성이 높아진다.

❸ async/await(가장 현대적인 방식)

프로미스를 더욱 동기 코드처럼 보이게 하는 '문법적 설탕(Syntactic Sugar)'이다.

비동기 함수 앞에 async 키워드를 붙이고, 기다려야 하는 부분 앞에 await를 붙이면 된다. 코드가 위에서 아래로 순차적으로 실행되는 것처럼 보여, 비동기 로직을 직관적이고 이해하기 쉽게 작성할 수 있다. 본 교재에서는 이 async/await 방식을 주로 사용한다.

9.3 1단계: Node.js 개발 환경 설정하기 (프롬프트 요청)

이번 실습은 VS 코드와 클라인 AI를 활용하여 크게 두 단계로 나누어 클라인 AI에게 작업을 요청하는 방식으로 진행된다.

- **개발 환경 설정:** Node.js와 npm 설치 및 확인, 프로젝트 초기화
- **기본 웹 서버 구축:** Express.js 설치 후 가장 간단한 웹 서버 코드를 작성하고 실행

Node.js 설치(수동 진행)하기

❶ Node.js 사이트(nodejs.org)에 접속한다.

LTS(Long Term Support) 버전의 〈다운로드〉 버튼을 클릭한다. LTS 버전은 장기적으로 안정적인 지원이 제공되는 버전으로, 실제 개발 환경에서 사용하기에 권장된다.

그림 9.7 Node.js 다운로드

❷ 다운로드한 설치 파일을 실행하고, 모든 옵션을 기본값으로 둔 채 설치를 완료한다.

그림 9.8 노드 설치

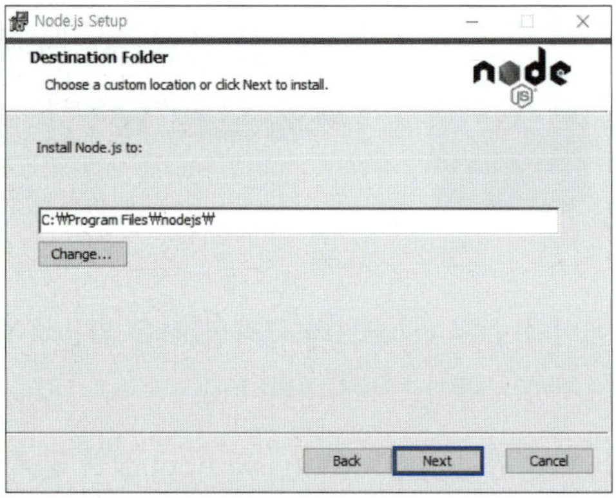

그림 9.9 노드 설치 경로 확인

❸ 설치 경로를 확인한다.

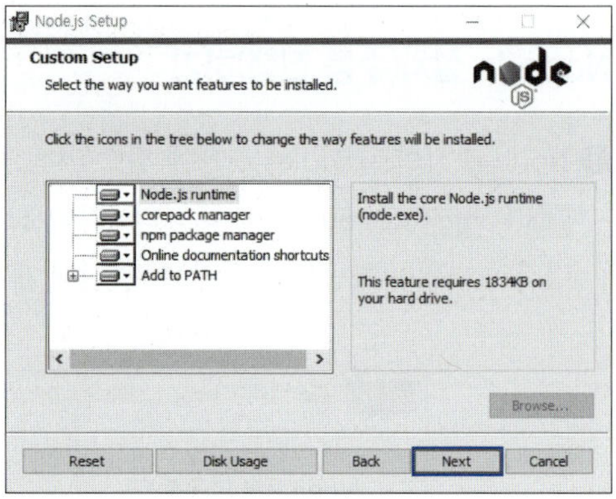

그림 9.10 노드 설치 목록 확인

❹ 노드 설치에 필요한 설정을 모두 적용한다.

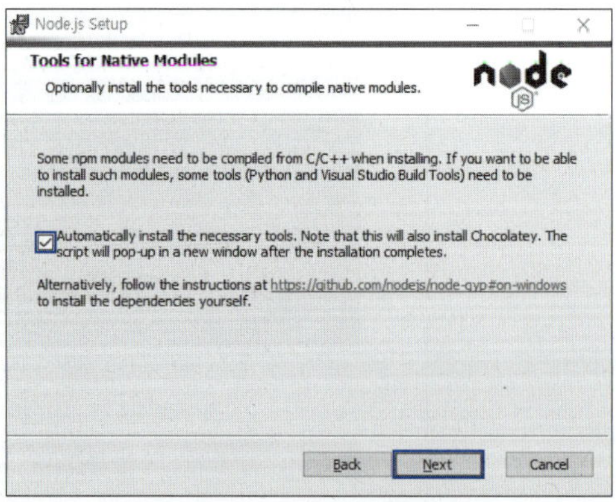

그림 9.11 노드 서포트 툴 추가 확인

클라인 AI에게 설치 확인 및 프로젝트 초기화 요청하기

❶ VS 코드를 실행하고 터미널(Ctrl+`)을 연다. '9_my_first_server'라는 이름의 새 프로젝트 폴더를 만든 후 VS 코드에서 해당 폴더를 연다.

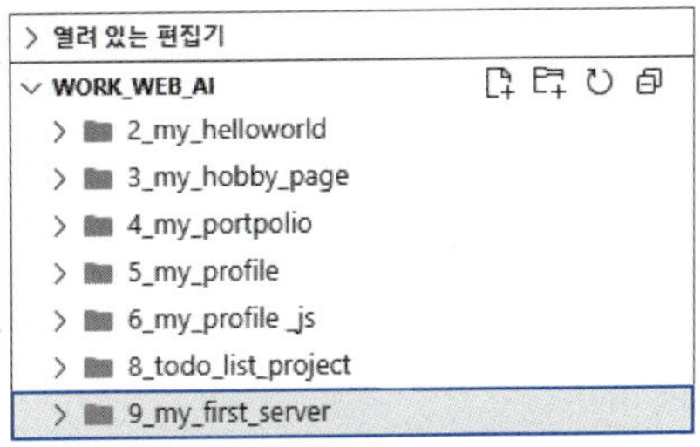

그림 9.12 프로젝트 생성

❷ 프롬프트 창에 다음과 같이 통합 프롬프트를 입력하고 요청한다.

VS 코드에서 9_my_first_server 폴더로 이동한 후 다음 프롬프트를 시작하자. 만약 상위 경로에서 작업을 진행한다면 현재 작업 위치가 9_my_first_server 폴더임을 클라이언트에게 명확히 알려주어야 한다.

프롬프트 CLINE, Node.js 개발 환경 설정을 시작할 거야. 다음 작업을 터미널에서 순서대로 실행하고 결과를 확인해 줘.

1. Node.js가 제대로 설치되었는지 확인하기 위해 node -v 명령어를 실행해 줘.
2. npm이 제대로 설치되었는지 확인하기 위해 npm -v 명령어를 실행해 줘.
3. 현재 '9_my_first_server' 프로젝트를 Node.js 프로젝트로 초기화하기 위해 npm init -y 명령어를 실행해 줘.
4. 초기화가 완료되면, 프로젝트 폴더에 'package.json' 파일이 생성되었는지 확인해 줘.

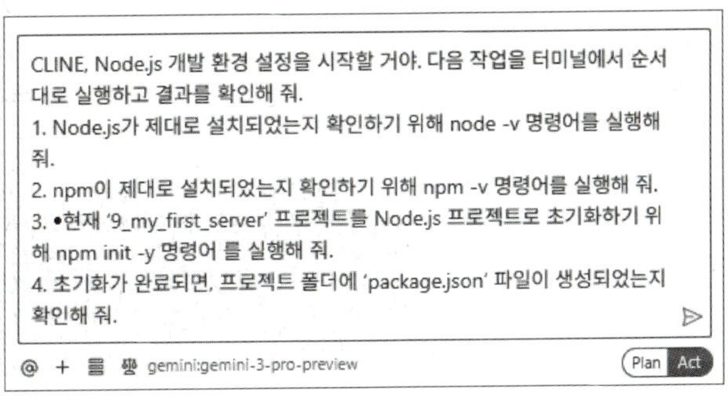

그림 9.13 프롬프트 실행

❸ 클라인 AI가 터미널에서 각 명령어를 실행하고 Node.js와 npm의 버전 번호가 출력되는 것을 확인한다. 또한 npm init -y 명령어를 실행한 후 VS 코드 탐색기에 package.json 파일이 생성된 것을 확인한다. 이 파일은 프로젝트의 정보와 의존성(설치된 패키지 목록)을 관리하는 중요한 파일이다.

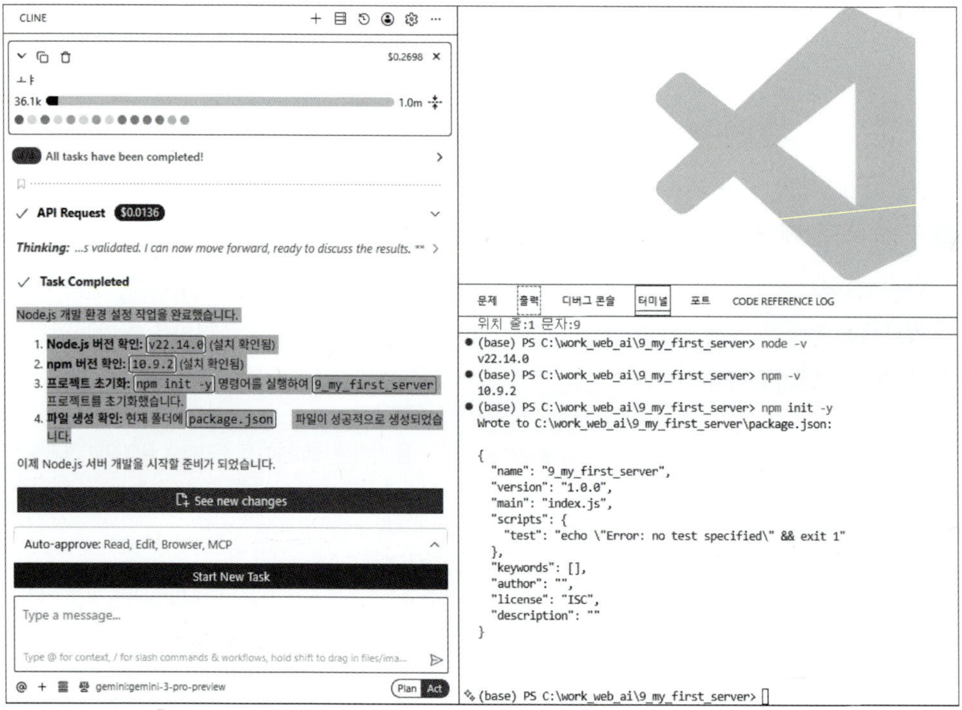

그림 9.14 프롬프트 실행 결과

알아두세요

클라인은 [Plan]과 [Act] 두 가지 모드가 있다. Plan은 작업 진행에 필요한 사항을 분석하는 기능이고, Act는 실제 작업을 수행하는 기능이다. 프롬프트를 실행할 때 환경 수정 작업을 진행하려면 [Act] 모드를 활성화해야 한다. 클라인은 Act 환경에서 실질적인 데이터 처리를 수행한다. 참고로 클라인은 [Plan] 모드 상태에서도 작업 진행(Working)이 필요할 경우, 사용자에게 [Act] 모드 전환을 요청한다. 승인만 하면 바이브 코딩은 자동으로 진행될 것이다.

9.4 학습 정리 및 연습문제

학습 정리

이번 장에서는 백엔드 세계에 들어서서 Node.js와 Express.js를 사용해 첫 웹 서버를 구축하는 흥미로운 경험을 했다.

- **Node.js:** 브라우저 밖에서 자바스크립트를 실행할 수 있게 하는 런타임 환경으로, 프론트엔드와 백엔드를 모두 자바스크립트로 개발할 수 있도록 한다.
- **비동기 논블로킹 I/O:** Node.js의 핵심 특징으로, 오래 걸리는 작업을 기다리지 않고 다른 요청을 효율적으로 처리해 높은 성능을 낼 수 있다는 점을 이해했다.
- **npm:** Node.js의 패키지 관리자이며, npm init으로 프로젝트를 초기화하고 npm install로 필요한 패키지(Express.js)를 설치하는 방법을 익혔다.
- **Express.js:** Node.js 웹 개발을 쉽고 빠르게 하는 웹 프레임워크로, 단 몇 줄의 코드만으로도 간단한 웹 서버를 구축할 수 있음을 확인했다.
- **자바스크립트 비동기 처리:** 콜백, 프로미스, 그리고 앞으로 주로 사용할 async/await 개념을 복습하며, 비동기 처리가 Node.js 개발에서 왜 중요한지도 이해했다.

연습문제(프롬프트 중심 접근)

01 새로운 경로(Route) 추가하기

현재 서버는 기본 경로(/)에만 응답한다. 브라우저에서 'localhost:3000/about'으로 접속했을 때 "이것은 About 페이지입니다."라고 응답하도록 서버 코드를 수정해 보자.

02 HTML 파일 응답하기

지금은 단순 텍스트만 응답하고 있다. 프로젝트 폴더에 index.html 파일을 만들고, 서버의 기본 경로(/)로 접속했을 때 이 HTML 파일의 내용을 보여주도록 서버 코드를 수정해 보자.

03 JSON 데이터 응답하기

앞으로 API 서버는 주로 JSON 형태로 데이터를 응답한다. /api/user 경로로 접속했을 때 간단한 사용자 정보가 담긴 JSON 데이터를 응답하도록 서버 코드를 수정해 보자.

10장

웹 계산기 제작

학습목표

1. PRD(제품 요구 사항 명세서) 작성 능력: 만들려는 애플리케이션의 모든 요구 사항(디자인, 구조, 기능, 예외 처리)을 체계적으로 문서화하여 AI가 명확하게 이해할 수 있도록 작성할 수 있다.
2. UI 설계 및 구현 능력: 간단한 애플리케이션(계산기)의 UI를 구상한 후, 이를 HTML과 CSS로 직접 구조화하고 디자인할 수 있다. 필요시 AI 이미지 생성 도구를 활용해 디자인 요소를 보강할 수 있다.
3. 클라이언트 측 자바스크립트 로직 구현 능력: 사용자의 연속 입력(숫자, 연산자 클릭)을 처리하고 상태를 관리하며, 최종 계산을 수행하는 복합적인 클라이언트 사이드 로직을 작성할 수 있다.
4. Node.js/Express를 이용한 정적 파일 서비스 능력: express.static 미들웨어를 사용해 완성된 웹 앱(HTML/CSS/JS 파일 묶음)을 사용자에게 제공하는 간단한 웹 서버를 구축하고 실행할 수 있다.
5. 프로젝트 통합 및 시연 능력: 각기 다른 역할을 하는 파일들(HTML, CSS, JS, 서버 파일)을 하나의 프로젝트로 통합하고, 완성된 결과물을 다른 사람에게 시연하며 그 구조와 동작 원리를 설명할 수 있다.

10.1 통합 요구 사항 정의: PRD란?

이번 장에서는 풀스택(Full-Stack) 경험의 미니 버전으로 웹 계산기 프로젝트를 완성한다. 특히 AI 코딩 어시스턴트(클라인)와 효율적으로 협업하기 위한 핵심 도구인 PRD(Product Requirements Document, 제품 요구 사항 명세서) 작성법을 배운다.

그림 10.1 피그마를 이용해 웹 계산기 프로젝트를 위한 단계별 개발 및 협업 과정 흐름의 시각화

다음은 피그마에 정의된 PRD 작성 이유에 관한 글(www.figma.com/resource-library/product-requirements-document/)이다.

> PRD는 제품 출시에 필요한 요건을 간략하게 설명하는 문서다. 이 문서는 팀이 제품을 설계, 구축, 테스트하는 데 도움을 준다. PRD는 제품의 다음 사항을 포괄하는 개요 역할을 한다.
>
> - 목적
> - 특징 및 기능

- 사용자 페르소나
- 주요 가치 제안
- 출시 기준
- 잠재적 위험

PRD는 이러한 세부 사항을 매핑하여 팀 구성원과 이해관계자가 프로젝트의 다음 단계, 범위, 위험에 대해 조율하도록 돕고, 초기 단계부터 출시까지 개발을 안내한다. PRD는 일반적으로 '어떻게' 만들어질지보다는 '무엇'을 만들고 있는지에 초점을 맞춰 전반적인 그림을 그린다.

알아두세요

지금까지 우리는 클라인 AI에게 "이 버튼 만들어줘.", "이 기능 추가해 줘."와 같이 작은 단위로 여러 번 지시를 내렸다. 이 방법은 간단한 작업에는 유용하지만, 프로젝트가 복잡해지면 비효율적이고 일관성을 잃기 쉽다. AI는 이전에 한 말을 잊거나 전체적인 맥락을 놓칠 수도 있다.

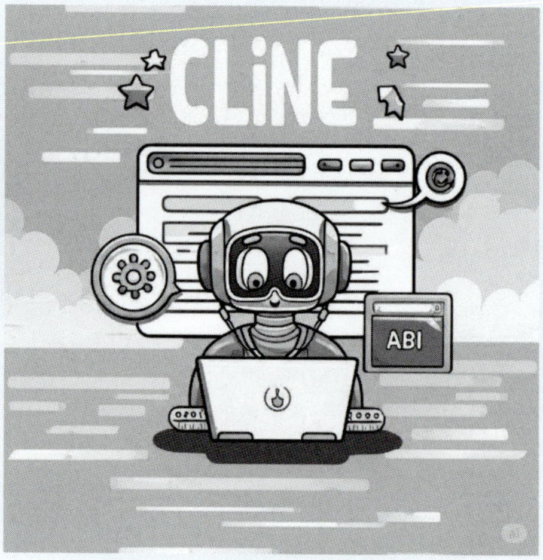

그림 10.2 클라인

과연 효율적이고 LLM 모델이 잘 이해할 수 있도록 업무를 전달하는 방법은 무엇일까? 그 해답이 바로 PRD(제품 요구 사항 명세서)를 작성하는 것이다.

PRD란?

PRD는 우리가 만들고자 하는 제품(웹 애플리케이션)에 대한 모든 요구 사항을 상세하고 체계적으로 정리한 '마스터 플랜' 또는 '설계도'이다. 단순히 '계산기 만들기'라고 적는 것이 아니라, 디자인 콘셉트, HTML 구조, 각 버튼의 역할, 모든 기능의 동작 방식, 심지어 오류 처리 방법까지 프로젝트의 모든 측면을 명확한 언어로 기록한다.

왜 AI 시대에 PRD가 중요한가?

❶ **명확한 소통:** PRD는 개발자(우리)와 AI 조수(클라인) 사이의 가장 명확한 소통 수단이다. "알아서 잘 만들어줘."가 아니라 "이 설계도대로 정확하게 만들어줘."라고 지시하는 것이다.

❷ **일관성 유지:** AI가 프로젝트 전체의 맥락과 목표를 한 번에 파악하기 때문에 생성되는 코드의 일관성이 높아진다.

❸ **생산성 극대화:** 여러 번의 질문과 답변, 수정 요청을 거치는 대신, 잘 짜인 PRD 하나를 전달해 개발 과정을 획기적으로 단축할 수 있다.

❹ **개발자의 역할 변화:** 코드를 한 줄씩 쓰는 '코더'에서 전체 시스템을 설계하고 요구 사항을 정의하는 '아키텍트(Architect)' 또는 '설계자'로 역할이 격상된다. AI에게 무엇을, 어떻게 만들지 지시하는 능력이 더욱 중요해진다.

좋은 PRD를 작성하는 방법

좋은 PRD는 누가 읽어도(사람이든 AI든) 오해의 소지가 없도록 명확해야 한다. 보통 다음과 같은 내용을 포함한다.

❶ **프로젝트 개요:** 만들려는 것이 무엇이고 목표가 무엇인지 한두 문장으로 요약한다.

❷ **디자인 및 레이아웃:** 전체적인 디자인 콘셉트(예 다크 테마, 미니멀리즘)와 레이아웃 구조를 설명한다. 필요시 피그마 링크나 이미지 시안을 첨부한다.

❸ **HTML 구조 요구 사항:** 어떤 태그를 사용할지, 각 요소의 id나 class는 무엇으로 할지 등 페이지의 뼈대를 정의한다.

❹ **CSS 스타일 요구 사항:** 색상, 폰트, 배치 등 디자인의 세부 사항과 특정 상태(예 버튼에 마우스를 올렸을 때)의 스타일 변화를 정의한다.

❺ **자바스크립트 기능 요구 사항:** 각 기능이 어떤 조건에서 어떻게 동작해야 하는지를 매우 상세하게 기술한다. 예외 처리나 오류 상황에 대한 정의도 포함하면 좋다.

이번 프로젝트에서는 우리가 직접 이 PRD를 작성하고, 이를 기반으로 프로젝트를 진행하는 방식을 체험할 것이다.

클라이언트-서버 역할 및 eval() 함수 복습

- **서버의 역할(Node.js/Express)**: 이번 프로젝트에서 서버는 '정적 파일 서빙'이라는 단 하나의 역할만 수행한다. 즉, 사용자가 접속하면 계산기 웹 앱을 구성하는 index.html, style.css, script.js 파일을 사용자 브라우저에 전달하는 '배달부' 역할을 한다. 계산 과정에는 전혀 관여하지 않는다.
- **클라이언트의 역할(웹 브라우저)**: 모든 계산 로직은 사용자의 브라우저에서 실행되는 클라이언트 측 자바스크립트가 전담한다.
- **eval() 함수**: 문자열로 된 수식을 계산하는 강력한 함수다. 학습 목적으로 계산기 로직을 간단히 구현하기 위해 사용하지만, 보안에 매우 취약하므로 실제 상용 서비스에서는 절대 사용해서는 안 된다는 점을 다시 한번 기억하자.

그림 10.3 PRD 업무

10.2 웹 계산기 제작 - 1단계: 구조와 디자인 만들기 (PRD 1단계 전달)

PRD를 기반으로 프로젝트 전체를 한 번에 생성하는 진일보된 바이브 코딩 방식을 체득한다.

프로젝트 폴더 준비 및 서버 코드 초기화하기

이전 실습과 동일하게 서버의 기본 틀을 잡는 과정이다. 이 작업은 하나의 간단한 프롬프트로 처리할 수 있다.

❶ 활용 모델 설정하기

이번에는 학습 차원에서 제미나이-3-프로-프리뷰 모델을 사용한다. 만약 3.0 버전 사용이 어렵다면 2.5 모델로 진행해도 문제없이 작업할 수 있다.

알아두세요 **제미나이 3.0 프로 모델 특징**

❶ 주요 기능

- 멀티모달 지원: 텍스트와 이미지를 동시에 처리 (예: 스크린샷 분석, 디자인 검토)
- 브라우저 제어: 웹 탐색 및 개발 서버 테스트 가능

❷ 성능

- 컨텍스트 윈도우: 100만 토큰(책 수십 권 분량, 대규모 프로젝트 전체 코드 처리 가능)

❸ 가격(100만 토큰 기준)

- 입력: $2(20만 토큰 이하) / $4(20만 토큰 초과)
- 캐시 읽기: $0.4(재사용 시 저렴)
- 출력: $12(20만 토큰 이하) / $18(20만 토큰 초과)

❹ 특징

방대한 문맥 처리를 할 수 있는 고성능 모델이지만, 20만 토큰 초과 시 비용 증가

그림 10.4 모델 선택

❷ VS 코드에서 10_web_calculator 폴더를 만들고 연다.

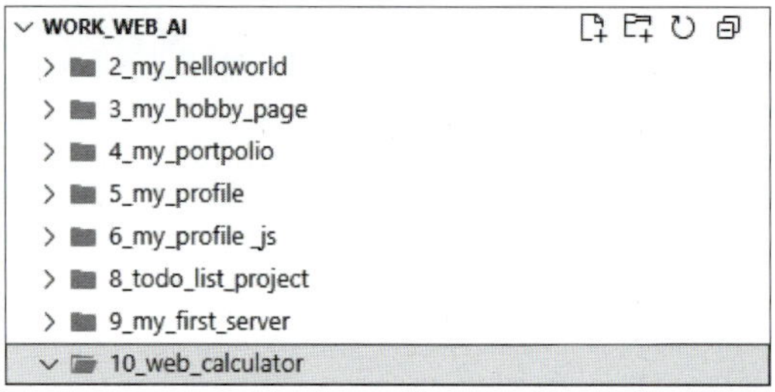

그림 10.5 폴더 생성

❸ 클라인 AI에게 다음과 같이 요청한다.

개발을 위해 먼저 10_web_calculator 폴더로 이동하자.

> **프롬프트** CLINE, '웹 계산기' 프로젝트의 기본 서버 환경을 설정해 줘.
> 1. npm init -y와 npm install express를 터미널에서 실행해 줘.
> 2. 루트에 server.js 파일을 만들고, public 폴더를 정적 파일로 서비스하는 기본 Express 서버 코드를 작성해 줘. 서버는 3000번 포트를 사용해야 해.

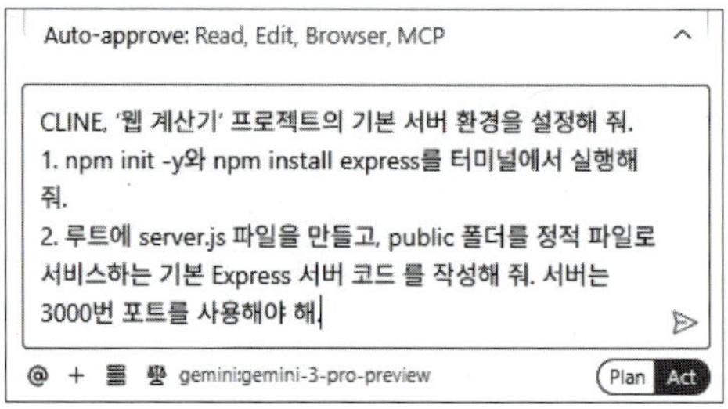

그림 10.6 프롬프트 생성

PRD 1단계 – 계산기 구조 및 디자인

❶ **목표**: 자바스크립트 기능 없이 시각적으로 완성된 정적 계산기 UI를 생성한다.

❷ **파일 구조**: public 폴더 안에 index.html과 style.css 파일을 생성한다.

❸ **HTML 구조 요구 사항**(index.html)

- 시맨틱 마크업을 사용하고, 전체를 <div class="calculator">로 감싼다.
- 내부에 결과를 표시할 <div id="display" class="display">0</div>를 생성한다.
- 버튼들을 담을 <div class="buttons">를 생성한다.

• 모든 버튼은 〈button〉 태그로 생성하며, 공통으로 btn 클래스를 부여한다.
• (중요) 각 버튼에는 기능 식별을 위한 data-* 속성을 다음과 같이 부여한다.
  · 숫자 버튼(0-9, .): data-type="number"
  · 연산자 버튼(+, -, *, /): data-type="operator"
  · 'C' 버튼: data-action="clear"
  · '←' 버튼: data-action="delete"
  · '=' 버튼: data-action="equals"

❹ CSS 스타일 요구 사항(style.css)
  • **전체 테마**: 모던 다크 테마. body는 flex를 사용하여 계산기를 화면 중앙에 배치한다.
  • **레이아웃**: .buttons는 display: grid로 설정하고, 5행 4열의 격자 구조로 만든다.
  • **스타일**
    · .display: 폰트 크기를 키우고, 텍스트를 오른쪽 정렬하며 충분한 안쪽 여백을 준다.
    · .btn[data-type="operator"]: 숫자 버튼과 구분되는 배경색을 적용한다.
    · .btn[data-action="equals"]: 강조 색상을 적용한다.
    · button[data-value="0"]: grid-column: span 2;를 적용해 두 칸을 차지하도록 한다.
    · 모든 버튼에 :hover 효과를 적용해 배경색이 살짝 밝아지도록 설정한다.

클라인 AI에게 PRD 1단계 전달 및 결과 확인하기

❶ 앞서 구성한 PRD를 대괄호 '[]' 안에 붙여 넣고 다음 프롬프트를 실행한다.

프롬프트 CLINE, 이제 계산기의 UI를 만들 차례야. 아래 <PRD Phase 1>의 요구 사항에 맞춰 public 폴더 안에 index.html과 style.css 파일의 내용을 완벽하게 작성해 줘. 자바스크립트 기능은 아직 필요 없어.

[... <PRD 1단계> 내용 전체를 여기에 붙여 넣기 ...]

그림 10.7 PRD 프롬프트 실행

❷ 만들어진 결과 확인을 위해 다음 명령을 실행하자.

- 10_web_calculator 경로로 이동한다.
- node server.js로 서버를 실행한 후 'localhost :3000'에 접속한다.
- 실행 중 에러가 발생하면 에러 메시지를 프롬프트에 입력하고 수정 작업을 진행한다.
- 오른쪽 에러 메시지를 프롬프트에 입력한 후 "Cline, 해당 에러를 수정하자."라고 명령한다.

생성 시 버튼 순서가 다르게 나타날 수 있다. 생성된 버튼의 순서를 변경하려면 다음과 같이 명령한다.

프롬프트 클라인 버튼 순서를 고치자.
C , / , * , ←
7 , 8 , 9 , -
4,5,6,+
1,2,3,
0(span=2),. , =(height 2칸)

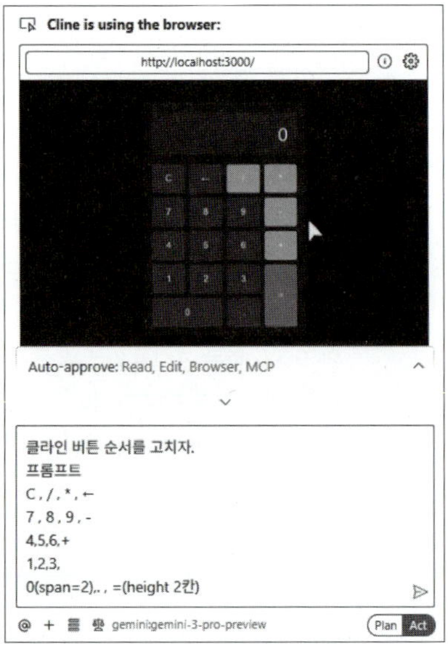

그림 10.8 에러 확인

❸ 버튼은 눌리지 않지만, 완벽하게 디자인된 계산기 UI가 화면에 나타나는지 확인한다.

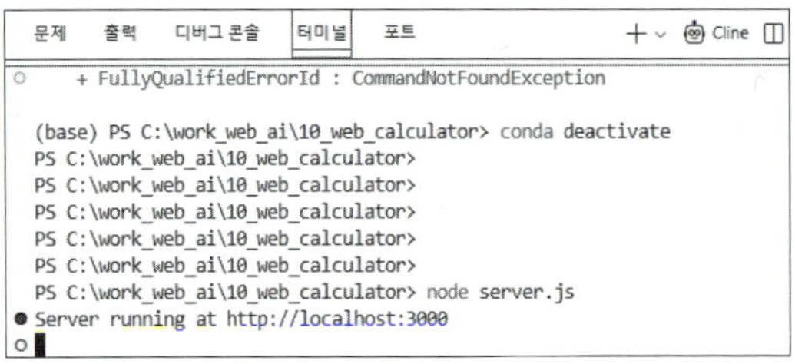

그림 10.9 수정 후 서버 실행

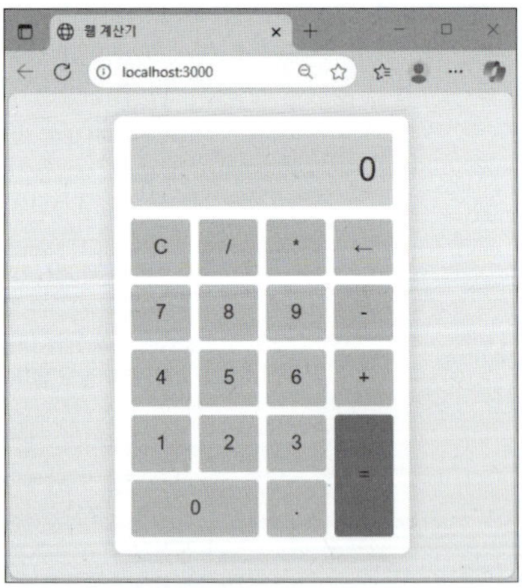

그림 10.10 실행 결과

알아두세요

버튼의 배치가 잘 맞지 않을 경우, 각 버튼의 위치를 개별적으로 지정하여 배치를 완성한다.
예를 들어, '=' 버튼은 위로 두 칸 올려서 조정한다.

VIBE CODING

10.3 2단계: 기능 및 로직 구현하기 (PRD 2단계 전달)

정적인 UI가 완성되었으므로 이제 생명을 불어넣을 차례다.

PRD 2단계 – 계산기 기능 및 로직 구현

❶ **목표**: 1단계에서 생성한 'index.html' 구조를 기반으로, 'public/script.js' 파일에 모든 계산기 기능을 구현한다.

❷ **구현 방식**

- 모든 코드는 DOMContentLoaded 이벤트 리스너 안에서 실행되도록 한다.
- 버튼 클릭 이벤트는 .buttons 컨테이너에 단 하나의 이벤트 리스너를 추가하는 이벤트 위임 방식으로 처리한다.

❸ **기능 요구 사항(script.js)**

- DOM 요소 선택: display와 buttons 컨테이너를 변수에 저장한다.
- 버튼 클릭 처리 로직
  - 클릭된 버튼의 dataset.type 또는 dataset.action 속성을 확인해 기능을 분기한다.
  - 숫자(number) 버튼 클릭 시
    - 현재 디스플레이가 '0' 또는 'Error'이면 내용을 클릭된 숫자로 교체한다.
    - 그렇지 않으면 디스플레이 내용 뒤에 숫자를 추가한다.
  - 연산자(operator) 버튼 클릭 시
    - 디스플레이의 마지막 글자가 이미 연산자인 경우 아무 동작도 하지 않는다.
    - 그 외에는 디스플레이 내용 뒤에 공백과 함께 연산자를 추가한다. (예 ... 5 +)
  - 'C(clear)' 버튼 클릭 시: 디스플레이 내용을 '0'으로 초기화한다.
  - '←(delete)' 버튼 클릭 시: 디스플레이 내용의 마지막 글자를 삭제한다. 내용이 비거나 한 글자만 남았을 경우 '0'으로 변경한다.
  - '=(equals)' 버튼 클릭 시

    ① 디스플레이의 수식 문자열을 가져온다.

    ② try...catch 구문을 사용한다.

    ③ try 블록 안에서 new Function('return'+수식 문자열)()을 사용해 결과를 계산한다.

    ④ 계산된 결과를 디스플레이에 표시한다.

    ⑤ catch 블록에서 오류가 발생하면 디스플레이에 "Error"를 표시한다.

클라인 AI에게 PRD 2단계 전달 & 최종 시연 및 코드 리뷰하기

❶ 앞서 구성한 PRD를 다음 대괄호 '[ ]' 안에 붙여 넣고 프롬프트를 실행한다.

프롬프트 CLINE, 이제 계산기를 동작하게 만들자. public 폴더에 script.js 파일을 생성하고, 아래 <PRD 2단계>의 요구 사항에 맞춰 모든 자바스크립트 로직을 작성해 줘.

[... <PRD 2단계> 내용 전체를 여기에 붙여 넣기 ...]

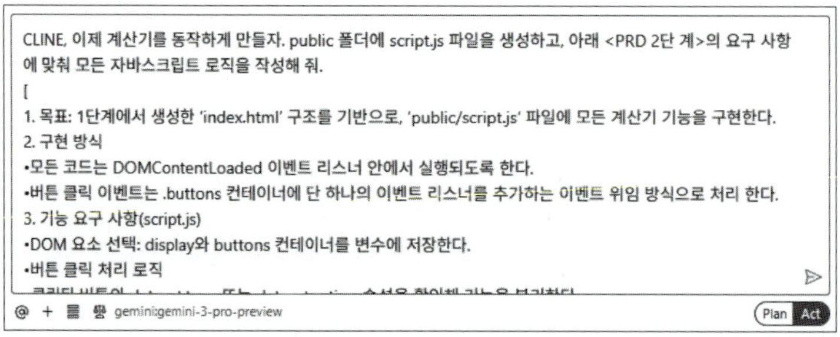

그림 10.11 PRD 프롬프트 실행

❷ 라이브 서버가 실행 중이라면 페이지는 자동으로 업데이트된다. 서버가 중지된 상태라면 해당 경로에서 node server.js 명령어로 다시 실행한다.

실행 중 에러가 발생할 수 있으며, 에러가 발생하면 해당 메시지를 프롬프트에 입력한 후 수정 작업을 진행한다.

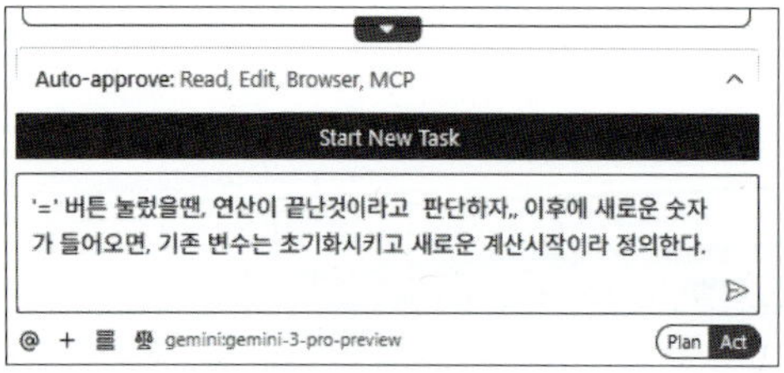

그림 10.12 에러 수정

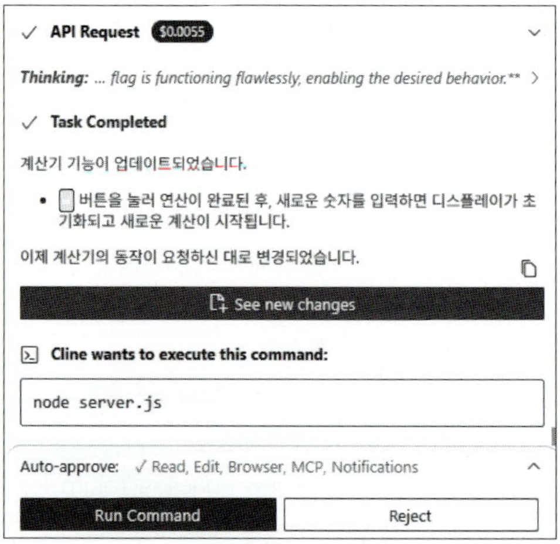

그림 10.13 수정 결과

❸ 브라우저에서 계산기의 모든 기능이 PRD에 명시된 대로 정확하게 동작하는지 꼼꼼하게 테스트한다.

완성된 코드를 동료들과 함께 리뷰하며, 단계적인 PRD 방식의 장점과 new Function() 방식이 어떻게 사용되었는지를 함께 논의한다.

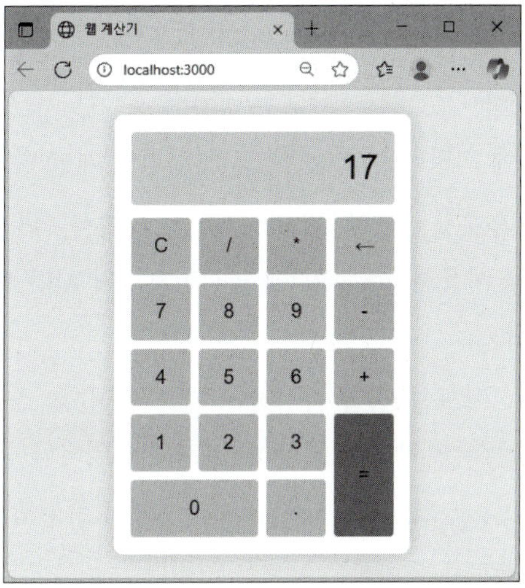

그림 10.14 라이브 서버로 실행한 모습

10.4 학습 정리 및 연습문제

학습 정리

이번 장의 프로젝트를 통해 AI 코딩 어시스턴트와의 협업 수준을 한층 끌어올렸다.

- **단계적 PRD 기반 개발:** 프로젝트를 '구조/디자인'과 '기능/로직'으로 나누고, 단계별 PRD를 작성하여 AI에 전달하는 효율적이고 안정적인 개발 방식을 체득했다.
- **안전한 코드 생성 유도:** 보안에 취약한 eval() 대신, 더 안전한 대안인 new Function() 생성자를 사용하도록 PRD에 명시함으로써 AI가 더 높은 품질의 코드를 생성하도록 유도했다.
- **개발자 역할의 변화:** 코드를 직접 작성하는 것을 넘어, 시스템을 설계하고 명확한 요구 사항을 정의하는 '아키텍트'의 역할이 AI 시대에 얼마나 중요한지 체감했다.
- **프로젝트 통합 능력:** express.static, HTML, CSS, 복합적인 자바스크립트 로직을 하나의 완성된 프로젝트로 통합하는 능력을 키웠다.

알아두세요

현재는 무료 기반 AI 모델을 사용 중이며, 모델의 특성을 고려하고 프로그램의 단계별 과정을 이해하기 위해 PRD를 분리하여 진행하고 있다. 더 높은 추론 성능을 가진 유료 모델들, 대표적으로 Anthropic 사의 클로드(Claude)-Opus 4와 같은 모델을 활용하면 더 복잡한 형태의 프로그램도 단일 PRD로 개발할 수 있다. 제미나이 2.5, 3.0 프로 모델 역시 최고의 Agentic AI 기능을 충분히 활용할 수 있다. 충분히 학습한 후 다양한 바이브 코딩 도전에 나설 수 있다는 점을 명심하자.

그림 10.15 클로드 코드

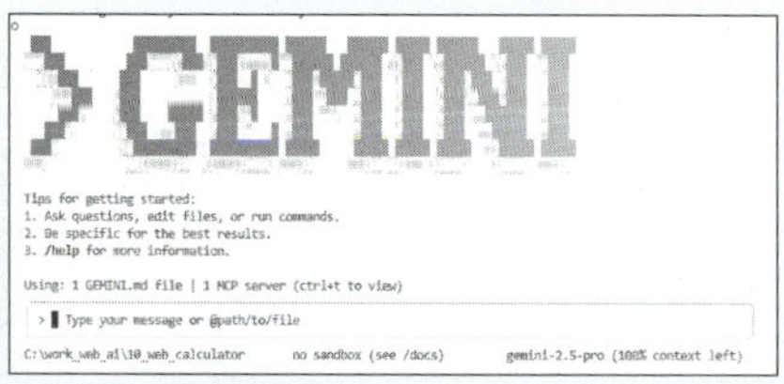

그림 10.16 제미나이 코드

연습문제(프롬프트 중심 접근)

기존 PRD에 새로운 요구 사항을 추가하고, 이를 클라인 AI에 전달해 프로젝트를 개선해 보자.

01 키보드 입력 지원 기능 추가하기

PRD 업데이트: PRD 2단계 문서에 〈기능 요구 사항 추가: 4. 키보드 입력〉 섹션을 추가한다.

02 계산 기록(History) 표시 기능 추가하기

PRD 업데이트: PRD 1단계와 2단계 문서를 각각 업데이트한다.

11장

Todo List 백엔드 API 서버 구축

학습목표

1. RESTful API 개념 이해: 웹 서비스에서 자원(Resource)을 어떻게 표현하고, 어떤 방식으로 요청하고 응답하는지에 대한 표준 설계 원칙을 이해한다.
2. API 엔드포인트 설계 능력: CRUD(Create, Read, Update, Delete) 기능에 맞춰 직관적이고 일관성 있는 API 경로(URL)와 HTTP 메서드(GET, POST, PUT, DELETE)를 직접 설계할 수 있다.
3. Node.js와 MariaDB 연동 능력: mysql2 라이브러리를 활용해 Node.js 애플리케이션이 MariaDB 데이터베이스에 연결하고, SQL 쿼리를 실행하여 데이터를 주고받는 방법을 익힌다.
4. 비동기 데이터베이스 처리 능력: 데이터베이스 작업이 대표적인 비동기 작업임을 이해하고, async/await를 사용하여 안정적으로 DB 처리 로직을 구현할 수 있다.
5. 단계적 PRD 작성 능력: 백엔드 API 서버의 모든 요구 사항을 체계적으로 정리한 PRD를 작성하고, 이를 기반으로 클라인 AI에게 서버 구축을 요청하는 방식을 훈련한다.

VIBE CODING

11.1 API란 무엇인가? RESTful API의 이해

드디어 프론트엔드와 백엔드를 연결하는 핵심, API 서버를 구축한다. 이번 장에서는 사용자가 직접 보는 화면은 만들지 않고, 대신 보이지 않는 곳에서 데이터를 처리하며, 프론트엔드(다음 장에서 만들 Todo List 앱) 요청에 응답하는 튼튼한 백엔드 서버를 만드는 데 집중한다.

식당에서 음식을 주문할 때 주방에 직접 들어가 "닭고기 100g과 양파 반 개를 볶아주세요."라고 말하지 않는 것과 같다. 대신 잘 정리된 메뉴판(Menu)을 보고, 웨이터(Waiter)에게 "닭갈비 1인분 주세요."라고 간단히 요청한다.

● API란?

API(Application Programming Interface)는 바로 이 메뉴판과 웨이터 역할을 하는 소프트웨어 간의 약속(Interface)이다.

- **클라이언트(손님)**: "데이터 좀 줘!" 또는 "이 데이터 저장해 줘!"라고 요청한다.
- **서버(주방)**: API라는 정해진 약속에 따라 요청을 받고, 데이터를 처리(요리)한 뒤 약속된 형태로 결과를 클라이언트에게 전달한다.

● RESTful API란?

RESTful API는 이러한 API를 설계하는, 가장 널리 쓰이는 스타일 중 하나다. 'REST 아키텍처 스타일을 충실히 따르는 API'라는 뜻으로, 다음과 같은 몇 가지 핵심 원칙이 있다.

❶ **자원(Resource) 중심**: 모든 것을 '자원(명사)'으로 표현한다.

- (O) /todos(할 일들), /users/1(1번 사용자)
- (X) /getTodos(할 일을 가져와), /deleteUser(사용자를 삭제해)

❷ **행위(Verb)는 HTTP 메서드로 표현**: 자원에 대한 행위는 HTTP 메서드로 나타낸다.

- **GET**: 자원을 조회(Read)한다. (예 GET /todos → 모든 할 일 목록 조회)

- **POST**: 자원을 생성(Create)한다. (예 POST /todos → 새로운 할 일 추가)
- **PUT 또는 PATCH**: 자원을 수정(Update)한다. (예 PUT /todos/5 → 5번 할 일 수정)
- **DELETE**: 자원을 삭제(Delete)한다. (예 DELETE /todos/5 → 5번 할 일 삭제)

❸ **자체 표현성(Self-Descriptiveness)**: API 응답 자체에 데이터가 무엇인지, 어떻게 처리해야 하는지에 대한 정보가 포함되어야 한다. 주로 JSON(JavaScript Object Notation: 데이터를 사람이 읽기 쉬운 텍스트 형태로 표현하고 교환하기 위한 경량 데이터) 형식을 사용한다.

이 원칙들을 따르면 API가 매우 직관적이고 이해하기 쉬우며, 일관성을 유지하여 협업에 큰 도움이 된다.

VIBE CODING

11.2 Node.js와 MariaDB 연동: mysql2 라이브러리

Node.js는 자체적으로 MariaDB(MySQL)와 직접 통신하는 기능이 없기 때문에, 이 둘을 연결해 주는 다리 역할을 하는 전문 라이브러리를 설치해야 한다.

mysql2는 Node.js 환경에서 MySQL과 MariaDB를 연동하기 위한 가장 인기 있고 성능 좋은 라이브러리 중 하나다. 기존 mysql 라이브러리보다 빠르고, 프로미스(Promise)를 지원해 async/await 구문과 함께 매우 편리하게 사용할 수 있다는 장점이 있다.

● 연동 과정

❶ **설치:** npm install mysql2 명령어로 프로젝트에 설치한다.

❷ **연결(Connection) 설정:** 데이터베이스 서버 주소, 사용자 명, 비밀번호, 사용할 데이터베이스 이름 등 필요한 정보를 담아 연결 객체를 생성한다.

❸ **쿼리 실행:** 생성한 연결 객체를 통해 SQL 쿼리(SELECT, INSERT 등)를 데이터베이스에 전송하고 결과를 받아온다. 데이터베이스 작업은 네트워크를 통하여 이루어지므로 항상 비동기로 처리해야 한다.

```
PS C:\work_web_ai> npm install mysql2

up to date, audited 14 packages in 871ms

2 packages are looking for funding
  run `npm fund` for details

found 0 vulnerabilities
```

그림 11.1 작업 환경 구성

● 비동기 처리의 중요성: async/await

데이터베이스에 쿼리를 보내고 결과를 받아오는 데는 수 밀리 초(ms)에서 수 초까지 걸릴 수 있다. 만약 이 시간 동안 서버가 멈춰버린다면(동기 블로킹) 다른 모든 요청을 처리할 수 없게 된다. 따라서 데이터베이스와 관련된 모든 작업은 반드시 비동기로 처리해야 한다.

앞서 9장에서 배운 async/await를 사용하여 데이터베이스 작업이 완료될 때까지 깔끔하게 기다린 후 결과를 받아 다음 로직을 처리하도록 코드를 작성해야 한다.

알아두세요

다음은 Node.js로 구현한 모든 할 일을 조회하는 비동기 함수의 예시이다. 특징은 데이터베이스에서 데이터를 조회하는 부분에 await 키워드를 사용해 작업이 끝날 때까지 기다리도록 명령한 점이다.

```
async function getAllTodos() {
    try {

        // db.query가 완료될 때까지 기다린다. (await)
        const [rows] = await db.query('SELECT * FROM todos');

        return rows; // 결과를 반환

    } catch (error) {
        // 오류 처리
        console.error('DB 조회 중 오류 발생:', error);
    }
}
```

11.3 Todo List 백엔드 API 서버 구축 - 1단계: 프로젝트 환경 및 DB 설정하기 (PRD 1단계 전달)

이번 실습은 크게 두 단계의 PRD로 나누어 진행한다. 첫 번째 단계에서는 프로젝트의 기본 환경을 구성하고, 데이터베이스를 설정한다.

프로젝트 폴더 및 초기화하기

❶ VS 코드에서 '11_todo_list'라는 새 프로젝트 폴더를 만들고 연다.

웹 애플리케이션 프로젝트에서는 프론트엔드(다음 장)와 백엔드 코드가 하나의 저장소(폴더) 안에서 함께 관리된다.

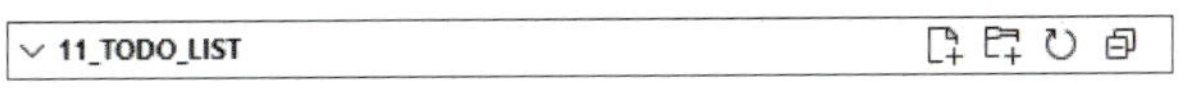

그림 11.2 mysql 연동 모듈 설치

❷ 이번 프로젝트에서 사용할 폴더 구조는 다음과 같으며, 이 구조를 정확히 이해하는 것이 매우 중요하다.

```
11_todo_list/
├── node_modules/      ← npm으로 설치된 패키지들이 저장되는 폴더(자동 생성)
├── public/            ← [프론트엔드 영역] 여기에 HTML, CSS, JS 파일이 위치할 예정(다음 장에서
                         생성)
├── .env               ← [백엔드 영역] DB 접속 정보 등 민감한 환경 변수 파일
├── db.js              ← [백엔드 영역] 데이터베이스 연결 설정 모듈
├── package-lock.json ← npm이 패키지 버전을 관리하는 파일(자동 생성)
├── package.json       ← 프로젝트 정보 및 의존성 패키지 목록
└── server.js          ← [백엔드 영역] 메인 Express 서버 파일
```

PRD 1단계 – Todo List 통합 프로젝트 환경 설정

❶ **목표**: Todo List 풀스택 애플리케이션의 기본 환경을 구성하고, 데이터베이스 연결을 설정한다.

❷ **프로젝트 초기화 및 패키지 설치**

- npm init –y 명령어로 'package.json' 파일을 생성한다.
- 다음 패키지들을 npm install로 설치한다.
  - · express: 웹 프레임워크
  - · mysql2: MariaDB 드라이버
  - · cors: 프론트엔드 요청을 허용하는 미들웨어
- 루트에 public 폴더를 생성한다. (다음 장의 프론트엔드 파일을 위해 비워둠)

❸ **파일 및 폴더 구조 생성**

- 루트에 server.js(메인 서버 파일)를 생성한다.
- 루트에 db.js(DB 연결 설정 파일)를 생성한다.
- 루트에 .env(환경 변수 설정 파일)를 생성한다.
- routes 폴더를 만들고, 그 안에 todos.js(todo 관련 API 라우팅 파일)를 생성한다.

❹ **.env 파일에 데이터베이스 접속 정보 설정**

- 각자의 비밀번호에 맞게 다음과 같은 형식으로 작성한다.
  - · DB_HOST=localhost
  - · DB_USER=root
  - · DB_PASSWORD=0000
  - · DB_DATABASE=todo_db

❺ **데이터베이스 연결 모듈 구현(db.js)**

- dotenv를 사용하여 .env의 환경 변수를 로드한다.
- mysql2/promise를 사용하여 프로미스 기반 커넥션 풀을 생성하고, 이를 내보낸다.

❻ **기본 서버 설정(server.js)**

- 필요한 모듈(express, cors, path)을 가져온다.
- cors()를 적용해 모든 도메인의 요청을 허용한다.
- express.json()을 사용해 JSON 요청 본문을 처리한다.
- express.static('public')으로 public 폴더를 정적 파일 제공 폴더로 지정한다.
- 3001번 포트에서 서버를 실행하며, 실행 시 콘솔에 메시지를 출력한다.

클라인 AI에게 PRD 1단계 전달 및 결과 확인하기

앞서 구성한 PRD를 프롬프트에 입력하여 바이브 코딩을 진행하자.

모델 선정 또한 자유롭게 진행하자. 단 추론 특성상 제미나이 2.5 플래시를 포함해서 이상의 모델을 사용하여 작업을 진행한다.

❶ 프롬프트와 대괄호 '[PRD]'에 내용을 입력하고 수행한다.

프롬프트 CLINE, 'Todo List Full-Stack' 프로젝트의 환경 설정을 시작한다. 아래 <PRD 1단계>의 요구 사항에 맞춰, 11_todo_list 폴더 안에 필요한 모든 파일과 폴더를 생성하고 내용을 완벽하게 작성해 줘.

[... <PRD 1단계> 내용 전체를 여기에 붙여 넣기 ...]

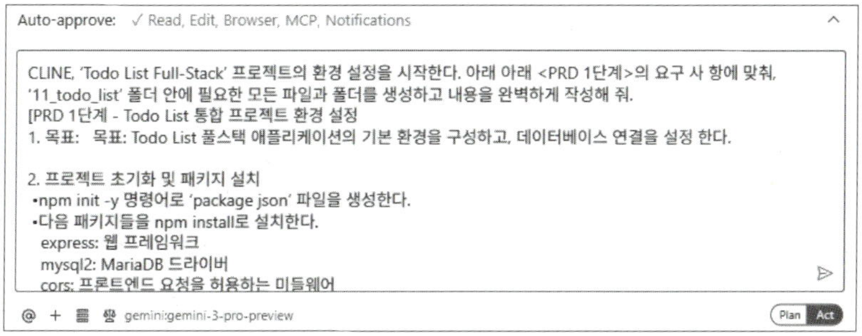

그림 11.3 프롬프트 실행

❷ 클라인 AI의 작업이 완료되면 server.js, db.js, .env, public 폴더 등이 모두 생성되었는지 확인한다.

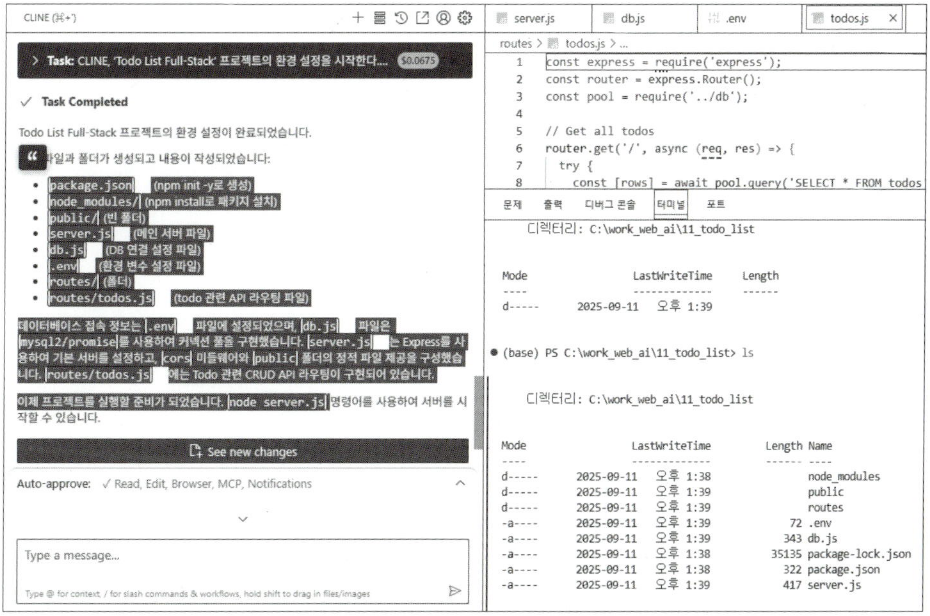

그림 11.4 실행 결과

❸ .env 파일에 현재 사용하고 있는 DB 비밀번호를 정확히 입력한다.

```
.env
DB_HOST=localhost
DB_USER=root
DB_PASSWORD=0000
DB_DATABASE=todo_db
```

그림 11.5 DB 환경 설정

❹ 터미널에서 node server.js를 실행했을 때 오류 없이 서버 실행 메시지가 나타나는지 확인한다.

```
(base) PS C:\work_web_ai\11_todo_list> node .\server.js
node:internal/modules/cjs/loader:1228
  throw err;
  ^

Error: Cannot find module 'dotenv'
Require stack:
- C:\work_web_ai\11_todo_list\db.js
- C:\work_web_ai\11_todo_list\routes\todos.js
- C:\work_web_ai\11_todo_list\server.js
```

그림 11.6 에러 수정

❺ .dotenv 모듈이 없다는 에러가 발생하면 해당 메시지를 클라인에게 전달하고 패키지를 추가로 설치한 후 다시 node server.js를 실행한다. 실행 중 에러가 발생하면 에러 메시지를 클라인에게 전달하고 수정이 완료될 때까지 디버깅을 계속 진행한다.

```
(base) PS C:\work_web_ai\11_todo_list> node server.js
[dotenv@17.2.2] injecting env (4) from .env -- tip: prevent committing .env to code: https://dotenvx.com/precommit
Server running on port 3001
```

그림 11.7 서버 재실행

알아두세요

dotenv 패키지는 환경 변수를 효율적으로 관리하기 위한 도구다.

클라인을 통해 모듈이 재설치된 후 환경 파일에 설정된 형식으로 로딩된 것을 확인한다.

알아두세요

클라인, 더 정확히 말하면 현재 사용 중인 LLM 모델(제미나이)은 개발자의 현재 상황을 완벽하게 파악하지 못할 수 있다. LLM은 전달받은 PRD를 기반으로 업무 환경과 목적을 추론하기 때문에 개발 도중 트러블슈팅은 자연스럽게 발생한다. 이럴 때일수록 정확한 업무 처리를 위해 에러가 발생할 때마다 **나의 개발 환경, 수정이 필요한 지점, 그리고 변화된 사항을 구체적으로 전달하는 습관이 중요하다.** 이러한 태도가 바이브 코딩의 핵심이다.

11.4 2단계: API 엔드포인트 로직 구현하기 (PRD 2단계 전달)

서버의 핵심인 API 로직을 server.js 파일에 직접 구현한다. 이번에는 구조를 단순화하기 위해 별도의 라우팅 파일 없이 server.js 안에 바로 구현해 본다.

라우팅이란 클라이언트의 요청(URI 및 HTTP 메서드)에 따라 서버가 어떤 응답을 할지 결정하는 작업을 의미한다. 즉, 특정 URL 요청에 대하여 어떤 코드를 실행할지 정하는 과정이다. 라우팅을 통해 애플리케이션은 다양한 요청에 적절하게 대응할 수 있다.

PRD 2단계 작성 – Todo List CRUD API 로직 구현

❶ 목표

server.js 파일 안에 할 일(Todo) 데이터를 다루는 CRUD(Create, Read, Update, Delete: 데이터를 생성, 조회, 수정, 삭제하는 기본 데이터 처리 기능) 기능의 RESTful API 엔드포인트를 모두 구현한다.

❷ 구현 방식

- 모든 API 경로는 /api/todos를 기본 경로로 사용한다.
- 데이터베이스 쿼리는 async/await를 사용하여 비동기적으로 처리한다.
- API 응답은 모두 JSON 형식으로 한다.
  - 성공 시: 데이터 또는 성공 메시지 응답
  - 실패 시: HTTP 500 상태 코드와 오류 메시지 응답
- 모든 라우트 핸들러는 try...catch 문으로 감싸 예외 상황을 처리한다.

❸ API 엔드포인트 상세 명세(모두 server.js에 구현)

가. GET /api/todos — **모든 할 일 조회**

- 기능: todos 테이블의 모든 할 일을 최신순으로 조회
- 쿼리: SELECT * FROM todos ORDER BY created_at DESC;
- 응답: 할 일 목록 배열(JSON)

나. POST /api/todos — **새로운 할 일 추가**

- 기능: 새로운 할 일 생성
- 요청 본문 예시: { "task": "새로운 할 일 내용" }
- 로직:

1. 요청 본문에서 task를 추출하고, 비어 있는지 확인(비어 있으면 400 에러 반환)

2. INSERT INTO todos (task) VALUES (?);
3. 새로 삽입된 할 일의 id를 이용해 다시 조회하여 응답
· 응답: 생성된 할 일 객체(JSON)

다. PUT /api/todos/:id — 완료 상태 토글

· 기능: 특정 id를 가진 할 일의 is_completed 상태를 반전
· 쿼리: UPDATE todos SET is_completed = NOT is_completed WHERE id = ?;
· 응답: 성공 메시지(JSON)

라. DELETE /api/todos/:id — 할 일 삭제

· 기능: 특정 id를 가진 할 일을 삭제
· 쿼리: DELETE FROM todos WHERE id = ?;
· 응답: 성공 메시지(JSON)

클라인 AI에게 PRD 2단계 전달하기

❶ 프롬프트의 대괄호 '[PRD]'에 내용을 입력하고, 수행한다.

프롬프트 CLINE, 이제 Todo List API의 핵심 로직을 구현할 차례야. 아래 <PRD 2단계>의 요구 사항에 맞춰, 기존의 server.js 파일에 API 엔드포인트 코드들을 추가해 줘.

[... <PRD 2단계> 내용 전체를 여기에 붙여 넣기 ...]

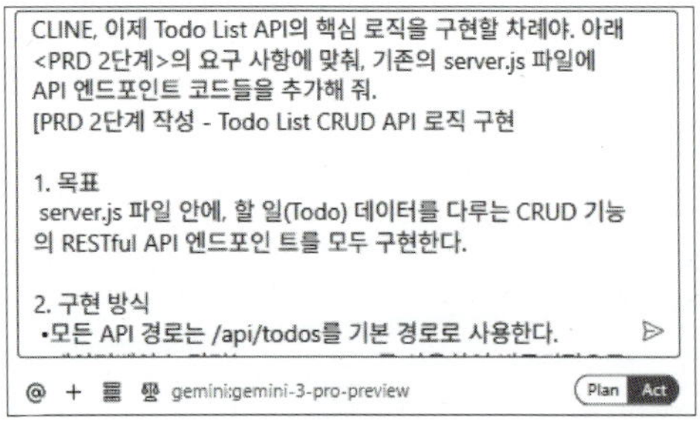

그림 11.8 프롬프트 실행

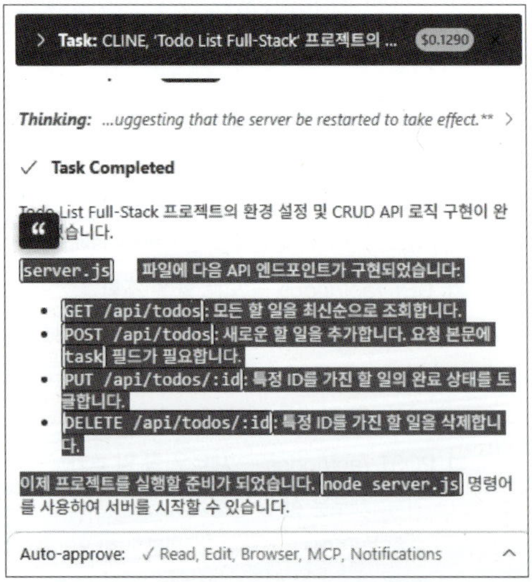

그림 11.9 PRD 실행 결과

❷ PRD에 근거해 CRUD API 개발을 마무리했다. todo.js에 관련된 API 로직이 구성된 것을 확인할 수 있다.

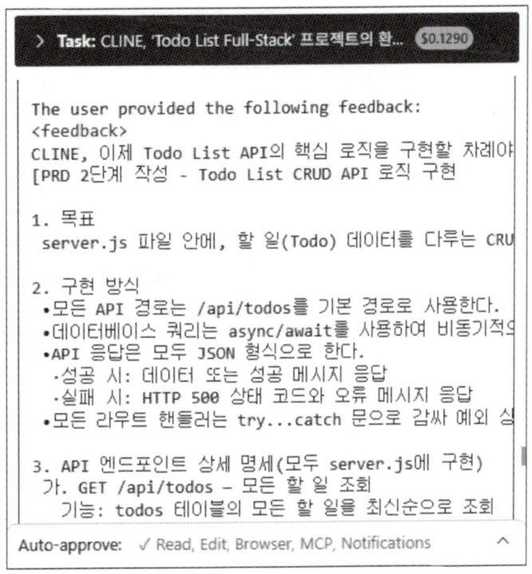

그림 11.10 클라인에서 실행한 PRD

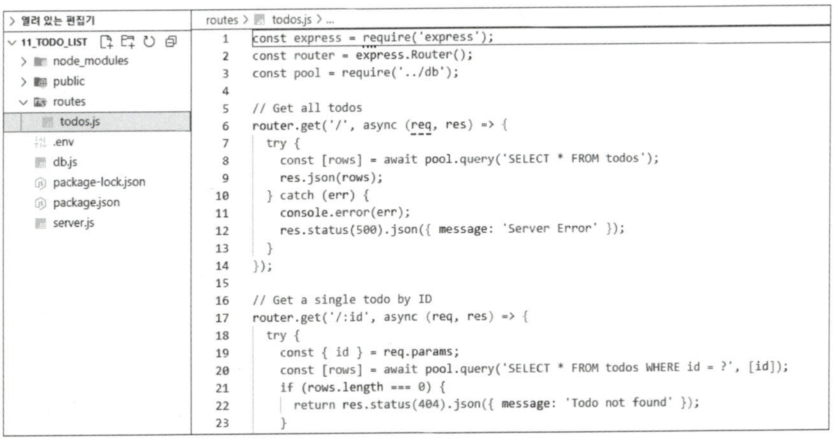

그림 11.11 todo.js 생성 코드

API 테스트하기(Thunder Client 활용)

구현한 API가 정상적으로 작동하는지 확인하기 위해 다음 단계들을 따라 테스트 방법을 살펴보자.

❶ node server.js로 서버를 재시작한다.

```
Server running on port 3001
(base) PS C:\work_web_ai\11_todo_list> node server.js
[dotenv@17.2.2] injecting env (4) from .env -- tip: 🔐 encrypt with Dotenvx: https://dotenvx.com
Server running on port 3001
```

그림 11.12 서버 실행

❷ Thunder Client를 이용하여 각 엔드포인트(GET /api/todos, POST /api/todos 등)가 제대로 작동하는지 꼼꼼히 테스트한다.

알아두세요 **API 테스트 도구(Thunder Client) 설치 및 사용법**

백엔드 API 서버는 웹 브라우저만으로 모든 기능을 테스트하기 어렵다. 예를 들어, 브라우저 주소창에 URL을 입력하는 것은 GET 요청만 보낼 수 있다. 데이터 추가(POST), 수정(PUT), 삭제(DELETE) 요청을 보내려면 별도의 전문 도구가 필요하다.

Thunder Client는 VS 코드에서 바로 사용할 수 있는 가볍고 편리한 API 테스트 도구이다. Postman 같은 외부 프로그램을 설치할 필요 없이 코드를 작성하는 환경에서 바로 API를 테스트할 수 있어 개발 효율이 크게 향상된다.

Thunder Client 설치하기

❶ VS 코드를 실행한다. 왼쪽 활동 표시줄에서 가장 아래쪽 네모 모양의 'Extensions(확장)' 아이콘을 클릭한다. (단축키: Ctrl + Shift + X 또는 Cmd + Shift + X)

❷ 확장 프로그램 마켓플레이스 검색창에 "Thunder Client"를 입력한다.

❸ 검색 결과에서 'Thunder Client(보통 가장 위에 나타남)'를 찾아 파란색 〈Install〉 버튼을 클릭해 설치한다.

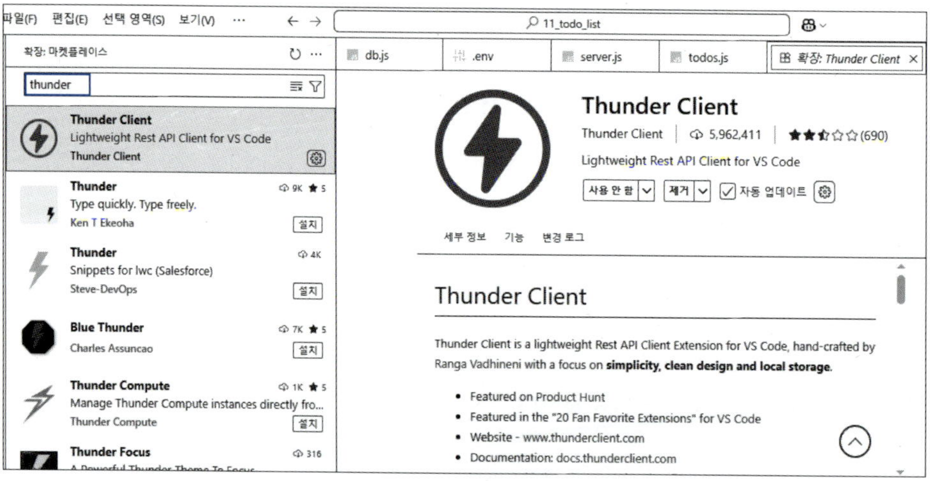

그림 11.13 VS 코드 확장 모듈

❹ 설치가 완료되면 활동 표시줄에 번개 모양의 'Thunder Client' 아이콘이 나타나는 것을 확인할 수 있다.

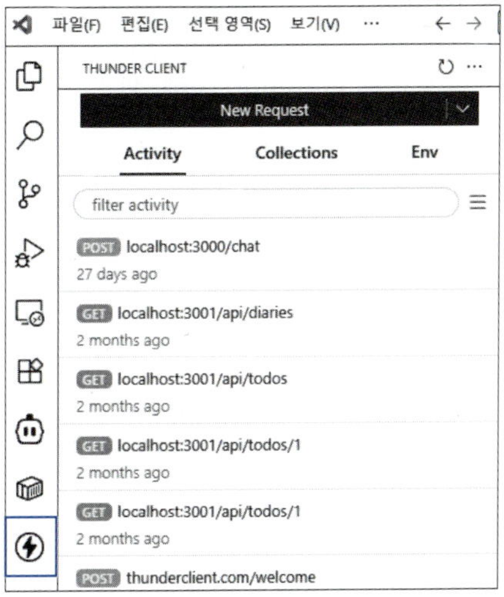

그림 11.14 'Thunder Client' 아이콘

API 엔드포인트 단계별 테스트하기

백엔드 프로그램이 정상적으로 개발되었는지 확인하기 위해 개발자 단위에서는 API 테스트가 주된 방법이다. API 레벨에서 응답이 정상적으로 수행되면 프론트엔드 개발 시에도 테스트와 적용을 할 수 있다.

- **사전 확인 사항**
  - 터미널에서 node server.js 명령어로 API 서버가 반드시 실행 중이어야 한다.
  - VS 코드 활동 표시줄에서 번개 모양 'Thunder Client' 아이콘을 클릭해 〔Thunder Client〕 탭을 연다.

● GET /api/todos(모든 할 일 조회) 테스트

데이터베이스에 저장된 모든 할 일 목록을 제대로 가져오는지 확인한다.

❶ 〔Thunder Client〕 탭에서 파란색 〈New Request〉 버튼을 클릭한다.

❷ 화면 중앙에 새 요청 탭이 열린다.

❸ HTTP 메서드가 [GET]으로 설정되어 있는지 확인한다(기본값).

❹ URL 입력창에 API 전체 주소(http://localhost:3001/api/todos)를 입력한다.

❺ 파란색 〈Send〉 버튼을 클릭한다.

❻ 결과 확인

- 오른쪽 Response 창에 결과가 표시된다.
- Status Code가 200 OK(초록색)로 나오면 요청이 성공한 것이다.
- Response Body에는 데이터베이스의 할 일 목록이 JSON 배열([...]) 형태로 나타난다. (처음에는 빈 배열 []도 정상이다.)

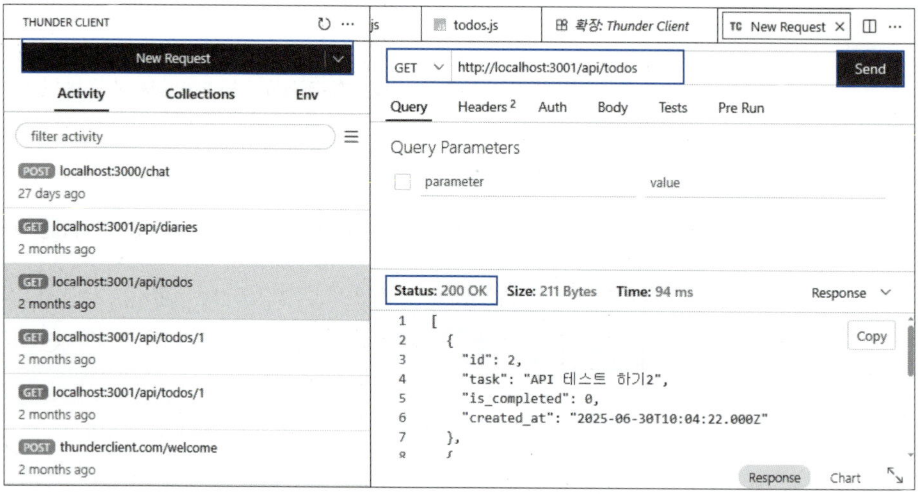

그림 11.15 API GET 호출 결과

• POST /api/todos(새로운 할 일 추가) 테스트

새로운 할 일을 데이터베이스에 정상적으로 추가하는지 확인한다.

❶ 〈New Request〉 버튼을 다시 클릭하거나, 기존 탭을 재활용한다.

❷ HTTP 메서드를 'POST'로 변경한다.

❸ URL은 'http://localhost:3001/api/todos'로 동일하게 유지한다.

❹ URL 입력창 아래의 〔Body〕 탭을 선택한다.

❺ 〔Body〕 탭 내 하위 탭에서 [JSON]을 선택한다.

❻ 오른쪽 큰 텍스트 입력란에 서버로 보낼 JSON 데이터를 작성한다.

```
{
    "task": "API 테스트 하기"
}
```

❼ 〈Send〉 버튼을 클릭한다.

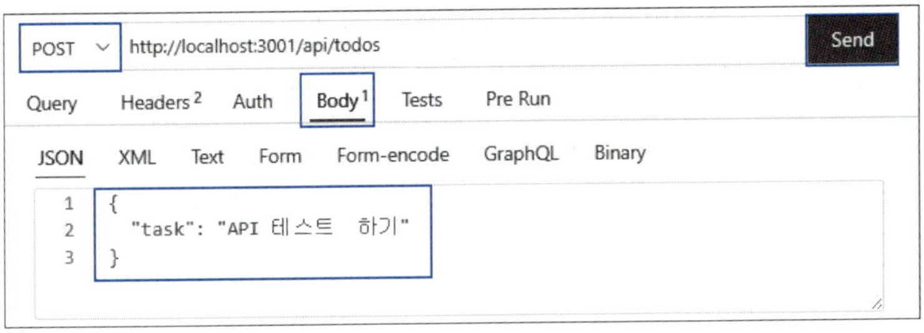

그림 11.16 API POST 호출

❽ **결과 확인**

- **Status Code:** 200 OK 또는 201 Created가 표시된다.
- **Response Body:** 서버 코드에 따라 새로 추가된 할 일 객체(id, is_completed 등 포함)가 JSON 형태로 응답된다.
- **데이터베이스 확인(선택):** 모든 할 일 조회 테스트의 GET /api/todos 요청을 다시 보내면 방금 추가한 'API 테스트 하기' 항목이 목록에 포함된 것을 확인할 수 있다.

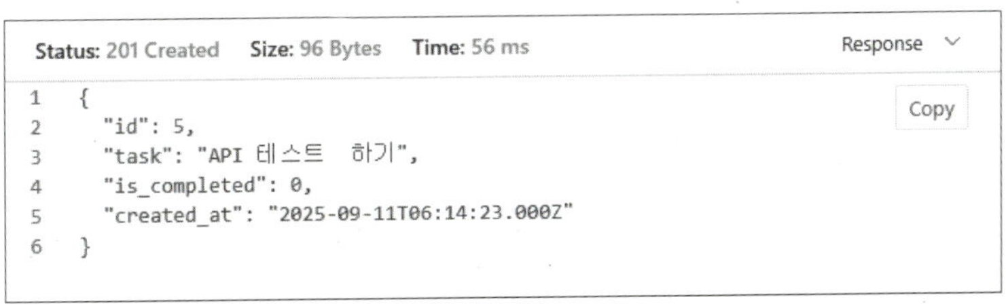

그림 11.17 API POST 호출 결과

❾ API는 요청한 데이터만 가져온다. 전체 데이터를 확인하기 위해 직접 데이터베이스에서 조회를 다시 확인한 결과, 접속 시 정상적으로 적용되는 것을 확인할 수 있다.

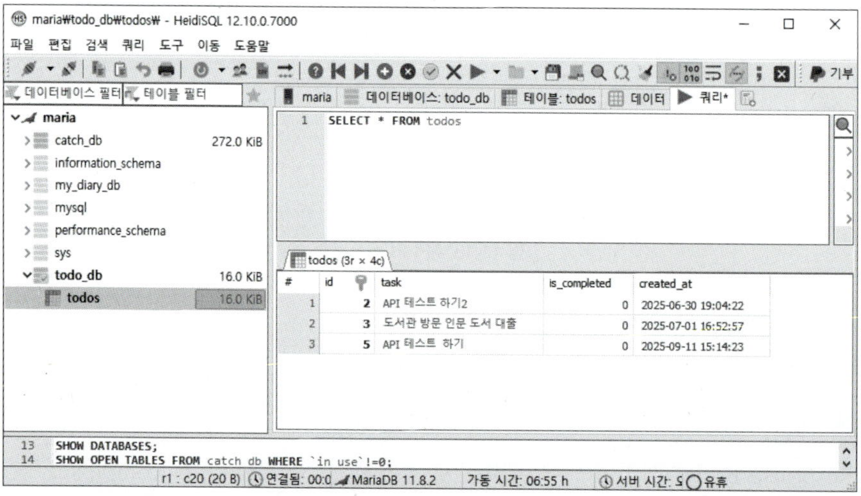

그림 11.18 DB 입력 결과

● PUT /api/todos/:id(할 일 완료 상태 수정) 테스트

이 테스트는 특정 할 일의 완료 상태를 변경하는 기능이 제대로 동작하는지 확인한다.

❶ 'New Request'를 클릭한다.

❷ HTTP 메서드를 'PUT'으로 변경한다.

❸ 수정하려는 할 일의 id를 포함하여 URL을 입력한다. 예를 들어, 방금 추가한 할 일의 id가 5라면 다음과 같이 입력한다.

- http://localhost:3001/api/todos/5

그림 11.19 API PUT 호출

❹ PUT 요청은 보통 수정할 내용을 Body에 담아 보내지만, 우리 API는 상태를 토글하는 방식이므로 Body는 비워둬도 된다.

❺ 〈Send〉 버튼을 클릭한다.

❻ 결과 확인

- Status Code: 200 OK
- Response Body: "상태가 변경되었습니다." 같은 성공 메시지가 JSON 형태로 표시된다.

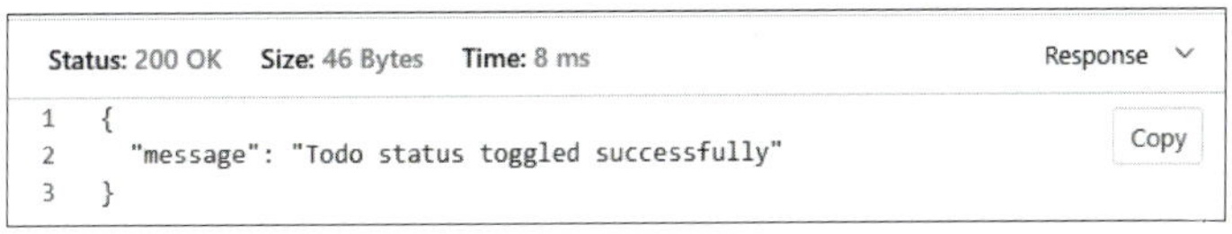

그림 11.20 API PUT 메시지 결과

- **데이터베이스 확인**: GET /api/todos 요청을 다시 보내면 id가 5인 할 일의 is_completed 값이 이전과 반대로(예 0 → 1 또는 1 → 0) 바뀐 것을 확인할 수 있다.

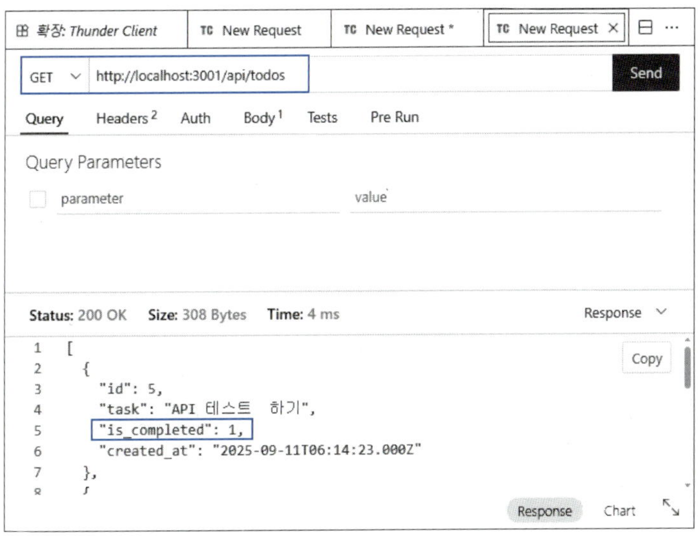

그림 11.21 API PUT 호출 결과

● DELETE /api/todos/:id(할 일 삭제) 테스트

특정 할 일을 데이터베이스에서 정상적으로 삭제할 수 있는지 확인하는 절차이다.

❶ 'New Request'를 클릭한다.

❷ HTTP 메서드를 [DELETE]로 변경한다.

❸ URL에 삭제하려는 할 일의 id를 포함해 입력한다.
(예 http://localhost:3001/api/todos/5)

❹ 〈Send〉 버튼을 클릭한다.

❺ **결과 확인**

- **Status Code:** 200 OK
- **Response Body:** "삭제되었습니다."와 같은 성공 메시지가 JSON 형태로 표시된다.
- **데이터베이스 확인:** GET /api/todos 요청을 다시 보내면 id가 5였던 할 일이 목록에서 완전히 사라진 것을 확인할 수 있다.

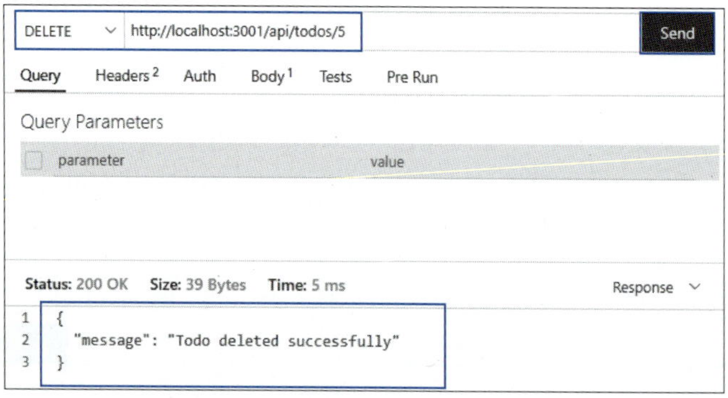

그림 11.22 API DELETE 삭제 후 결과

그림 11.23 API DELETE 호출 결과

네 가지 테스트를 모두 성공적으로 마쳤다면 Todo List 백엔드 API 서버는 프론트엔드의 요청을 받아들일 준비를 모두 마친 것이다.

이처럼 API 테스트 도구를 활용하는 것은 백엔드 개발의 필수 과정이며, 프론트엔드 개발에 들어가기 전에 서버가 안정적으로 작동하는지 미리 검증할 수 있는 매우 중요한 습관이 된다.

11.5 학습 정리 및 연습문제

학습 정리

이번 장에서는 '보이지 않는 세상의 건축가', 백엔드 개발자의 역할을 직접 경험했다.

- **RESTful API 설계:** 자원(명사)과 행위(동사/HTTP 메서드)를 중심으로 API 엔드포인트를 설계하는 방법을 배웠다.
- **Node.js와 DB 연동:** mysql2 라이브러리와 커넥션 풀을 활용해 Node.js 서버와 MariaDB를 안전하고 효율적으로 연결하는 방법을 익혔다.
- **비동기 API 로직 구현:** DB 통신은 비동기 작업임을 이해하고, async/await와 try...catch 구문을 사용해 안정적인 API 로직을 구현한다.
- **단계적 PRD 활용:** 백엔드 구축 과정을 '환경 설정'과 '로직 구현' 단계로 나누고, 각 단계를 AI에게 명확히 지시하여 체계적으로 프로젝트를 진행하는 방식을 훈련한다.
- **API 테스트 경험:** Thunder Client 같은 도구를 사용해 각 API 기능이 정확히 작동하는지 테스트하고, 개발 안정성을 높이는 습관을 기른다.

연습문제(PRD 업데이트 방식)

01 할 일 내용(Task) 수정 기능 추가하기

- 현재는 완료 상태만 수정할 수 있다. 이제 할 일의 텍스트 내용도 수정할 수 있는 API를 추가해 보자.
- **PRD 업데이트:** PRD 2단계 문서에 〈API 엔드포인트 추가: PUT /api/todos/task/:id〉 항목을 추가한다.

02 프론트엔드 미리 보기용 임시 파일 생성하기

- 다음 장에서 구현할 프론트엔드를 대비해 public 폴더 안에 간단한 index.html 파일을 미리 만들어본다.
- 서버가 정상 작동하는지 브라우저에서 직접 확인해 보자.

12장

Todo List 프론트엔드 구축 및 API 연동

학습목표

1. 클라이언트-서버 통신 모델 이해: 프론트엔드 자바스크립트가 백엔드 API 서버와 데이터를 주고받는 전체 흐름을 명확히 이해하고 설명할 수 있도록 한다.
2. fetch API 활용 능력: 최신 웹 표준인 fetch API를 사용하여 백엔드에 GET, POST, PUT, DELETE 요청을 보내고, 프로미스(Promise) 기반으로 응답을 처리하는 방법을 학습한다.
3. 동적 UI 렌더링 능력: 서버에서 받아온 JSON 데이터를 기반으로, 자바스크립트를 활용하여 HTML 요소(할 일 목록)를 동적으로 생성하고 화면에 렌더링하는 방법을 익힌다.
4. 사용자 인터랙션과 API 연동 능력: 사용자의 동작(할 일 추가, 완료, 삭제)에 따라 UI를 즉시 업데이트하고, 동시에 API 요청을 보내 데이터베이스와의 일관성을 유지하는 방법을 구현한다.
5. 풀스택 프로젝트 완성 및 시연: 프론트엔드와 백엔드를 통합한 애플리케이션을 완성하고, 데이터가 화면과 데이터베이스에서 어떻게 동기화되는지 전체 과정을 설명하는 것이 최종 목표이다.

12.1 클라이언트와 서버의 만남: API 통신의 전체 흐름

앞서 11장에서는 보이지 않는 곳에서 묵묵히 작동하는 강력한 백엔드 API 서버를 구축했다. 이번 장에서는 사용자가 직접 보고 상호 작용하는 프론트엔드(Front-End)를 만들고, 이를 백엔드와 연결해 하나의 완전한 풀스택 웹 애플리케이션을 완성한다.

11장에서는 백엔드 API 서버라는 '레스토랑 주방'을 만들었다. 이번 장에서는 '레스토랑 홀'에 해당하는 프론트엔드를 만들고, 주방과 홀 사이를 연결하는 '웨이터' 역할의 자바스크립트 코드를 작성할 차례다.

그림 12.1 학습자

Todo List 앱의 데이터 흐름

❶ 페이지 로드(GET)

- 사용자는 웹 브라우저에 접속한다.
- 프론트엔드 JS는 즉시 백엔드 API 서버의 GET /api/todos로 '모든 할 일 목록을 달라'고 요청한다.
- 백엔드는 DB에서 데이터를 조회하여 JSON 형태로 응답한다.
- 프론트엔드 JS는 받은 JSON 데이터를 바탕으로 HTML 목록을 동적으로 만들어 화면에 보여준다.

❷ 할 일 추가(POST)

- 사용자는 입력창에 내용을 작성하고 〈추가〉 버튼을 클릭한다.
- 프론트엔드 JS는 백엔드 API 서버의 POST /api/todos로 "이 내용으로 새 할 일을 만들어달라"고 요청한다.

- 백엔드는 DB에 새 데이터를 삽입(INSERT)하고, 성공적으로 추가된 할 일 정보를 JSON으로 응답한다.
- 프론트엔드 JS는 응답받은 새 할 일 정보를 화면 목록에 추가한다.

❸ 할 일 완료/삭제(PUT/DELETE)

- 사용자는 특정 할 일의 체크 박스나 〈삭제〉 버튼을 클릭한다.
- 프론트엔드 JS는 백엔드 API 서버의 PUT /api/todos/:id 또는 DELETE /api/todos/:id로 'id가 O번인 할 일의 상태를 바꾸거나 삭제해달라'고 요청한다.
- 백엔드는 DB에서 해당 데이터를 업데이트(UPDATE) 또는 삭제(DELETE)하고 성공 메시지를 응답한다.
- 프론트엔드 JS는 성공 응답을 받으면 화면에서도 해당 할 일의 스타일을 바꾸거나 목록에서 제거한다.

이처럼 프론트엔드는 사용자 인터페이스를 담당하고, 데이터 처리는 백엔드 API에 맡기며, 둘 사이의 통신을 통해 데이터 일관성을 유지하는 것이 현대 웹 애플리케이션의 핵심 구조다.

백엔드와 대화하는 창구: fetch API

fetch API는 브라우저에 내장된 최신 자바스크립트 인터페이스로, 서버와 네트워크 통신을 가능하게 한다. fetch는 프로미스(Promise) 기반으로 동작해 async/await와 함께 매우 깔끔하게 사용할 수 있다.

그림 12.2 앱 화면

● 기본 GET 요청

특별한 값 없이 http 주소로 서버를 호출하면 서버는 해당 요청에 맞는 응답을 반환한다. 이때 응답은 텍스트, JSON 등 다양한 포맷이 될 수 있다.

```
javascript
async function getTodos() {
    const response = await fetch('http://localhost:3001/api/todos'); // API에
    GET 요청
    const todos = await response.json(); // 응답을 JSON 형태로 변환
    console.log(todos);
}
```

● POST 요청(옵션 객체 포함)

POST, PUT, DELETE 요청은 추가 정보(메서드 종류, 보낼 데이터 등)를 옵션 객체에 담아 fetch의 두 번째 인자로 전달해야 한다.

```
javascript
async function addTodo(taskText) {
    const response = await fetch('http://localhost:3001/api/todos', {
        method: 'POST', // 메서드 지정
        headers: {
            'Content-Type': 'application/json' // 보내는 데이터가 JSON임을 명시
        },
        body: JSON.stringify({ task: taskText }) // JS 객체를 JSON 문자열로 변
        환하여 전송
    });
    const newTodo = await response.json();
    console.log(newTodo);
}
```

- **method**: HTTP 메서드의 종류('POST', 'PUT', 'DELETE')이다.
- **headers**: 요청에 대한 추가 정보로, 예를 들어 Content-Type: 'application/json'은 "지금 보내는 데이터가 JSON 형식이다."라는 중요한 약속을 서버에 전달하는 것이다.
- **body**: 서버로 전송할 실제 데이터로, 자바스크립트 객체를 JSON.stringify()로 JSON 문자열로 변환하여 전달해야 한다.

동적 UI 렌더링: 데이터를 HTML로 바꾸는 마법

서버로부터 { id: 1, task: 'API 연동하기', ... }와 같은 JSON 데이터를 받아왔다고 해서 그것이 자동으로 예쁜 목록 형태로 화면에 나타나는 것은 아니다.

동적 렌더링이란 자바스크립트를 사용해 이 데이터 배열을 반복하며, 각 항목에 해당하는 HTML 요소를 동적으로 생성하고 DOM에 추가하여 화면에 표시하는 과정을 말한다.

```
javascript
// todos 배열 데이터를 받아 화면에 그리는 함수
function renderTodos(todos) {
    const todoList = document.querySelector('#todo-list');
    todoList.innerHTML = ''; // 기존 목록을 비운다.

    todos.forEach(todo => {
        // 각 todo 항목을 위한 li 요소를 생성
        const li = document.createElement('li');
        li.textContent = todo.task;
        // ... 체크 박스, 삭제 버튼 등도 생성 ...

        todoList.appendChild(li); // 생성한 li를 ul에 추가
    });
}
```

이 과정을 통해 서버의 데이터가 변경될 때마다 화면을 최신 상태로 유지할 수 있다.

그림 12.3 앱 서비스

12.2 Todo List 프론트엔드 구축 및 연동 - 1단계: 프론트엔드 구조 및 디자인하기

앞서 백엔드 서버를 완성했으므로, 이번에는 11_todo_list 프로젝트 폴더의 public 폴더 안에서 모든 작업을 진행한다.

사전 준비하기

❶ VS 코드에서 11_todo_list 폴더를 연다.

❷ 터미널에서 node server.js 명령어로 백엔드 API 서버를 반드시 실행한다.

```
PS C:\work_web_ai\11_todo_list> node server.js
[dotenv@17.2.2] injecting env (4) from .env -- tip: ⚙ write to custom object with { processEnv: myObject }
Server running on port 3001
```

그림 12.4 노드 서버 실행

PRD 1단계: Todo List 프론트엔드 UI/UX

❶ **목표**: 백엔드 API와 연동되는 Todo List 애플리케이션의 정적인 UI를 완성한다.

❷ **파일 구조**: public 폴더 안에 index.html과 style.css 파일을 생성한다.

❸ **HTML 구조 요구 사항(index.html)**

- 전체 페이지의 기본 HTML5 구조를 포함하고, style.css와 script.js를 연결한다. (script.js는 </body> 바로 위에 위치)
- <body> 안에는 다음과 같은 구조를 가진다.

```
<h1>My Todo List</h1>
새로운 할 일을 입력하는 폼:
  <form id="new-todo-form">
  <input type="text" id="new-todo-input" placeholder="새로운 할 일을 입력하세요..."
  required>
```

```
    <button type="submit">추가</button>
  할 일 목록이 표시될 영역:
    <ul id="todo-list"></ul>
    초기에는 비어 있으며, 로딩 상태를 알리는 메시지(예: <li>Loading...</li>)를 하나
    넣어둔다.
```

❹ CSS 스타일 요구 사항(style.css)

- 전체 테마: 깔끔하고 현대적인 디자인을 적용한다. body는 flex를 사용해 전체 콘텐츠를 보기 좋게 중앙에 배치한다.
- 폼 스타일: input 창과 button이 한 줄에 보기 좋게 정렬되도록 스타일링한다.
- 목록 스타일: ul#todo-list의 기본 list-style을 제거하고, 각 li 항목에 여백과 테두리를 추가해 보기 좋게 정리한다.
- 할 일 항목(li) 스타일
  - · display: flex와 align-items: center를 사용해 내부 요소(체크 박스, 텍스트, 버튼)를 정렬한다.
  - · 할 일 텍스트(span)가 중앙 영역을 차지하도록 flex-grow: 1을 적용한다.
- 완료 상태 스타일: li.completed .task-text 선택자를 사용해 .completed 클래스를 가진 li 안의 텍스트에 취소선(text-decoration: line-through)과 회색 글씨(color: #888) 스타일을 적용한다.

클라인 AI에게 PRD 1단계 전달 및 결과 확인하기

모델 선정은 자유롭게 진행한다. 단 추론 특성상 제미나이 2.5 플래시를 포함해서 그 이상의 모델을 사용하여 작업을 진행한다.

❶ 프롬프트를 다음과 같이 입력한다. 마지막에 대괄호 '[]'를 입력하고, 그 공간에 앞서 정의한 PRD 내용을 대괄호에 붙여 넣은 후 클라인에서 실행한다.

프롬프트 CLINE, 'Todo List' 프로젝트의 프론트엔드 UI를 만들 차례이다. 아래 <PRD Phase 1>의 요구 사항에 맞춰 11_todo_list 폴더 밑의 public 폴더 안에 index.html과 style.css 파일의 내용을 완벽하게 작성하자.

[... <PRD 1단계> 내용 전체를 여기에 붙여 넣기 ...]

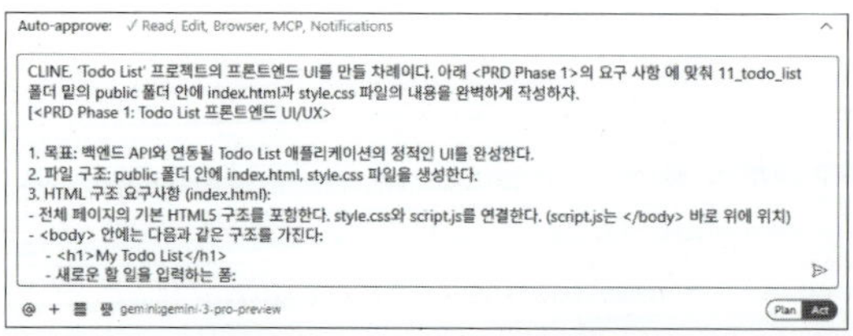

그림 12.5 PRD 프롬프트 화면

❷ LLM은 지시 내용과 함께 대괄호에 입력된 PRD를 중심으로 프로그램을 작성해 나갈 것이다.

```
<!DOCTYPE html>
<html lang="en">
<head>
    <meta charset="UTF-8">
    <meta name="viewport" content="width=device-width, initial-scale=1.
    <title>My Todo List</title>
    <link rel="stylesheet" href="style.css">
</head>
<body>
    <h1>My Todo List</h1>
    <form id="new-todo-form">
        <input type="text" id="new-todo-input" placeholder="새로운 할 일
        <button type="submit">추가</button>
    </form>
    <ul id="todo-list">
        <li>Loading...</li>
    </ul>

    <script src="script.js"></script>
</body>
</html>
```

그림 12.6 생성된 index.html

❸ PRD를 기준으로 완성된 프론트 화면을 확인할 수 있다.

```
body {
    font-family: Arial, sans-serif;
    background-color: #f4f4f4;
    margin: 0;
    display: flex;
    justify-content: center;
    align-items: center;
    min-height: 100vh;
    flex-direction: column;
    color: #333;
}

h1 {
    color: #333;
    margin-bottom: 20px;
}

#new-todo-form {
    display: flex;
    margin-bottom: 20px;
    width: 100%;
    max-width: 500px;
```

그림 12.7 PRD 기준으로 생성된 style.css

❹ 서버가 실행 중인 상태라면 'http://localhost: 3001'에 접속한다. 실행 중이 아니라면 'node server.js'를 실행한다.

server.js의 express.static('public') 설정 덕분에 public/index.html 파일이 화면에 표시된다.

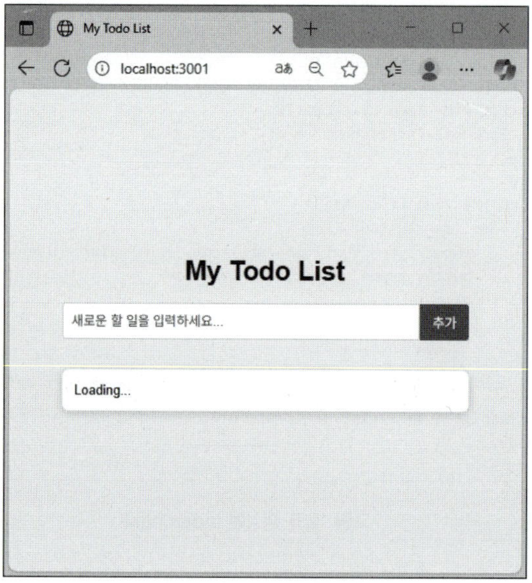

그림 12.8 작동 화면

알아두세요

디자인된 입력 폼과 비어 있는 목록 영역이 잘 표시되는지 확인한다. (아직 기능은 동작하지 않는다.)

VIBE CODING

12.3 2단계: 프론트엔드 기능 및 API 연동하기

정적인 화면에 자바스크립트로 생명을 불어넣고 백엔드 서버와 연결한다.

PRD 2단계: Todo List 프론트엔드 로직 및 API 연동

❶ **목표**: public/script.js 파일에 모든 클라이언트 측 로직을 구현하고, 백엔드 API와 통신하여 Full-Stack 애플리케이션을 완성한다.

❷ **구현 방식**

- 모든 코드는 DOMContentLoaded 이벤트 리스너 내부에서 실행되도록 한다.
- 백엔드 API의 기본 URL은 'http://localhost:3001/api/todos'로 정의한다.
- 모든 API 통신에는 async/await와 함께 fetch API를 사용한다.

❸ **기능 요구 사항(script.js)**

가. 초기 데이터 로드

- 페이지가 로드되면 즉시 GET /api/todos API를 호출하여 모든 할 일 목록을 가져온다.
- 가져온 데이터를 기반으로 전체 할 일 목록을 렌더링하는 함수 renderTodos를 호출한다.

나. renderTodos(todos) 함수 구현

- 이 함수는 할 일 데이터 배열인 todos를 인자로 받는다.
- ul#todo-list의 기존 내용을 모두 비운다(innerHTML = '').
- todos 배열을 forEach로 순회하며, 각 todo 객체에 대해 다음을 수행한다.
  - <li> 요소를 생성하고, data-id="${todo.id}" 속성을 부여하여 각 항목의 고유 ID를 저장한다.
  - todo.is_completed가 true이면, li에 completed 클래스를 추가한다.
  - li 내부에 체크 박스, 할 일 텍스트(<span>), 삭제 버튼을 동적으로 생성해 추가한다.
  - 완성된 li를 ul#todo-list에 추가한다(appendChild).

다. 할 일 추가 기능

- form#new-todo-form에 submit 이벤트 리스너를 추가한다.
- 폼이 제출되면 POST /api/todos API를 호출해 입력된 task를 서버로 전송한다.
- 응답으로 새로 추가된 todo 객체를 받으면, 화면 목록의 맨 위에 새 항목을 동적으로 추가하고 입력창을 비운다.

라. 할 일 완료/삭제 기능(이벤트 위임 사용)

- ul#todo-list에 click 이벤트 리스너를 하나만 추가한다.

- 완료 처리: 클릭된 요소가 체크 박스(class="checkbox")인 경우
1. 해당 li의 data-id를 가져온다.
2. PUT /api/todos/:id API를 호출해 서버의 완료 상태를 변경한다.
3. 성공 응답을 받으면 해당 li에 completed 클래스를 토글한다(classList.toggle).

- 삭제 처리: 클릭된 요소가 삭제 버튼(class="delete-button")인 경우
1. 해당 li의 data-id를 가져온다.
2. DELETE /api/todos/:id API를 호출해 서버에서 데이터를 삭제한다.
3. 성공 응답을 받으면 해당 li 요소를 DOM에서 제거한다(li.remove()).

클라인 AI에게 PRD 2단계 전달하기

❶ 프롬프트를 다음과 같이 입력한다. 마지막에 대괄호 '[]'를 입력하고, 그 공간에 앞서 정의한 PRD 내용을 대괄호에 붙여 넣은 후 클라인에서 실행한다.

프롬프트 CLINE, 이제 Todo List 프론트엔드의 기능을 구현하고 백엔드와 연동할 차례이다. public 폴더에 script.js 파일을 생성하고, 아래 <PRD Phase 2>의 요구 사항에 맞춰 모든 JavaScript 로직을 작성하자.

[... <PRD 2단계> 내용 전체를 여기에 붙여 넣기 ...]

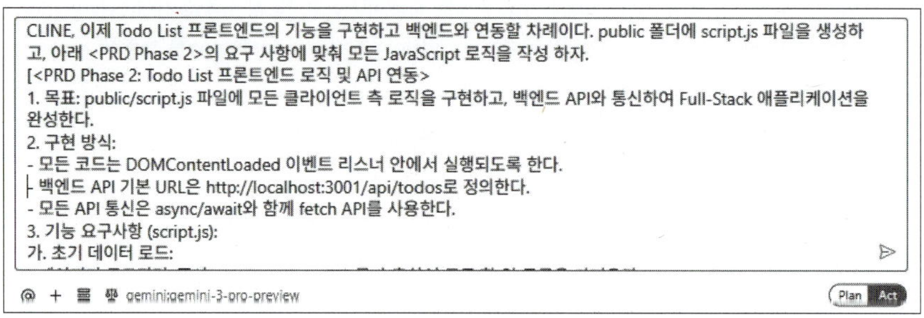

그림 12.9 프롬프트 화면

최종 시연 및 풀스택 개발 과정 리뷰하기

❶ 페이지에 접속했을 때 DB에 있던 데이터가 목록에 잘 나타나는지 확인한다.

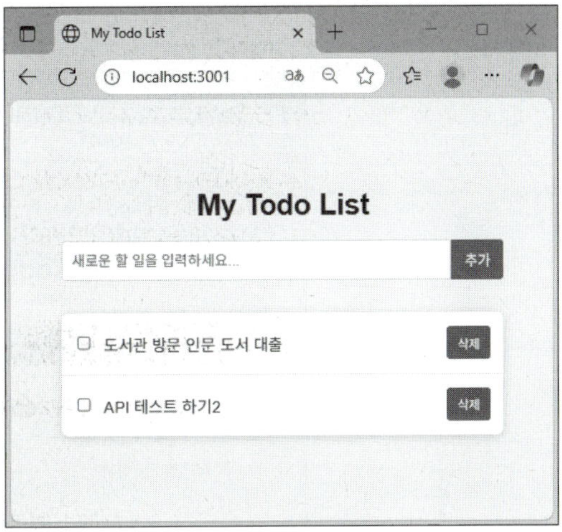

그림 12.10 실행 결과

❷ API가 정상 작동하는지, 새로운 할 일을 API로 추가하고, 목록에 즉시 반영되며 DB에도 저장되는지 확인한다. (Thunder Client로 GET 요청을 다시 보내 확인)

- http://localhost:3001/api/todos 호출

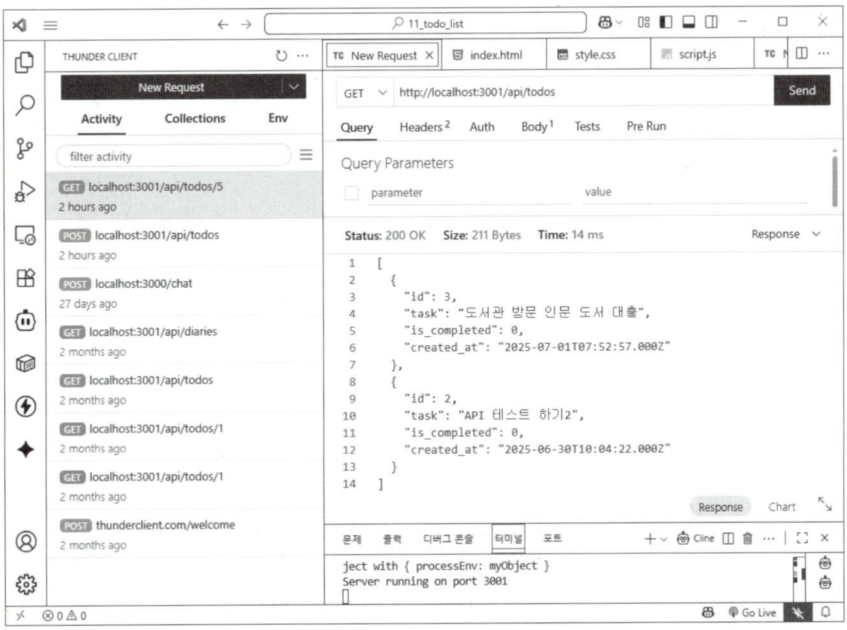

그림 12.11 Thunder Client API 테스트 화면

❸ 체크 박스를 체크 표시하여 완료 처리를 하고, 화면 스타일이 바뀌며 DB의 is_completed 값도 변경되는지 확인한다.

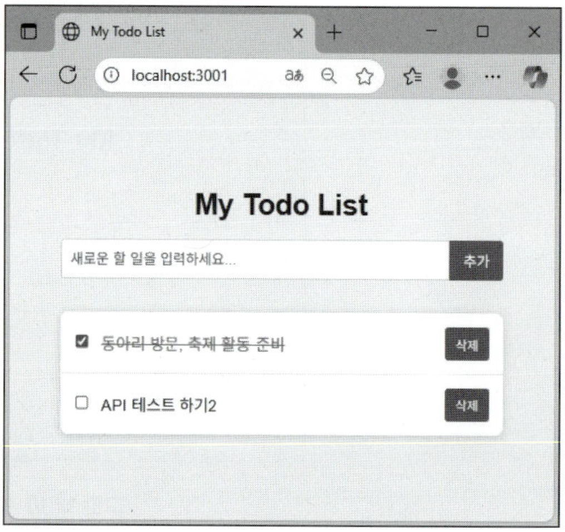

그림 12.12 상태 옵션 변화 테스트

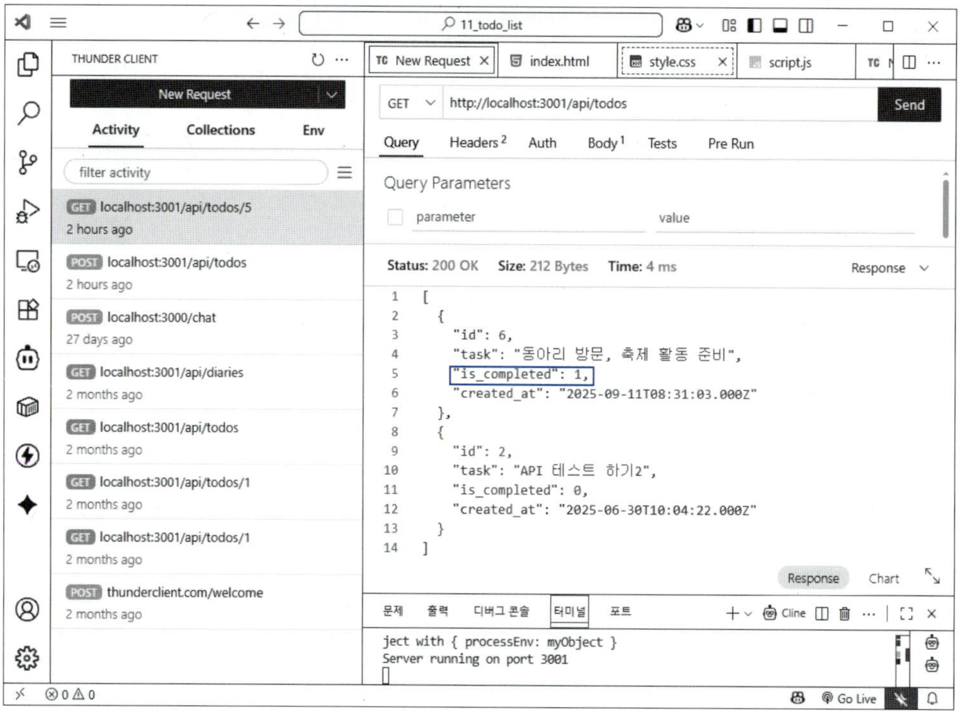

그림 12.13 상태 옵션 변화 API 테스트

❹ 〈삭제〉 버튼을 클릭해 할 일을 지우고, 화면과 DB 양쪽에서 모두 사라지는지 확인한다.

프론트엔드와 백엔드가 어떻게 fetch와 API를 통해 데이터를 주고받으며 동기화를 유지하는지, 그 전체적인 흐름을 동료들과 함께 리뷰하고 논의해 보자.

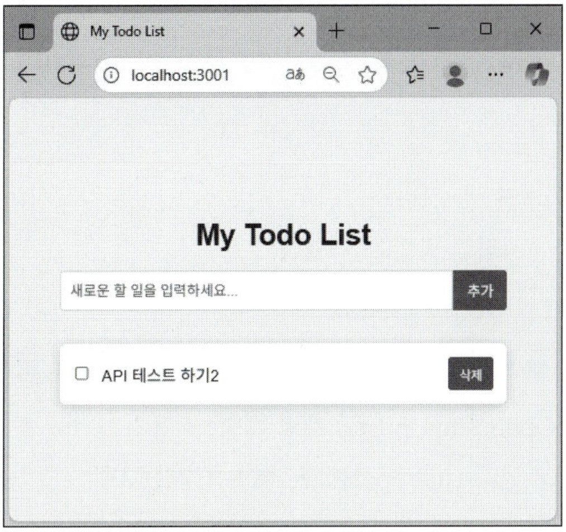

그림 12.14 삭제 테스트

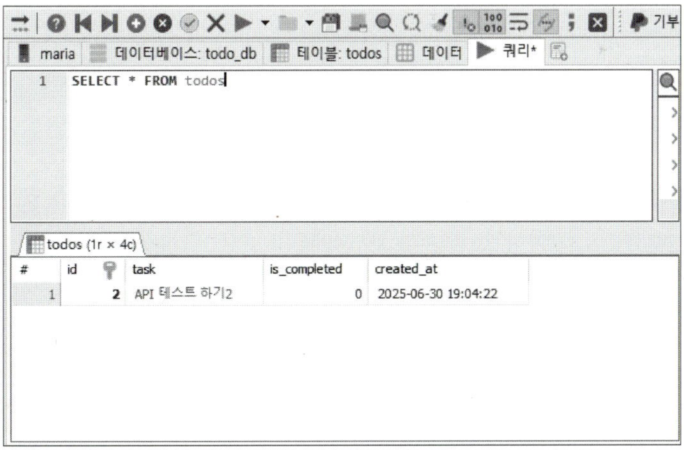

그림 12.15 DB 상태 확인

12.4 학습 정리 및 연습문제

학습 정리

이번 장에서는 프론트엔드와 백엔드를 연결해 하나의 완전한 풀스택 애플리케이션을 완성하는 경험을 했다.

- **API 연동:** 클라이언트 측 자바스크립트가 fetch API를 사용하여 백엔드 서버와 데이터를 주고받는 구체적인 방법을 익혔다.
- **동적 렌더링:** 서버로부터 받은 JSON 데이터를 자바스크립트로 동적인 HTML 요소로 변환하여 화면에 렌더링하는 핵심 프론트엔드 기술을 익혔다.
- **낙관적 업데이트(Optimistic Update) 개념 체험:** 사용자가 버튼을 클릭하면 서버의 응답을 기다리지 않고 먼저 UI를 변경한 후, API 요청을 보내는 방식을 직접 경험했다.
- **풀스택 개발 흐름 이해:** 데이터가 사용자의 행동에서 시작되어 프론트엔드 UI → API 요청 → 백엔드 서버 → 데이터베이스로 흐르고, 다시 그 역순으로 돌아오는 전체 사이클을 명확하게 이해했다.

연습문제(PRD 업데이트 방식)

01 로딩 및 에러 상태 표시하기

현재는 API 통신 중 화면에 아무런 피드백이 없다. 데이터 로딩 중에는 "Loading..." 메시지를, API 통신 실패 시에는 사용자에게 에러 메시지를 보여주는 기능을 추가한다.

02 할 일 내용 수정하기(더블클릭)

할 일 텍스트(<span>)를 더블클릭하면 input 창으로 전환되어 내용을 수정할 수 있도록 하고, Enter를 누르면 PUT /api/todos/task/:id API(11장 연습문제)를 호출해 서버의 데이터를 업데이트하는 기능을 구현한다.

03 필터링하기

화면에 '전체', '해야 할 일', '완료된 일'을 선택할 수 있는 필터 버튼을 추가하고, 각 버튼 클릭 시 해당 조건에 맞는 할 일만 목록에 표시되도록 한다.

13장

나만의 일기장 앱 제작 [풀스택]

학습목표

1. 제미나이 CLI의 개념과 활용법 이해: GUI(그래픽 사용자 인터페이스)를 넘어 터미널에서 직접 AI에게 명령을 내리고, 파일 생성과 코드 수정 등을 수행하는 CLI(Command Line Interface) 기반 개발 방식을 익힌다.
2. 다중 뷰(Multi-View) SPA(Single Page Application)의 기본 구조 이해: 실제 페이지 이동 없이 자바스크립트로 화면 내용을 동적으로 교체해 여러 페이지가 있는 것처럼 보이는 기법을 학습한다.
3. 풀스택 CRUD 로직 종합적 구현: 데이터베이스 설계부터 백엔드 API, 프론트엔드 UI와 API 연동까지, 데이터의 전체 생명주기(CRUD)를 아우르는 완전한 기능을 구현한다.
4. 프로젝트 재사용 및 응용 능력 향상: 이전에 만든 Todo List 프로젝트의 구조와 코드를 재사용하고, '일기장'이라는 새로운 주제에 맞게 응용 및 확장하는 능력을 배양한다.
5. 체계적인 PRD 작성 능력 마스터: 복잡한 풀스택 애플리케이션 요구사항을 'DB 설계', '백엔드 API', '프론트엔드 UI/로직'으로 명확히 분리하여, AI가 각 파트를 안정적으로 개발하도록 지시할 수 있다.

VIBE CODING

13.1 개발 환경의 진화: 제미나이 CLI

이번 장에서는 앞서 11~12장에서 배운 풀스택 개발 경험을 한 단계 더 심화한다. Todo List가 하나의 페이지에서 모든 것을 처리했다면, 이번 장에서 만들어볼 '나만의 일기장' 애플리케이션은 여러 페이지(뷰)를 동적으로 전환하며 CRUD(생성, 읽기, 수정, 삭제) 기능을 종합적으로 구현하는 것을 목표로 한다. 또한, 바이브 코딩 개발 도구인 제미나이 CLI를 사용하여 터미널 환경에서 AI와 직접 소통하며 개발하는 새로운 방식을 경험한다.

지금까지는 VS 코드의 확장 프로그램(클라인)을 통해 GUI(그래픽 사용자 인터페이스) 환경에서 AI와 소통해왔다. 채팅창에 글을 쓰고, 버튼을 클릭해 작업을 승인하는 방식이었다.

제미나이 CLI(Command Line Interface)는 여기서 한 단계 더 나아가, 개발자들이 전통적으로 사용해온 터미널(Terminal) 또는 커맨드 라인(Command Line) 환경에서 직접 AI와 상호작용할 수 있도록 하는 강력한 자율 실행(Agentic) 도구이다.

CLI란?

CLI(Command Line Interface)는 마우스 클릭 대신 키보드로 명령어를 직접 입력해 컴퓨터를 제어하는 방식을 의미한다. 해커 영화에서 검은 화면에 초록색 글씨가 빠르게 올라가는 장면을 떠올리면 이해하기 쉽다. ls(파일 목록 보기), cd(폴더 이동), mkdir(폴더 생성) 등이 대표적인 CLI 명령어다.

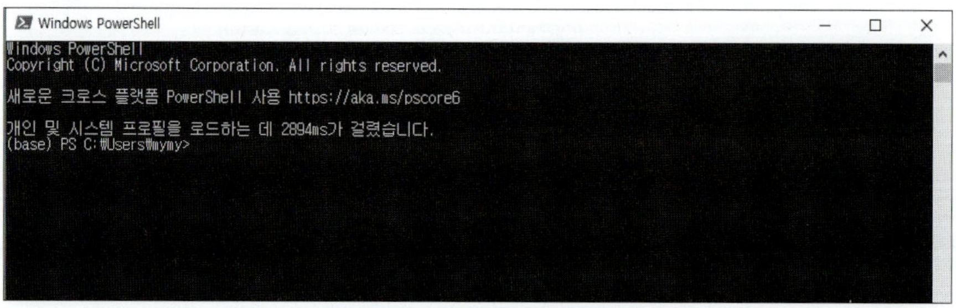

그림 13.1 윈도우 환경 CLI

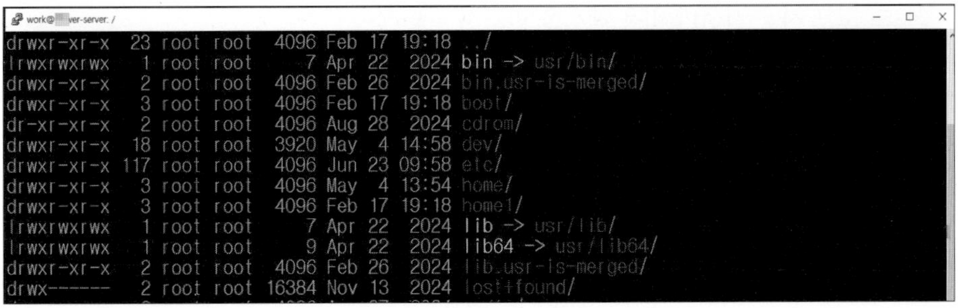

그림 13.2 리눅스 환경 CLI

특히 터미널 환경에서 바이브 코딩을 가능하게 한 첫 제안이자, 최초로 서비스화된 것은 Anthropic 사의 클로드 코드(Claude Code)이다.

바이브 코딩의 선두 업체답게, 최초로 CLI 기반의 '에이전틱 코딩' 방식을 제안했다. 사용되는 LLM은 Haiku, 소넷(Sonnet) 계열 모델부터 Opus 4.1 모델까지 강력한 추론 모델을 활용하여 에이전틱 코딩(Agentic Coding)을 지원한다.

전문 대형 프로젝트 개발 및 유지보수까지 광범위하게 적용할 수 있다.

기존에는 커서(Cursor)에서 Sonnet 또는 Opus 모델을 연동해 바이브 코딩하는 방식이 일반적이었지만, 클로드 코드를 활용하면 전문적인 Agentic 개발을 더 확장할 수 있다는 장점이 있다.

그림 13.3 클로드 코드 실행 모습

단, 클로드 코드 사용 시 API 비용 책정을 반드시 확인해야 한다.

모델 가격 책정

다음 표는 다양한 사용 계층에 걸친 모든 Claude 모델의 가격 책정을 보여줍니다:

Model	Base Input Tokens	5m Cache Writes	1h Cache Writes	Cache Hits & Refreshes	Output Tokens
Claude Opus 4.1	$15 / MTok	$18.75 / MTok	$30 / MTok	$1.50 / MTok	$75 / MTok
Claude Opus 4	$15 / MTok	$18.75 / MTok	$30 / MTok	$1.50 / MTok	$75 / MTok
Claude Sonnet 4.5	$3 / MTok	$3.75 / MTok	$6 / MTok	$0.30 / MTok	$15 / MTok
Claude Sonnet 4	$3 / MTok	$3.75 / MTok	$6 / MTok	$0.30 / MTok	$15 / MTok
Claude Sonnet 3.7 (deprecated)	$3 / MTok	$3.75 / MTok	$6 / MTok	$0.30 / MTok	$15 / MTok
Claude Haiku 4.5	$1 / MTok	$1.25 / MTok	$2 / MTok	$0.10 / MTok	$5 / MTok
Claude Haiku 3.5	$0.80 / MTok	$1 / MTok	$1.6 / MTok	$0.08 / MTok	$4 / MTok
Claude Opus 3 (deprecated)	$15 / MTok	$18.75 / MTok	$30 / MTok	$1.50 / MTok	$75 / MTok
Claude Haiku 3	$0.25 / MTok	$0.30 / MTok	$0.50 / MTok	$0.03 / MTok	$1.25 / MTok

그림 13.4 Anthropic 사 API 사용 금액

가장 빠른 응답 속도를 자랑하는 클로드 Haiku 3부터 최고 수준의 지능과 성능을 갖춘 Opus 4.1까지, 다양한 클로드 모델을 선택할 수 있다.

2025년 11월 기준, 제미나이 CLI는 유무료 이용자에게 제미나이 3.0-프로-프리뷰 모델의 향상된 성능을 CLI 환경에서 제공하고 있지만, 현실적으로는 유료 사용자만 3.0에 접근할 수 있다.

제미나이 CLI는 구글의 강점인 클라우드 확장성을 바탕으로 한 흥미로운 도구이다. CLI의 장점은 고성능 추론 모델을 사용할 수 있다는 데 큰 의의가 있다. 구글은 2.5 프로부터 고성능 추론 기능을 제공하고 있는데, 무엇보다 비용을 고려한다면 무료 사용자도 제미나이 2.5 프로 모델을 하루 100회 요청까지 무료로 사용할 수 있고, 제한을 넘어가면 자동으로 2.5 플래시 모델로 전환된다. 본 책의 과정은 2.5 플래시, 2.5 프로로 충분히 구현할 수 있다.

그렇기에 이러한 LLM 모델의 정책은 구글의 환경 변화에 따라 빠르게 바뀔 수 있으므로, 사용 중인 모델의 정책은 도입 전 그리고 정기적으로 점검하는 습관을 들이는 것이 좋다.

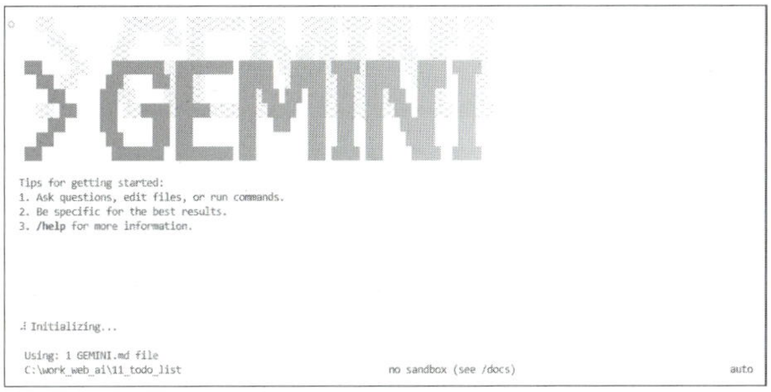

그림 13.5 제미나이 CLI

제미나이 CLI의 특징 및 장점

- 제미나이의 1백만(M) 토큰 컨텍스트 창을 활용하여 대규모 코드베이스를 쿼리하고 편집할 수 있다.
- 풀 리퀘스트 쿼리나 복잡한 업무 재배치 처리와 같은 운영 작업을 자동화할 수 있다.
- **터미널 통합:** VS 코드의 내장 터미널이나 컴퓨터의 기본 터미널(파워셸, iTerm 등)에서 gemini 명령어를 직접 사용해 AI를 호출할 수 있다.
- **스크립팅 및 자동화:** CLI 명령어는 스크립트 파일로 만들어 반복 작업을 자동화하는 데 유용하다. 예를 들어 "새 프로젝트 생성 시, 기본 폴더 구조를 만들고, 필요한 패키지를 설치하며, 기본 서버 코드를 작성하라."는 작업을 하나의 스크립트로 구성해 실행할 수 있다.
- **전문성과 효율성:** GUI보다 빠르고 정교한 작업 제어를 할 수 있어 많은 숙련된 개발자들이 선호하는 방식이다.

알아두세요 **작동 방식 명령 예시(리눅스 환경)**

```
bash:
# 터미널에서 직접 명령 실행
gemini "server.js 파일에 express를 사용한 기본 서버 코드를 작성해 줘" >
server.js
```

위 명령어는 "..." 안의 프롬프트를 제미나이에게 보내고, 그 결과를 server.js 파일에 저장하라는 의미이다.

이번 프로젝트에서는 VS 코드 터미널에서 gemini 명령어를 사용해 PRD 내용을 파일로 전달하고, AI가 생성한 코드를 파일로 저장하는 등 CLI 기반 개발 방식을 직접 체험할 것이다.

13.2 다중 뷰 SPA

이전에 만들었던 Todo List 프로젝트는 모든 기능이 하나의 페이지 안에서 처리되었다. 하지만 대부분의 웹 애플리케이션은 '글 목록 페이지', '글쓰기 페이지', '글 상세 보기 페이지'처럼 여러 화면을 가진다.

전통적인 방식에서는 페이지마다 별도의 HTML 파일이 존재하며, 링크를 클릭할 때마다 서버로부터 새로운 HTML 파일을 받아와 페이지 전체를 새로 고치는 구조를 따른다.

반면, SPA(Single Page Application)는 AJAX와 HTML5를 활용해 페이지를 매번 새로 고치지 않고도 유연하고 반응성 높은 웹 애플리케이션을 개발할 수 있다. 단, 이는 대부분 작업이 클라이언트 측에서 자바스크립트로 수행된다는 것을 의미한다.

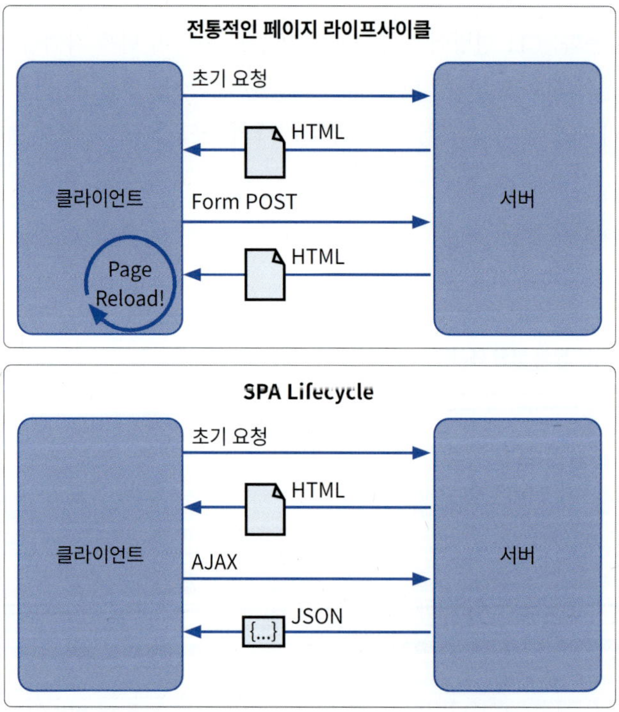

그림 13.6 전통적인 웹 서비스와 SPA 서비스 비교

SPA의 가장 큰 이점은 페이지를 다시 로드하거나 렌더링하는 거슬리는 효과 없이, 더 유연하고 빠르게 반응한다는 점이다.

SPA(Single Page Application, 단일 페이지 애플리케이션)는 전통적인 SSR(Server Side Rendering) 방식과는 다르다.

● 특징

- **최초 로드:** 처음에 단 하나의 HTML 파일만 서버로부터 받아온다.
- **동적 뷰(View) 교체:** 이후에는 페이지를 이동하는 것처럼 보이지만, 실제로는 페이지를 새로 고치지 않고 자바스크립트가 화면의 내용만 동적으로 교체한다.
- **작동 원리:** '글 목록', '글쓰기', '상세 보기'에 해당하는 HTML 구조를 미리 만들어두거나, 자바스크립트로 동적으로 생성한다. 사용자 행동(예 글쓰기 버튼 클릭)에 따라 기존 '글 목록' 영역은 숨기고(display: none), 숨겨져 있던 '글쓰기' 영역을 보여주는(display: block) 방식으로 화면을 전환한다.

● 장점

- **사용자 경험 향상:** 페이지 전체를 새로 고치지 않기 때문에 앱처럼 부드럽고 빠르게 화면을 전환할 수 있다.
- **서버 부하 감소:** 필요한 데이터만 API를 통해 JSON 형태로 주고받기 때문에 서버는 매번 HTML을 생성하지 않아도 되어 부담이 줄어든다.

이번 일기장 앱에서는 이 SPA 구조를 간단하게 구현해 '목록 뷰', '글쓰기/수정 뷰', '상세 보기 뷰'를 동적으로 전환하는 방법을 학습한다.

VIBE CODING

13.3 단계별 PRD와 제미나이 CLI를 활용한 일기장 앱 제작하기

이번 실습은 총 3단계로 구성된 상세한 PRD를 작성하고, 각 단계를 제미나이 CLI를 통하여 실행하는 방식으로 진행된다.

제미나이-CLI 설치하기

❶ 터미널에서 gemini 명령어를 사용할 수 있도록 제미나이 CLI를 설치하고 인증 설정을 완료한다.

- 설치 가이드 참고(github.com/google-gemini/gemini-cli)

❷ 먼저 설치된 Node.js 버전이 18.0 이상인지 확인한다.

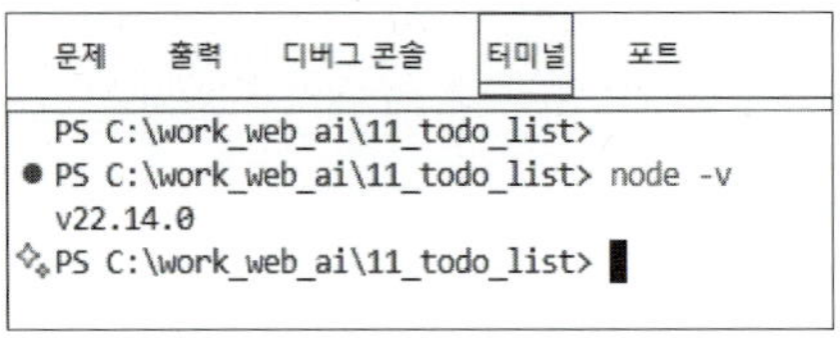

그림 13.7 노드 버전 확인

❸ CLI 환경(Windows CMD, PowerShell, 또는 VS Code의 내장 터미널 중 선택)을 성한 후 제미나이를 설치하기 위해서 다음 명령어를 실행한다.

```
npm install -g @google/gemini-cli
```

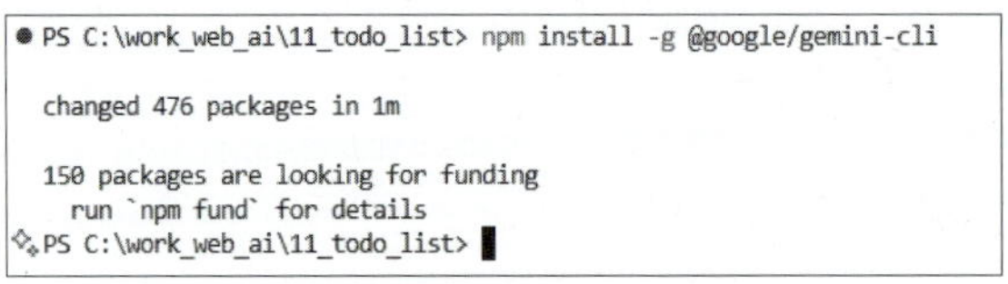

그림 13.8 제미나이-CLI 설치

❹ 설치 후 터미널에 gemini 명령어를 입력하면 제미나이 CLI 가 작동한다.

```
PS C:\work_web_ai>
PS C:\work_web_ai> gemini
```

그림 13.9 제미나이 CLI 실행

❺ 2025년 11월 기준, 설치가 완료된 후 실행하면 CLI 환경에서 환경 설정 화면이 나타난다. CLI 버전은 기본 모델을 제미나이 2.5 프로를 사용하고 있는 것을 알 수 있다.

또는 사용 중에 테마를 변경하고 싶다면 "/theme"를 입력하여 언제든지 변경할 수 있다.

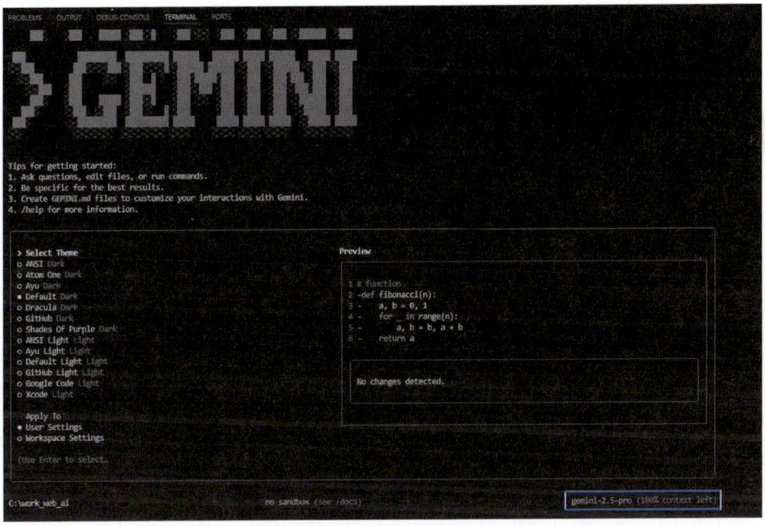

그림 13.10 환경 설정

❻ Select Theme 화면에서는 코드에 적용되는 색상을 변경할 수 있다. 방향키(↑, ↓)를 이용하여 테마를 이동하며 선택하고, 원하는 테마를 적용해 사용자 설정을 완료한다.

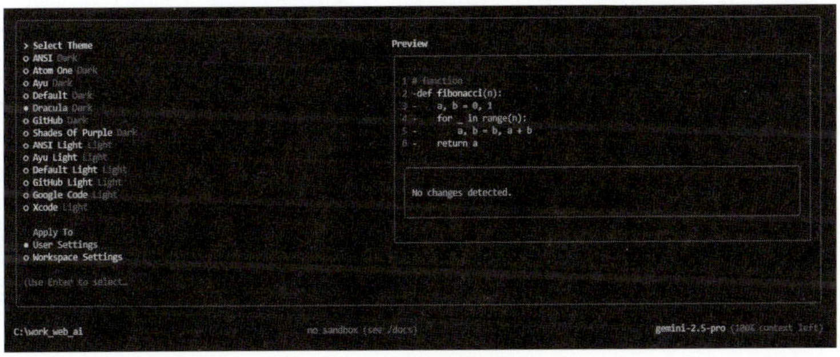

그림 13.11 테마 선택

13

나만의 일기장 앱 제작(풀스택)

❼ Enter를 누르면 다음 인증 방식을 선택할 수 있다. 구글 계정으로 인증과 동의를 진행하고, 승인 절차가 완료될 때까지 진행한다.

그림 13.12 인증 방법 선택

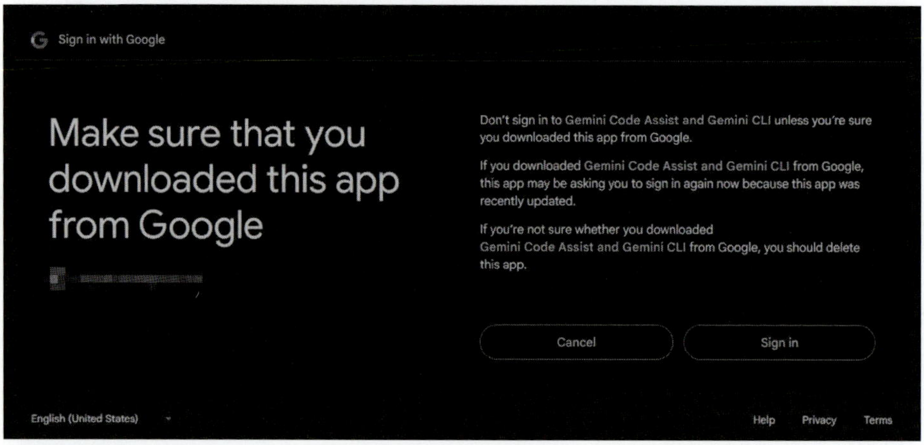

그림 13.13 구글 인증 선택

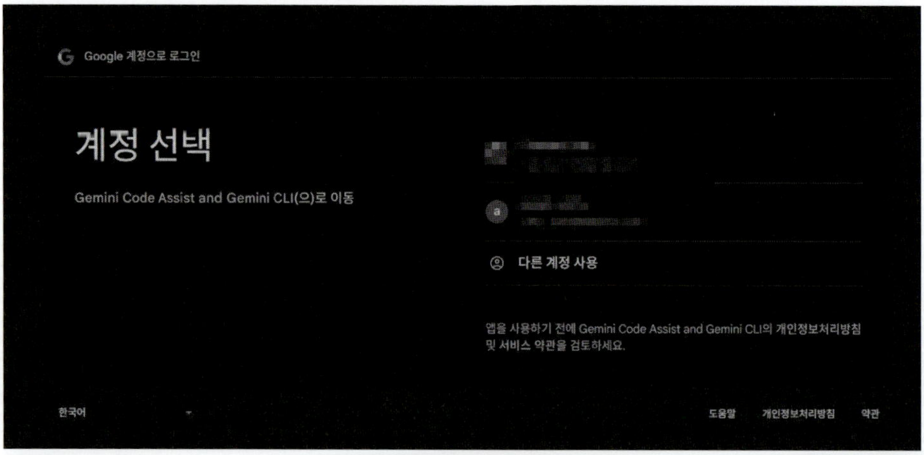

그림 13.14 인증 계정 선택

❽ 승인이 끝나면 승인 웹 브라우저 창은 닫는다.

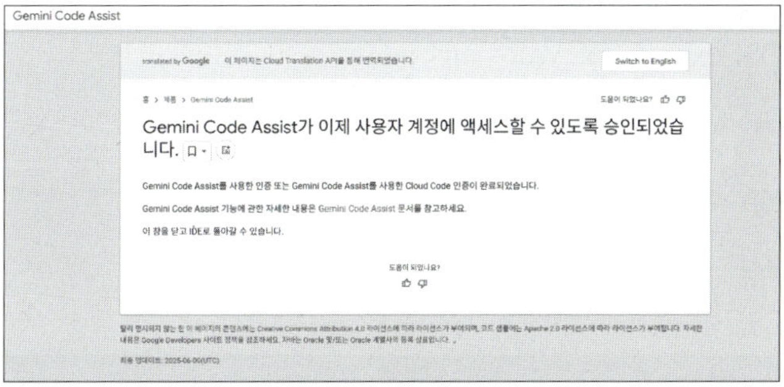

그림 13.15 인증 승인 완료

❾ 제미나이 CLI를 실행하려면 터미널에 “gemini”를 입력하면 된다.

그림 13.16 실행 화면

❿ 사용을 종료하려면 Ctrl + C를 누른다.

그림 13.17 종료 화면

⑪ 기존 클라인에서 사용한 제미나이 API 키를 CLI에서도 사용할 수 있게 환경 변수로 등록한다. 물론 API 등록 없이도 진행할 수 있다. 아래 내용을 참고하자.

- **리눅스/맥OS**: export MY_VAR="my_value"
- **윈도우(cmd)**: set MY_VAR="my_value"
- **윈도우(PowerShell)**: $env:MY_VAR="my_value"

터미널 환경에서 위와 같이 키 값을 등록하면 된다.

그림 13.18 제미나이 API 키 환경 변수 등록

⑫ 2025년 11월 기준 제미나이-3-프로-프리뷰 모델을 사용하기 위해서는 제미나이 CLI에서 프리뷰 활성화 작업이 필요하다.

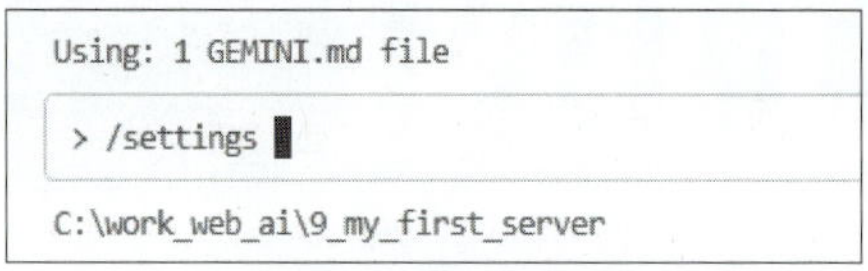

그림 13.19 CLI 환경 설정

CLI를 실행한 후에 '/settings'를 입력하여 설정 화면에서 Preview Features를 'true'로 활성화한다.

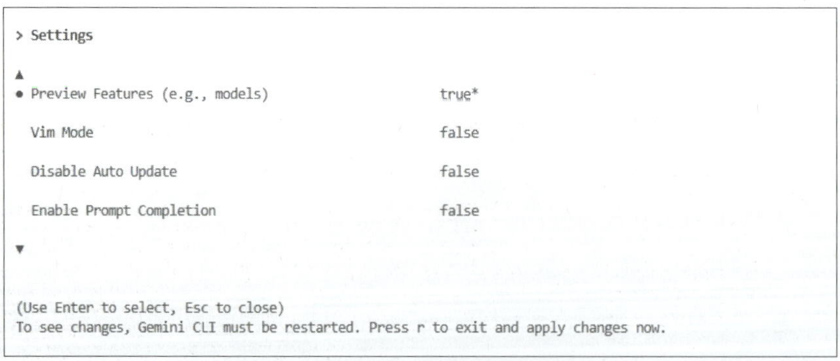

그림 13.20 제미나이-3-프로-프리뷰 사용 활성화

2025년 11월 기준 런칭 초기라서 구글은 3.0 사용 대기 신청을 받고 있다. 이것은 시간이 지나면 자동으로 사라질 것이다. 또한 3.0을 CLI에서 잘 구동하기 위해 다음과 같은 추가 작업을 하면 더 도움이 된다.

제미나이가 설치된 윈도우 경로에서 GEMINI.md 파일을 추가 편집한다.

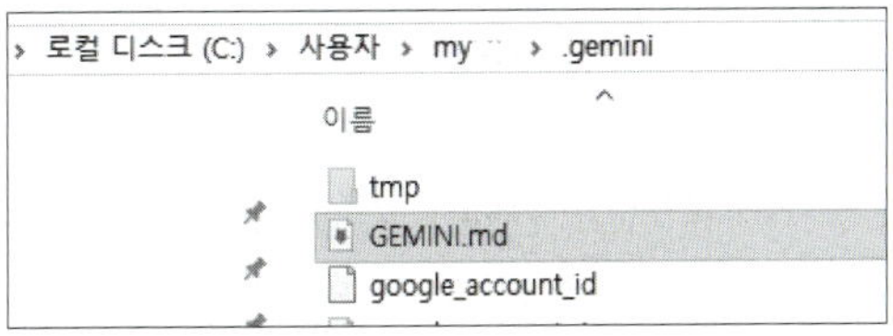

그림 13.21 제미나이 MD 파일 편집

```
"- must using model, gemini-3-pro-preview."
```

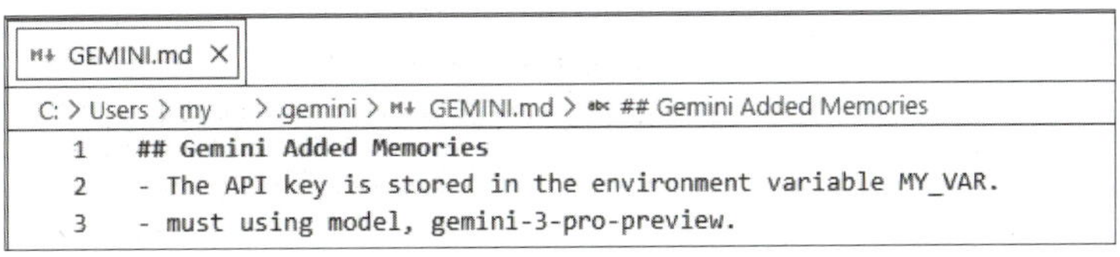

그림 13.22 MD 파일 내용 추가

CLI를 재실행하면 기본 환경이 3.0 모델로 시작한다. 이것 또한 사용자 권한(유료/무료)에 따라 사용량 증가 시 모델이 자동으로 하향 변경될 수 있다.

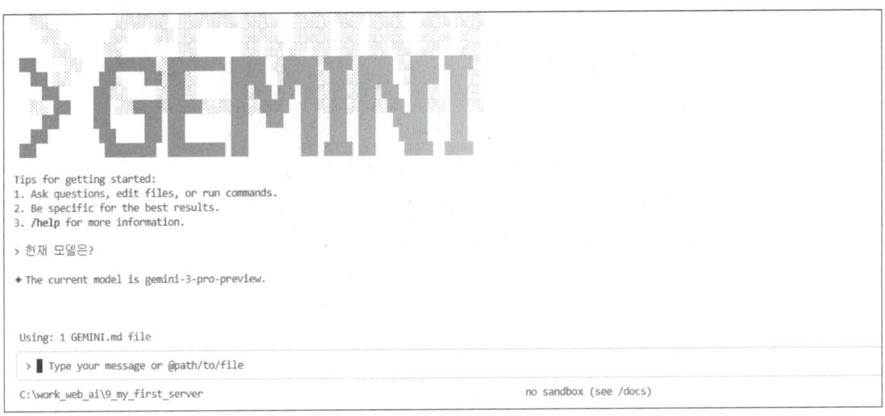

그림 13.23 CLI 환경에서 제미나이-3-프로-프리뷰 실행 모습

알아두세요

API 키 등록의 주된 목적

- **인증(Authentication)**: API를 사용하는 사용자가 누구인지 확인한다.
- **권한 부여(Authorization)**: 인증된 사용자가 어떤 기능과 데이터에 접근할 수 있는지 권한을 검증한다.
- **사용량 제어(Rate Limiting)**: 과도한 사용을 막기 위해 사용자별로 시간당 또는 일일 요청 횟수를 제한한다.
- **모니터링 및 과금(Monitoring & Billing)**: 사용량을 추적해 통계를 내고, 유료 서비스인 경우 비용 청구의 근거로 삼는다.

API 키 등록 없이 사용할 때(Guest/Anonymous Access)

- **매우 엄격한 사용량 제한**: 등록된 사용자보다 요청 횟수가 크게 적다. 예를 들어, 분당 10회, 하루 100회 등으로 제한될 수 있다.
- **제한된 기능 접근**: 핵심적이거나 민감한 데이터에 접근할 수 없고, 기본 기능만 제공된다.
- **낮은 우선순위**: 서버가 바쁠 때 등록된 사용자 요청을 우선 처리해 응답이 느려질 수 있다.
- **보안 및 지원 부재**: 사용자를 특정할 수 없어 문제 발생 시 추적이나 기술 지원이 어렵다.

API 키 등록 후 사용할 때(Registered Access)

- **더 높은 사용량 한도**: 무료 티어라도 등록하지 않은 사용자보다 훨씬 많은 요청을 보낼 수 있으며, 유료 플랜 사용 시 한도를 크게 늘릴 수 있다.
- **모든 기능 접근**: API가 제공하는 모든 기능에 접근할 수 있다. (단, 플랜 등급에 따라 일부 기능이 제한될 수 있다.)
- **안정적인 서비스**: 더 높은 우선순위로 요청이 처리되어 안정적이고 빠른 응답을 기대할 수 있다.
- **사용량 확인 및 관리**: 대시보드를 통해 자신의 API 사용량을 직접 확인하고 관리할 수 있다.
- **보안 강화**: API 키가 유출되면 해당 키를 비활성화하거나 재발급해 보안을 유지할 수 있다.

⓭ 환경 변수를 등록한 후 CLI에 해당 API 키를 기억하도록 알려주면 향후 작업이 더 편리해진다.

```
✦ 알겠습니다. 앞으로 API 키를 사용할 때 MY_VAR 환경 변수를 사용하도록 기억하겠습니다.

  ✓ Save Memory {"fact":"The API key is stored in the environment variable MY_VAR."}

    Okay, I've remembered that: "The API key is stored in the environment variable MY_VAR."

ℹ Refreshing hierarchical memory (GEMINI.md or other context files)...

ℹ Memory refreshed successfully. Loaded 199 characters from 1 file(s).

✦ 알겠습니다. 이제 API 키를 사용할 수 있습니다. 무엇을 도와드릴까요?
```

그림 13.24 환경 변수 등록 확인

⓮ VS 코드 터미널에서 '13_my_diary_app'이라는 새 프로젝트 폴더를 만들고 연다.

```
● PS C:\work_web_ai> mkdir 13_my_diary_app
○

    디렉터리: C:\work_web_ai

Mode                 LastWriteTime         Length Name
----                 -------------         ------ ----
d-----        2025-09-11   오후 6:09                13_my_diary_app

PS C:\work_web_ai>
```

그림 13.25 프로젝트 폴더 생성

제미나이 CLI 환경에서 개발할 준비가 되었다.

13.4 1단계: DB 설계 및 백엔드 API 구축하기

다음 단계를 따라가며 조금 더 복잡한 형태의 개발을 진행해 보자. 가장 먼저 데이터베이스 구조를 설계하고, 모든 백엔드 API를 완성한다.

PRD 1단계: 일기장 앱 DB 및 백엔드 API

❶ **목표**: 일기장 데이터의 CRUD를 처리하는 완전한 백엔드 시스템을 구축한다.

❷ DB 설계(diaries 테이블)

- 데이터베이스: my_diary_db(기존 데이터베이스 사용 또는 새로 생성)
- 테이블 생성 SQL

```
CREATE TABLE diaries (
    id INT AUTO_INCREMENT PRIMARY KEY,
    title VARCHAR(255) NOT NULL,
    content TEXT,
    created_at DATETIME DEFAULT CURRENT_TIMESTAMP,
    updated_at DATETIME DEFAULT CURRENT_TIMESTAMP ON UPDATE CURRENT_
TIMESTAMP
);
```

알아두세요

ON UPDATE CURRENT_TIMESTAMP는 행이 수정될 때마다 updated_at 값이 자동 갱신되는 유용한 기능이다.

❸ 백엔드 환경 설정

- npm init –y 및 npm install express mysql2 dotenv cors 실행
- server.js, db.js, .env 파일 및 public 폴더 생성
- db.js는 DB 커넥션 풀을 설정하고, .env는 DB 접속 정보를 담는다.
- server.js는 express.static('public')으로 public 폴더를 서비스하며, 3001번 포트에서 실행된다.

❹ 백엔드 API 엔드포인트 명세(server.js에 구현)

- 모든 API는 /api/diaries 경로를 기본으로 한다.
- 모든 응답은 JSON 형식이며, async/await와 try...catch를 사용한다.
- GET /api/diaries: 모든 일기 목록을 최신순으로 조회.
- GET /api/diaries/:id: 특정 id의 일기 하나를 상세 조회.
- POST /api/diaries: 새 일기를 생성. 요청 본문으로 { title, content }를 받음. title과 content는 비어 있을 수 없음(유효성 검사).
- PUT /api/diaries/:id: 특정 id의 일기를 수정. 요청 본문으로 { title, content }를 받음.
- DELETE /api/diaries/:id: 특정 id의 일기를 삭제.

제미나이 CLI로 백엔드 생성하기

❶ 13_my_diary_app 폴더에 prd_backend.txt 파일을 만들고, PRD 내용을 붙여 넣는다.

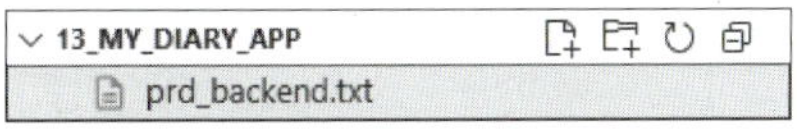

그림 13.26 PRD 파일

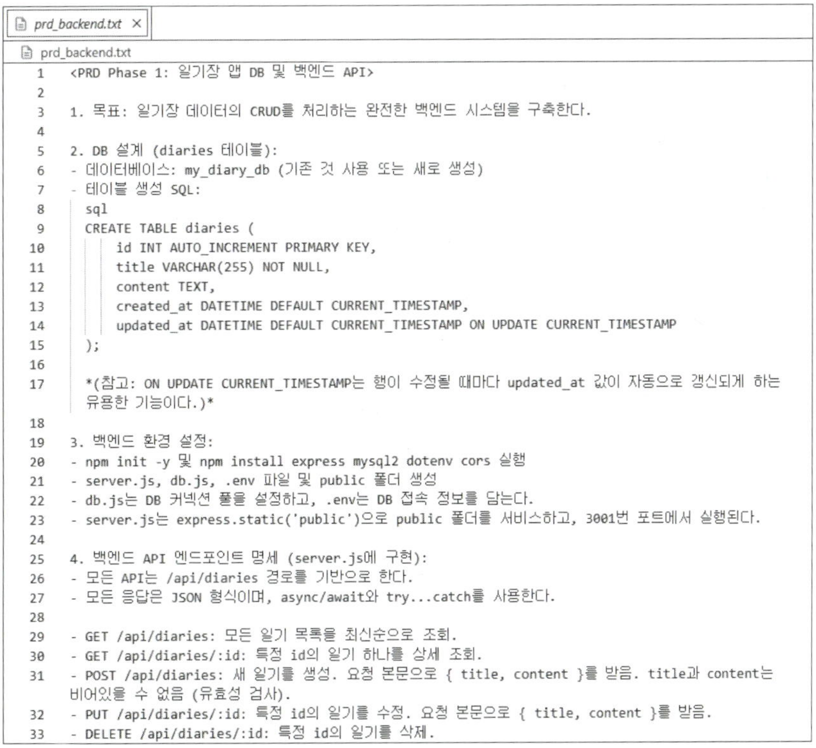

```
prd_backend.txt ×
prd_backend.txt
<PRD Phase 1: 일기장 앱 DB 및 백엔드 API>

1. 목표: 일기장 데이터의 CRUD를 처리하는 완전한 백엔드 시스템을 구축한다.

2. DB 설계 (diaries 테이블):
- 데이터베이스: my_diary_db (기존 것 사용 또는 새로 생성)
- 테이블 생성 SQL:
  sql
  CREATE TABLE diaries (
      id INT AUTO_INCREMENT PRIMARY KEY,
      title VARCHAR(255) NOT NULL,
      content TEXT,
      created_at DATETIME DEFAULT CURRENT_TIMESTAMP,
      updated_at DATETIME DEFAULT CURRENT_TIMESTAMP ON UPDATE CURRENT_TIMESTAMP
  );

  *(참고: ON UPDATE CURRENT_TIMESTAMP는 행이 수정될 때마다 updated_at 값이 자동으로 갱신되게 하는
  유용한 기능이다.)*

3. 백엔드 환경 설정:
- npm init -y 및 npm install express mysql2 dotenv cors 실행
- server.js, db.js, .env 파일 및 public 폴더 생성
- db.js는 DB 커넥션 풀을 설정하고, .env는 DB 접속 정보를 담는다.
- server.js는 express.static('public')으로 public 폴더를 서비스하고, 3001번 포트에서 실행된다.

4. 백엔드 API 엔드포인트 명세 (server.js에 구현):
- 모든 API는 /api/diaries 경로를 기반으로 한다.
- 모든 응답은 JSON 형식이며, async/await와 try...catch를 사용한다.

- GET /api/diaries: 모든 일기 목록을 최신순으로 조회.
- GET /api/diaries/:id: 특정 id의 일기 하나를 상세 조회.
- POST /api/diaries: 새 일기를 생성. 요청 본문으로 { title, content }를 받음. title과 content는
비어있을 수 없음 (유효성 검사).
- PUT /api/diaries/:id: 특정 id의 일기를 수정. 요청 본문으로 { title, content }를 받음.
- DELETE /api/diaries/:id: 특정 id의 일기를 삭제.
```

그림 13.27 PRD 파일 내용 입력

❷ "gemini –h" 또는 "––help" 명령을 입력하면 함께 사용할 수 있는 옵션을 볼 수 있다.

```
● (base) PS C:\work_web_ai\13_my_diary_app> gemini --help
Usage: gemini [options] [command]

Gemini CLI - Launch an interactive CLI, use -p/--prompt for non-interactive mode

Commands:
  gemini [promptWords...]     Launch Gemini CLI                                                    [default]
  gemini mcp                  Manage MCP servers
  gemini extensions <command> Manage Gemini CLI extensions.

Options:
  -m, --model                    Model                                                              [string]
  -p, --prompt                   Prompt. Appended to input on stdin (if any).
                [deprecated: Use the positional prompt instead. This flag will be removed in a future version.] [string]
  -i, --prompt-interactive       Execute the provided prompt and continue in interactive mode       [string]
  -s, --sandbox                  Run in sandbox?                                                    [boolean]
      --sandbox-image            Sandbox image URI.
                      [deprecated: Use settings.json instead. This flag will be removed in a future version.] [string]
  -d, --debug                    Run in debug mode?                               [boolean] [default: false]
  -a, --all-files                Include ALL files in context?
        [deprecated: Use @ includes in the application instead. This flag will be removed in a future version.] [boolean]
                                                                                            [default: false]
      --show-memory-usage        Show memory usage in status bar
        [deprecated: Use settings.json instead. This flag will be removed in a future version.] [boolean] [default: false]
  -y, --yolo                     Automatically accept all actions (aka YOLO mode, see
                                 https://www.youtube.com/watch?v=xvFZjo5PgG0 for more details)?[boolean] [default: false]
      --approval-mode            Set the approval mode: default (prompt for approval), auto_edit (auto-approve edit
                                 tools), yolo (auto-approve all tools) [string] [choices: "default", "auto_edit", "yolo"]
      --telemetry                Enable telemetry? This flag specifically controls if telemetry is sent. Other
                                 --telemetry-* flags set specific values but do not enable telemetry on their own.
                     [deprecated: Use settings.json instead. This flag will be removed in a future version.] [boolean]
      --telemetry-target         Set the telemetry target (local or gcp). Overrides settings files.
```

그림 13.28 옵션

❸ 제미나이 CLI를 열고, 생성한 PRD를 이용하기 위해 다음 명령어를 실행한다. 참고로 제미나이 CLI 환경은 최소 2.5 프로에서 실행할 수 있다. 3.0 실행이 어렵더라도 현재 적용된 모델을 사용해서 작업을 진행하자.

프롬프트 "아래 파일에 명시된 PRD를 기반으로, 일기장 앱의 전체 백엔드 시스템을 현재 폴더에 생성해줘."
file: prd_backend.txt

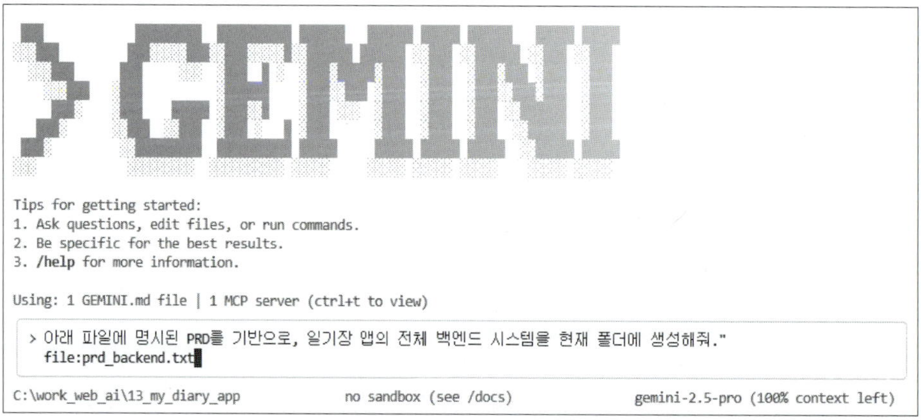

그림 13.29 PRD 실행

❹ 프롬프트에서 file 명령을 입력하면 제미나이가 해당 파일을 찾아 읽는다. 제미나이는 PRD 요구 사항을 분석하고, 프로젝트에 필요한 모듈을 확인한다. 진행 관련 확인 사항을 묻고, 설정 작업을 진행한다.

지금까지 클라인에서 수행해왔던 작업과 유사하지만, CLI 환경은 고성능 추론 모델인 2.5-pro, 3.0-pro 모델을 CLI 명령을 이용하여 에이전틱하게 활용하는 특징을 가지고 있다.

방향키(↑, ↓)를 눌러 'Yes'를 선택한다. 이것 또한 단계별로 진행한다. 이후 익숙해진다면 'Yes, allow always' 옵션을 사용해도 된다.

```
✦ 알겠습니다. prd_backend.txt 파일에 명시된 PRD를 기반으로 일기장 앱의 백엔드 시스템을 현재 폴더에 생성하겠습니다.

  먼저, prd_backend.txt 파일을 읽어 요구사항을 파악하겠습니다.
 ┌──────────────────────────────┐
 │ ✓  ReadFile prd_backend.txt  │
 └──────────────────────────────┘
✦ PRD를 성공적으로 분석했습니다. 이제 다음 단계에 따라 백엔드 시스템 구축을 시작하겠습니다.

  개발 계획:

   1. 프로젝트 초기화: npm init -y 명령어를 실행하여 package.json 파일을 생성합니다.
  먼저 프로젝트 초기화 및 의존성 설치를 진행하겠습니다.

   ?  Shell npm init -y && npm install express mysql2 dotenv cors ←

     npm init -y && npm install express mysql2 dotenv cors

   Allow execution of: 'npm'?

   ● 1. Yes, allow once
     2. Yes, allow always ...
     3. No, suggest changes (esc)

⠏ Waiting for user confirmation...

Using: 1 GEMINI.md file | 1 MCP server (ctrl+t to view)
C:\work_web_ai\13_my_diary_app          no sandbox (see /docs)          gemini-2.5-pro (99% context left)
```

그림 13.30 필요 모듈 설치

```
  이제 public 폴더와 server.js, db.js, .env 파일을 생성하겠습니다. 먼저 public 폴더를 생성합니다.

   ?  Shell mkdir public ←

     mkdir public

   Allow execution of: 'mkdir'?

   ● 1. Yes, allow once
     2. Yes, allow always ...
     3. No, suggest changes (esc)

⠏ Waiting for user confirmation...

Using: 1 GEMINI.md file | 1 MCP server (ctrl+t to view)
C:\work_web_ai\13_my_diary_app          no sandbox (see /docs)          gemini-2.5-pro (99% context left)
```

그림 13.31 경로 생성

❺ 디렉터리 생성 여부를 물으니 'yes'를 선택하여 진행한다. 현재도 계속 'yes'로 다음 단계를 진행 중이며, 데이터베이스 환경 설정을 정의하고 있다.

```
중요: `your_password` 부분을 실제 데이터베이스 비밀번호로 직접 수정해주세요.

 ?  WriteFile Writing to .env ←

 DB_HOST=localhost
 DB_USER=root
 DB_PASSWORD=your_password
 DB_NAME=my_diary_db

 Apply this change?

 ● 1. Yes, allow once
   2. Yes, allow always
   3. Modify with external editor
   4. No, suggest changes (esc)

⠏ Waiting for user confirmation...
```

그림 13.32 데이터베이스 환경 설정

```
이제 server.js 파일에 PRD 명세에 따라 기본 서버 설정 및 전체 API 엔드포인트 코드를 작성하겠습니다.

 ?  WriteFile Writing to server.js ←

 ... first 88 lines hidden ...
        res.status(204).send(); // No Content
      } catch (error) {
        console.error(`Error deleting diary ${id}:`, error);
        res.status(500).json({ error: 'Database error' });
      }
    });

    app.listen(port, () => {
      console.log(`Server is running on http://localhost:${port}`);
    });

 Apply this change?

 ● 1. Yes, allow once
   2. Yes, allow always
   3. Modify with external editor
   4. No, suggest changes (esc)

Press ctrl-s to show more lines
⠏ Waiting for user confirmation...
```

그림 13.33 Server.js 생성

❻ PRD에 정의된 내용을 바탕으로 server.js가 생성되었다. 다음으로는 데이터베이스 SQL 생성 작업을 진행한다.

다음으로, 데이터베이스 커넥션 풀을 설정하는 db.js 파일의 내용을 작성하겠습니다.

✓ WriteFile Writing to db.js

```
const mysql = require('mysql2/promise');
require('dotenv').config();

const pool = mysql.createPool({
  host: process.env.DB_HOST,
  user: process.env.DB_USER,
  password: process.env.DB_PASSWORD,
  database: process.env.DB_NAME,
  waitForConnections: true,
  connectionLimit: 10,
  queueLimit: 0
});

module.exports = pool;
```

그림 13.34 DB Pool 구성

❼ PRD에 정의된 DB 내용을 분석하고, 테이블을 생성한다.

1. 데이터베이스 테이블 생성

먼저, my_diary_db 데이터베이스에 diaries 테이블을 생성해야 합니다. 아래의 SQL 쿼리를 데이터베이스 관리 도구(예: MySQL Workbench, DBeaver 등)에서 실행해주세요.

```
`sql
CREATE TABLE diaries (
    id INT AUTO_INCREMENT PRIMARY KEY,
    title VARCHAR(255) NOT NULL,
    content TEXT,
    created_at DATETIME DEFAULT CURRENT_TIMESTAMP,
    updated_at DATETIME DEFAULT CURRENT_TIMESTAMP ON UPDATE CURRENT_TIMESTAMP
);
`
```

그림 13.35 테이블 생성

❽ PRD 기준 작업이 완료되면 최종 작성 결과를 확인할 수 있다. 이렇게 백엔드 설계 및 환경 작업이 진행되었다.

Ctrl+C를 눌러 종료하면 해당 작업에 대한 리포트를 확인할 수 있는데, 실행 시간과 사용한 모델의 입력 및 출력 토큰 수를 확인할 수 있다.

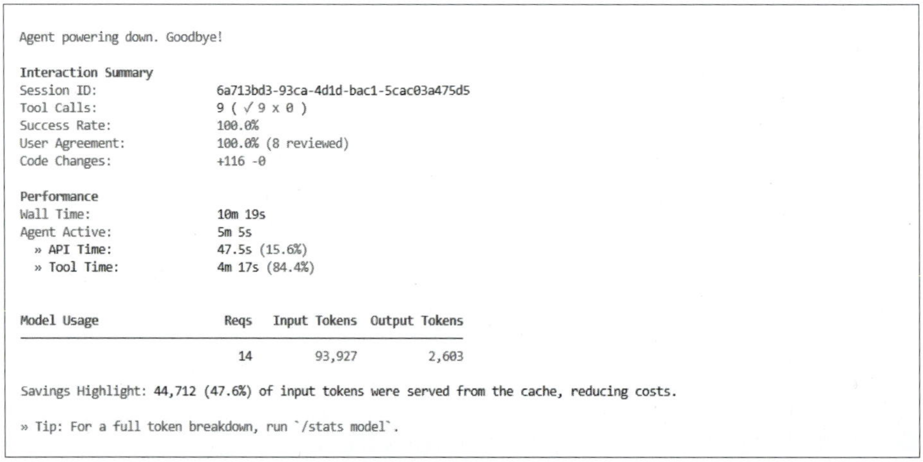

그림 13.36 종료 화면

❾ 제미나이 CLI가 PRD를 분석하고, 필요한 파일(server.js, db.js, .env 등)과 코드를 생성하는 것을 확인한다.

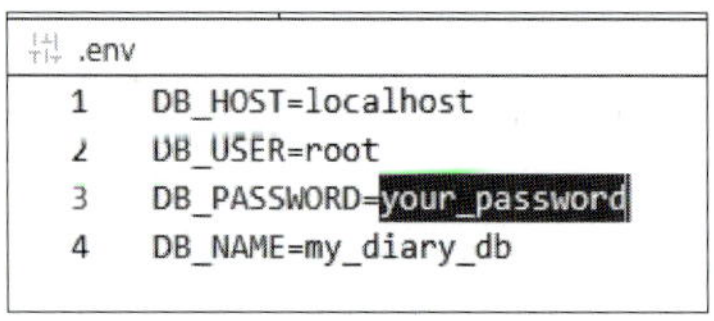

그림 13.37 패스워드: 0000

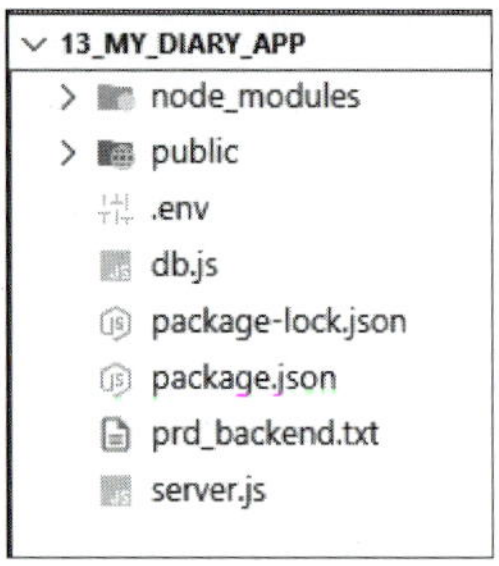

그림 13.38 생성된 DB 환경

⑩ .env 파일에 정확한 DB 비밀번호를 입력한 후 node server.js 명령어로 서버를 실행한다.

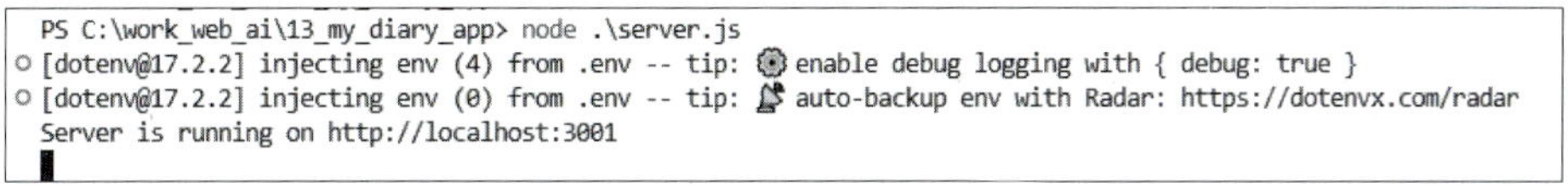

그림 13.39 환경 정보 입력 및 실행

⑪ 노드 서버가 실행되었다면, 이전에 사용한 Thunder Client를 활용해 모든 API 엔드포인트가 정상적으로 동작하는지 꼼꼼히 테스트해 보자. API 호출 경로는 server.js에서 확인할 수 있다.

그림 13.40 API 테스트

13.5 2단계: 프론트엔드 UI 구조 및 디자인하기

백엔드가 준비되었으니, 이제 사용자가 볼 수 있는 프론트엔드 화면의 뼈대를 만들자.

PRD 2단계: 일기장 앱 프론트엔드 UI/UX

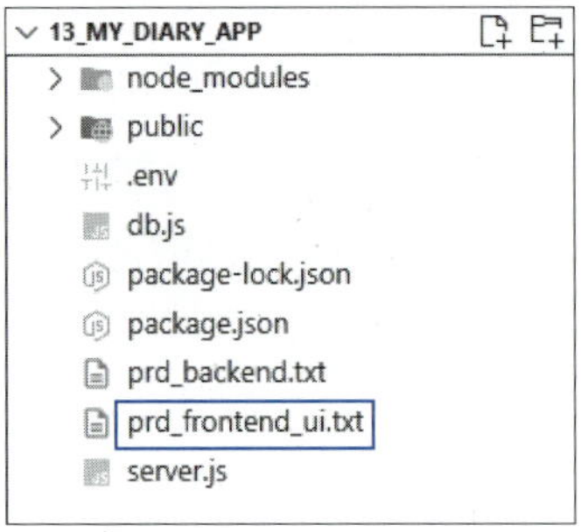

그림 13.41 프론트 PRD

❶ **목표**: SPA 구조를 가진 일기장 앱의 모든 화면(뷰)에 대한 정적인 HTML 구조와 CSS 스타일을 완성한다.

❷ **파일 구조**: public 폴더 안에 index.html과 style.css 파일을 생성한다.

❸ HTML 구조 요구 사항(index.html)

- <body> 안에 각 뷰에 해당하는 <section>을 만든다. 처음에는 목록 뷰만 보이고 나머지는 숨긴다(display: none;).
- (뷰 1) 목록 뷰: <section id="list-view">

```
<h1>나만의 일기장</h1>
<button id="new-diary-btn">새 일기 쓰기</button>
<ul id="diary-list"></ul>
```

- (뷰 2) 작성/수정 뷰: <section id="form-view" style="display: none;">

```
<h2 id="form-title">새 일기 작성</h2>
<form id="diary-form">
<input type="hidden" id="diary-id"> (수정 시 사용할 숨겨진 필드)
<input type="text" id="diary-title" placeholder="제목" required>
<textarea id="diary-content" placeholder="오늘 하루는 어땠나요?" required>
</textarea>
<button type="submit">저장</button>
<button type="button" id="cancel-btn">취소</button>
```

- (뷰 3) 상세 보기 뷰: 〈section id="detail-view" style="display: none;"〉

```
<h2 id="detail-title"></h2>
<p id="detail-date"></p>
<div id="detail-content"></div>
<button id="edit-btn">수정</button>
<button id="delete-btn">삭제</button>
<button id="back-to-list-btn">목록으로</button>
```

❹ CSS 스타일 요구 사항(style.css)

- 각 뷰(〈section〉)에 대한 기본 레이아웃 스타일을 정의한다.
- 목록(ul#diary-list)의 각 항목(li)에 마우스 오버 시 클릭할 수 있는 것처럼 보이게 :hover 효과를 추가한다.
- 폼(form#diary-form)의 input과 textarea를 깔끔하게 디자인한다.
- 상세 보기 뷰의 제목, 날짜, 내용 영역의 폰트와 여백을 적절히 조절한다.

제미나이 CLI로 프론트엔드 UI 생성하기

❶ 13_my_diary_app 폴더에 prd_frontend_ui.txt 파일을 만들고, PRD 내용을 붙여 넣는다.

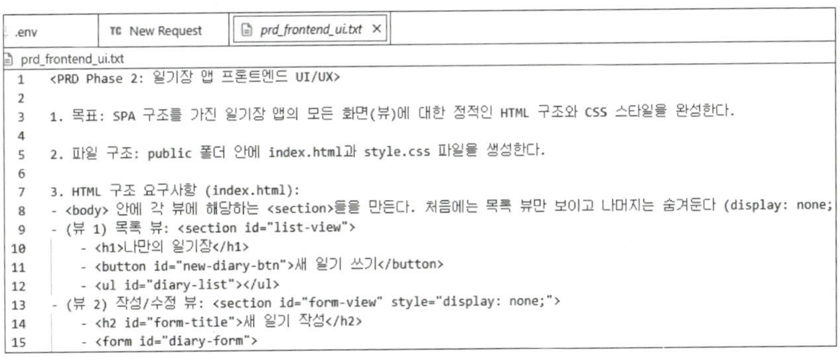


```
<PRD Phase 2: 일기장 앱 프론트엔드 UI/UX>

1. 목표: SPA 구조를 가진 일기장 앱의 모든 화면(뷰)에 대한 정적인 HTML 구조와 CSS 스타일을 완성한다.

2. 파일 구조: public 폴더 안에 index.html과 style.css 파일을 생성한다.

3. HTML 구조 요구사항 (index.html):
- <body> 안에 각 뷰에 해당하는 <section>들을 만든다. 처음에는 목록 뷰만 보이고 나머지는 숨겨둔다 (display: none;
- (뷰 1) 목록 뷰: <section id="list-view">
    - <h1>나만의 일기장</h1>
    - <button id="new-diary-btn">새 일기 쓰기</button>
    - <ul id="diary-list"></ul>
- (뷰 2) 작성/수정 뷰: <section id="form-view" style="display: none;">
    - <h2 id="form-title">새 일기 작성</h2>
    - <form id="diary-form">
```

그림 13.42 프론트 PRD 내용

❷ 터미널에서 다음 프롬프트를 실행한다.

프롬프트 "아래 파일의 PRD를 기반으로, 일기장 앱의 프론트엔드 UI를 public 폴더 안에 index.html과 style.css 파일로 생성해줘." file: prd_frontend_ui.txt

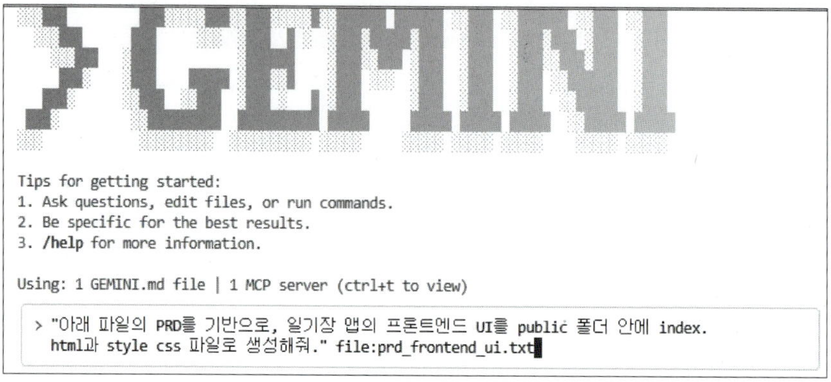

그림 13.43 프론트 작업 명령

❸ 기존에 만들어진 데이터를 비교하며, 작업이 진행되는 것을 확인한다.

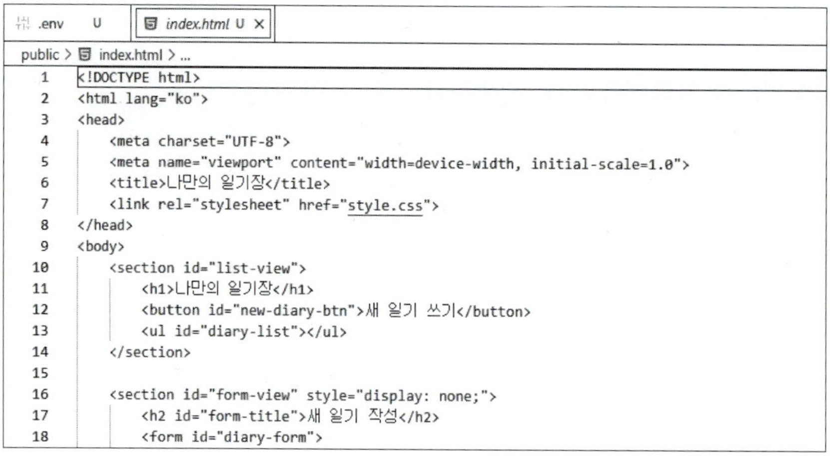

그림 13.44 HTML 파일 생성

❹ index.html, style.css 파일을 생성하는 것을 볼 수 있다.

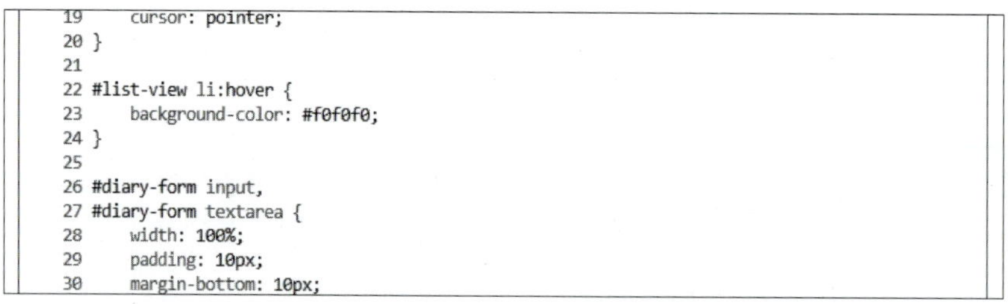

```
    box-sizing: border-box;
}

#detail-view h2 {
    margin-bottom: 5px;
}

#detail-view p {
    color: #666;
    margin-top: 0;
}

button {
    padding: 10px 15px;
    margin-right: 10px;
    cursor: pointer;
}
```

```
✦ index.html와 style.css 파일을 public 폴더 안에 생성했습니다. index.html 파일에는 PRD에 명시된 목록,
  작성/수정, 상세 보기 뷰의 구조를 포함했으며, style.css 파일에는 각 뷰와 요소에 대한 기본적인
  스타일을 적용했습니다.

Using: 1 GEMINI.md file | 1 MCP server (ctrl+t to view)

 > Type your message or @path/to/file
```

그림 13.45 CSS 파일 생성

❺ 새로운 터미널 창을 열고, node server.js 명령을 실행한다. 기존 노드 서버를 실행 중이면 넘어간다.

```
PS C:\work_web_ai\13_my_diary_app> node .\server.js
[dotenv@17.2.2] injecting env (4) from .env -- tip: 📡 observe env with Radar: https://dotenvx.com/radar
[dotenv@17.2.2] injecting env (0) from .env -- tip: 📡 version env with Radar: https://dotenvx.com/radar
Server is running on http://localhost:3001
```

그림 13.46 노드 서버 실행

❻ 노드 서버가 실행 중일 때 'localhost :3001'에 접속하여 목록 뷰의 기본 UI가 제대로 보이는지 확인한다.

그림 13.47 웹 브라우저 확인

13.6 3단계: 프론트엔드 로직 및 API 연동하기

마지막으로 정적인 UI에 자바스크립트로 생명을 불어넣고 백엔드와 연결한다.

PRD 3단계: 일기장 앱 프론트엔드 로직 및 API 연동

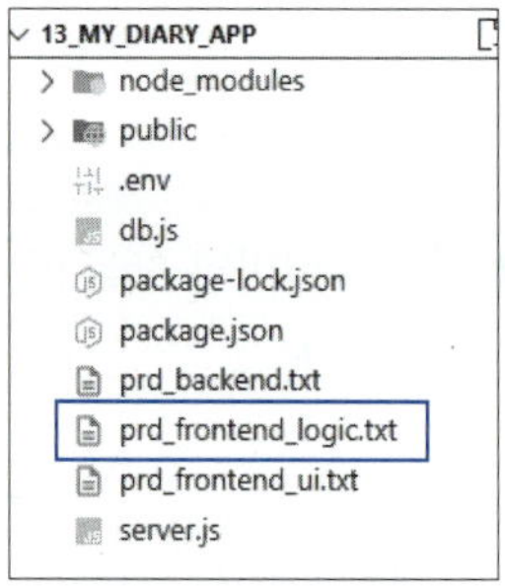

그림 13.48 프론트 PRD

❶ **목표**: public/script.js 파일에 모든 로직을 구현하여 Full-Stack 일기장 앱을 완성한다.

❷ **구현 방식**

- DOMContentLoaded 이벤트 리스너 안에서 모든 로직을 시작한다.
- 뷰 전환을 담당하는 showView(viewId) 함수를 만든다. 이 함수는 모든 section을 숨기고, viewID에 해당하는 section만 보여준다.

❸ **기능 요구 사항(script.js)**

가. 초기화 및 목록 로드

- 페이지 로드 시, GET /api/diaries를 호출하여 모든 일기 목록을 가져온다.
- 가져온 데이터로 #diary-list(〈ul〉)에 li 요소들을 동적으로 생성해 렌더링한다. 각 li에는 data-id로 일기 ID를 저장한다.
- showView('list-view')를 호출해 목록 뷰를 보여준다.

나. 뷰 전환 로직

- '새 일기 쓰기' 버튼 클릭: form-view를 보여준다. 폼 제목을 "새 일기 작성"으로 바꾸고 폼을 초기화한다.
- '취소' 버튼 클릭: list-view로 돌아간다.
- 일기 목록(〈li〉) 클릭
  - 클릭된 li의 data-id를 가져온다.
  - GET /api/diaries/:id를 호출하여 해당 일기의 상세 데이터를 가져온다.
  - 가져온 데이터로 detail-view 내용을 채운다. showView('detail-view')를 호출한다.
- '목록으로' 버튼 클릭: list-view로 돌아간다.

다. CRUD 연동 로직

- 일기 저장(폼 제출 시)
  - diary-form의 submit 이벤트를 처리한다.
  - 숨겨진 diary-id 필드에 값이 있으면 수정(PUT), 없으면 생성(POST)으로 판단한다.
  - 해당 API(POST /api/diaries 또는 PUT /api/diaries/:id)를 호출한다.

· 성공하면 목록을 새로 고침하고 list-view로 전환한다.

- '수정' 버튼 클릭 시
  · 상세 보기 뷰의 데이터를 form-view의 각 필드에 채워 넣는다(숨겨진 id 필드 포함).
  · 폼 제목을 "일기 수정"으로 변경하고 showView('form-view')를 호출한다.
- '삭제' 버튼 클릭 시
  · 사용자에게 삭제 여부를 confirm()으로 확인한다.
  · DELETE /api/diaries/:id API를 호출한다.
  · 성공 시 목록을 새로 고침하고 list-view로 전환한다.

제미나이 CLI로 프론트엔드 로직 생성하기

❶ 13_my_diary_app 폴더에 prd_frontend_logic.txt 파일을 만들고, PRD 내용을 붙여 넣는다.

.env | New Request | prd_frontend_logic.txt ×

prd_frontend_logic.txt

```
<PRD Phase 3: 일기장 앱 프론트엔드 로직 및 API 연동>

1. 목표: public/script.js 파일에 모든 로직을 구현하여 Full-Stack 일기장 앱을 완성한다.

2. 구현 방식:
- DOMContentLoaded 리스너 안에서 모든 로직을 시작한다.
- 뷰 전환을 담당하는 showView(viewId) 함수를 만든다. 이 함수는 모든 section을 숨기고, viewId에 해당하는 sec

3. 기능 요구사항 (script.js):

가. 초기화 및 목록 로드:
- 페이지 로드 시, GET /api/diaries를 호출하여 모든 일기 목록을 가져온다.
- 가져온 데이터로 diary-list(<ul>)에 li 요소들을 동적으로 생성하여 렌더링한다. 각 li에는 data-id로 일기 ID를
- showView('list-view')를 호출하여 목록 뷰를 보여준다.

나. 뷰 전환 로직:
- '새 일기 쓰기' 버튼 클릭: form-view를 보여준다. 폼 제목을 "새 일기 작성"으로 바꾸고 폼을 초기화한다.
- '취소' 버튼 클릭: list-view로 돌아간다.
- 일기 목록(li) 클릭:
    - 클릭된 li의 data-id를 가져온다.
    - GET /api/diaries/:id를 호출하여 해당 일기의 상세 데이터를 가져온다.
    - 가져온 데이터로 detail-view의 내용을 채운다.
```

그림 13.49 프론트 PRD 내용 입력

❷ 터미널에서 다음 프롬프트를 실행한다.

프롬프트 "아래 파일의 PRD를 기반으로, 일기장 앱의 모든 프론트엔드 로직을 public 폴더 안에 script.js 파일로 생성해줘." file: prd_frontend_logic.txt

```
> "아래 파일의 PRD를 기반으로, 일기장 앱의 모든 프론트엔드 로직을 public 폴더 안에
  script.js 파일로 생성해줘." file:prd_frontend_logic.txt
```

그림 13.50 프롬프트 실행

❸ 로직에 맞게 script.js를 수정하고 'yes'로 진행한다.

```
✓ WriteFile Writing to public\script.js

  ... first 59 lines hidden ...
      cancelBtn.addEventListener('click
          showView('list');
      });

      diaryList.addEventListener('click
          if (e.target.tagName === 'LI'
              const id = e.target.datas
              currentDiaryId = id;
              try {
                  const response = awai
                  if (!response.ok) thr
                  const diary = await r
```

그림 13.51 스크립트 파일 생성

시연 및 리뷰하기

❶ 서버 실행 후 브라우저에서 'localhost:3001'에 접속한다.

〈새 일기 쓰기〉 버튼을 클릭하여 일기를 작성하고 저장한다. 목록에 잘 추가되는지 확인한다.

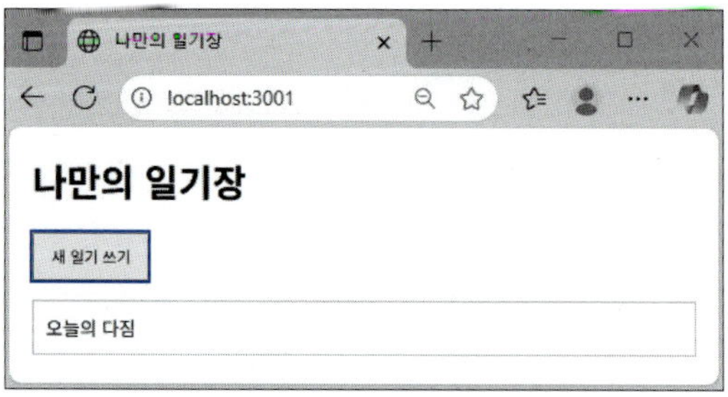

그림 13.52 실행 화면

❷ 한 번에 로직 구현이 잘 마무리될 수도 있다. 하지만 복잡한 로직을 만들다 보면 작동이 원활하지 않은 경우가 종종 발생할 수 있다. 예를 들어, 글쓰기 창은 잘 나오지만, 작성한 글이 저장되지 않는 경우가 있다. 그럴 때는 다시 제미나이 CLI로 돌아가 문제를 확인해야 한다.

그림 13.53 작동 에러

❸ 프롬프트를 다음과 같이 입력한다.

프롬프트 새 일기를 작성하였는데 등록 후 반응이 없다. 글 등록이 실패하는 것 같다. 코드를 다시 확인하자.

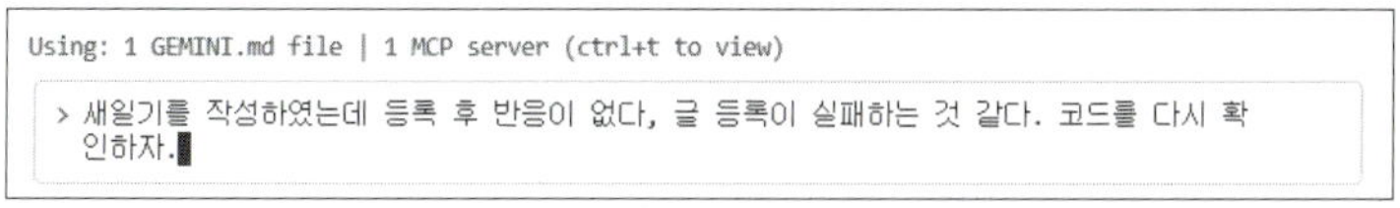

그림 13.54 에러 해결

❹ 제미나이는 에러를 분석하고 수정 작업을 진행한다.

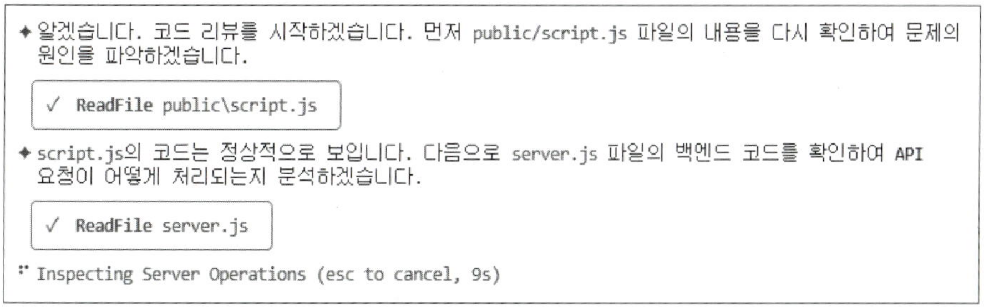

그림 13.55 에러 분석 진행

❺ 문제 분석 및 파일 수정을 진행한다.

```
✦ I've modified server.js to print the database table schema. To avoid the process hanging, I'll add
  process.exit(0) so it exits after outputting the schema. Then I'll run the script.

   ?  Edit server.js: app.listen(port, async () => {... => app.listen(port, async () => {... ←

   ... first 3 lines hidden ...
   104 +     process.exit(0);
   105    });

   Apply this change?

   ● 1. Yes, allow once
     2. Yes, allow always
     3. Modify with external editor
     4. No, suggest changes (esc)
```

그림 13.56 에러 수정 진행

❻ 서버가 멈춰 있다면 재시작한다.

```
PS C:\work_web_ai\13_my_diary_app> node .\server.js
[dotenv@17.2.2] injecting env (4) from .env -- tip: 📡 observe env with Radar: https://
dotenvx.com/radar
[dotenv@17.2.2] injecting env (0) from .env -- tip: ⚙ enable debug logging with { deb
ug: true }
Server is running on http://localhost:3001
```

그림 13.57 서버 재실행

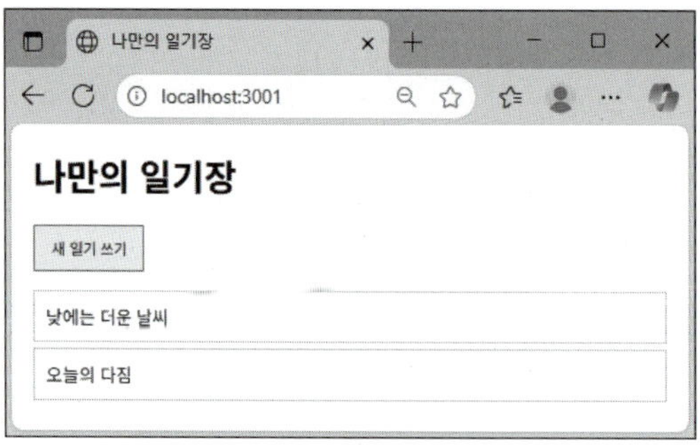

그림 13.58 실행 결과

⑦ 목록에서 방금 쓴 일기를 클릭하여 상세 내용을 확인한다.

그림 13.59 수정 기능 확인

⑧ 상세 보기 화면에서 〈수정〉 버튼을 클릭해 내용을 수정한 후 다시 저장한다. 목록과 상세 내용에 제대로 반영되었는지 확인한다.

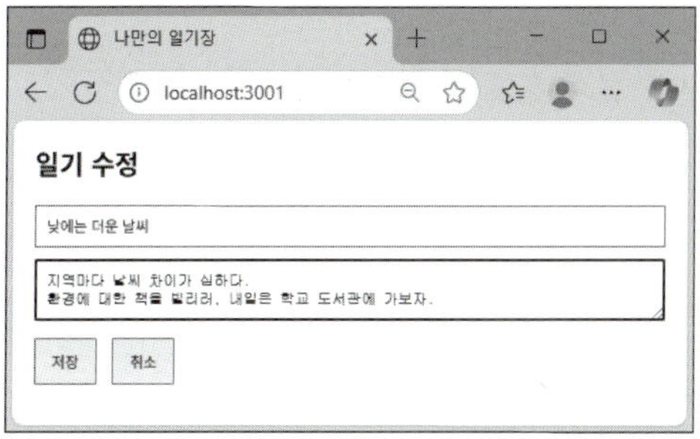

그림 13.60 입력 테스트

그림 13.61 입력 반영 확인

⑨ 〈삭제〉 버튼을 클릭해 일기를 삭제한 후 목록에서 잘 사라지는지 확인한다.

SPA 구조에서 뷰가 어떻게 전환되는지, 각 CRUD 기능이 프론트엔드–백엔드–데이터베이스 간에 어떻게 데이터를 동기화하는지 전체 흐름을 테스트해 보자.

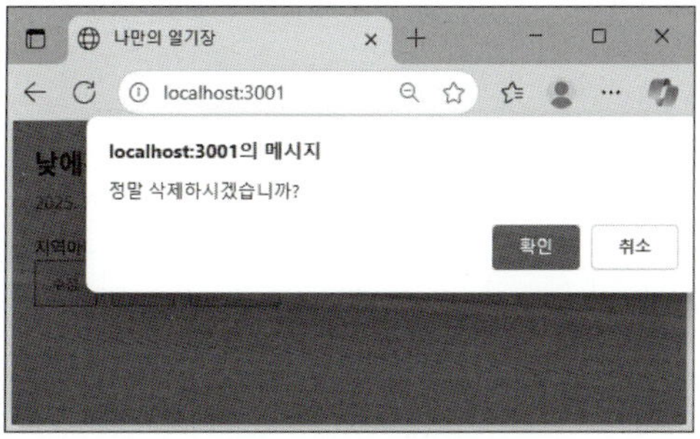

그림 13.62 삭제 테스트

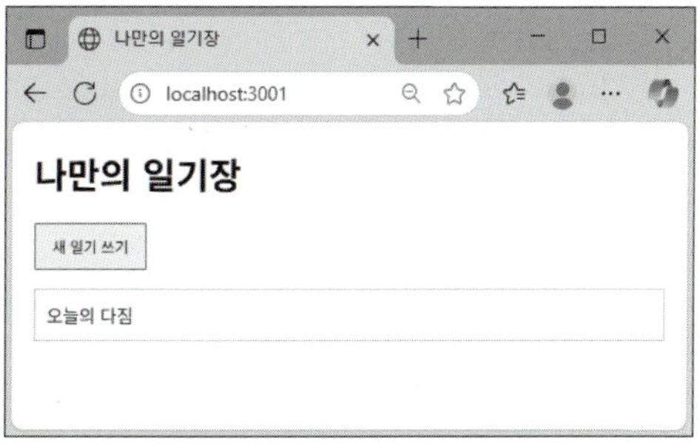

그림 13.63 삭제 후 결과 확인

13.7 학습 정리 및 연습문제

학습 정리

이전까지 배운 모든 기술을 총망라하여 복잡한 풀스택 애플리케이션을 완성하는 값진 경험을 쌓았다.

- **제미나이 CLI**: 터미널 환경에서 AI와 상호 작용하며 파일을 생성하고 코드를 작성하는 전문적인 개발 방식을 체험했다.
- **SPA 구조 구현**: 페이지 새로 고침 없이 여러 화면(뷰)을 동적으로 전환하는 SPA의 기본 원리를 자바스크립트로 직접 구현했다.
- **풀스택 CRUD 마스터**: 데이터베이스 설계부터 백엔드 API, 프론트엔드 UI 및 API 연동까지, 데이터의 생성 · 읽기 · 수정 · 삭제 전 과정을 아우르는 완전한 기능을 구현하며 풀스택 개발에 대한 자신감을 얻었다.

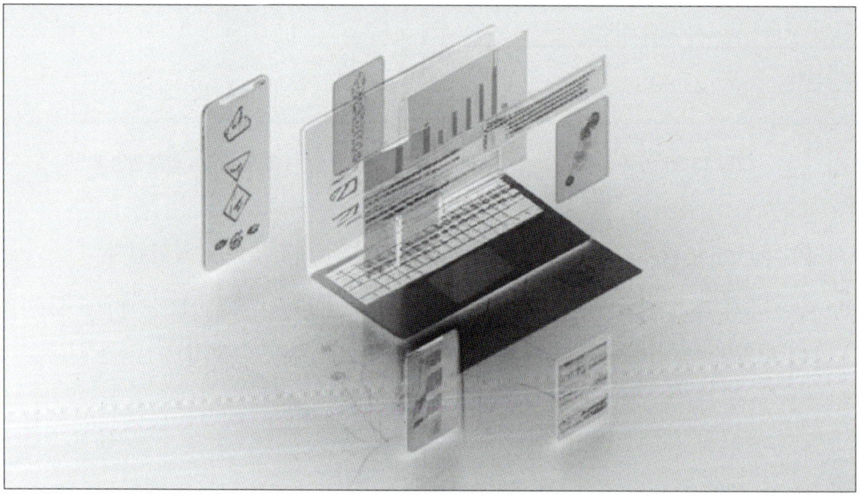

그림 13.64 풀스택 시스템

- **체계적인 PRD 활용**: 복잡한 애플리케이션 개발 과정을 DB/백엔드, 프론트엔드 UI, 프론트엔드 로직의 3단계로 명확히 분리하여 AI와의 협업을 더 안정적이고 체계적으로 진행하는 능력을 키웠다.

연습문제(PRD 업데이트 방식)

01 마크다운(Markdown) 렌더링하기

현재는 일기 내용이 단순 텍스트로만 표시되고 있다. 사용자가 마크다운 문법(예 # 제목, 굵게, 기울임)으로 작성한 글을 상세 보기 화면에서 실제 HTML로 변환하여 보여주는 기능을 추가해 보자.

02 검색 기능 추가하기

일기 목록 상단에 검색창을 추가하여 제목이나 내용에 특정 키워드가 포함된 일기만 필터링해 보여주는 기능을 구현해 보자.

03 날짜 포매팅 개선하기

created_at, updated_at이 "2024-10-26T10:00:00.000Z"처럼 읽기 어려운 형태로 표시되고 있다. 이를 "2024년 10월 26일"과 같이 사용자가 보기 편한 형태로 변환해 보여주자.

14 장

오목 게임 제작

학 습 목 표

1. 게임 상태 관리(State Management) 개념을 이해한다. 오목판의 돌 위치, 누구의 차례인지 등 게임의 현재 상황을 데이터 구조(2D 배열)로 표현하고 관리하는 방법을 학습한다.
2. 알고리즘적 사고 능력을 기른다. 게임의 핵심인 '승리 조건 판정' 로직을 가로, 세로, 대각선 네 방향으로 나누어 체계적으로 설계하고 구현한다.
3. 동적 UI 생성 및 제어 능력을 심화한다. 자바스크립트로 오목판 그리드를 동적으로 생성하고, 사용자의 클릭 이벤트에 따라 돌을 놓거나 게임 상태를 화면에 시각적으로 반영하는 방법을 익힌다.
4. 이벤트 위임(Event Delegation) 패턴을 실용적으로 적용한다. 오목판의 모든 칸에 개별 이벤트 리스너를 추가하는 대신, 상위 컨테이너에 하나의 이벤트 리스너만 사용하여 효율적으로 이벤트를 처리하는 방법을 마스터한다.
5. 단계적 PRD 작성 능력을 활용한다. 'UI 구조'와 '게임 로직'으로 작업을 분할해 AI에게 명확히 지시함으로써, 복잡한 애플리케이션도 안정적으로 개발하는 경험을 쌓는다.

VIBE CODING

14.1 왜 오목 게임인가? - 로직과 상태 관리의 집약체

데이터베이스나 서버 없이 순수 클라이언트 측 자바스크립트만으로 동작하는 인터랙티브 게임을 만들어보자. 이 과정을 통해 복잡한 로직을 구조화하고, 게임 상태를 관리하며, 사용자의 행동에 따라 UI를 정교하게 제어하는 심화된 프로그래밍 기술을 체득할 수 있다.

오목 게임은 규칙이 간단하지만, 프로그래밍으로 구현하려면 다양한 핵심 개념이 필요하다.

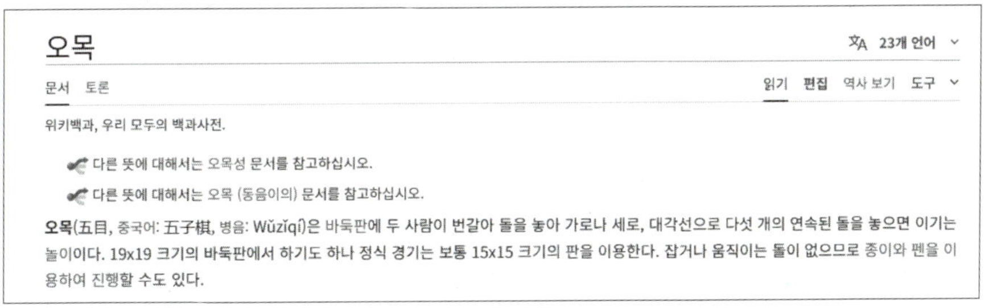

그림 14.1 오목 게임 소개

오목 게임의 규칙은 이미 정해져 있고, 게임의 특징은 곧 PRD 소재가 된다.

- **상태 관리:** 15×15 = 225개의 칸이 각각 비어 있는지, 흑돌인지, 백돌인지 모든 상태를 기억해야 한다. 현재 누구의 차례인지도 함께 관리해야 한다.
- **알고리즘:** 사용자가 돌을 놓을 때마다 해당 위치를 기준으로 가로, 세로, 양 대각선 방향으로 같은 색 돌이 5개 연속되었는지 검사하는 '승리 판정 알고리즘'이 필요하다.
- **UI와 데이터의 분리:** 화면에 보이는 오목판(UI)과 실제 돌의 위치를 저장하는 내부 데이터(State)를 분리해야 한다. 사용자가 UI를 클릭하면 내부 데이터를 먼저 변경하고, 그 변경된 데이터를 바탕으로 UI를 업데이트한다.

이러한 요소들은 서버 없이 순수 자바스크립트 로직만으로 구현하기에 훌륭한 학습 과제다.

14.2 배열의 이해: 1차원 배열과 2차원 배열

프로그래밍에서 배열(Array)은 여러 개의 데이터를 순서대로 담는 상자(컨테이너)라고 생각하면 쉽다. 각 칸에 번호(인덱스, Index)가 매겨져 있어서 원하는 위치의 데이터를 쉽게 꺼내거나 바꿀 수 있다.

1차원 배열

● 개념: 한 줄로 늘어선 사물함

1차원 배열(1-Dimensional Array)은 가장 기본적인 형태의 배열로, 데이터들이 한 줄로 쭉 늘어선 구조이다. 마치 학교 복도에 일렬로 늘어선 사물함과 같다.

- **사물함 전체:** 배열(Array)
- **각각의 사물함 칸:** 배열의 요소(Element)
- **사물함 번호(0번부터 시작):** 인덱스(Index)

오른쪽 그림처럼 5개의 숫자를 담는 myArray라는 배열이 있다면, 각 데이터는 myArray[0], myArray[1], myArray[2], myArray[3], myArray[4]와 같이 0번부터 시작하는 인덱스로 접근할 수 있다.

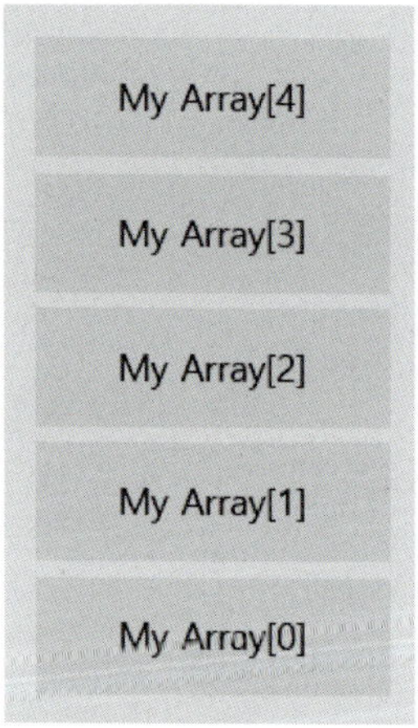

그림 14.2 배열 구조

● 자바스크립트에서의 사용법

자바스크립트에서는 대괄호([])를 사용하여 배열을 만들고, 각 요소는 쉼표(,)로 구분한다.

```
Javascript
// 과일 이름들을 담는 1차원 배열 생성
let fruits = ["사과", "바나나", "딸기", "오렌지"];
```

```
// 배열의 요소에 접근하기(인덱스는 0부터 시작)
console.log(fruits[0]);  // 출력: "사과"
console.log(fruits[2]);  // 출력: "딸기"

// 배열의 특정 위치의 값 변경하기
fruits[1] = "포도";
console.log(fruits);  // 출력: ["사과", "포도", "딸기", "오렌지"]

// 배열에 새로운 요소 추가하기(push)
fruits.push("키위");
console.log(fruits);  // 출력: ["사과", "포도", "딸기", "오렌지", "키위"]

// 배열의 길이(요소의 개수) 확인하기
console.log(fruits.length); // 출력: 5
```

● 언제 사용할까?

1차원 배열은 순서가 있는 목록 데이터를 다룰 때 매우 유용하다.

- 한 반의 학생 이름 목록
- 이번 주 할 일(Todo List) 목록
- 쇼핑몰의 상품 카테고리 목록
- 최근 검색어 목록

2차원 배열

● 개념: 격자무늬의 아파트 우편함

2차원 배열(2-Dimensional Array)은 배열 안에 또 다른 배열이 들어있는 구조로, 데이터가 표(Table) 또는 격자(Grid) 형태로 배치된 모습이다. 아파트 현관의 격자 모양 우편함을 생각하면 쉽다.

- **우편함 전체:** 2차원 배열(Array)
- **우편함의 각 층(행, Row):** 바깥쪽 배열 요소(이 자체가 하나의 배열)
- **각 층의 호수(열, Column):** 안쪽 배열 요소
- **우편함 위치(층, 호수):** 인덱스(Index) 2개(예 [2층, 3호])

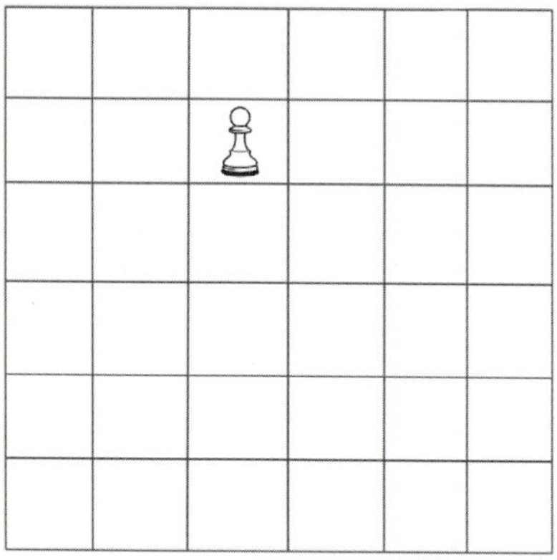

그림 14.3 2차원 배열의 위치

위 그림처럼 6행 6열의 데이터를 담는 2차원 배열이 있다면, 특정 데이터에 접근하려면 myArray[행 인덱스][열 인덱스]와 같이 두 개의 인덱스를 사용해야 한다. 예를 들어 두 번째 행의 세 번째 데이터는 myArray[1][2]로 접근할 수 있다.

● 자바스크립트에서의 사용법

자바스크립트에서는 배열 리터럴([])을 중첩하여 2차원 배열을 만든다.

```
Javascript
// 3×3 크기의 2차원 배열 생성(예: 빙고판)
let bingoBoard = [
    [1, 2, 3],  // 0번 행
    [4, 5, 6],  // 1번 행
    [7, 8, 9]   // 2번 행
];

// 2차원 배열의 요소에 접근하기
// 1번 행, 2번 열의 데이터에 접근(값: 6)
console.log(bingoBoard[1][2]); // 출력: 6

// 0번 행, 0번 열의 데이터에 접근(값: 1)
console.log(bingoBoard[0][0]); // 출력: 1

// 특정 위치의 값 변경하기
// 2번 행, 1번 열의 값을 100으로 변경
bingoBoard[2][1] = 100;

// 변경된 배열 전체 확인
```

```
// [ [1, 2, 3], [4, 5, 6], [7, 100, 9] ]
console.table(bingoBoard); // console.table()은 배열을 표 형태로 예쁘게 보여준다.
```

● 언제 사용할까?

2차원 배열은 행과 열의 구조를 가진 데이터를 다룰 때 매우 강력하다. 생각해 보면 대부분의 프로그램에서 2차원 이상의 다차원 배열 자료구조를 활용하는 것을 볼 수 있다.

- 오목, 체스, 빙고 등 보드게임의 판 상태 관리
- 엑셀 시트나 데이터베이스 테이블 같은 표 형태의 데이터
- 영화관 좌석 배치도
- 지도(Map)의 좌표 데이터
- 이미지의 픽셀 데이터

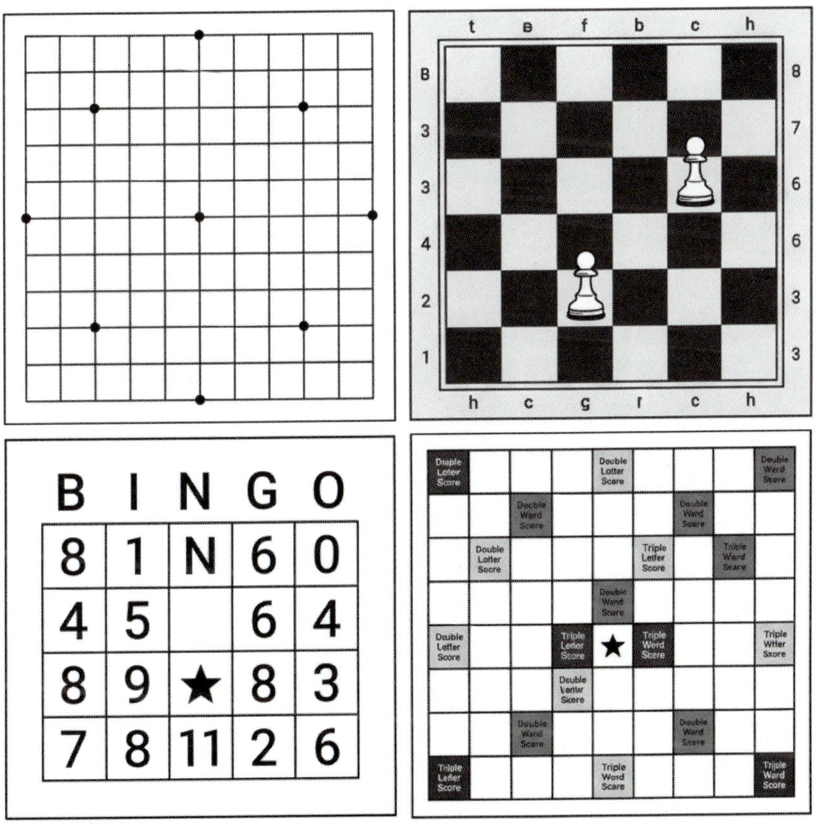

그림 14.4 다차원 배열을 응용한 게임

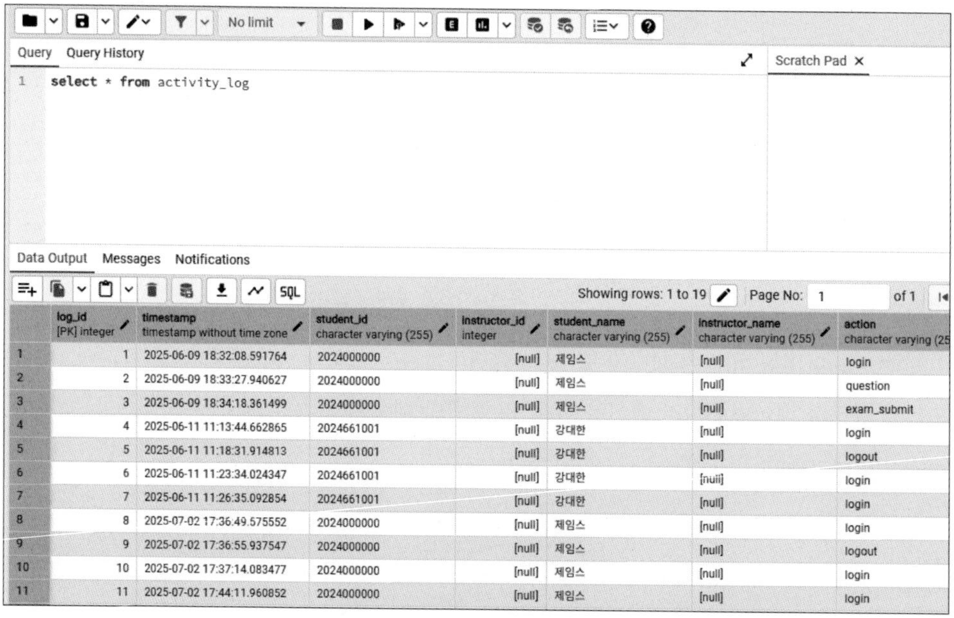

	log_id [PK] integer	timestamp timestamp without time zone	student_id character varying (255)	instructor_id integer	student_name character varying (255)	instructor_name character varying (255)	action character varying (25
1	1	2025-06-09 18:32:08.591764	2024000000	[null]	제임스	[null]	login
2	2	2025-06-09 18:33:27.940627	2024000000	[null]	제임스	[null]	question
3	3	2025-06-09 18:34:18.361499	2024000000	[null]	제임스	[null]	exam_submit
4	4	2025-06-11 11:13:44.662865	2024661001	[null]	강대한	[null]	login
5	5	2025-06-11 11:18:31.914813	2024661001	[null]	강대한	[null]	logout
6	6	2025-06-11 11:23:34.024347	2024661001	[null]	강대한	[null]	login
7	7	2025-06-11 11:26:35.092854	2024661001	[null]	강대한	[null]	login
8	8	2025-07-02 17:36:49.575552	2024000000	[null]	제임스	[null]	login
9	9	2025-07-02 17:36:55.937547	2024000000	[null]	제임스	[null]	logout
10	10	2025-07-02 17:37:14.083477	2024000000	[null]	제임스	[null]	login
11	11	2025-07-02 17:44:11.960852	2024000000	[null]	제임스	[null]	login

그림 14.5 배열을 이용한 테이블 접근

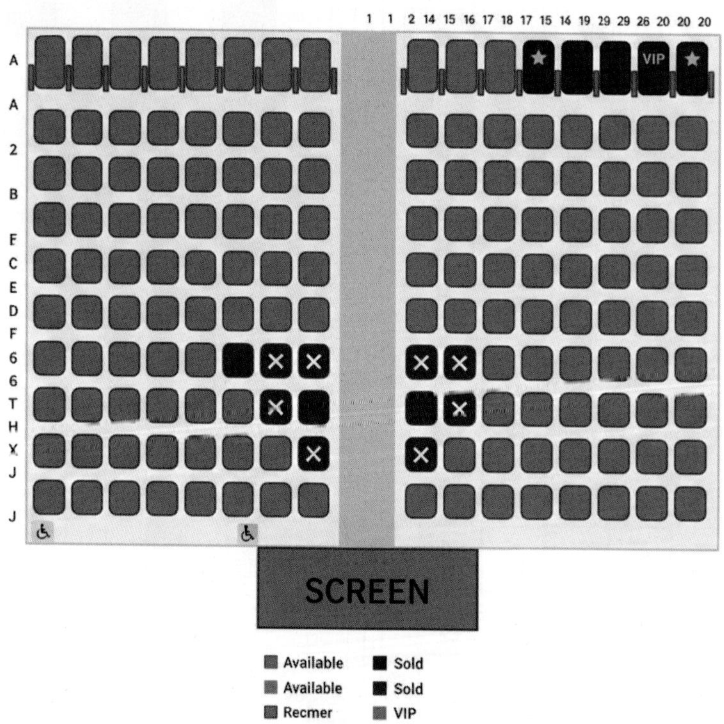

그림 14.6 배열을 활용한 좌석 표시

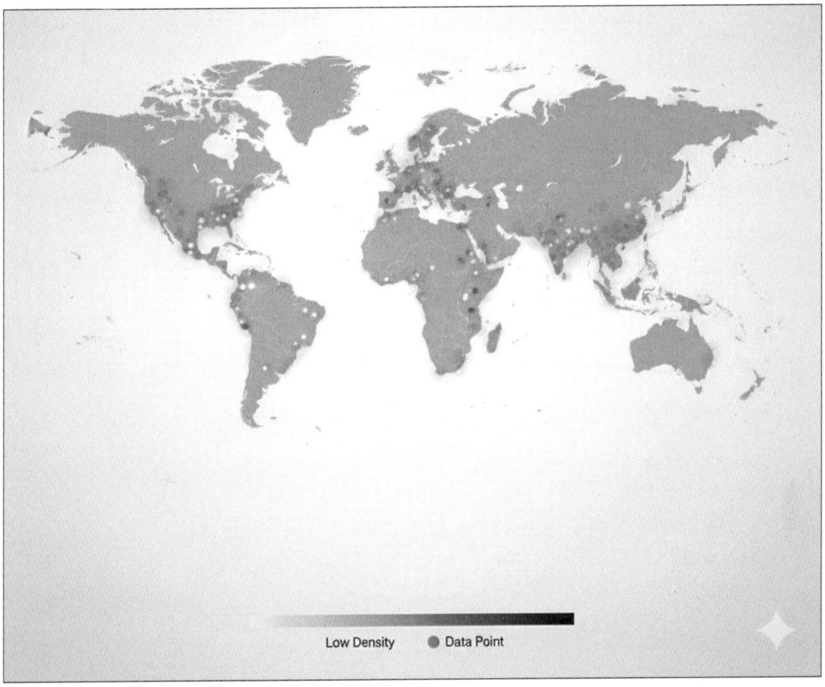

그림 14.7 위치 정보에서 좌표값 배열 활용

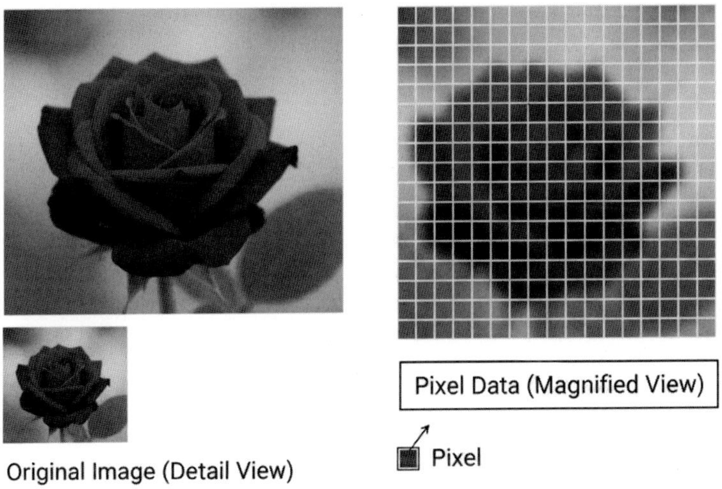

그림 14.8 이미지 픽셀 배열 정보 표시

위의 예시만 봐도 다양한 산업군에서 데이터 처리를 위해 1차원, 2차원, 3차원 이상의 배열 데이터를 활용한다는 것을 알 수 있다.

즉, 서비스 요구 사항에 따라 데이터를 담을 그릇이 정의되고, 정의된 그릇은 자신의 형식에 맞는 데이터를 담게 된다.

게임 상태를 데이터로 표현: 2차원 배열

컴퓨터는 그림으로 된 오목판을 이해하지 못하기 때문에 오목판의 상태(State)를 컴퓨터가 이해할 수 있는 데이터 구조로 번역해야 한다.

이때 가장 직관적이고 효과적인 방법의 하나가 바로 2차원 배열(2D Array)이다. 15×15 크기 오목판을 15개의 배열을 가진 하나의 큰 배열로 표현할 수 있다.

```
Javascript
// 15×15 크기의 2차원 배열 생성
const board = [
    [0, 0, 0, ...], // 0번 행(row)
    [0, 0, 0, ...], // 1번 행
    [0, 0, 0, ...], // 2번 행
    ...
    // 14번 행까지
];

// 각 값의 의미 정의
// 0: 비어 있음(Empty)
// 1: 흑돌(Black)
// 2: 백돌(White)
```

'board[7][7] = 1;'이라는 코드는 '7번 행, 7번 열(정중앙)에 흑돌을 놓는다.'라는 의미가 된다. 자바스크립트는 이 board 배열만 보고도 오목판의 모든 상태를 알 수 있다.

이 외에도 다음과 같은 상태 변수가 필요하다.

```
let currentPlayer = 1; // 현재 플레이어(1은 흑, 2는 백)
let isGameOver = false; // 게임이 끝났는지
```

승리 조건 판정 및 알고리즘

이 프로젝트의 가장 핵심적인 로직이다. 사용자가 (row, col) 위치에 돌을 놓았을 때, 그 돌을 포함하여 5개가 연속되는지 검사해야 한다. 검사는 총 4가지 방향으로 이루어진다.

❶ **수평(—)**: (row, col)을 중심으로 왼쪽과 오른쪽으로 같은 색 돌이 몇 개나 이어지는지 확인한다.

❷ **수직(|)**: (row, col)을 중심으로 위쪽과 아래쪽으로 같은 색 돌이 몇 개나 이어지는지 확인한다.

❸ **오른쪽 아래 대각선(₩)**: (row, col)을 중심으로 왼쪽 위와 오른쪽 아래 방향으로 같은 색 돌이 몇 개나 이어지는지 확인한다.

❹ **오른쪽 위 대각선(/)**: (row, col)을 중심으로 왼쪽 아래와 오른쪽 위 방향으로 같은 색 돌이 몇 개나 이어지는지 확인한다.

각 방향에 대해 새로 놓인 돌을 포함하여 연속된 돌의 개수가 5개 이상이면 승리한다.

UI 구현 방식: CSS 그리드

오목판 UI를 만드는 방법은 여러 가지가 있지만, 우리가 배운 기술 중 가장 효과적인 것은 CSS 그리드(Grid)이다. HTML에서는 오목판 전체를 감싸는 컨테이너 〈div〉 하나만 만들고, 자바스크립트를 사용하여 그 안에 15×15 = 225개의 작은 〈div〉(칸)들을 동적으로 생성할 것이다.

```
*   HTML: <div id="game-board"></div>
*   CSS:
    css
    #game-board {
        display: grid;
        grid-template-columns: repeat(15, 30px); /* 30px짜리 15개 열 */
        grid-template-rows: repeat(15, 30px);    /* 30px짜리 15개 행 */
    }
```

이 방식을 사용하면 HTML을 깔끔하게 유지하면서도 자바스크립트로 각 칸을 정교하게 제어할 수 있다.

14.3 1단계: 오목 게임판 구조 및 디자인하기

프로젝트 폴더 및 기본 설정하기

❶ VS 코드에서 '14_omok_game'이라는 새 프로젝트 폴더를 만들고, 그 안에 public 폴더를 생성한다.

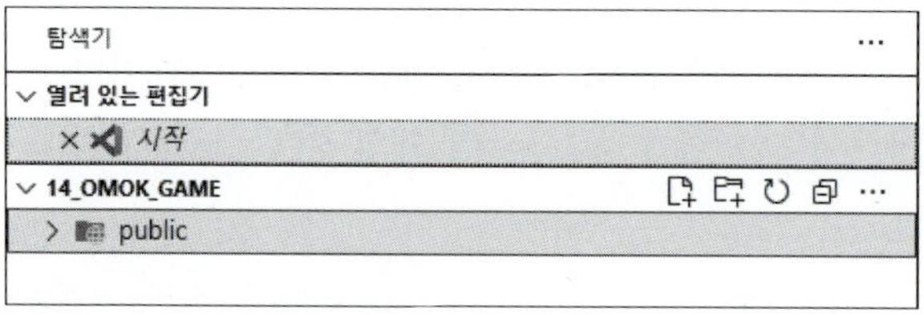

그림 14.9 프로젝트 구성

❷ server.js 파일을 만들어 이전 작업에서 사용했던 간단한 Express 정적 파일 서버 코드를 작성하거나, 클라인 AI에게 다음과 같이 요청한다.

모델 선택은 2.5 이상의 모델로 자유롭게 선택하고 진행하자.

프롬프트 14_omok_game 프로젝트를 위한 기본 Express 정적 파일 서버를 만들어줘. public 폴더를 서비스해야 해.

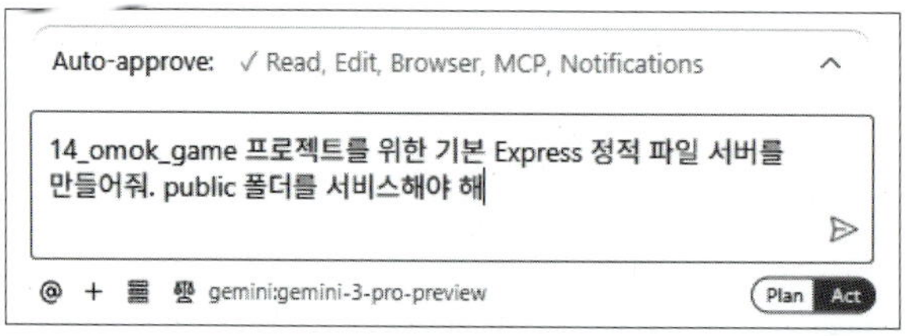

그림 14.10 초기 프롬프트 구성

❸ 기본 프롬프트를 활용해 초기 작업을 진행한다. 작업 진행 시 클라인은 노드(Node) 환경 구성을 위해 필요한 패키지 설치를 진행하고, 기본 속성을 정리하여 실행할 수 있는 서버 템플릿을 완성한다.

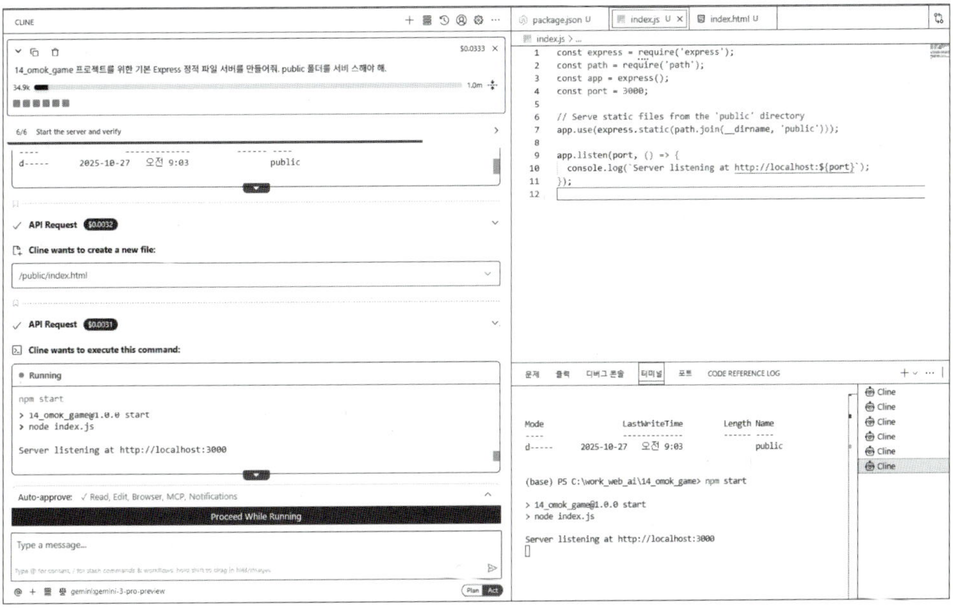

그림 14.11 작업 환경 구성

PRD 1단계: 오목 게임 UI 구조 및 디자인

❶ **목표**: 자바스크립트 기능이 없는, 완벽한 시각적 형태의 정적 오목 게임 UI를 생성한다.

❷ **파일 구조**: public 폴더 안에 index.html과 style.css 파일을 생성한다.

❸ **HTML 구조 요구사항(index.html)**

- 전체 페이지의 기본 HTML5 구조를 포함하고, style.css와 script.js를 연결한다.
- <body> 안에는 다음 구조를 가진다.
  - <h1>오목 게임 (2인용)</h1>
  - 게임 상태를 표시할 영역: <div id="game-info">흑돌의 차례입니다.</div>
  - 15×15 오목판이 될 컨테이너: <div id="game-board"></div>
  - 게임을 다시 시작할 버튼: <button id="reset-button">다시 시작</button>

❸ **CSS 스타일 요구사항(style.css)**

- 전체 테마: body를 중앙 정렬하고, 나무 질감의 배경색이나 이미지를 사용하여 고전적인 느낌을 준다.
- 게임판(#game-board)
  - display: grid를 사용하여 15×15 격자 구조를 만든다.

· 배경색을 나무판자 색(예: #deb887)으로 설정하고, 테두리를 추가한다.
• 칸(.cell – 이 클래스는 JS에서 추가할 예정)
  · 각 칸의 너비와 높이를 지정한다. (예: 30px)
  · border를 사용하여 격자 선을 표현한다.
• 돌(.black-stone, .white-stone – 이 클래스들도 JS에서 추가)
  · position: absolute 또는 셀 안의 flex 중앙 정렬을 사용한다.
  · width와 height를 칸 크기보다 약간 작게 설정한다.
  · border-radius: 50%로 완벽한 원 모양을 만든다.
  · background-color로 흑과 백을 표현하고, 약간의 box-shadow로 입체감을 준다.
• 기타: 제목, 정보 표시 영역, 다시 시작 버튼에 적절한 스타일을 적용한다.

클라인 AI에게 PRD 1단계 전달하기

❶ 클라인에서 new task를 이동하고, 다음 PRD를 실행해 보자.

프롬프트 CLINE, '오목 게임' 프로젝트의 UI를 만들 것이다. 아래의 요구사항에 맞춰 14_omok_game 폴더 안의 public 폴더 안에 index.html과 style.css 파일의 내용을 완벽하게 작성하자. 아직 JavaScript 기능은 필요 없다.

[... <PRD 1단계> 내용 전체를 여기에 붙여 넣기 ...]

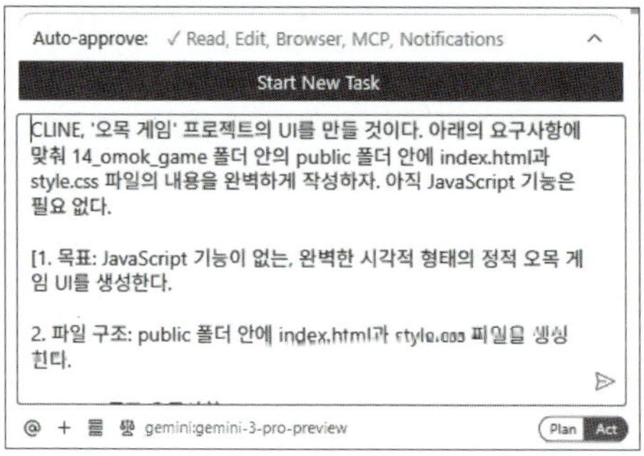

그림 14.12 PRD 1 실행

❷ Plan 확인 후 [Act]로 이동하거나 바로 Act를 실행해도 된다.

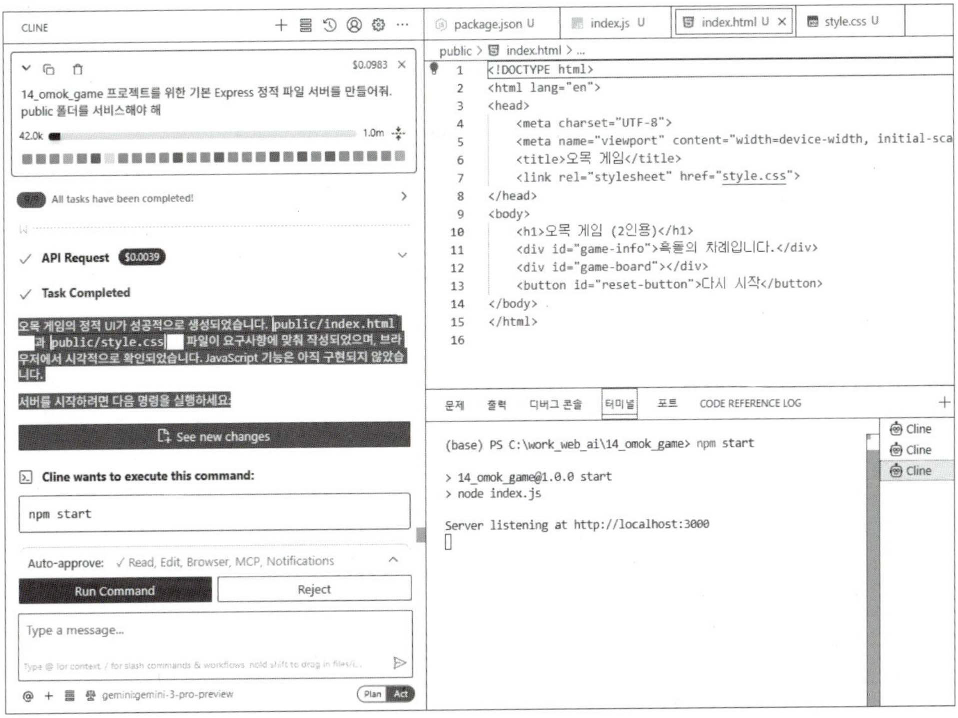

그림 14.13 생성 결과

❸ 만약 생성 결과에서 프로그램을 실행하는 서버 스크립트(index.js/server.js)가 생성되지 않은 경우, 만들어진 화면을 확인하기 위해 다음 프롬프트를 추가로 수행한다. (이 부분은 index.js가 생성되지 않은 경우만 수행한다.)

프롬프트 현재 프론트를 확인할 수 있도록 server.js를 만들어줘.

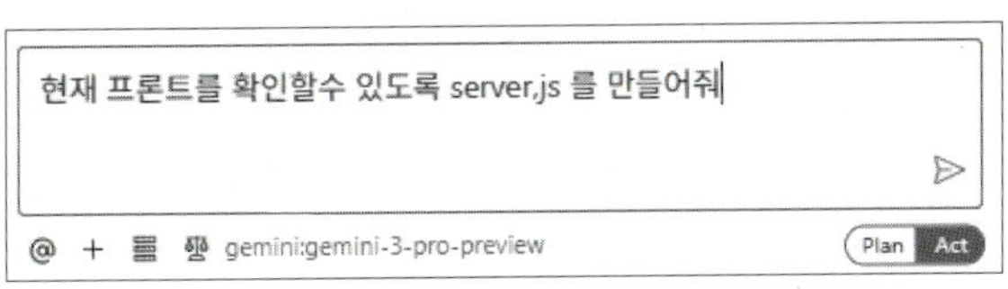

그림 14.14 서버 추가

결과 확인하기

❶ npm start 또는 node server.js로 서버를 실행하고 'http://localhost:3000'에 접속한다. 실행할 때 에러가 발생한다면 해당 경로에 node 관련 모듈이 없어서일 확률이 높다. 이전에 수행한 것처럼 에러 내용을 클라인에 전달해서 문제를 해결하자.

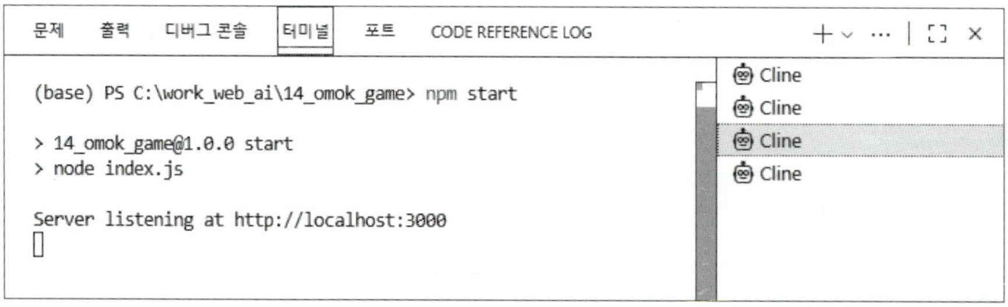

그림 14.15 서버 실행

❷ 아직 작동하지는 않지만, 스타일이 적용된 게임판 컨테이너와 제목, 정보 표시 영역, 버튼이 화면에 나타나는지 확인한다.

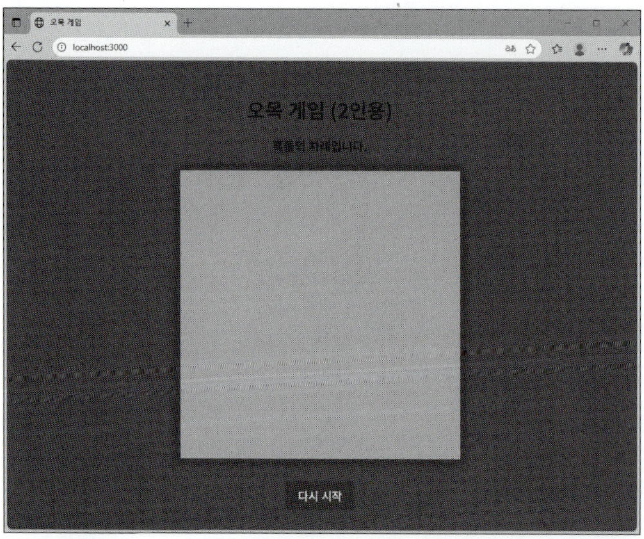

그림 14.16 실행된 게임 화면

VIBE CODING

14.4 2단계: 게임 로직 및 인터랙션 구현하기

이번에는 게임이 작동할 수 있는 기능을 구현해 보자.

PRD 2단계: 오목 게임 로직 및 인터랙션 구현

❶ **목표**: 1단계에서 생성된 정적 UI 위에 public/script.js 파일에 완전한 오목 게임 로직을 구현한다.

❷ **구현 방식**

- 모든 코드는 DOMContentLoaded 이벤트 리스너 안에서 실행된다.
- 상태 관리: 게임의 상태를 저장할 전역 변수들을 선언한다.
  - board: 15×15 크기의 2차원 배열, 모든 값을 0으로 초기화.
  - currentPlayer: 1로 초기화(1: 흑, 2: 백).
  - isGameOver: false로 초기화.
  - BOARD_SIZE: 15라는 값을 가진 상수.

❸ **기능 요구사항(script.js)**

가. 초기화 함수 initGame()

- 이 함수는 게임을 시작하거나 재시작할 때 호출된다.
- board 배열을 모두 0으로 초기화한다.
- currentPlayer를 1로, isGameOver를 false로 설정한다.
- game-info 영역의 텍스트를 "흑돌의 차례입니다."로 설정한다.
- game-board의 모든 자식 요소(돌, 칸)를 제거(innerHTML = '')한다.
- 15×15 크기의 .cell div들을 동적으로 생성하여 game-board에 추가한다. 각 cell에는 data-row와 data-col 속성으로 자신의 위치를 기록한다.

나. 이벤트 처리

- game-board에 click 이벤트 리스너를 이벤트 위임 방식으로 추가한다.
- #reset-button에 click 이벤트 리스너를 추가하고, 클릭 시 initGame() 함수를 호출한다.

다. 돌 놓기 로직(game-board 클릭 시)

- 클릭된 요소가 .cell이 아니거나, isGameOver가 true이면 아무것도 하지 않는다.
- 클릭된 cell의 data-row와 data-col을 가져온다.
- board[row][col] 위치가 비어 있지 않으면(0이 아니면) 아무것도 하지 않는다.
- 로직 수행

1. board[row][col]에 currentPlayer 값을 할당한다.
2. UI 업데이트: 클릭된 cell 안에 black-stone 또는 white-stone 클래스를 가진 div를 생성하여 추가한다.
3. 승리 확인: checkWin(row, col) 함수를 호출한다.
4. 만약 checkWin이 true를 반환하면
    - isGameOver를 true로 설정한다.
    - game-info 영역에 ${currentPlayer === 1 ? '흑돌' : '백돌'}의 승리! 메시지를 표시한다.
5. 승리가 아니면
    - currentPlayer를 변경한다(1 ↔ 2 토글).
    - game-info 영역의 텍스트를 새로운 플레이어의 차례로 업데이트한다.

라. 승리 판정 함수 checkWin(row, col)

- 이 함수는 방금 돌을 놓은 위치 (row, col)을 인자로 받는다.
- 네 가지 방향(수평, 수직, 대각선 2개)에 대해 각각 연속된 돌의 개수를 세는 로직을 구현한다.
- 각 방향에 대해, 현재 놓인 돌을 포함하여 같은 색 돌이 5개 이상 연속되면 true를 반환한다.
- 네 방향 모두 5개를 넘지 못하면 false를 반환한다.

마. 최초 실행

- 스크립트가 처음 로드될 때 initGame() 함수를 한 번 호출하여 게임을 시작한다.

클라인 AI에게 PRD 2단계 전달하기

❶ 게임 기능이 작동하도록 파트별로 기능 수정 작업이 이루어진다. 〈PRD 2단계〉 내용 전체를 여기에 붙여 넣는다.

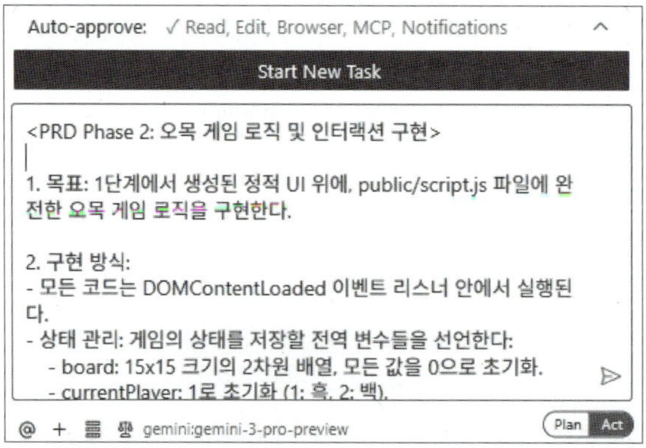

그림 14.17 PRD 2 실행

❷ 게임 기능이 작동하도록 파트별로 기능 수정 작업이 이루어진다.

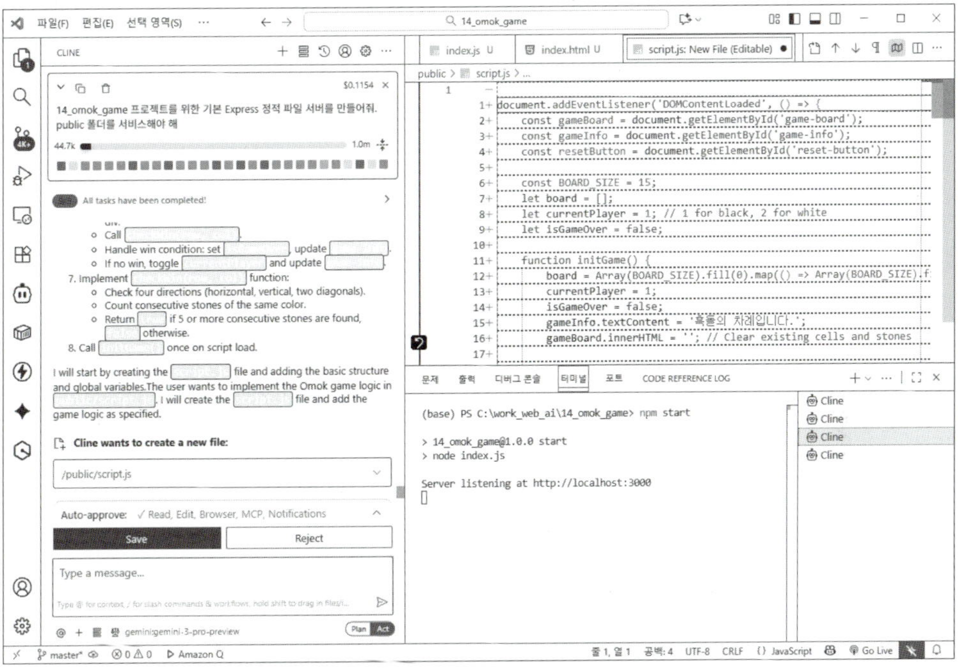

그림 14.18 기능 구현 과정

최종 시연 및 게임 로직 리뷰하기

❶ 클라인이 정의한 실행 방법 npm start(또는 node server.js)로 서버 실행 후 브라우저를 새로고침하면, 자바스크립트에 의해 생성된 15×15 오목판이 나타난다.

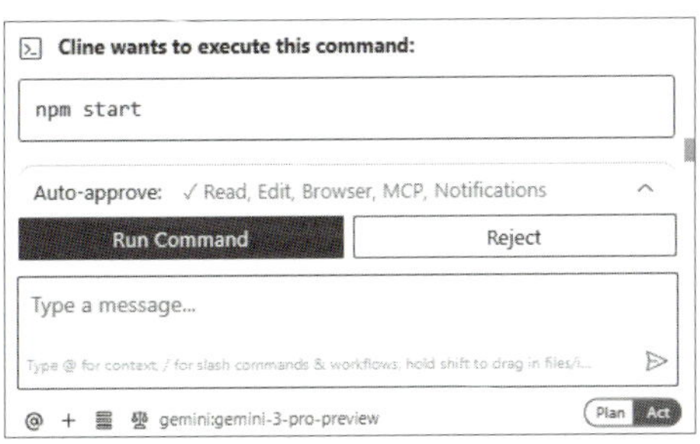

그림 14.19 게임 실행 명령

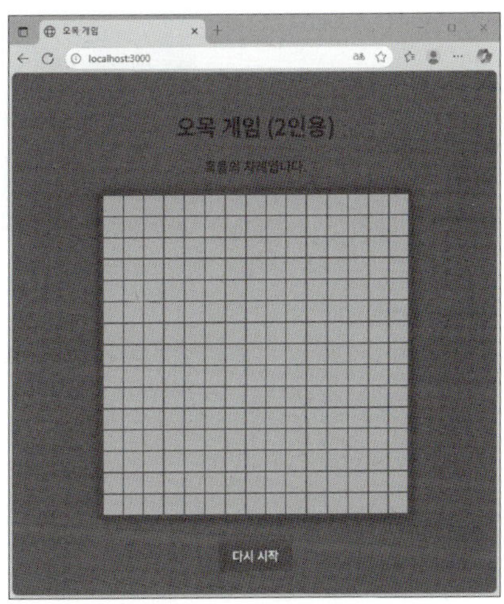

그림 14.20 실행 초기 화면

❷ 시연하기

❶ 두 명의 플레이어가 번갈아 가며 돌을 놓는 과정을 보여준다.
❷ 이미 돌이 있는 곳에는 놓을 수 없는 것을 보여준다.
❸ 수평, 수직, 대각선으로 5개의 돌을 만들어 승리하는 모습을 시연하고, 승리 메시지가 뜨는지 확인한다.
❹ 승리 후에는 더 이상 돌을 놓을 수 없는 것을 보여준다.
❺ '다시 시작' 버튼을 클릭하여 게임판이 초기화되는 것을 보여준다.

❸ 리뷰하기

- 동료들과 함께 checkWin 함수의 알고리즘 구현 방식을 중점적으로 리뷰하고, 더 효율적인 방법이 있는지 논의한다.
- 돌을 놓을 때 부정확한 포지셔닝이 발생한다면, 클라인을 통해 디버깅하면서 개선할 방법을 찾아 성능을 향상시킨다.

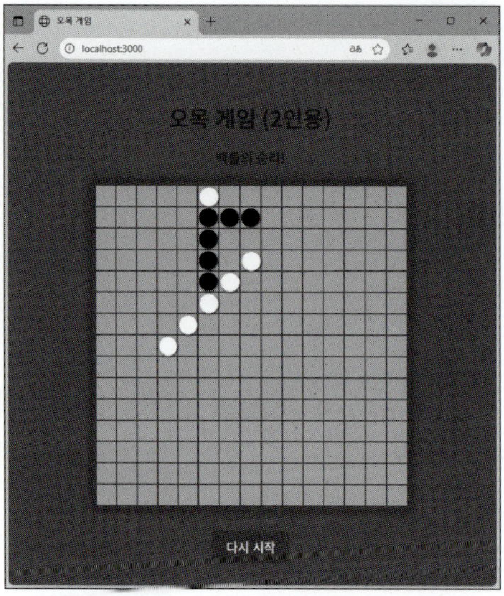

그림 14.21 게임 실행 결과

14.5 학습 정리 및 연습문제

학습 정리

이번 장에서는 서버나 데이터베이스 없이 순수 자바스크립트만으로 복잡한 규칙을 가진 인터랙티브 애플리케이션을 완성했다.

- **상태 관리의 중요성:** 게임의 모든 정보를 담고 있는 board 2차원 배열과 currentPlayer 같은 상태 변수가 얼마나 중요한지, 그리고 이 데이터가 어떻게 UI와 상호 작용하는지 체득했다.
- **알고리즘 구현:** '승리 조건'이라는 명확한 문제를 해결하기 위해 네 방향으로 나누어 접근하고, 반복문과 조건문을 사용해 논리적인 알고리즘을 코드로 구현하는 훈련을 했다.
- **동적 UI와 이벤트 위임:** 자바스크립트로 수많은 HTML 요소를 동적으로 생성하고, 단 하나의 이벤트 리스너로 모든 이벤트를 효율적으로 관리하는 고급 DOM 조작 기술을 마스터했다.
- **단계적 개발:** 복잡한 게임 프로젝트를 'UI'와 '로직'으로 나눠 개발함으로써, AI와의 협업을 더 안정적이고 체계적으로 만드는 방법을 익혔다.

연습문제(PRD 업데이트 방식)

01 렌주룰(3-3 금지) 구현하기

오목의 공식 규칙 중 하나인 '3-3' 금지룰을 추가해 보자. (흑돌에게만 적용)

02 무르기(Undo) 기능 추가하기

방금 놓은 돌을 한 수 되돌리는 '무르기' 버튼을 추가해 보자.

03 시각적 피드백 강화하기

승리했을 때 승리를 결정지은 5개의 돌들을 시각적으로 강조(예 깜빡이게 하거나, 색을 바꾸거나, 선으로 연결)하는 효과를 추가해 보자.

15장

미니 SNS 제작

학습목표

1. 사용자 인증 및 세션 관리 이해: Bcrypt를 이용한 비밀번호 암호화와 Express-Session을 이용한 로그인 상태 유지 메커니즘을 직접 구현한다.
2. 복잡한 데이터베이스 관계 설계: 일대다(1:N) 관계를 넘어, 팔로우/좋아요 기능 구현에 필수적인 다대다(N:M) 관계를 연결 테이블(Junction Table)을 통해 설계하고 구현한다.
3. 고급 SQL 쿼리 작성: 여러 테이블을 JOIN해 '타임라인'과 같은 의미 있는 데이터를 추출하는 복잡한 SQL 쿼리를 작성하고, 이를 백엔드 API에 적용한다.
4. 실시간 상호 작용 구현: 웹소켓(WebSocket) 대신, 폴링(Polling) 기법을 사용하여 주기적으로 서버의 업데이트를 확인하고 UI에 반영하는 실용적인 비동기 패턴을 학습한다.
5. 프로젝트 아키텍처 설계 및 PRD 작성: 복잡한 풀스택 애플리케이션의 요구 사항을 'DB/백엔드', '프론트엔드 UI', '프론트엔드 로직'으로 명확히 분리해 AI에게 지시함으로써, 자율적인 프로젝트 수행 능력을 완성한다.

VIBE CODING

15.1 코드 작성자를 넘어 소프트웨어 설계자로

아래 그림은 '미니 SNS - 나를 따르는 친구들'이라는 프롬프트로 생성한 이미지다. 이미지를 보면 프롬프트의 의미를 잘 이해하고 반영했음을 알 수 있다.

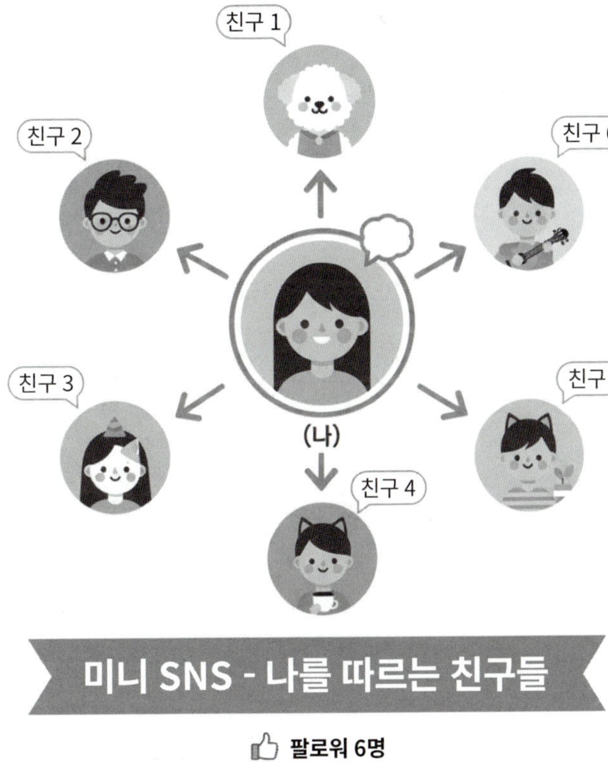

그림 15.1 나노 바나나 모델로 생성한 이미지

이번 장에서는 단순한 학습자를 넘어 '독립적인 개발자'로서 첫발을 내딛는 시간이다. 앞서 배운 모든 지식과 기술을 총동원해 세상에 단 하나뿐인 자신만의 웹 애플리케이션을 기획하고 AI와 협업하여 현실로 만들어내는 것을 목표로 한다.

지금까지 우리는 정해진 길을 따라왔지만, 이제는 직접 지도를 그려야 한다. 최종 프로젝트의 핵심은 '무엇을 만들 것인가?'를 스스로 정의하고, 그것을 '어떻게 만들 것인가?'를 구체적인 설계도(PRD)로 그려내는 능력에 있다.

우리의 역할은 더 이상 코드를 한 줄씩 입력하는 '코더'가 아니다. 우리는 만들고자 하는 시스템의 전체 구조를 구상하고, 데이터가 어떻게 흐를지, 사용자와 시스템이 어떻게 상호 작용할지를 결정하는 '소프트웨어 설계자(Architect)'가 되어야 한다.

우리 손에는 생성형 AI라는 강력한 자동화 도구가 있다. 이 도구는 우리가 그린 설계도가 정교하고 상세할수록, 더 빠르고 정확하게 건물을 지어 올린다.

"알아서 잘해줘."라는 모호한 지시는 혼란을 낳지만, "User 테이블의 id와 Post 테이블의 author_id를 외래키로 연결하고, 로그인한 사용자만 글을 쓸 수 있도록 인가 로직을 추가하라."는 명확한 지시는 완벽한 결과물을 낳는다. 이번 프로젝트는 바로 이 '명확하게 지시하는 능력'을 완성하는 과정이다.

15.2 사용자 인증 & 인가

사용자 인증 & 인가는 거의 모든 웹 서비스의 시작점이다. 이 시스템이 없으면 '나만의' 레시피북도, '나의' 타임라인도 존재할 수 없다.

그림 15.2 사용자 인증

인증: 당신은 누구십니까? 증명해 주십시오

인증(Authentication)은 사용자의 신원을 확인하는 과정이다. 시스템은 사용자가 누구인지 알아야만 그 사람에게 맞는 데이터를 보여줄 수 있다.

● 비밀번호 암호화(Hashing with Bcrypt)

사용자의 비밀번호를 절대 그대로 데이터베이스에 저장해서는 안 된다. 이는 개인정보 보호의 기본이다. 해싱(Hashing)은 어떤 입력값(예 'password123')을 고정된 길이의, 복잡하고 예측할 수 없는 문자열(해시)로 바꾸는 단방향(One-Way) 함수이다. '단방향'이라는 의미는 해시된 결과물을 가지고 원래의 입력값을 역으로 알아내는 것이 거의 불가능하다는 뜻이다.

• 왜 비밀번호를 암호화해야 하는가?

비밀번호를 평문으로 저장할 경우 발생할 수 있는 위험

- **내부자 위협**: 악의적인 내부 관리자가 데이터베이스에 접근하면 모든 사용자의 아이디와 비밀번호를 그대로 볼 수 있다.
- **외부 해킹**: 해커가 서버를 공격하여 데이터베이스를 탈취하면 수백만 명의 개인정보가 순식간에 유출될 수 있다. 많은 사람이 여러 사이트에서 동일한 비밀번호를 사용하므로 다른 서비스(은행, 이메일 등)까지 연쇄적으로 해킹당할 수 있다.

이러한 사태를 막기 위해 비밀번호 원문을 저장하지 않고 해싱(Hashing)하여 저장해야 한다.

- Bcrypt

  Bcrypt는 비밀번호 해싱을 위해 널리 사용되는 라이브러리이다. Bcrypt.hash() 함수는 단순히 비밀번호를 해싱할 뿐만 아니라, '솔트(Salt)'라는 임의의 문자열을 추가하여 같은 비밀번호라도 매번 다른 해시 결과가 나오도록 만든다. 이는 레인보우 테이블 공격(미리 계산된 해시 테이블을 활용하는 패스워드 크래킹 기법)을 효과적으로 방어한다.

• 해싱(Hashing)이란? – 단방향 암호화

해싱은 임의의 길이 데이터를 고정된 길이의 데이터(해시)로 매핑하는 단방향 함수이다. '단방향'이라는 말은, 결과물(해시)을 가지고 입력값을 역으로 계산해 내는 것이 사실상 불가능하다는 의미이다.

- **입력**: password123
- **해시 함수**: (SHA-256 등)
- **출력(해시)**: ef92b778bafe771e89245b89ecbc08a44a4e166c06659911881f383d4473e94f

하지만 단순한 해싱에는 약점이 있다. '123456'이나 'password'처럼 자주 사용되는 비밀번호는 미리 해시 값을 계산해 둔 거대한 테이블(레인보우 테이블)과 비교하면 원래 값을 쉽게 찾아낼 수 있다.

- **Bcrypt가 특별한 이유: 솔팅과 키 스트레칭**

  Bcrypt는 단순 해싱의 약점을 보완하기 위해 비밀번호 해싱에 특화된 강력하고 안전한 라이브러리이다.

  - **솔팅(Salting)**

    Bcrypt는 비밀번호를 해싱하기 전에 '솔트(Salt)'라는 임의의 문자열을 비밀번호에 추가한다.

    과정

    사용자 입력: password123
    Bcrypt가 임의의 솔트 생성: aRandomSaltString
    두 문자열 결합: password123aRandomSaltString
    결합된 문자열을 해싱

    효과: 솔트 값은 매번 새롭게 생성되므로 똑같은 'password123'을 입력하더라도 해싱 결과는 항상 다르다. 해커가 레인보우 테이블을 가지고 있더라도 어떤 솔트가 사용되었는지 알 수 없기 때문에 무용지물이 된다. 솔트 정보는 최종 해시 결과물 안에 함께 저장되어, 나중에 비밀번호를 비교할 때 사용된다.

  - **키 스트레칭(Key Stretching)**

    Bcrypt는 해시 함수를 의도적으로 여러 번(수천, 수만 번) 반복하여 실행해 복잡도를 높인다.

    과정: hash(hash(hash(...(password + salt)...)))

    효과: 해시를 한 번 계산하는 데 0.1초가 걸린다고 가정하면, 일반 사용자의 로그인 시 0.1초의 지연은 거의 느낄 수 없다. 하지만 해커가 초당 수십억 개의 비밀번호를 대입하는 무차별 대입 공격(Brute-force Attack)을 시도할 경우, 시도마다 0.1초씩 걸리므로 공격 속도를 기하급수적으로 늦출 수 있다. 컴퓨터 성능이 좋아질수록 반복 횟수를 늘려서 계속해서 안전성을 유지할 수 있다.

  - **Bcrypt 사용 예시**

```
· 회원가입 시(비밀번호 저장):
javascript
const hashedPassword = await Bcrypt.hash(plainPassword, 10);
// DB에 hashedPassword 저장
```

15

미니 SNS 제작

```
· 로그인 시(비밀번호 비교):
javascript
const isMatch = await Bcrypt.compare(inputPassword, storedHash);
// isMatch가 true면 로그인 성공
```

사용자가 로그인을 시도하면, 서버는 입력된 아이디로 DB에서 사용자 정보를 찾는다. 그리고 Bcrypt.compare(입력된 비밀번호, DB에 저장된 해시) 함수를 호출한다. 이 함수는 내부적으로 입력된 비밀번호를 저장된 해시의 솔트값으로 다시 해싱해, 두 해시 값이 일치하는지 안전하게 비교한다.

● 세션 관리(Session Management) – 로그인 상태를 기억하는 방법

HTTP 프로토콜은 본질적으로 '상태가 없다(Stateless)'. 즉, 서버는 조금 전 요청과 지금의 요청이 같은 사용자로부터 온 것인지 기본적으로 알지 못한다. 매번 "당신은 누구십니까?"라고 물어볼 수는 없으므로, 로그인 상태를 유지하기 위한 장치가 필요하다. 이것이 바로 세션이다.

• 상태 없는(Stateless) HTTP

HTTP는 상태를 기억하지 않는(Stateless) 프로토콜이다. 이는 서버가 각각의 요청을 완전히 독립적인 사건으로 취급한다는 의미이다.

예시

```
· 1번 요청: "안녕하세요, 저는 홍길동입니다." (로그인 시도)
           서버 응답: "네, 확인되었습니다."
· 2번 요청: "제 장바구니 목록을 보여주세요."
           서버 응답: "...? 누구시죠?"
```

서버는 조금 전 요청이 홍길동으로부터 왔다는 사실을 기억하지 못한다. 이 '기억 상실증' 문제를 해결하고 로그인 상태를 계속 유지하기 위해 우리는 세션(Session)과 쿠키(Cookie)를 사용한다.

• 세션과 쿠키의 협력

세션과 쿠키는 클라이언트와 서버가 '로그인 상태'라는 약속을 기억하기 위해 함께 일하는 한 쌍이다.

· **세션(Session)**: 서버 측에 저장되는 사용자의 정보 조각이다. "사용자 A는 로그인했다.", "사용자 A의 장바구니에는 사과가 있다."와 같은 상태 정보를 서버가 보관하는 저장소다.

· **쿠키(Cookie):** 클라이언트 측(웹 브라우저)에 저장되는 작은 텍스트 파일이다. 서버가 "당신은 사용자 A입니다."라는 증표를 발급하면 브라우저는 이 증표를 쿠키에 저장한다.

• **Express-Session의 작동 메커니즘**

Node.js에서 Express-Session은 복잡한 세션과 쿠키의 상호 작용을 매우 편리하게 자동화해 주는 Express.js의 미들웨어(Middleware)이다.

· **세션 생성 및 쿠키 발급:** 사용자가 로그인에 성공하면 Express-Session은 서버 측에 해당 사용자를 위한 고유한 세션 저장 공간을 만든다. 이 공간에 접근할 수 있는 암호화된 세션 ID를 생성하여 쿠키(Cookie)라는 작은 데이터 조각에 담아 사용자 브라우저에게 응답으로 보낸다.

· **쿠키를 이용한 자동 인증:** 브라우저는 서버로부터 받은 쿠키를 안전하게 저장했다가, 앞으로 같은 서버에 요청을 보낼 때마다 이 쿠키를 자동으로 요청 헤더에 포함한다.

· **사용자 식별:** 서버의 Express-Session 미들웨어는 모든 요청을 받기 전에 먼저 쿠키를 확인한다. 유효한 세션 ID가 있다면 서버 측 저장소에서 해당 세션 정보를 찾아 req.session 객체에 담아준다. 우리는 API 로직 안에서 req.session.user와 같은 코드를 통해 현재 로그인한 사용자가 누구인지 즉시 알 수 있다.

· **Express-Session 작동 과정 - 초기 설정(서버 시작)**

```
app.use(session({
    secret: 'a_very_secret_key', // 세션 ID를 암호화하기 위한 비밀키
    resave: false,               // 세션이 변경되지 않아도 계속 저장할지 여부
    saveUninitialized: true,     // 초기화되지 않은 세션을 저장할지 여부
    cookie: { secure: false }    // https가 아닌 환경에서도 쿠키를 사용할지 여부
}));
```

위 코드를 통해 우리 서버에 들어오는 모든 요청은 이제 Express-Session 미들웨어를 먼저 거치게 된다.

```
// (로그인 검증 성공 후)
req.session.user = {
    id: userFromDB.id,
    username: userFromDB.username
};
res.json({ success: true, user: req.session.user});
```

❶ req.session.user = ... 코드가 실행되는 순간, Express-Session은 서버 메모리에 새로운 세션 저장 공간을 만든다.

❷ 이 저장 공간에 { id: ..., username: ... } 정보를 저장한다.

❸ 이 저장 공간에 접근할 수 있는 고유하고 추측할 수 없는 세션 ID(예: aBcDeFg12345)를 생성한다.

❹ res.json(...)으로 응답을 보낼 때 응답 헤더(Response Header)에 Set-Cookie라는 항목을 추가하여 생성된 세션 ID를 브라우저에게 전달한다.

· 이후의 모든 요청(세션 유지 및 사용자 식별)

– 브라우저의 역할

브라우저는 서버로부터 받은 Set-Cookie 헤더를 보고, 세션 ID가 담긴 쿠키를 자신의 저장소에 보관한다. 앞으로 이 서버(localhost:3001 등)에 요청을 보낼 때마다 요청 헤더(Request Header)에 Cookie 항목을 자동으로 포함해 저장한 세션 ID를 함께 보낸다.

– 서버의 역할(Express-Session 미들웨어)

· 서버는 API 로직이 실행되기 전에, 먼저 요청 헤더에 Cookie가 있는지 확인한다.

· 쿠키에서 세션 ID(aBcDeFg12345)를 꺼낸다.

· 서버의 세션 저장소에서 해당 세션 ID와 일치하는 세션 정보를 찾는다.

· 찾은 정보({ id: ..., username: ... })를 req.session 객체에 다시 복원해 둔다.

· 우리의 API 로직에서는 req.session.user 객체가 있는지 없는지만 확인하면 사용자가 로그인했는지를 즉시 알 수 있다.

인가: 이 작업을 수행할 권한이 있습니까?

인증이 '신원 확인'이라면, 인가는 '권한 확인'이다. 로그인한 사용자가 아무 게시글이나 삭제할 수 있다면 큰일이다. "오직 게시글의 작성자만이 해당 글을 삭제할 수 있다."는 규칙을 적용하는 것이 바로 인가(Authorization)이다.

● 인가 단계에서의 활용

```
app.post('/api/posts', (req, res) => {
    if (!req.session.user) {    // 세션에 user 정보가 없으면
        return res.status(401).json({message: '로그인이 필요합니다.' });
    }
```

```
    // 로그인한 사용자만 이 코드를 실행할 수 있다.
    const authorId = req.session.user.id;
    // 게시글 저장 로직: authorId를 사용하여 게시글을 저장한다.
    console.log('게시글 작성자 ID:', authorId); // 예시: authorId 사용
});
```

● **구현 예시**

사용자가 글 삭제 요청(DELETE /api/posts/5)을 보내면, 서버는 먼저 req.session.user.id를 통해 현재 로그인한 사용자의 ID를 확인한다(인증). 그다음 DB에서 5번 게시글의 정보를 조회하여 author_id를 가져온다. 이 두 ID를 비교하여, 일치하면 삭제를 허용하고, 불일치하면 "권한이 없습니다(403 Forbidden)" 에러를 응답한다(인가).

VIBE CODING

15.3 데이터베이스 관계 설계(1:N, N:M)

데이터를 단순히 나열하는 것을 넘어, 데이터 간의 관계를 설정하는 것은 데이터베이스 설계의 꽃이다.

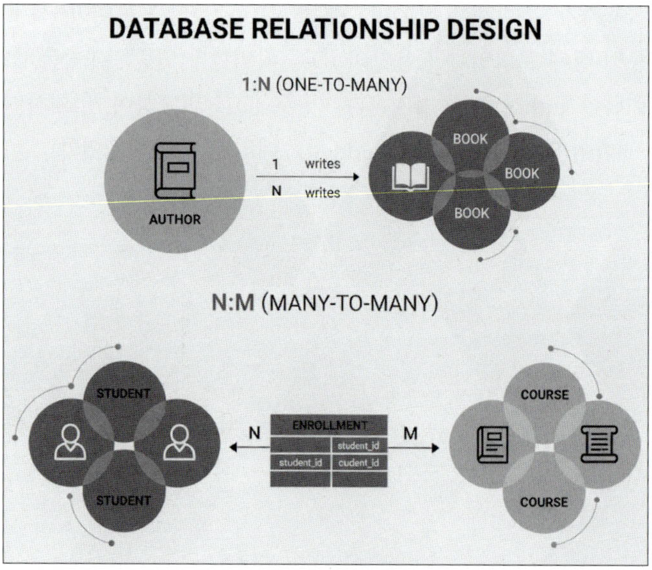

그림 15.3 데이터 관계도

일대다 관계(One-to-Many, 1:N)

한 명의 사용자는 여러 개의 게시글을 작성한다. users 테이블과 posts 테이블의 관계이다. 이 관계를 표현하기 위해 '다(Many)' 쪽에 해당하는 posts 테이블에 '일(One)' 쪽의 정보를 담을 외래키(Foreign Key) 열을 추가한다. posts 테이블의 author_id 열이 바로 그것이며, 이 열은 users 테이블의 id를 참조한다.

● 데이터 관계의 이해

한 명의 사용자(User)는 여러 개의 게시글(Post)을 작성할 수 있다. 이 관계를 엑셀로 관리한다고 상상해 보자.

• **나쁜 데이터 관리법(데이터 중복)**

posts 시트에 글을 쓸 때마다 작성자의 모든 정보를 매번 입력하는 방식이다.

post_id	content	author_name	author_email
101	첫 번째 글	홍길동	hong@test.com
102	두 번째 글	이몽룡	lee@test.com
103	세 번째 글	홍길동	hong@test.com

그림 15.4 posts 테이블 예시

• **문제점**

· **데이터 중복:** '홍길동'과 'hong@test.com' 정보가 여러 번 반복해서 저장된다. 데이터 용량이 낭비된다.

· **수정의 어려움:** 만약 홍길동이 이메일을 'hong_new@test.com'으로 바꾼다면 그가 쓴 모든 글을 찾아서 이메일을 일일이 수정해야 한다. 하나라도 놓치면 데이터의 일관성이 깨진다.

• **좋은 데이터베이스 설계법(관계 맺기)**

데이터를 역할에 따라 두 개의 테이블로 분리하고, 외래키(Foreign Key)로 연결한다.

id (PK)	username	email
1	홍길동	hong@test.com
2	이몽룡	lee@test.com

그림 15.5 users 테이블 예시

· **users 테이블(엄마 테이블, '1' 쪽):** 사용자 정보는 오직 여기에만 저장한다. id가 각 사용자를 유일하게 식별하는 기본키(Primary Key, PK)이다.

id (PK)	content	author_id (FK)
101	첫 번째 글	1
102	두 번째 글	2
103	세 번째 글	1

그림 15.6 posts 테이블 예시

· **posts 테이블(자식 테이블, 'N' 쪽):** 게시글 정보만 저장한다. "이 글의 작성자가 누구인지"를 알려주는 author_id라는 특별한 열을 추가한다. 이 author_id가 바로 외래키(Foreign Key, FK)이다.

다대다 관계(Many-to-Many, N:M)

한 명의 사용자는 여러 명을 팔로우하고, 여러 명에게 팔로우 당한다.

users 테이블 자신과의 관계로 '내가', '너를' 팔로우하지만, '너도', '나를' 팔로우할 수 있다. 이처럼 양쪽 모두가 '다(Many)'인 복잡한 관계는 외래키 하나만으로는 표현할 수 없다.

해결책은 연결 테이블(Junction Table)을 만드는 것이다. 이번 프로젝트에서는 followers 테이블이 그 역할을 한다. 이 테이블은 오직 관계 정보만을 담는다. "홍길동(id:1)이 이몽룡(id:2)을 팔로우한다."는 정보는 followers 테이블에 (follower_id: 1, following_id: 2)라는 하나의 행으로 저장된다.

likes 테이블 역시 users와 posts 사이의 다대다 관계를 표현하는 연결 테이블이다.

● 연결 테이블의 구조

id (PK)	username
1	홍길동
2	이몽룡
3	성춘향

그림 15.7 users 테이블

follower_id (FK)	following_id (FK)
1	2
1	3
3	1

그림 15.8 followers 테이블(연결 테이블)

다대다 관계는 두 테이블 사이를 중개하는 '연결 테이블(Junction Table)'을 만들어서 해결한다. 이 테이블은 오직 관계 그 자체에 대한 정보만 담는다.

● 작동 프로세스

· "홍길동이 팔로우하는 사람은 누구인가?"

followers 테이블에서 follower_id가 1인 모든 행을 찾는다. 결과는 (1, 2)와 (1, 3)이다. 여기서 following_id인 2와 3을 뽑아 users 테이블에 물어보면 '이몽룡'과 '성춘향'이라는 답을 얻을 수 있다.

· "홍길동을 팔로우하는 사람은 누구인가?"

followers 테이블에서 following_id가 1인 모든 행을 찾는다. 결과는 (3, 1)이다. 여기서 follower_id인 3을 users 테이블에 물어보면 '성춘향'이라는 답을 얻을 수 있다.

VIBE CODING

15.4 실시간 상호 작용의 구현: 폴링

'누군가 내 글에 좋아요를 누르면 나에게 알림이 온다.'와 같은 기능은 어떻게 구현할까? 가장 완벽한 방법은 웹소켓(WebSocket)을 사용하는 것이지만, 더 간단하고 실용적인 방법이 있다. 바로 폴링(Polling)이다.

폴링이란

클라이언트(브라우저)가 주기적으로 서버에 "혹시 새로운 소식 없나요?"라고 계속해서 물어보는 방식이다.

- **setInterval():** 자바스크립트의 내장 함수를 사용하여 이 주기적인 요청을 구현할 수 있다. 예를 들어, setInterval(fetchNotifications, 10000) 코드는 fetchNotifications라는 함수를 10초마다 계속해서 실행한다.
- **fetchNotifications 함수:** 이 함수 안에서는 백엔드의 GET /api/notifications API를 호출한다. 서버는 이 요청을 받고, 현재 사용자의 새로운 알림이 있는지 DB에서 확인하여 응답한다. 클라이언트는 응답받고, 새로운 알림이 있다면 화면의 알림 아이콘에 빨간 점(배지)을 표시한다.

이 방식은 완벽한 실시간은 아니지만, SNS의 알림 기능처럼 즉각적인 반응이 아주 중요하지 않은 경우에 매우 효과적이고 쉽게 구현할 수 있는 기법이다.

폴링의 종류: Short Polling vs. Long Polling

폴링에도 약간의 방식 차이가 있다.

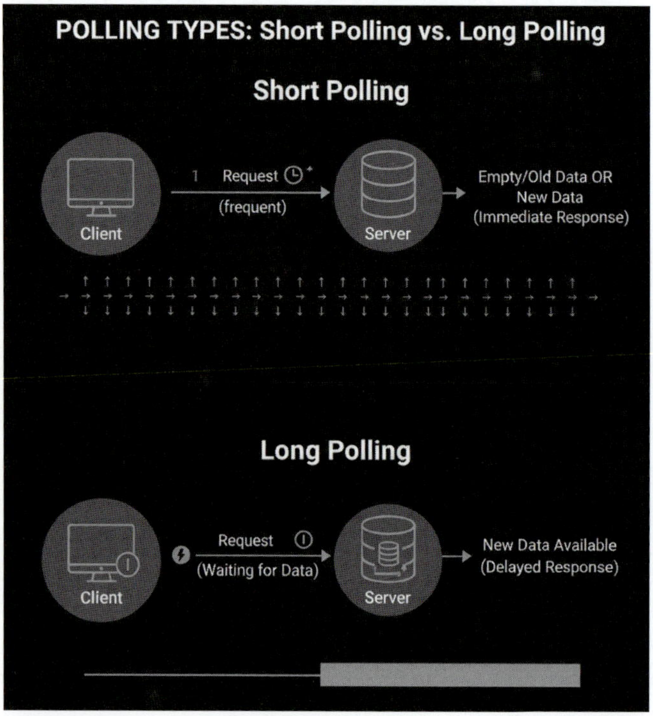

그림 15.9 폴링의 종류

● Short Polling(우리가 사용할 방식)

가장 기본적인 폴링 방식이다.

- **작동 방식**
  - 클라이언트는 정해진 시간 간격(예 10초)마다 서버에 요청을 보낸다.
  - 서버는 즉시 응답한다. 새로운 데이터가 있든 없든, "새 데이터 여기 있어." 또는 "아직 아무것도 없어."라고 바로 대답한다.
  - 클라이언트는 응답받고, 10초를 기다렸다가 다시 요청을 보낸다.
- **장점**: 구현이 매우 간단하고 직관적이다.
- **단점**: 불필요한 요청이 많아질 수 있다. 10초마다 물어봤는데 1시간 동안 아무런 새 소식이 없다면, 수많은 요청이 낭비된 셈이다.

• Long Polling

Short Polling의 단점을 개선한 방식이다.

- **작동 방식**
  - 클라이언트는 서버에 요청을 보낸다.
  - 서버는 즉시 응답하지 않고, 새로운 데이터가 생길 때까지 요청을 붙잡고 기다린다.
  - 새로운 데이터가 생기면, 그때야 클라이언트에게 응답을 보낸다.
  - 클라이언트는 응답을 받는 즉시, 다시 서버에 다음 요청을 보내고 대기 상태에 들어간다.
- **장점:** 불필요한 요청을 크게 줄일 수 있다.
- **단점:** 서버가 연결을 계속 유지해야 하므로 구현이 더 복잡하고, 서버 부하가 더 클 수 있다.

이번 프로젝트에서는 구현이 간단하고 개념을 이해하기 쉬운 Short Polling 방식을 사용하여 알림 기능을 구현한다.

자바스크립트로 폴링 구현

자바스크립트에는 특정 함수를 정해진 시간 간격으로 계속해서 실행하게 하는 setInterval() 이라는 매우 유용한 내장 함수가 있다. 이 함수와 fetch API를 조합하여 폴링을 구현한다.

```
function startNotificationPolling() {
    // 10초(10000 밀리초)마다 checkForNewNotifications 함수를 실행하도록 설정
    // setInterval은 타이머 ID를 반환하므로, 나중에 중지할 수 있도록 변수에 저장한다.
    const pollingInterval = 10000;
    notificationTimer = setInterval (checkForNewNotifications, pollingInter
val);
}
```

▲ 폴링을 시작하는 함수 정의

로그인이 성공적으로 완료된 시점에, 주기적으로 알림을 확인하는 폴링을 시작한다.

```
async function checkForNewNotifications() {
    try {
        // 백엔드의 알림 API에 GET 요청을 보낸다.
        const response = await fetch('/api/notifications');
        if (!response.ok) {
            // 서버에서 에러가 발생한 경우(예: 로그아웃 상태)
            // 폴링을 중지할 수 있다.
            stopNotificationPolling();
            return;
        }

        const notifications = await response.json();

        // 받아온 알림 데이터를 기반으로 UI를 업데이트한다.
        updateNotificationUI(notifications);

    } catch (error) {
        console.error('알림을 가져오는 중 오류 발생:', error);
        // 네트워크 오류 등이 발생하면 폴링을 중지할 수도 있다.
        stopNotificationPolling();
    }
}
```

▲ 실제 API를 호출하는 함수 정의

checkForNewNotifications 함수는 실제로 백엔드에 "새 알림 있나요?"라고 물어보는 역할을 한다.

```
function updateNotificationUI (notifications) {
    const notificationBadge = document.getElementById('notification-
    badge');

    // 읽지 않은 알림의 개수를 센다.
    const unreadCount notifications.filter(n => !n.is_read).length;

    if (unreadCount > 0) {
        // 읽지 않은 알림이 있으면 뱃지를 보여주고 개수를 표시한다.
        notificationBadge.textContent = unreadCount;
        notificationBadge.style.display = 'block';
    } else {
        // 없으면 뱃지를 숨긴다.
        notificationBadge.style.display = 'none';
```

```
    }
}
```

▲ UI 업데이트 함수 정의

서버로부터 받은 알림 데이터를 바탕으로 화면의 배지 등을 업데이트한다.

```
let notificationTimer; // 타이머 ID를 저장할 전역 변수

function stopNotificationPolling() {
    // setInterval이 반환했던 타이머 ID를 사용하여 타이머를 중지한다.
    clearInterval(notificationTimer);
}

// 로그아웃 버튼 클릭 이벤트 핸들러 내부에서 호출
logoutButton.addEventListener('click', async () => {
    await fetch('/api/auth/logout', { method: 'POST' });
    stopNotificationPolling(); // 로그아웃 시 폴링 중지
    //... UI 업데이트 로직 ...
});
```

▲ 폴링을 중지하는 함수 정의(로그아웃 시)

setInterval은 우리가 명시적으로 멈추지 않으면 페이지를 벗어나기 전까지 계속 실행된다. 사용자가 로그아웃하면 더 이상 알림을 확인할 필요가 없으므로, 타이머를 반드시 중지시켜야 한다.

이처럼 폴링은 setInterval로 주기적인 타이머를 설정하고, 타이머가 실행될 때마다 fetch로 API를 호출하며, 그 결과를 바탕으로 UI를 업데이트하고, 필요 없을 때는 clearInterval로 타이머를 중지하는 명확한 라이프사이클을 갖는다.

이 기법은 SNS 알림, 새로운 이메일 확인, 주식 시세 업데이트 등 다양한 서비스에서 널리 사용되는 매우 실용적이고 중요한 비동기 처리 패턴이다.

15.5 준비 단계: 프로젝트 준비 및 사전 설정하기

직접 작성한 PRD를 제미나이 CLI에게 전달하여 실제로 동작하는 풀스택 애플리케이션을 만든다. 단계마다 '설계자'로서 지시하고, '검수자'로서 결과물을 확인하며, 필요하다면 추가 지시를 통해 완성도를 높여나간다.

❶ 프로젝트 폴더를 생성하기 위해 VS 코드에서 '15_mini_sns'라는 이름의 새 프로젝트 폴더를 만들고 연다.

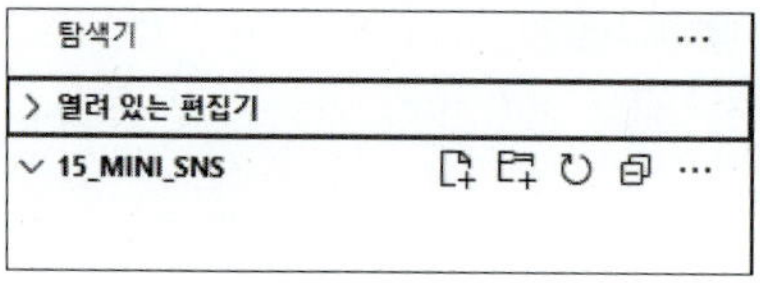

그림 15.10 폴더 생성

❷ 터미널을 열고 'gemini —version' 명령어를 입력하여 제미나이 CLI가 정상적으로 작동하는지 확인한다.

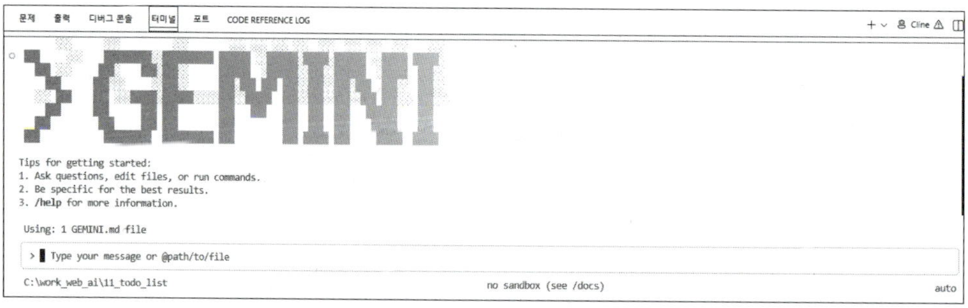

그림 15.11 제미나이 실행 확인

❸ 터미널에서 'mysql -u root -p' 명령어로 MariaDB에 접속할 수 있는지 확인한다.

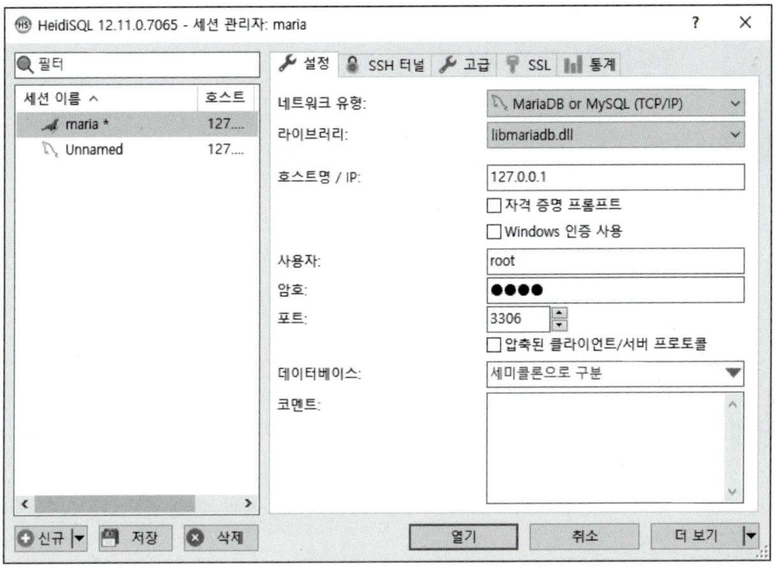

그림 15.12 Maria DB 접속

15.6 1단계: DB 설계 및 백엔드 API 구축하기

이 단계는 프로젝트의 가장 근간이 되는 데이터베이스와 서버 로직을 구축하는 과정이다. AI가 복잡한 데이터 관계를 정확히 이해하고 코드를 생성할 수 있도록 상세한 PRD가 필요하다.

PRD 1단계: MariaDB 데이터베이스 및 백엔드 API

15_mini_sns 폴더 안에 prd_backend.txt 파일을 만들고, 아래 내용을 그대로 복사하여 붙여넣는다. 이때 비밀번호는 본인의 환경에 맞게 수정한다.

파일: prd_backend.txt

❶ **목표**: 사용자 인증, 팔로우, 좋아요, 알림 기능을 포함한 소셜 서비스의 완전한 백엔드 시스템을 구축한다. 모든 데이터는 MariaDB 데이터베이스에 저장된다.

❷ **MariaDB 데이터베이스 및 테이블 설계(참조용 SQL)**

(참고: 이 SQL 쿼리들은 개발자가 직접 실행할 것이지만, AI에게 데이터 구조를 알려주기 위해 PRD에 포함한다.)

- CREATE DATABASE IF NOT EXISTS mini_sns_db CHARACTER SET utf8mb4 COLLATE utf8mb4_unicode_ci;
- USE mini_sns_db;
- CREATE TABLE IF NOT EXISTS users(id INT AUTO_INCREMENT PRIMARY KEY, username VARCHAR(50) NOT NULL UNIQUE, password VARCHAR(255) NOT NULL, created_at DATETIME DEFAULT CURRENT_TIMESTAMP);
- CREATE TABLE IF NOT EXISTS posts(id INT AUTO_INCREMENT PRIMARY KEY, content TEXT NOT NULL, author_id INT NOT NULL, created_at DATETIME DEFAULT CURRENT_TIMESTAMP, FOREIGN KEY(author_id) REFERENCES users(id) ON DELETE CASCADE);
- CREATE TABLE IF NOT EXISTS followers(follower_id INT NOT NULL, following_id INT NOT NULL, PRIMARY KEY(follower_id, following_id), FOREIGN KEY(follower_id) REFERENCES users(id) ON DELETE CASCADE, FOREIGN KEY(following_id) REFERENCES users(id) ON DELETE CASCADE);
- CREATE TABLE IF NOT EXISTS likes(user_id INT NOT NULL, post_id INT NOT NULL, PRIMARY KEY(user_id, post_id), FOREIGN KEY(user_id) REFERENCES users(id) ON DELETE CASCADE, FOREIGN KEY(post_id) REFERENCES posts(id) ON DELETE CASCADE);
- CREATE TABLE IF NOT EXISTS notifications(id INT AUTO_INCREMENT PRIMARY KEY, recipient_

id INT NOT NULL, sender_id INT NOT NULL, post_id INT, type ENUM('FOLLOW', 'LIKE') NOT NULL, is_read BOOLEAN DEFAULT FALSE, created_at DATETIME DEFAULT CURRENT_TIMESTAMP, FOREIGN KEY(recipient_id) REFERENCES users(id) ON DELETE CASCADE, FOREIGN KEY(sender_id) REFERENCES users(id) ON DELETE CASCADE, FOREIGN KEY(post_id) REFERENCES posts(id) ON DELETE CASCADE);

❸ 백엔드 환경 설정 요구사항

- 'npm init -y'로 프로젝트를 초기화하고, 'express', 'mysql2', 'dotenv', 'cors', 'Bcrypt', 'Express-Session' 패키지를 설치한다.
- 루트에 'server.js=(메인 서버)', 'db.js(DB 연결 모듈)', '.env(환경 변수)' 파일을 생성한다.
- 루트에 'public' 폴더를 생성하고, 'server.js'에서 'express.static('public')'으로 정적 파일 서비스를 설정한다.
- '.env' 파일에는 다음 정보를 포함한다.

  DB_HOST=localhost

  DB_USER=root

  DB_PASSWORD=your_password ← (이 부분은 실제 비밀번호로 수정 필요)

  DB_DATABASE=mini_sns_db

  SESSION_SECRET=any_random_secret_string
- 'server.js'에는 'Express-Session' 미들웨어를 설정한다. (옵션: resave: false, saveUninitialized: true, cookie: { secure: false })
- 서버는 3000번 포트에서 실행된다.

❹ 백엔드 API 엔드포인트 명세(server.js에 구현)

- 모든 API는 위에서 정의한 'mini_sns_db'의 테이블들을 사용하여 SQL 쿼리를 실행해야 한다.
- 모든 응답은 JSON 형식이며, 오류 발생 시 500 상태 코드와 에러 메시지를 반환한다.
- [인증 API] '/api/auth'
  - 'POST /register': { username, password }를 받아 비밀번호를 Bcrypt로 암호화하여 users 테이블에 저장.
  - 'POST /login': { username, password }를 받아 검증 후 성공 시 req.session.user에 { id, username } 저장.
  - 'POST /logout': req.session.destroy()로 세션 파기.
  - 'GET /me': 현재 로그인된 경우 req.session.user 정보 반환, 아니면 null 반환.
- [게시글 API] '/api/posts'
  - 'GET /timeline': (로그인 필수) 현재 사용자가 팔로우하는 사용자들의 게시글을 최신순으로 조회(followers, posts, users 테이블 JOIN 필요)
  - 'POST /': (로그인 필수) { content }를 받아 현재 사용자를 작성자로 하여 posts 테이블에 저장.
- [사용자 API] '/api/users'
  - 'GET /:username': 해당 사용자의 정보와 그 사용자가 작성한 게시글 목록을 조회.
  - 'POST /:id/follow': (로그인 필수) 현재 사용자가 :id 사용자를 팔로우/언팔로우 토글. followers 테이블에 INSERT/DELETE. 팔로우 시 notifications 테이블에 알림 추가.
- [좋아요 API] '/api/likes'
  - 'POST /:postId/toggle': (로그인 필수) 현재 사용자가 :postId 글에 좋아요/취소 토글. likes 테이블에

INSERT/DELETE. 좋아요 시 notifications 테이블에 알림 추가.

- [알림 API] '/api/notifications'
  - 'GET /': (로그인 필수) 현재 사용자의 읽지 않은 알림 목록 조회. (notifications, users(sender 정보) 테이블 JOIN 필요)
  - 'PUT /read': (로그인 필수) 현재 사용자의 모든 알림을 '읽음(is_read=true)'으로 업데이트.

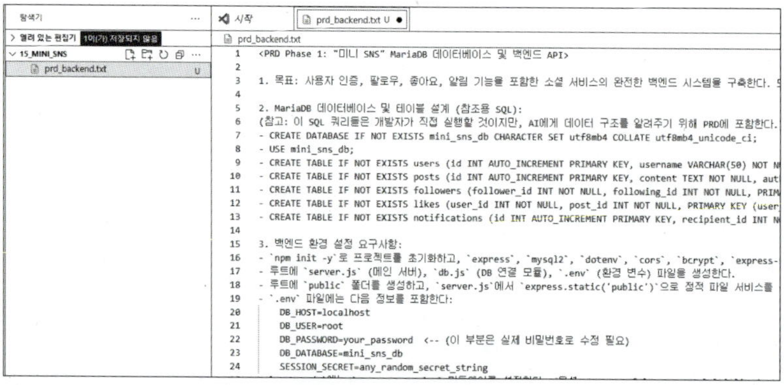

그림 15.13 prd_backend.txt

실행 및 검증하기

❶ 데이터베이스에 접속한 후 PRD의 [2. MariaDB 데이터베이스 및 테이블 설계]에 있는 SQL 쿼리문들을 차례대로 복사하고 붙여 넣기 하여 실행한다. 'SHOW TABLES;' 명령어로 5개의 테이블이 모두 잘 만들어졌는지 확인한다.

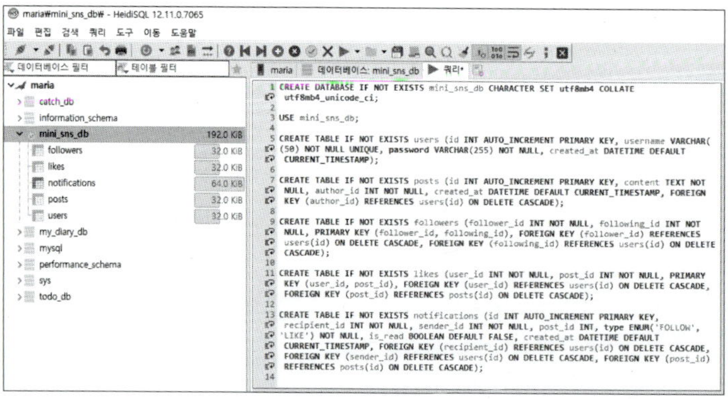

그림 15.14 테이블 생성

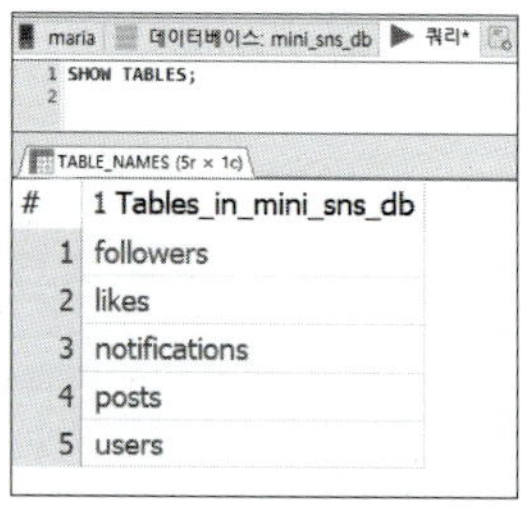

그림 15.15 테이블 목록

❷ 백엔드를 자동하기 위해 터미널에서 다음 제미나이 CLI 프롬프트를 실행하자.

프롬프트 gemini -p "이 파일의 PRD를 기반으로 미니 SNS의 백엔드 시스템을 구축해줘. DB는 내가 이미 만들었어." -f prd_backend.txt

```
Tips for getting started:
1. Ask questions, edit files, or run commands.
2. Be specific for the best results.
3. /help for more information.

Using: 1 GEMINI.md file | 1 MCP server (ctrl+t to view)

> gemini -p "이 파일의 PRD를 기반으로 미니 SNS의 백엔드 시스템을 구축해줘. DB는 내가 이미 만들었어." -f prd_backend.txt

C:\work_web_ai\15_mini_sns                    no sandbox (see /docs)
```

그림 15.16 제미나이 PRD 실행

❸ 개발 환경 및 구성에 필요한 요소의 권한 요청을 승낙하고 계속 진행한다.

```
먼저 npm으로 프로젝트를 초기화하고 필요한 패키지들을 설치하겠습니다.

 ?  Shell npm init -y (Initialize a new Node.js project.) ←

   npm init -y

 Allow execution of: 'npm'?

 ● 1. Yes, allow once
   2. Yes, allow always ...
   3. No, suggest changes (esc)
```

그림 15.17 PRD 개발 확인 요청 승낙

❹ 테스트를 위해 생성된 .env 파일의 비밀번호를 확인하고, 'node server.js'로 서버를 실행한다. Thunder Client를 사용하여 회원가입('POST /api/auth/register') API 등을 테스트해 DB에 데이터가 잘 들어가는지 확인한다.

```
문제   출력   디버그 콘솔   터미널   포트   CODE REFERENCE LOG

(base) PS C:\work_web_ai\15_mini_sns> ls

Mode                 LastWriteTime         Length Name
----                 -------------         ------ ----
d-----        2025-10-20   오후 1:22                node_modules
d-----        2025-10-20   오후 1:22                public
-a----        2025-10-20   오후 1:24            111 .env
-a----        2025-10-20   오후 1:22            331 db.js
-a----        2025-10-20   오후 1:22          39635 package-lock.json
-a----        2025-10-20   오후 1:22            404 package.json
-a----        2025-10-20   오후 1:19           4862 prd_backend.txt
-a----        2025-10-20   오후 1:24           7603 server.js

(base) PS C:\work_web_ai\15_mini_sns> node .\server.js
[dotenv@17.2.3] injecting env (5) from .env -- tip: ⚙ specify custom .env file path with { path: '/custom/path/.env' }
[dotenv@17.2.3] injecting env (0) from .env -- tip: 🔐 add observability to secrets: https://dotenvx.com/ops
Server is running on http://localhost:3000
▌
```

그림 15.18 서버 실행

❺ VS 코드에서 Thunder Client를 통해 사용자 등록 과정을 직접 테스트하고 정상 작동을 확인한다. 백엔드가 잘 작동하면 response 결과를 반환한다.

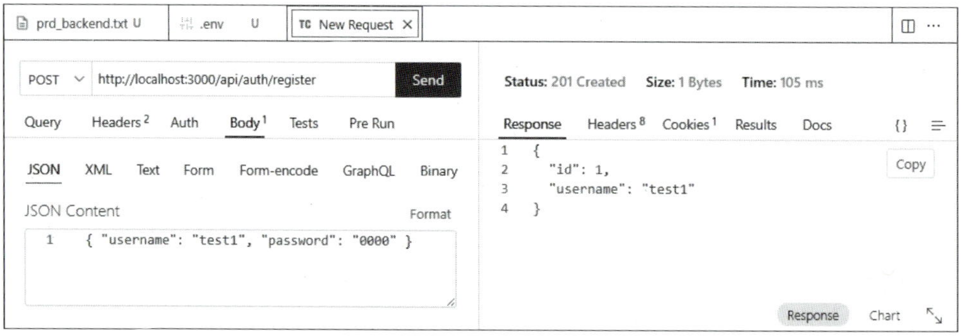

그림 15.19 Thunder Client API 테스트

❻ 또한 회원가입 시 패스워드는 암호화되어 저장되는 것을 데이터베이스에서 확인할 수 있다.

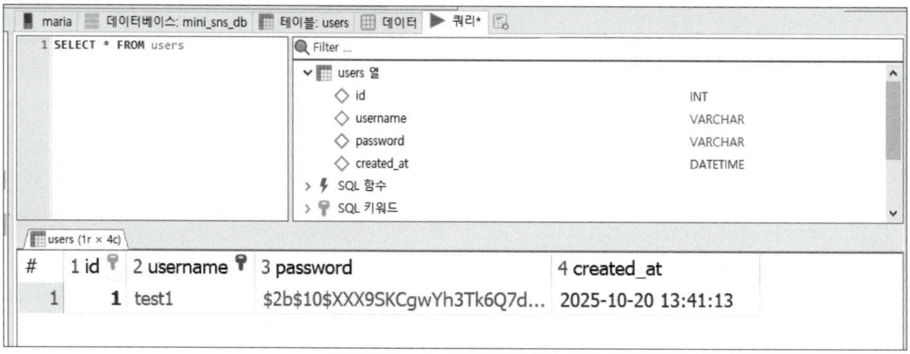

그림 15.20 저장된 데이터 구조

VIBE CODING

15.7 2단계: 프론트엔드 UI/UX 구축하기

백엔드가 완성되었다면, 이제 사용자가 볼 화면의 뼈대를 만드는 과정을 진행하자.

15_mini_sns 폴더 안에 prd_frontend_ui.txt 파일을 만들고, 아래 내용을 복사하여 붙여넣는다.

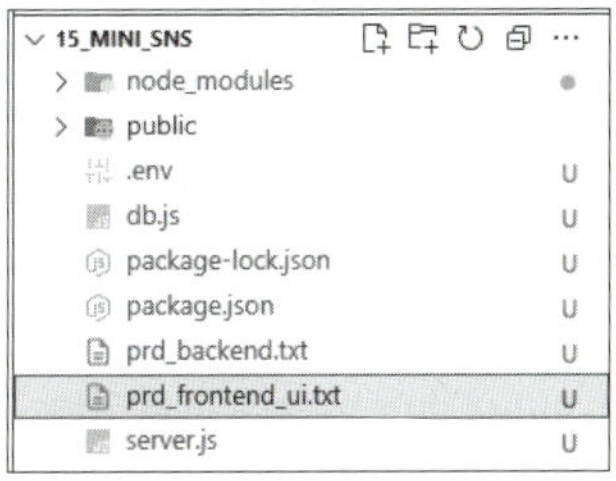

그림 15.21 프론트엔드 PRD 구성

PRD 2단계: 프론트엔드 UI/UX

파일: prd_frontend_ui.txt

❶ **목표**: SPA 구조를 가진 미니 SNS의 정적인 HTML 구조와 CSS 스타일을 public 폴더에 완성한다.

❷ **HTML 구조 요구사항(public/index.html)**

- 〈head〉에 Font Awesome CDN 링크를 추가한다. (아이콘 사용 목적)
- 〈body〉는 다음 구조를 가진다.
  - 〈header〉
    - 로고(텍스트): 🍌 Mini SNS
    - 내비게이션: '타임라인', '내 프로필' 링크
    - 알림 아이콘: 〈i class="fas fa-bell"〉〈/i〉, 내부에 〈span id="notification-badge" class="badge" style="display: none;"〉0〈/span〉 포함.
    - 사용자 상태 영역(#auth-status): 초기에는 "로그인", "회원가입" 링크 표시.
  - 〈main id="app-container"〉
    - 〈section id="login-view"〉: 로그인 폼(아이디, 비밀번호 input, 로그인 버튼)

15 미니 SNS 제작

– 〈section id="register–view" style="display: none;"〉: 회원가입 폼(아이디, 비밀번호 input, 가입 버튼)
– 〈section id="timeline–view" style="display: none;"〉
  * 새 글 작성 폼(#post–form): textarea, '게시하기' 버튼
  * 타임라인 목록 컨테이너(#timeline–list)
– 〈section id="profile–view" style="display: none;"〉
  * 사용자 정보 영역: 이름, 팔로우 버튼(#follow–btn)
  * 해당 사용자의 게시글 목록 컨테이너(#profile–posts–list)
– 〈section id="notifications–view" style="display: none;"〉
  * '알림 목록' 제목
  * 알림 목록 컨테이너(#notifications–list)

❸ CSS 스타일 요구사항(public/style.css)

- 전체적으로 깔끔하고 모던한 디자인 적용.
- 헤더는 flex를 사용하여 요소들을 양 끝으로 정렬하고, 고정된 상단바(Sticky)로 만든다.
- **게시글 카드(.post–card) 스타일**: 테두리, 그림자, 안쪽 여백을 주고, 작성자 정보와 내용, 좋아요 버튼(.like–btn)을 포함하는 레이아웃.
- **좋아요 버튼(.like–btn)**: 기본은 회색 빈 하트 아이콘, .liked 클래스가 붙으면 빨간색 채워진 하트 아이콘으로 스타일 변경.
- **팔로우 버튼(#follow–btn)**: 기본은 파란색 '팔로우', .followed 클래스가 붙으면 회색 '언팔로우'로 스타일 변경.
- **알림 뱃지(.badge)**: 빨간색 원형 배경에 흰색 숫자로 작게 표시, 알림 아이콘 우측 상단에 위치하도록 absolute 포지셔닝.

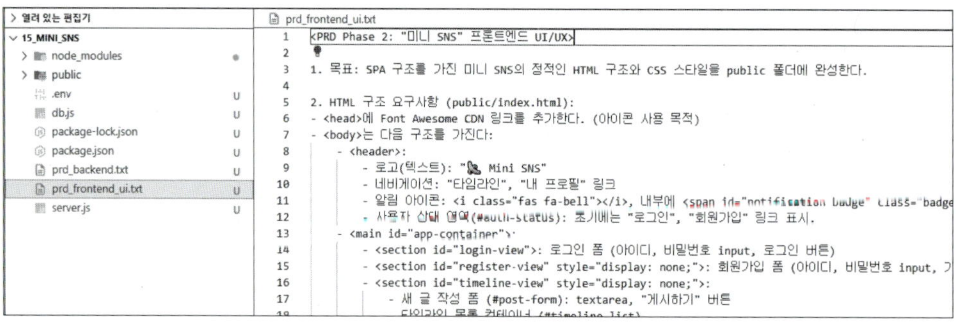

그림 15.22 prd_frontend_ui 구성

실행 및 검증하기

❶ 프론트엔드 UI를 생성하기 위해 터미널에서 다음 명령어를 실행한다.

프롬프트 gemini -p “이 PRD를 기반으로 public 폴더에 프론트엔드 UI 파일들(index.html, style.css)을 생성해줘.” -f prd_frontend_ui.txt

```
Using: 1 GEMINI.md file | 1 MCP server (ctrl+t to view)

> gemini -p "이 PRD를 기반으로 public 폴더에 프론트엔드 UI 파일들(index.html,
  style.css)을 생성해줘." -f prd_frontend_ui.txt
```

그림 15.23 PRD 실행

❷ node server.js를 다시 실행한다. 서버가 실행 중인 상태에서 웹 브라우저로 ‘localhost:3000’에 접속해 헤더와 로그인 폼 등 기본 화면이 디자인대로 잘 나오는지 확인한다.

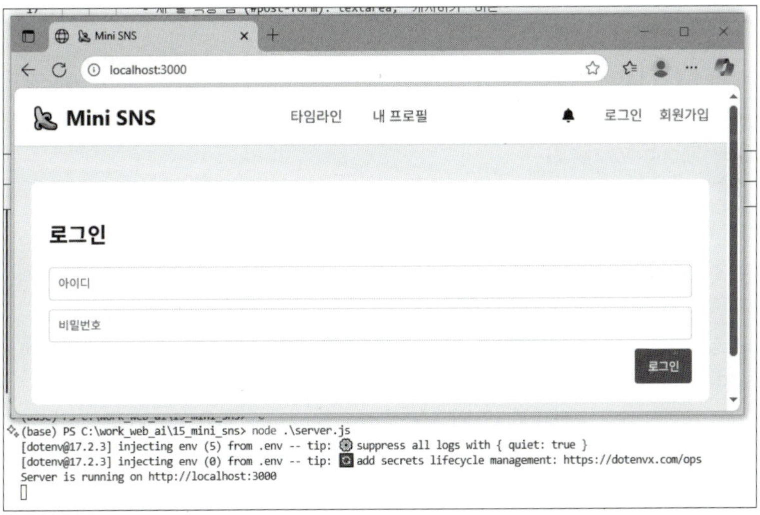

그림 15.24 테스트 및 검증

15.8 3단계: 프론트엔드 로직 구현 및 완성하기

화면은 멋지게 잘 구현되었지만, 아직 구체적인 기능은 작동하지 않을 것이다. 이제 마지막으로, 정적인 화면에 자바스크립트로 생명을 불어넣어 백엔드와 연동하자.

PRD 3단계: 프론트엔드 로직

15_mini_sns 폴더 안에 prd_frontend_logic.txt 파일을 만들고, 아래 내용을 복사하여 붙여넣는다.

파일: prd_frontend_logic.txt

❶ **목표**: public/script.js 파일에 모든 프론트엔드 로직을 구현하여 Full-Stack 앱을 완성한다.

❷ **기능 요구사항(public/script.js)**

- 모든 로직은 DOMContentLoaded 안에서 실행.
- 전역 변수: let currentUser = null;(현재 로그인한 사용자 정보 저장)
- [초기화 & 세션 체크]
  - 페이지 로드 시 'GET /api/auth/me' 호출.
  - 로그인 상태면: currentUser 업데이트, 헤더 UI 변경(로그아웃 버튼 표시), showView('timeline-view') 호출, loadTimeline() 호출, startNotificationPolling() 호출.
  - 비로그인 상태면: 헤더 UI 변경(로그인/가입 링크 표시), showView('login-view') 호출.
- [뷰 전환 함수 showView(viewId)]
  - 모든 section을 숨기고, 인자로 받은 viewId에 해당하는 section만 보여준다.
- [인증 관련 로직]
  - 로그인 폼 제출 → 'POST /api/auth/login' → 성공 시 초기화 로직 재실행.
  - 회원가입 폼 제출 → 'POST /api/auth/register' → 성공 시 alert 후 로그인 뷰로 이동.
  - 로그아웃 버튼 클릭 → 'POST /api/auth/logout' → 성공 시 currentUser = null, 비로그인 상태 UI로 변경, showView('login-view'), stopNotificationPolling( ) 호출.
- [타임라인 & 게시글 로직]
  - loadTimeline(): 'GET /api/posts/timeline'을 호출하여 데이터를 받아와 #timeline-list에 렌더링.
  - 게시글 렌더링 시 각 게시글의 '좋아요' 여부에 따라 '좋아요' 버튼에 .liked 클래스 추가.
  - 게시글 작성 폼 제출 → 'POST /api/posts' → 성공 시 폼 비우고 loadTimeline() 재호출.

· 좋아요 버튼 클릭(이벤트 위임) → 'POST /api/likes/:postId/toggle' → 성공 시 해당 버튼의 클래스(.liked)와 아이콘 토글 및 좋아요 수 업데이트.

- [프로필 & 팔로우 로직]
  · 게시글의 작성자 이름 클릭 시 → 'GET /api/users/:username' 호출 → 받아온 정보로 #profile-view 렌더링 및 showView('profile-view') 호출.
  · 프로필 렌더링 시, 내가 팔로우 중이면 팔로우 버튼에 .followed 클래스와 '언팔로우' 텍스트 적용.
  · 팔로우 버튼 클릭 → 'POST /api/users/:id/follow' → 성공 시 버튼 스타일 및 텍스트 토글.
- [알림 로직(폴링)]
  · startNotificationPolling(): 5초마다 'GET /api/notifications'를 호출하는 setInterval 설정.
  · 읽지 않은 알림이 있으면 #notification-badge에 개수 표시 및 보여주기. 없으면 숨기기.
  · 알림 아이콘 클릭 → showView('notifications-view') → 알림 목록 렌더링 → 'PUT /api/notifications/read' 호출하여 읽음 처리 → 뱃지 숨기기.

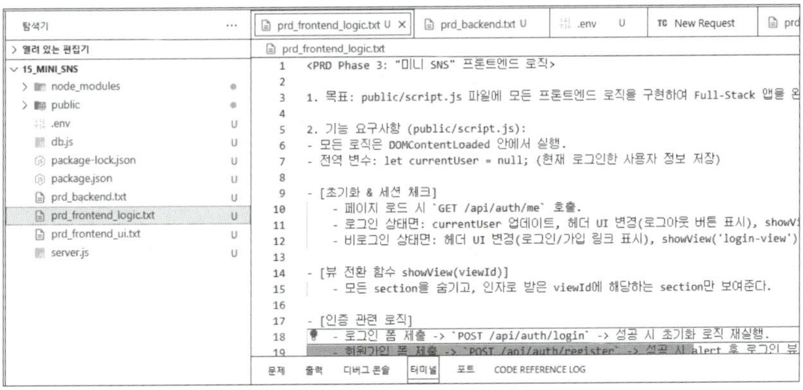

그림 15.25 로직 PRD 구현

실행 및 검증하기

❶ 프론트엔드 로직을 생성하기 위해 터미널에서 다음 명령어를 실행한다.

프롬프트 gemini -p "이 PRD를 기반으로 public/script.js 파일에 프론트엔드 로직을 모두 구현해줘." -f prd_frontend_logic.txt

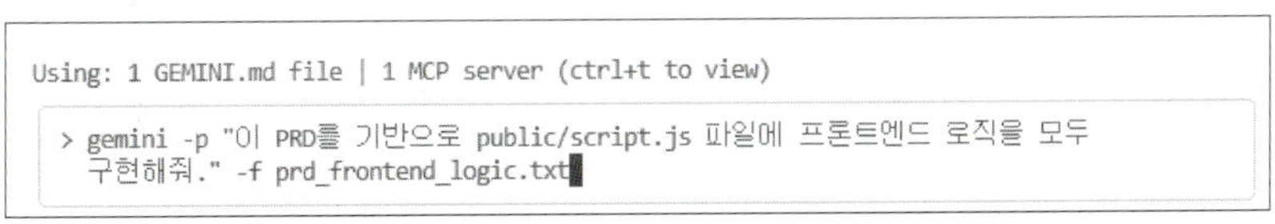

그림 15.26 로직 구현 PRD 실행

```
✦ script.js 대신 index.html에 맞춰 app.js를 생성하여 프론트엔드 로직을 구현하겠습니다.
  prd_frontend_logic.txt의 명세에 따라 DOMContentLoaded 이벤트 리스너, currentUser 변수 초기화, 세션
  체크, showView 함수, 인증, 타임라인, 게시물, 프로필, 팔로우, 알림 로직을 public/app.js에 작성할
  것입니다. 이 변경 사항을 사용자에게 알리겠습니다.

  ?  WriteFile Writing to public\app.js ←

  ... first 297 lines hidden ...
  298 });

  Apply this change?

  ● 1. Yes, allow once
    2. Yes, allow always
    3. Modify with external editor
    4. No, suggest changes (esc)
```

그림 15.27 기능 구현 확인

❷ node .\server.js 명령으로 서버를 재시작하고 브라우저에서 새로고침한 후, 회원가입부터 글 작성, 좋아요, 팔로우, 알림까지 모든 기능이 유기적으로 잘 동작하는지 최종 확인한다. 이 과정에서 발생하는 버그는 제미나이에게 구체적인 상황을 설명하며 수정을 요청하도록 한다.

```
(base) PS C:\work_web_ai\15_mini_sns> node .\server.js
[dotenv@17.2.3] injecting env (5) from .env -- tip: ⚙ override existing env vars with { override: true
[dotenv@17.2.3] injec 링크 따라가기 (Ctrl+클릭) - tip: 🔔 add observability to secrets: https://dotenvx.co
s
Server is running on http://localhost:3000
■
```

그림 15.28 서버 재실행

그림 15.29 서버 로그인

❸ 'test1'이라는 계정으로 로그인한 후 다음과 같이 타임라인을 작성하고 프로필 화면을 확인하면 작성된 타임라인을 확인할 수 있다.

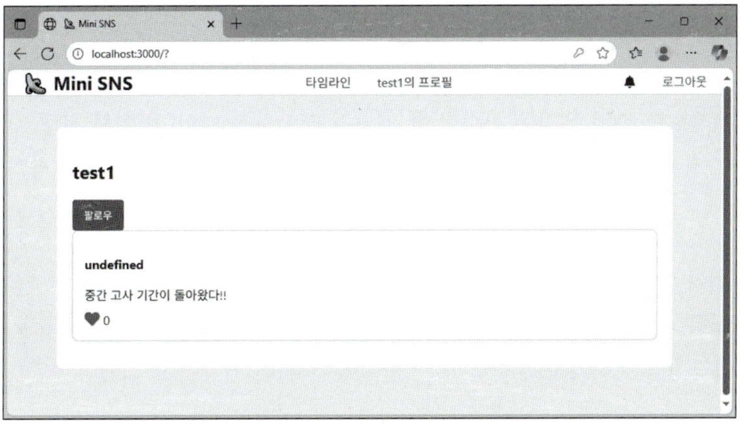

그림 15.30 로그인 후 프로필 화면

15.9 학습 정리 및 연습문제

학습 정리

최종 프로젝트를 통해 우리는 단순한 웹 페이지 제작자를 넘어, 바이브 코딩 기반의 복잡한 상호 작용과 데이터 관계를 다루는 풀스택 웹 애플리케이션 개발자로서의 역량을 완성했다.

- **인증/인가 시스템 구현:** Bcrypt를 이용한 안전한 비밀번호 암호화와 Express-Session을 이용한 로그인 상태 유지 메커니즘을 직접 구현했다. 이를 통해 웹 서비스의 가장 기본적이자 필수적인 보안 및 사용자 관리 기능을 이해했다.
- **복합적인 DB 관계 설계:** 일대다(1:N) 관계를 넘어, 연결 테이블을 이용한 다대다(N:M) 관계(팔로우, 좋아요)를 직접 설계하고 이를 API로 구현했다. 이는 데이터베이스 설계의 핵심 역량을 한 단계 끌어올리는 경험이었다.
- **고급 SQL 쿼리 작성:** 여러 테이블을 JOIN하여 '타임라인'과 같은 의미 있는 데이터를 추출하는 복잡한 SQL 쿼리를 작성하고, 이를 백엔드 API 로직에 성공적으로 통합했다.
- **실용적인 비동기 패턴 학습:** 폴링(Polling) 기법을 통해, 복잡한 웹소켓(WebSocket) 설정 없이도 주기적인 API 호출로 실시간처럼 보이는 알림 기능을 구현하는 실용적인 방법을 익혔다.
- **체계적인 아키텍처 설계 및 AI 협업:** 복잡한 SNS 애플리케이션을 DB/백엔드, 프론트엔드 UI, 프론트엔드 로직의 3단계로 명확히 분리하고, 이를 상세한 PRD로 문서화하여 AI와 협업하는 진정한 '소프트웨어 설계자'의 역할을 수행했다.

연습문제(PRD 업데이트 방식)

기본적인 미니 SNS 프로젝트를 완성했다면, 이제 실제 SNS 서비스에 있는 기능들을 추가하며 프로젝트를 한 단계 더 발전시켜 보자. 다음 과제들은 기존 PRD를 수정하고, 제미나이 CLI에게 추가 개발을 요청하는 방식으로 진행한다.

01 **사용자 검색 기능 구현하기**

현재 우리 SNS는 다른 사용자를 '발견'할 방법이 없다. 사용자들이 서로를 찾고 연결될 수 있도록 검색 기능을 추가해 보자.

목표: 헤더에 검색창을 추가하여, 사용자 아이디(username)로 다른 사용자를 검색하고, 검색 결과를 통해 프로필 페이지로 이동하여 팔로우할 수 있게 한다.

02 **댓글 기능 추가하기**

SNS의 핵심은 소통이다. 각 게시글에 사용자들이 댓글을 달 수 있는 기능을 추가해 상호 작용을 더욱 풍부하게 만들어보자.

목표: 각 게시글 아래에 댓글을 작성하고, 작성된 댓글 목록을 볼 수 있는 기능을 구현한다.

03 **프로필 페이지 심화하기(팔로워/팔로잉 목록)**

누가 나를 팔로우하고, 내가 누구를 팔로우하는지 볼 수 있는 목록 기능을 추가하여 SNS의 디테일을 완성해 보자.

목표: 프로필 페이지에서 팔로워 수와 팔로잉 수를 클릭하면, 해당 사용자들의 목록을 모달(Modal) 팝업으로 보여준다.

도판 목록

찾아보기